新时代北外文库

汉唐丝绸之路
历史文化论丛

Collection of Historical and Cultural Essays on
the Silk Road in Han and Tang Dynasties

石云涛　著

人民出版社

作 者 简 介
ABOUT THE AUTHOR

石云涛 1957年2月3日生，河南太康人，文学硕士，历史学博士，北京外国语大学中国语言文学学院教授，中国古代文学研究所所长，博士生导师；北京外国语大学冠名讲席教授，比较文明与人文交流高等研究院特约研究员，北京外国语大学历史学院中国古代史研究中心研究员；国家社科基金重大攻关项目（19ZDA261）首席专家，中国唐史学会理事，中国中外关系史学会理事，中国海外交通史研究会理事，中国敦煌吐鲁番学会丝绸之路专业委员会副主任，国家汉办孔子新汉学计划博士生导师，教育部学位中心学位论文评审专家。从事汉唐历史与文学、丝绸之路与中外文化交流史教学与研究，主要著作有《建安唐宋文学考论》《唐代幕府制度研究》《早期中西交通与交流史稿》《三至六世纪丝绸之路的变迁》《中古文史探微》《安史之乱》《丝绸之路的起源》《文明的互动——汉唐间丝绸之路与中外交流论稿》《汉代外来文明研究》《丝绸之路与汉唐文史论集》《诗史之间》《唐诗镜像中的丝绸之路》等，发表学术论文160多篇。完成北京市哲学社会科学规划项目"唐诗之中的丝绸之路文化意蕴"（12WYB019）、国家社科基金后期资助项目"汉代外来文明研究"（14FZS003）、国家社科基金后期资助项目"唐诗见证的丝绸之路变迁"（17FZS001）等。荣获河南省优秀教师奖、北京市高等教育教学成果奖二等奖、第十一届甘肃省优秀图书音像制品及电子出版物奖一等奖、教育部第八届高等学校科学研究（人文社会科学）优秀成果奖。

内 容 提 要
EXECUTIVE SUMMARY

　　本书收入北京外国语大学中国语言文学学院石云涛教授近年来发表的学术论文 18 篇，分属于"丝绸之路交通路线变迁""丝绸之路物质文化交流""丝绸之路与唐诗"几个方面。石云涛近年来在丝绸之路历史文化研究方面成果丰硕，书中选录 5 篇论文，分别探讨了丝绸之路起点的变迁问题、北方草原之路、西北陆上丝路、海上丝绸之路、丝绸之路回鹘道中若干研究相对薄弱的问题。通过丝绸之路上的物质文化交流，中国获得大量物质文明成果，本书中选编 9 篇论文，分别从动物、植物、器物、珠宝、香料、医药等方面探讨了这些物质文化输入的途径及其对中古社会的影响。唐诗是中国传统文化的瑰宝，是唐代社会生活的壮丽画卷，其中有大量与丝绸之路有关的内容。丝绸之路推动了唐诗的繁荣发展，唐诗反映了丝绸之路的盛况。利用唐诗资料研究丝绸之路，可以弥补历史文献的某些不足；从文化交流的背景审视唐诗的发展，可以透视唐诗辉煌成就的深层动因。书中以典型案例的分析深刻揭示了丝绸之路与唐诗的互动关系。

出版说明

　　2021年是中国共产党成立100周年,也是北京外国语大学建校80周年。作为中国共产党创办的第一所外国语高等学校,北外紧密结合国家战略发展需要,秉承"外、特、精、通"的办学理念和"兼容并蓄、博学笃行"的校训精神,培养了一大批外交、翻译、教育、经贸、新闻、法律、金融等涉外高素质人才,也涌现了一批学术名家与精品力作。王佐良、许国璋、纳忠等学术大师,为学人所熟知,奠定了北外的学术传统。他们的经典作品被收录到2011年北外70年校庆期间出版的《北外学者选集》,代表了北外自建校以来在外国语言文学研究领域的杰出成果。

　　进入21世纪尤其是新时代以来,北外主动响应国家号召,加大非通用语建设力度,现获批开设101种外国语言,致力复合型人才培养,优化学科布局,逐步形成了以外国语言文学学科为主体,多学科协调发展的格局。植根在外国语言文学的肥沃土地上,徜徉在开放多元的学术氛围里,一大批北外学者追随先辈脚步,着眼中外比较,潜心学术研究,在国家语言政策、经济社会发展、中华文化传播、国别区域研究等领域颇有建树。这些思想观点往往以论文散见于期刊,而汇编为文集,整理成文库,更能相得益彰,蔚为大观,既便于研读查考,又利于学术传承。"新时代北外文库"之编纂,其意正在于此,冀切磋琢磨,交锋碰撞,助力培育北外学派,形成新时代北外发展的新气象。

　　"新时代北外文库"共收录32本,每本选编一位北外教授的论文,均系进入21世纪以来在重要刊物上发表的高质量学术论文。既展现北外学者在外国文学、外国语言学及应用语言学、翻译学、比较文学与跨文化研究、国别与区域研究等外国语言文学研究最新进展,也涵盖北外学者在政治学、经济学、教育学、新闻传播学、法学、哲学等领域发挥外语优势,开展比较研究的创新成果。希望能为校内外、国内外的同行和师生提供学术借鉴。

北京外国语大学将以此次文库出版为新的起点,进一步贯彻落实习近平新时代中国特色社会主义思想和党中央关于教育的重要部署,秉承传统,追求卓越,精益求精,促进学校平稳较快发展,致力于培养国家急需,富有社会责任感、创新精神和实践能力,具有中国情怀、国际视野、思辨能力和跨文化能力的复合型、复语型、高层次国际化人才,加快中国特色、世界一流外国语大学的建设步伐。

谨以此书,

献给中国共产党成立 100 周年。

献给北京外国语大学建校 80 周年。

文库编委会

庚子年秋于北外

目　录

丝绸之路与唐诗

自　序

我是 1977 年全国恢复高考第一年考上大学的，"77 级"是一代人的徽号。我从小喜欢文学和历史，当时中小学不开历史和地理课，我是凭自学获得的知识参加高考文科考试，考入河南大学（当时叫开封师范学院，在读期间改名河南师范大学）中文系。当时并没有考虑学校的师范性质，也没有想着搞学术，怀揣的是"作家梦"。河南大学中文系有一批学术名师，耳濡目染中逐渐认识到，原来人生还有一条学术的道路。王宽行教授讲授魏晋南北朝文学，声情并茂，既深刻又生动，让我对魏晋南北朝文学特别感兴趣。当时手抄大量的资料，立志研究中古文学。王老师告诉我，搜集资料是基础工作，重要的是利用这些资料研究问题，促使我发表了第一篇学术论文《〈洛神赋〉的写作时间》，这篇论文还被中国人民大学报刊复印资料《中国古代近代文学》转载，对我是一种鼓励。大学毕业后，我被分配到许昌师范专科学校（今许昌学院）中文系任教，讲授唐宋文学。我兢兢业业从事教学和研究，受到学生和学校的好评，1987 年被评为河南省"优秀教师"，并晋升为讲师。

但我自知专业基础薄弱，所以寻找继续深造的机会。1990 年，我考入武汉大学中文系，师从苏者聪教授，攻读中国古代文学专业硕士学位，研究方向是唐代文学。记得面试时苏老师问我一个问题："你说喜欢唐诗，那你最喜欢哪个诗人？"我回答是"王维"。她问我："王维的诗是怎么读的？读完了吗？"我很诚实地回答："没有。"入学后，老师第一个要求就是把《全唐诗》读一遍。系统阅读唐诗，是研究唐代文学的基本功。不管从事哪个领域的研究，这个领域的基本文献必须系统阅读，没有这个过程，后来的研究就缺乏根底。没有老师的这个要求和研究生阶段的学习，我可能想不到先把《全唐诗》从头到尾读一遍。后来的毕业论文选题就是这样读出来的。

武汉大学有研究生中期分流制度，即在研二时，根据考核，具备条件者可以提前毕业，获取学位，也可以直接攻读博士学位。我在学位课程成绩和发表的学术成果方面具备条件，获得进入历史系中国三至九世纪研究所攻读博士学位的机会。研究所由著名史学家唐长孺先生创办，师资队伍极强，名师众多，我为获得这一学习机会深感庆幸。开学第一次见导师朱雷先生，老师的话印象最深的是："搞学术很苦，但深入下去也有乐趣。"朱老师请唐长孺先生为我们授课，唐先生的课叫"魏晋南北朝隋唐史概论"，内容就是他即将出版的《魏晋南北朝隋唐史三论》。这本书是先生长期从事魏晋南北朝隋唐史研究的一个总结，具有很高的学术价值。朱老师给我们讲授的是魏晋南北朝隋唐史史料学，对我的要求是把新旧《唐书》对照着读，系统地读一遍，再考虑博士论文选题。我就是在听唐先生和朱老师授课、系统研读唐史基本文献和耳濡目染三至九世纪研究所诸位先生的学术研究工作中走上史学道路的。

从文学研究跨入历史研究，既是机遇，更是挑战。要读的书特别多，更重要的是思维方式的转换。朱老师对我的希望是从文史结合上找到自己的方向，我是在老师的这种启发下，系统阅读唐史基本文献，又在了解唐史研究动态的基础上，选择了唐代幕府制度这一选题。当时没有电脑，收集资料都是抄卡片，我抄了一整箱的卡片。后来完成毕业论文写作并通过答辩，朱老师说："我原来估计你不是大胜就是大败。大胜就是说，你搞文学出身，在思路上可能会跳出我们惯常的套路，有新的视角；可能大败是因为你毕竟不是学历史出身，担心你不能进入历史研究的境界，入不了行。"可见老师对我能否完成博士论文是有担心的。我的博士论文后来加工成为《唐代幕府制度研究》一书，40多万字，经过严格评审，获得唐研究基金会资助出版，在国内外都产生了一定影响。

1996年，我任教于北京外国语大学中国语言文学学院，学术上又来了一次转向。当时有一门本科生中外文化交流史课程，我主动承担了这门课的教学。从1998年开始，这门课程曾经作为全校选修课和中国语言文学学院本科生必修课开设。这对我来说是一个新的领域，没有教学大纲和教材，我花了大量时间查阅资料，编制教学大纲，逐渐形成了自己的思路，先后获得校级、北京市、教育部和国家社科基金项目立项，并完成结项，出版了《早期中西交通与交流史稿》《三至六世纪丝绸之路的变迁》《汉代外来文明研究》《丝绸之路的起源》《文明的互动——汉唐间丝绸之路与文化交流论稿》《唐诗镜像中的丝绸之路》等专著。丝绸之路历史文化的研究本来是冷门，记得在北京外国语大学一次全体教师大会上郝平校长表扬我，说我在比较冷的专业上竟然发表了不少成果。2013年9月和10月由国家主席习近平分别提出建设"丝绸之路经济带"和"21世纪海上丝绸之路"（简称"一带一路"）的合作倡议；2014年6月22日，在卡塔尔首都多哈召开的第38届世界遗产大会上，中国、哈萨克斯坦、吉尔吉斯斯坦三国联合申报的"丝绸之路：长安——天山廊道的路网"项目，作为线路文化遗产成功列入《世界遗产名录》，丝绸之路历史文化研究逐渐形成热潮，冷门变成了热门。我这几年的研究也适应这一变化，取得了一些小小的成绩。

回顾自己的学术道路，每一次学术转向都是为了适应不同的工作和学习环境造成的，开始都是被动的，都很吃力，因为进入一个新的领域，总有一个从头做起的过程。但经过一段时间的磨炼，在几个领域都有一定基础的时候，倒是发现在学术上有了更大的空间，它们都是互相联系的。从事某个问题研究时往往能从不同角度思考问题，这或许比一直在某一个专业领域里从事研究更具有优势。过去学术分工太细，学者视野受到很大局限，现在大家又开始重视综合的好处，我是不自觉或者说是被动地走向综合的。我现在从事丝绸之路历史文化研究需要历史、文学、丝绸之路和中外文化交流史等几个领域的知识背景，还要了解和利用世界史、考古学、文化学、宗教学、历史地理、海外汉学等多种学科的研究成果。没有交叉学科的背景，这个课题就不容易做好。

北京外国语大学是一座学风开明、名家辈出的名校，我在这里已经工作了25年，学校对我的工作、学术和生活给予了许多关照。这些年来取得的一点点成绩，与学校的多方面支持有关，内心里有感恩戴德之情。2021年是学校八十年校庆，这部论文集是献给学校华诞的一份薄礼。这点儿微不足道的成绩令我汗颜，但总算是在北京外国语大学工作这么多年的一个总结，用以表达我对学校的心意和敬意。

石云涛

2020年12月6日

丝绸之路交通路线变迁

汉唐间丝绸之路起点的变迁

从"丝绸之路"这一概念提出,至今已一个多世纪,丝绸之路研究成果丰硕。由这一概念引发的争论很多,有的学术界已有定论,也有许多问题需要进一步探讨。我们注意到,丝绸之路的研究还遭遇到各种非学术因素的影响,人们从不同需要或某种功利目的出发发表意见,不免背离学术的原则,从而产生种种歧见。传统意义上的丝绸之路主要指汉唐间经行陆路贯通亚洲与欧洲、非洲的贸易和交流之路,那时丝绸贸易在国际间经济文化交流中发挥着媒介和杠杆作用,丝绸贸易的发展带动了中国与外部世界经济文化的交流,促进了世界各地的相互了解和认识。丝绸之路又是一个动态发展的概念,在千余年的历史时期内,它发生过不少变化,因此不能用静止的眼光看待它,本文想从汉唐间丝绸之路起点的变迁谈点个人的认识,主要限定西北丝路即传统意义上的绿洲路的范围来谈。

一、丝绸之路的历史起点

丝绸之路起点一直是人们关注的话题,它包括两方面的含义:一是历史起点,即丝绸之路何时创辟,以丝绸贸易为代表的中西文化交流是从什么时候开始的。二是空间起点,即历史上以丝绸贸易为代表的中西文化交流是以什么地方为出发点的。按说,经济贸易和文化交流是双向的传播,那么东西方互为这种贸易交流之路的起点和终点,但既然把丝绸作为这种贸易和交流的代表性商品,既然中国是丝绸的故乡,那么丝绸之路的起点当然应该从中国一方考虑。从丝绸输出一方考虑,这两个起点的答案是不同的,因为历史起点只有一个,一个事件的发生只能有一次。但空间的起点却会发生变迁,因为空间上的地点会随着时代不同发生转换,这是由多种因素造成的。

中国丝绸是什么时候最早外传的呢?跟追溯任何事物的历史起源一样,丝绸最早西传的时间难以确知。从文献记载看,丝绸贸易在商代经济领域已经起着重要作用。《管子》卷二四《轻重》篇云:"殷人之王立帛牢,服牛马,以为民利,而天下化之。"①《尚书·酒诰》记载,周公派唐叔告诫殷遗民:"肇牵牛车,远服贾用,孝养厥父母。"②反映那时已经存在丝绸的长途贩运。恩格斯在《家庭、私有制和国家的起源》中说:"随着生产分为农业和手工业,这两大主要部门,便出现了直接以交换为目的的生产,即商品生产;随之而来的是贸易,不仅有部落内部和部落边境的贸易,而且海外贸易也有了。"③随着丝织业从农业中分离出来,丝绸贸易便产生了。由于丝绸绢帛轻便,又因为价格昂贵,能够牟取暴利,产品精美,受到欢迎,因此成为商人们乐于进行长途贩运的货物。

至于西传只能确定大概的时间,那就是大约在西周中期,而至春秋战国时期已经形成相当的规模。西周中期,周穆王(约公元前976至前922年在位)西征犬戎,打开了通往大西北的草原之路。穆王西征故事,《竹书纪年》和《穆天子传》及《史记》中之《秦本纪》《赵世家》皆有记载。所说穆王向西巡狩,直到西王母居住的地方。穆王第二次西征是一次有征无战的行动,目的是恢复和发展与西北各族的友好关系。《竹书纪年》"周穆王"条记载:"十七年王西征昆仑丘,见西王母。其年西王母来朝,宾于昭宫。"④事在公元前960年。《穆天子传》记载,穆王从王都宗周出发,率六师西行。他带有大量金银朱砂和丝帛作为馈赠之礼,每到一处,就以丝绸、铜器、贝币和朱砂馈赠各部落酋

---

① (春秋)管仲撰:《管子》卷24《轻重》,载《二十二子》,上海古籍出版社1986年版,第191页。

② (唐)孔颖达等撰:《尚书正义》卷14《酒诰》,载《十三经注疏》,中华书局1980年版,第206页。

③ 《马克思恩格斯选集》(第4卷),人民出版社1995年版,第163—164页。

④ (清)徐文靖撰:《竹书纪年统笺》卷8,载《二十二子》,上海古籍出版社1986年版,第1079页。

长,各部落酋长向他赠送马、牛、羊、酒和穄麦。最后到西王母之邦,穆王赠以丝绸,并与西王母会宴于瑶池之上。

从考古发现来看,至公元前五六世纪,即中国春秋末期,中国丝绸已经成为希腊上层社会的华丽服装。里希特(Gisela M.A.Richter)《希腊的丝绸》一文认为,雅可波利斯的科莱(Kore)女神大理石像,胸部披有薄绢,是公元前530年至前510年的作品。① 公元前五世纪雅典生产的陶壶彩绘人像,身着细薄的衣料。公元前四世纪中叶的陶壶狄奥希索斯(Diohysos)和彭贝(Pompe)亦是②。克里米亚半岛库尔·奥巴(Kul Oba)出土公元前三世纪希腊制作的象牙板,绘有"波利斯的裁判",将希腊女神身上穿着的纤细衣料表现得十分逼真,透明的丝质罗纱将女神的乳房和脐眼完全显露出来③。雅典卫城巴特农神庙"命运女神"像(公元前438至前431年)、希腊雕刻家埃里契西翁的加里亚狄(Karyatid)像等公元前五世纪的雕刻杰作,人物都穿着透明的长袍(Chiton),衣褶雅丽,质料柔软,皆丝织衣料④。野蚕丝织成的帛达不到这种细薄透明的程度,希腊没有饲养家蚕的技术,那时只有中国才能生产出这种细绢。

中国丝绸是如何传入遥远的欧洲呢?虽然有学者质疑古典希腊时代不可能有中国丝绸,但从考古发掘的资料看,春秋、战国时期中原地区丝绸的流通方向就是通过河西走廊进入新疆地区,通过西域各族人民流入中亚和更远的地区。从1928年至1949年,在今俄罗斯戈尔诺—阿尔泰地区的乌拉干河畔、卡通河和比亚河上游,发掘了一批时间相当于中国春秋战国时代的古墓,出土了一批中国制造的丝织物。其中巴泽雷克3号墓和5号墓出土的绢、绸,其图案有形态优美的凤凰,在一幅绣帷上绣着非本地所有的飞鹤,应该是来自中国的丝织工艺品。1977年在新疆阿拉沟东口,发现春秋战国时期的丝织品和漆器,出土的菱形链式罗是内地的新产品,由于外销已经沿着丝绸之路传到了天

---

① 美国考古学会编:《美国考古学杂志》(*Archeology Magzine*),1929年版,第27—33页。

② [英]里希特(Gisela M.A.Richter)著:《希腊艺术指南》,伦敦:1959年版,图460。

③ [英]明斯(E.H.Minns)著:*Scythians and Greeks*,剑桥:1913年版,第204页,图101;沈福伟著:《中西文化交流史》,上海人民出版社1985年版,第22—23页。

④ 刘增泉著:《古代中国与罗马之关系》,文史哲出版社1995年版,第89页。

山山麓。在乌鲁木齐鱼儿沟发现过战国时中原地区的丝织品。在克里米亚半岛的刻赤附近古希腊人殖民地遗迹中,也有中国早期丝绸出土,从同出器物的铭文可以判断属于公元前三世纪的产品①。德国斯图加特市霍克杜夫村发掘一座公元前六世纪的凯尔特人墓葬,发现有中国蚕丝绣品②。这些考古发现勾画出早期中国丝绸西传的坐标。

早期中西交通的这条道路被称为欧亚草原之路。欧亚大陆间草原是非常宽阔的地带,草原游牧民族"逐水草而居",没有长久的定居处,因而古代通过欧亚草原游牧民族进行的中西之间的交通,其具体路线难可详考。现代学者根据希罗多德笔下草原居民活动的分析,推测西从多瑙河,东到巴尔喀什湖是宽广的草原道,中间需要越过第聂伯河、顿河、伏尔加河、乌拉尔河或乌拉尔山。往东与蒙古高原相通的大道有三道:第一道在东及巴尔喀什河西缘时,从东南折向楚河谷地,而后进入伊犁河流域。从这里沿着天山北麓一直向东,直到东端的博格达山以北。从博格达山北麓向北,还可以走向蒙古高原的西部。第二道从伊犁河流域偏向东北,进至准噶尔盆地,直抵阿尔泰山西南山麓;或者从东钦察草原东进至额尔济斯河中游,沿着其支流的河谷和宰桑湖南缘进至阿尔泰山。在绵亘的阿尔泰山脉上,有不止一处可以越过的通道,著名的达坂(山口)有三个,即乌尔莫盖提、乌兰和达比斯。第三道从东钦察草原东缘向东,渡过额尔济斯河抵达鄂毕河,然后沿着鄂毕河上游卡通河谷地进至蒙古草原。这条道路上有阿尔泰山和唐努乌梁山之间的崎岖山地,相当艰险。相对而言,第一道是最易通行的道路。③

但是,直到公元前二世纪中叶,即汉武帝时,丝绸西传和以丝绸贸易为代表的中西交流是零散的、间断的和辗转进行的。中西间贸易得到国家有效的组织、有意识的提倡和大力推行,形成较大规模并引发此后中西间经济贸易和文化交流的持续开展,不能不承认在中国历史上是从汉武帝时代开始的。为了拉拢和联合与匈奴有仇的大月氏人共击匈奴,汉武帝遣张骞冒险出使西域,

---

① 参戴禾、张英利:《中国丝绸的输出与西方的"野蚕丝"》,《西北史地》1986年第1期。

② 美国《国家地理杂志》(National Geographic)1983年3月号。

③ 黄时鉴:《希罗多德笔下的欧亚草原居民与草原之路的开辟》,载氏著《东西交流史论稿》,上海古籍出版社1998年版,第1—14页。

但张骞出使西域的目的没有达到。十余年后，张骞从西域归来，向汉武帝汇报了西域见闻，引起汉武帝对西域奇物和显扬威德的追求，于是再次派张骞出使西域，在拉拢乌孙的同时，扩大与西域的交往。这一次与乌孙建立统一战线的目的仍然没有达到，但与西域的联系却建立起来。乌孙遣使随张骞至汉，双方建立了友好交往的关系；张骞的那些副使被派到西域各地，他们从西域归来时，都带来了西域的使节，于是"西北国始通于汉矣"①。此后汉朝与西域各地的交通和交流便大规模地开展起来，由于匈奴的强盛造成中原地区与西域的隔绝状态被打破了。说张骞出使西域开辟了丝绸之路是从这个意义上说的，实际上张骞出使西域的结果是在已经存在的中西交通的基础上有所开拓而已，但这种开拓具有划时代的意义。把张骞出使西域作为丝绸之路开辟的标志性的事件已经被人们广泛接受，但应该认识到，中国丝绸西传以及中西交通的发生绝不是张骞出使西域以后才有的事情。

二、汉代丝绸之路起点的转换

丝绸之路的空间起点与历史起点有联系，因为丝绸之路最早创辟的出发点应该就是最早的空间上的起点。西周以镐京为政治中心，那是周穆王西征的起点，穆王往返经行各地和道里途程，在《穆天子传》中有专门记载和统计，便是"自宗周、瀍水以西，至于河宗之邦、阳干之山"，而后辗转至"西王母之邦"，"□（宗）周至于西北大旷原，一万四千里，乃还"。② 宗周政治中心镐京在今陕西长安县境内，张骞出使西域时西汉国都长安与之大致相同，皆在今之西安市南部。因此，长安即今之西安成为丝绸之路最早的起点，这是没有争议的。我们把一个城市作为丝绸之路起点的标志，但是这样的城市却不是固定不变的，由于各种各样的原因，一个城市政治经济地位常常发生巨大的变化，长安也是如此。如果长安没有永远保持政治经济中心的地位，丝绸之路起点

---

① 《史记》卷63《大宛列传》，中华书局1982年版，第3169页。
② （明）程荣纂辑：《汉魏丛书》，吉林大学出版社1992年版，第298页。

的地位便不可避免地旁落或转移其他城市。

这里涉及到什么样的城市能够被称为丝绸之路的起点城市。我们认为,作为丝路起点的城市,应该具备如下几个条件:(1)一个统一王朝或影响较大的割据政权的首都,它是来华使节的终点和目的地,是代表政府出使外国的使节的主要起点或出发地。古代使节通常代表着大规模的商贸交易和文化交流,使节往还与经济贸易和文化交流互相交织,密不可分。(2)这个王朝或政权在一定时期内有较多的对外交往的活动,在中外关系和文化交流史上具有重要地位。中国古代有统一时期,也有分裂割据时期,不是每一个朝代每一个王朝都有对外交往的活动。(3)这个城市作为一个政治、经济和交通中心,对周围地区具有较大的辐射作用。它是进出口商品及精神产品的最大和最重要的集散地,在星罗棋布的城市格局中它具有明显的中心地位。在漫长的岁月中,丝路的起点和走向都不是一成不变的。它常随中国中原政权都城的迁徙、各少数民族、各地区、各国与中原朝廷的关系的好坏和政治形势的变化而转移或摆动。总的来看,西汉时丝路起点在都城长安,东汉时随政治中心的转移则延伸至洛阳。

东汉建立,以洛阳为首都,丝路东端随之由西汉时的长安东移至洛阳。古代贸易以贡使贸易为主,彼此间贡使活动则是主要的贸易活动,而贡使贸易的主要目的地则是对象国之首都,诸国接待外来使节的机构和活动当然也主要在首都。西汉时,长安涉外机构主要有鸿胪寺和主客曹,禁中少府属官黄门令也负责部分对外事务。他们的任务是负责为皇室搜罗天下宝物和奇禽异兽。长安城内还设有专门接待海外来宾的馆舍,称"蛮夷邸",在长安城内藁街。这些机构和设置在东汉时皆置于洛阳。王莽时改大鸿胪为典乐,东汉又改为大鸿胪,从此成为固定的名称。主客曹在光武帝时又分为南主客曹和北主客曹。据《后汉书·西域传》,洛阳亦有"蛮夷邸"。同书《南匈奴传》记载,又有"胡桃宫",皆是为外商和外国使节在洛阳的活动所提供的场所。尚书中宫官为皇帝的近密和喉舌,大鸿胪是外官,属外朝,他们相互配合,共同负责外交事务。皇帝关于外交方面的指令,通过尚书撰写为诏令,下达大鸿胪具体执行和运作。这些处理外交事务的机构在首都,因此首都当然是中外交往的中心,都城的东迁必然牵动中西交通路线的向东延伸。

东汉时汉使出行自洛阳出发,西域各地使节东行亦至洛阳。东来的西域质子、使者和商胡则至洛阳,深入中国内地。《后汉书·西域传论》云:"汉世张骞怀致远之略,班超奋封侯之志,终能立功西遐,羁服外域。自兵威之所肃服,财赂之所怀诱,莫不献方奇,纳爱质,露顶肘行,东向而朝天子。"①据《后汉书·和帝纪》,永元七年(95年),班超"大破焉耆、尉犁,斩其王。自是西域降服,纳质者五十余国"。②洛阳附近有西域胡人活动的记载。《后汉书·梁冀传》记载,梁冀起菟园于河南城西,"尝有西域贾胡,不知禁忌,误杀一菟"。③蔡邕《短人赋》所写即域外人之后裔,其序云:"侏儒短人,僬侥之后,出自外域,戎狄别种。去俗归义,慕化企踵,遂在中国,形貌有部(一作别)。名之侏儒,生则象父。"④由于西域人在中原地区人数不少,汉末的繁钦才能通过观察分辨出各地人相貌的不同,他的《三胡赋》云:"莎车之胡,黄目深精,员耳狭颐;康居之胡,焦头折额,高辅陷口,眼无黑眸,颊无余肉;罽宾之胡,面象炙猬,顶如持囊,隙目赤眦,洞额仰鼻。"⑤二十世纪初,马衡收集到出土于洛阳的三块刻有佉卢文题记的弧形条石,据林梅村的研究,此类刻石原为东汉时当地世俗井栏之构件,题记与公元179年数百名贵霜大月氏人流寓洛阳的史实有关。⑥由此可以推知东汉时京师洛阳地区已有属于犍陀罗语族的中亚人士于此聚居。1987年洛阳东郊汉墓出土一件羽人铜像,深目高鼻,紧衫窄袖,明显具有西域胡人相貌特征。⑦

由于东来西往的行人以洛阳为出发点或目的地,《后汉书·西域传》中记西域诸地至中国道里远近,则以洛阳为坐标,如安息"去洛阳二万五千里",大月氏"去洛阳万六千三百七十里",莎车"去洛阳万九百五十里",疏勒"去洛阳

---

① 《后汉书》卷88《西域传论》,中华书局1965年版,第2931页。

② 《后汉书》卷4《和帝纪》,中华书局1965年版,第179页。

③ 《后汉书》卷34《梁冀传》,中华书局1965年版,第1182页。

④ (唐)徐坚等著:《初学记》卷19,中华书局1962年版,第463页。

⑤ (宋)李昉等撰:《太平御览》(第4册),上海古籍出版社2008年版,第485页。

⑥ 林梅村著:《西域文明:考古、民族、语言和宗教新论》,东方出版社1995年版,第387—402页。

⑦ 张乃翥:《论洛阳与中外文化交流史相关的若干考古学资料》,载《洛阳——丝绸之路的起点》,中州古籍出版社1992年版,第268页。图见《洛阳出土文物集粹》,朝华出版社1990年版,图49。

万三百里"。异域贡物所至乃中州洛阳,正如王逸《荔枝赋序》所云:"大哉圣皇,处乎中州,东野贡落疏之文瓜,南浦上黄甘之华橘,西旅献昆山之蒲桃,北燕荐朔滨之巨栗。"①在"商胡贩客,日款于塞下"的东汉时代,西域商胡千里迢迢赶至洛阳进行商业活动。据《河南志》卷二引华延俊云,洛阳城中位于南北二宫之西的金市、城东的马市和城南的南市都是当时的工商业区,因丝路起点的东移盛极一时。洛阳"至有走卒奴婢被绮縠"②,反映了当时丝织业之发达。西方人以丝路西端的罗马相比较也举出洛阳,赫德逊(G.F.Hudson)在《欧洲与中国》一书中说,二世纪时丝绸品在罗马帝国极西的海岛伦敦流行的程度"像在洛阳一样普遍",③就是从丝绸之路两端进行比较的。佛教之东传,西域僧人入华传教首至洛阳。《高僧传》卷一记载,摄摩腾"冒涉流沙,至乎洛邑。明帝甚加赏接,于城西门外立精舍以处之,汉地有沙门之始也"。④ 竺法兰与摄摩腾同至洛阳译经。安清则"以汉桓之初,始到中夏"。⑤ 支娄迦谶则于"汉灵帝时游于洛阳",安息优婆塞安玄"亦以汉灵之末游贾洛阳"。⑥ 入华第一批高僧皆至洛阳,西域之游商也来到洛阳。

洛阳既是当时全国政治、经济和文化中心,又是丝绸之路的起点。洛阳自古以来便有"居天下之中"之说,以此为中心交通全国各地比之其他城市都较便利。自洛阳往南,第一大商镇是当时被称作南都的宛(今南阳),从此南下可达江夏与江陵;自江陵往南,经长沙、桂阳而至番禺(今广州),番禺是南海贸易的中心地,这就把海陆两道丝路联接起来。洛阳这种交通中心的地位是为中外文化交流提供了便利的。从国际环境看,东汉时东西方陆路贸易的条件更为便利。公元1世纪后期,被称为欧亚大陆四大帝国的东汉、贵霜、安息和罗马都处于昌盛发达的阶段,他们在军事上都日益强大,逐步吞并了欧亚大

① (清)严可均纂辑:《全上古三代秦汉三国六朝文》卷57,中华书局1958年版,第784页。
② 《后汉书》卷5《安帝纪》,中华书局1965年版,第228页。
③ [英]赫德逊著:《欧洲与中国》,李申等译,中华书局1995年版,第59页。
④ (南朝梁)释慧皎撰,汤用彤校注:《高僧传》卷1《摄摩腾传》,中华书局1992年版,第1页。
⑤ (南朝梁)释慧皎撰,汤用彤校注:《高僧传》卷1《安清传》,中华书局1992年版,第4页。
⑥ (南朝梁)释慧皎撰,汤用彤校注:《高僧传》卷1《支娄迦谶传》,中华书局1992年版,第10页。

陆的大部分疆上。西方的罗马帝国处于全盛时期,东方的东汉王朝也正如日中天,中亚的贵霜王朝统治着今阿富汗和印度北方的广大地区,处于历史最强盛时期。安息则处于三大帝国之间,发挥着重要的中介和缓冲作用。四大帝国都希望在丝路贸易中获利,他们都推行着有利于对外交流的贸易政策。东西方之间以丝绸贸易为代表的经济文化交流进入一个新的发展阶段。汉末大乱,洛阳遭到破坏,中西交通曾有短时间的停滞,曹魏时洛阳迅速恢复了昔日的重要地位。

三、魏晋南北朝时期丝路起点的迁移与多元化

在三至六世纪中国处于分裂动荡的时代中,由于中国境内经常存在多个政权对峙的局面,随着政治中心的多元化和洛阳的盛衰变化,丝路起点出现迁移和多元化倾向。按照我们的认识,洛阳、长安、平城、邺城都曾在一定时期内担负起丝绸之路起点的任务。

作为丝路起点城市,洛阳有过两起两落。曹丕代汉自立,迁都至洛阳,西晋仍以洛阳为首都。经过曹魏、西晋的建设,洛阳又成为北方乃至全国政治、经济中心和著名的繁华都市,左思《三都赋·魏都赋》中有详细的描写。泊永嘉之乱和十六国割据,洛阳再次残破。北魏平定中原,将首都自平城迁至洛阳,洛阳成为中国北方的经济、政治和文化中心,并恢复了在中西交通中的重要地位。北魏末年,洛阳再次成为战乱的中心,又一次失去其丝路起点的地位。魏晋和北魏都洛之时,洛阳都发挥着丝路起点的作用。

曹魏通过河西走廊与西域保持着密切联系,洛阳作为首都是诸国使节往来和西域商胡东来贩贸的目的地。曹魏时中原地区丝织业得到恢复,马钧在洛阳"思结余机之变",改进丝织技术,[①]提高了织绫效率,说明洛阳有官办的蚕桑丝织业,并且丝织技术高超灵巧。据左思《魏都赋》描写,洛阳是各地包括丝织品在内的各种产品的集散地,城内有"卫之稚质、邯郸丽步、赵之鸣瑟,

---

① 《三国志》卷29《魏书·方技传》,裴松之注引,中华书局1959年版,第807页。

真定之梨、故安之栗,醇酎中山、流湎千日,淇洹之笋、信都之枣,雍丘之粱、清流之稻,锦绣襄邑、罗绮朝歌、绵纩房子、缣緦清河"。① 后四者可谓其时四种名优丝织品,其产地在今河南、河北和山东。这个描写说明来自各地的产品充斥于洛阳市场。洛阳又是繁华的国际都会,据《傅子》记载,魏齐王芳时"其民四方杂居,多豪门大族,商贾胡貊,天下四方会利之所聚"②。在这里,中原地区的丝织品通过繁荣的对外贸易而流布四方。黄初三年(222年)"西域外夷,并款塞内附""是岁,西域遂通"③。随后"大月氏王波调,遣使奉献"④;"西域重译献火浣布"⑤。史载"魏兴,西域虽不能尽至,其大国龟兹、于阗、康居、乌孙、疏勒、月氏、鄯善、车师之属,无岁不奉朝贡,略如汉氏故事"⑥。仓慈任敦煌太守,"常日西域杂胡欲来贡献,而诸豪族多逆断绝,既与贸迁,欺诈侮易,多不得分明。胡常怨望,慈皆劳之。欲诣洛者,为封过所;欲从郡还者,官为平取,辄以府见物与共交市,使吏民护送道路。由是,民夷翕然称其德惠"。⑦ 说明那些途经敦煌的胡商大多以洛阳为最后的目的地。佛教也通过丝绸之路继续传入中国。嘉平二年(250年),中天竺僧人昙柯迦罗、月氏高僧竺法护等皆曾游化洛阳。昙柯迦罗译出《僧祇戒心》,建立羯磨法,创行受戒,中土始有正式沙门。⑧

西晋建立,继续以洛阳为都城。由于西晋完成了全国统一,洛阳成为全国政治经济中心,史书上记载西域各地道里,则以洛阳为起点。《晋书·四夷传》记载:"焉耆国西去洛阳八千二百里""龟兹国西去洛阳八千二百八十里""大宛西去洛阳万三千三百五十里"⑨。随着社会经济的发展,洛阳的工商业和对外贸易进一步繁荣。晋时洛阳有三市,即宫城西首的金市、城东建春门外

---

① （南朝梁）萧统编:《文选》卷6,上海书店1988年版,第89页。

② 《三国志》卷21《魏书·傅嘏传》,裴松之注引,中华书局1959年版,第624页。

③ 《三国志》卷2《魏书·文帝纪》,中华书局1959年版,第79页。

④ 《三国志》卷3《魏书·明帝纪》,中华书局1959年版,第97页。

⑤ 《三国志》卷4《魏书·齐王芳纪》,中华书局1959年版,第117页。

⑥ 《三国志》卷30《魏书·乌丸鲜卑东夷传》,中华书局1959年版,第840页。

⑦ 《三国志》卷16《魏书·仓慈传》,中华书局1959年版,第512页。

⑧ （南朝梁）释慧皎撰,汤用彤校注:《高僧传》卷1《昙柯迦罗传》《竺法护传》,中华书局1992年版,第13、23页。

⑨ 《晋书》卷97《四夷传》,中华书局1974年版,第2542、2543页。

的马市、城南的羊市，成为中外客商交易之所。西晋时晋与西域各地保持密切关系，史载晋武帝代魏登基，"匈奴南单于四夷会者数万人"①。晋武帝泰始(265—275年)及太康(280—290年)年间，康居、焉耆、龟兹、大宛、大秦皆有来华朝贡的活动。《晋书·四夷传》"康居"条记载，晋武帝泰始年间，康居王那鼻遣使上封事，并献善马。太康六年(285年)，武帝曾遣杨颢出使大宛，诏封兰庚为大宛王。"大宛"条记载："太康六年，武帝遣使杨颢拜其王蓝庚为大宛王。蓝庚卒，其子摩之立，遣使贡汗血马。"②焉耆及龟兹王均遣子前来洛阳"入侍"。③ 1907年，斯坦因在敦煌西北长城烽燧址发现的粟特文书信第二号信札，是以姑臧(今甘肃武威)为中心从事商业活动的粟特胡人寄往家乡撒马尔罕的信。信写于西晋末年，信中言及他们在中国的经商活动，讲到他们来中国内地已经八年，他们到洛阳经商的情况。信中写道他们派一位叫阿尔蒂赫弗班达(Artixv Banday)的人率商队赴中国内地，"又已过去四年，因为商队是从姑臧启程的，故他们在第六个月才到达洛阳。在洛阳的印度人和粟特人都破了产，并都死于饥馑。"④反映当时洛阳确实成为域外各国商人会集之地。

在西晋末年"八王之乱"和"五胡乱华"中，洛阳成为动乱的中心。经过一系列战争的破坏，繁华一时的洛阳化为废墟。洛阳又一次失去全国政治经济中心的地位。后赵石勒时又开始营建洛阳，史载石勒"以成周土中，汉晋旧京，复欲有移都之意，乃命洛阳为南都，置行台治书侍御史于洛阳"⑤。北魏孝文帝于太和十八年(494年)迁都洛阳，北魏重建汉魏洛阳故城，增筑东西二十里、南北十五里的外郭城。新兴的洛阳城工商业十分发达，内外城之间西有西阳门外的"大市""周回八里"。东有青阳门外的"小市"，南有跨越洛水永桥以南的"四通市"，总称"洛阳三市"。洛阳又成为中国北方交通四方的中心和丝绸之路的起点。至东魏孝静帝天平元年(534年)迁邺，北魏分裂，洛阳再遭浩劫。北魏都洛时间并不长，但在四十多年中，洛阳的商业和文化发展以及对

① 《晋书》卷3《武帝纪》，中华书局1974年版，第50页。
② 《晋书》卷97《四夷传》，中华书局1974年版，第2544页。
③ 《晋书》卷97《四夷传》，中华书局1974年版，第2542—2543页。
④ 陈国灿：《敦煌所出粟特文信札的书写地点和时间问题》，载《魏晋南北朝隋唐史资料》(一至七辑合订本)，香港中华科技(国际)出版社1992年版，第11页。
⑤ 《晋书》卷105《石勒载记下》，中华书局1974年版，第2748—2749页。

外交流形成相当繁盛的局面。据《洛阳伽蓝记》卷四记载,北魏时洛京府库所藏"锦罽珠玑、冰罗雾縠,充积其内,绣缬、紬绫、丝彩、越葛、钱绢等不可数计"①。正是在北魏与域外广泛交往的背景下,西域各地入华至洛阳和以洛阳为起点沿丝路西行的人士都很多。

第一,交接双方的使节。来华的使节一般必须来到洛阳才能完成他们的使命,而奉朝廷之命出使外国的中国使节则一般从洛阳出发。洛阳再度成为丝绸之路的起点。自董琬等出使西域后,西域"遣使与琬俱来贡献者,十有六国,自后相继而来,不间于岁,国使亦数十辈矣"②。据统计,仅从景明元年(500年)至神龟元年(518年)的十九年间,诸地"遣使朝贡"至洛阳者达六十一次之多。西域诸地使节朝贡物品,以贡至洛阳为终点。《洛阳伽蓝记》卷三记载:"永桥南道东有白象、狮子二坊。白象者,永平二年,乾罗国胡王所献。""狮子者,波斯国胡王所献也,为逆贼万俟丑奴所获,留于寇中。永安末,丑奴破,始达京师。"③北魏使节则将中原丝织品赍往西域,国使数十辈则从洛阳出发,如宋云西行,以丝绸制成幡、香袋等佛教用品,随方施舍,以作功德。当北魏政权与西域展开大规模交往时,众多来自西域的使节经过长途跋涉,来到洛阳④。

第二,许多来华的西域僧侣和西行求法的中土僧人。迁都洛阳的北魏统治者崇信佛教,吸引大批西域僧人不远千里来到洛阳。北魏盛时,洛阳城内外寺院达1367所。《洛阳伽蓝记》卷四记载:"时佛法经像盛于洛阳,异国沙门,咸来辐辏。负锡持经,适兹乐土。"宣武帝立永明寺以憩之,其寺"房庑连亘,一千余间","百国沙门,三千余人"⑤。有的西域僧人也在洛阳建立寺院,如

① (北魏)杨衒之撰,范祥雍校注:《洛阳伽蓝记校注》卷4,上海古籍出版社1978年版,第207页。

② 《北史》卷97《西域传序》,中华书局1974年版,第3206页。

③ (北魏)杨衒之撰,范祥雍校注:《洛阳伽蓝记校注》卷3,上海古籍出版社1978年版,第161页。

④ 参见石云涛:《三至六世纪丝绸之路的变迁》(第2章),文化艺术出版社2007年版,第147—161页。

⑤ (北魏)杨衒之撰,范祥雍校注:《洛阳伽蓝记校注》卷4,上海古籍出版社1978年版,第235—236页。

"菩提寺,西域胡人所立也"①;"法云寺,西域乌场国胡沙僧昙摩罗所立也"。②
可见奔波于丝绸之路上以洛阳为目的地的佛教僧侣人数之众。中土使节僧侣
西行取经的,亦多从洛阳出发,最后又回到洛阳,例如宋云、惠生等。汤用彤先
生说:"当魏全盛,威权及于今之新疆及中亚细亚(月氏故地)。故中印间之行
旅商贾,多取此途。经像僧人由此来者,亦较为南方海程为多""而西方传教
者,由陆路东来,先至凉州""由凉东下至长安,进至洛阳,俱为中国佛法之中
心地点。"③

　　第三,商旅和来华定居的各色人等人数众多。北魏朝廷在洛阳宣阳门外
四里永桥以南,安置外国归附者。据《洛阳伽蓝记》卷三"城南"记载,在四通
市之南"伊洛之间,夹御道有四夷馆,道东有四馆:一名金陵,二名燕然,三名
扶桑,四名崦嵫。道西有四里:一曰归正,二曰归德,三曰慕化,四曰慕义"。
其中前三馆和前三里,分别为吴人、北夷、东夷来附所居及赐宅处,而"西夷来
附者,处崦嵫馆,赐宅慕义里"。当时西域来洛阳者,"自葱岭以西,至于大秦,
百国千城,莫不款附。商胡贩客,日奔塞下,所谓尽天地之区已。乐中国土风
因而宅者,不可胜数。是以附化之民,万有余家。门巷修整,阊阖填列。青槐
荫陌,绿柳垂庭。天下难得之货,咸悉在焉。别立市于洛水南,号曰四通市,民
间谓永桥市"。④ 同书卷四记载侨居洛阳的西域人云:"西域远者,乃至大秦
国,尽天地之西陲,耕耘绩纺,百姓野居,邑屋相望,衣服车马,拟仪中国。"⑤洛
阳出土《车夫人鄯月光砖志》,立于北魏正始二年(505 年)十一月二十七日,
碑题为"前部王故车伯生息妻鄯月光墓铭"。鄯月光为鄯善王之女,嫁于车师
前部王车伯之子。鄯月光既死葬洛阳,车师王子当时应寄居洛阳,说明北魏时

　　① (北魏)杨衒之撰,范祥雍校注:《洛阳伽蓝记校注》卷3,上海古籍出版社1978年版,第
173页。
　　② (北魏)杨衒之撰,范祥雍校注:《洛阳伽蓝记校注》卷4,上海古籍出版社1978年版,第
201页。
　　③ 汤用彤著:《汉魏两晋南北朝佛教史》,北京大学出版社1997年版,第265页。
　　④ (北魏)杨衒之撰,范祥雍校注:《洛阳伽蓝记校注》卷3,上海古籍出版社1978年版,第
160—161页。
　　⑤ (北魏)杨衒之撰,范祥雍校注:《洛阳伽蓝记校注》卷4,上海古籍出版社1978年版,第
236页。

车师前部王之子或留学,或作为质子流寓于洛阳。① 1931 年,洛阳东北后沟出土的鄯乾墓志,乃北魏延昌元年(512 年)八月廿六日所立,志文云鄯乾乃魏之侍中、镇西将军鄯善王宠之孙,平西将军青平凉三州刺史鄯善王临泽侯视之长子,亦鄯善贵族寄居于洛阳者。② 洛阳北魏常山王元邵墓中出土有粉绘骆驼,背驮巨大的行囊,其内所装应是丝绸,正是丝路上沙漠之舟的形象。此墓中还出土两个陶俑,头发卷曲,身体彪悍,像是非洲黑人。另有一件绿釉扁壶,上饰乐舞图案,从人物形象和服饰看,像是阿拉伯人。③ 说明当时有大批西域商人前来洛阳贸易,有大量外国人侨居洛阳,从而对当时的中西交流起了重要作用。

洛阳作为丝路的东部起点,有其地处"天下之中"交通全国各地便利的优势,洛阳与周围的城市皆有大道相通,还在一定时期和一定程度上沟通了陆上丝路与海上交通的联系。三国④时司马懿从邓艾之计,"穿广漕渠,引河入汴",淮北至洛阳的航道大为畅通。265 年灭吴,全国各地物产汇集洛阳,史称"纳百万而馨三吴之资,接千年而总西蜀之用"⑤。泰始十年(274 年),晋武帝令"凿陕南山,决河,东注洛,以通运漕"⑥。洛水流量增大,关中物产也可通过洛水转运到洛阳。这一年杜预"建河桥于富平津"⑦,克服了常有"覆没之患"的黄河天堑,打开了南北交通的门户,愈益促进了洛阳商业经济的发展。北魏迁洛以后,孝文帝巡察徐州,经汴渠"泛泗入河,溯流还洛",示黄河可渡,欲"通运四方"。⑧ 说明当时汴渠仍有效用。孝文帝还打算引洪池水自郏通渠于洛,"从洛入河,从河入汴,从汴入清(泗),以至于淮"⑨。洛阳交通四方的作用,在文学作品中也有反映,甚至成为南北朝诗中的意象。梁元帝、陈后主、徐

---

① 赵万里著:《汉魏六朝墓志集释》卷 11,载《石刻史料新编》(第 3 辑),(台湾)新文丰出版公司 1986 年版,第 261—262 页。

② 朱亮主编:《洛阳出土北魏墓志选编》,科学出版社 2001 年版,第 26 页。

③ 洛阳市博物馆:《洛阳北魏元邵墓》,《考古》1973 年第 4 期。

④ 《三国志》卷 28《魏书·邓艾传》,中华书局 1959 年版,第 775—776 页;《晋书》卷 1《宣帝纪》,中华书局 1974 年版,第 14 页。

⑤ 《晋书》卷 26《食货志》,中华书局 1974 年版,第 783 页。

⑥ 《晋书》卷 3《武帝纪》,中华书局 1974 年版,第 64 页。

⑦ 《晋书》卷 34《杜预传》,中华书局 1974 年版,第 1028 页。

⑧ 《魏书》卷 79《成淹传》,中华书局 1974 年版,第 1754 页。

⑨ 《魏书》卷 53《李冲传》,中华书局 1974 年版,第 1185 页。

陵、江总都写过《洛阳道》的诗。南北朝时"洛阳道"的意象常常出现在诗人笔下，如"洛阳九逵上，罗绮四时春"（陈暄《洛阳道》）；"洛阳驰道上，春日起尘埃"（徐陵《洛阳道》）；"洛阳道八达，洛阳城九重"（车鄅《洛阳道》）。这些诗句虽然有艺术表现的成分，却是洛阳交通方便道路畅达的反映。因此当天下统一时，洛阳处于全国中心位置，而南北分裂时，它又不失为北方中原地区的中心。它能够通过四通八达的交通网络把经济、文化聚散的触角伸向各地，形成一个核心，再由此向西沿丝绸之路与更远的域外各地建立起经济和文化的联系。

西晋初时与南海诸国频繁交往，由于洛阳与江淮之间的运河已经畅通，各国使节由水道频至洛阳。徼外诸国多"赍宝物自海路来贸货"①。据史书记载，西晋王朝初年在南方与林邑、扶南等国皆有官方交往。"林邑国，……至武帝太康中，始来贡献"。林邑王范文"遣使通表入贡于帝，其书皆胡字"。②扶南国"武帝泰始初，遣使贡献。太康中，又频来"③。甚至大秦国（罗马）人亦通过海路入贡，经广州至洛阳。据晋殷巨奇《布赋序》记载，晋太康二年（281年），"大秦国奉献琛，来经于（广）州，众宝既丽，火布尤奇"。故其赋云："伊荒服之外国，逮大秦以为名，仰皇风而悦化，超重译而来庭；贡方物之奇丽，亦受气于妙灵。"④惠帝元康六年（296年）天竺高僧耆域由海路到达广州，光熙年间又前往京师洛阳。除了官方和佛教的交往之外，彼此间的贸易仍然存在，《晋书·南蛮传》"林邑"条记载，范文"随商贾往来，见上国制度，至林邑，遂教（范）逸作宫室、城邑及器械"。⑤反映了在林邑与中国之间商贾的活动，他们有深入内地至洛阳者。即便在南北分裂时的北魏时期，亦有异域僧人从海外至南朝，复由南朝入北朝者。《洛阳伽蓝记》卷四记载，东南亚僧人菩提拔陀，先到南朝梁朝，又随扬州僧人法融来到北魏都城洛阳。⑥

---

① 《晋书》卷97《四夷传》，中华书局1974年版，第2546页。

② 《晋书》卷97《四夷传》，中华书局1974年版，第2545—2546页。

③ 《晋书》卷97《四夷传》，中华书局1974年版，第2547页。

④ （唐）欧阳询撰：《艺文类聚》卷85，上海古籍出版社1982年版，第1463页。

⑤ 《晋书》卷97《四夷传》，中华书局1974年版，第2546页。

⑥ （北魏）杨衒之撰，范祥雍校注：《洛阳伽蓝记校注》卷4，上海古籍出版社1978年版，第236页。

北魏末年,洛阳又一次经历了战乱浩劫。534 年,北魏孝武帝为权臣高欢所迫,逃往关中,投奔大将宇文泰。高欢另立元善见为帝,迁都邺(今河北临漳西南),史称东魏,中国北方又陷于分裂。东魏、西魏和北齐、北周时期,洛阳丧失了政治、经济、文化中心的地位,同时也失去了丝路起点的地位。但至北周灭北齐,洛阳的地位又日趋重要起来,为隋唐时洛阳重铸辉煌埋下伏笔。北周时期,鄯善人仍不断移居中原。鄯昭祖父早年入仕北周,其父又在隋朝为官。洛阳发现的鄯姓诸墓志表明,当年有一支鄯善王族曾迁居中原地区。①

平城,今山西大同。北魏皇始三年(398 年)七月,拓跋珪自盛乐(内蒙古和林格尔)迁都平城,从此平城成为北魏首都长达 97 年,历经六帝七世。北魏在平城进行一系列首都建设,"营宫室,建宗庙,立社稷"②,宫殿苑囿、楼台观堂等重大工程上百处。当时平城北面为皇城,皇城南是周回三十二里的郭城,内包周回二十里的京城,规模巨大,建筑宏伟,风景秀丽。北魏太武帝拓跋焘大破柔然后,为保卫平城,沿阴山设立六镇,拱卫平城,成为北魏北边的边防要地。北魏建都平城时,山西大同成为丝路的起点之一。北魏统治者谋求向西发展,其兵锋所向,一路南下,进军关中,太武帝亲率大军平盖吴之乱;一路沿鄂尔多斯南缘缓慢地向高平一带推进。匈奴刘卫辰为北魏所部,刘卫辰死后,其子赫连勃勃退守高平,依附没奕于,后召其部众伪猎高平川(今宁夏固原清水河一带),袭杀没奕于,建立大夏国,以统万城为王都。始光四年(427 年),北魏乘夏主赫连勃勃新亡,攻破统万城,赫连定收其余众奔平凉(今宁夏彭阳南)。神䴥三年(430 年)太武帝亲征平凉,平凉举城投降,从而打通了自平城沿鄂尔多斯南缘西进的道路。北魏声威远达西域,西域各地首先有通好的表现,《魏书·西域传序》记载,"太延中,魏德日益远闻,西域龟兹、疏勒、乌孙、悦般、渴槃陀、鄯善、焉耆、车师、粟特诸国王始遣使来献"。③ 中西间交通开始出现新的局面,但太武帝起初对交通西域非常犹豫,以为"西域汉世虽

---

① 参见向达著:《唐代长安与西域文明》,生活·读书·新知三联书店 2001 年版,第 12 页。
② 《魏书》卷 2《太祖纪》,中华书局 1974 年版,第 33 页。
③ 《魏书》卷 102《西域传》,中华书局 1974 年版,第 2259 页。(宋)司马光等:《资治通鉴》卷 122 系此事为宋文帝元嘉十二年(435 年),即北魏太武帝太延元年(435 年)。

通,有求则卑辞而来,无欲则骄慢王命,此其自知绝远,大兵不可至故也。若报
使往来,终无所益"①。所以不欲遣使回报。经过反复议论,北魏统治者终于
决定交通西域,遣王恩生、许纲等出使西域,这个使团途中被柔然所获,柔然敕
连可汗"遣恩生等还,竟不能达西域"②。至太延三年(437年),拓跋焘"又遣
散骑侍郎董琬、高明等多赍锦帛,出鄯善,招抚九国,厚赐之"。董琬等一行
"北行至乌孙国",③乌孙王派向导、译员送董琬等到达破洛那国,送高明等到
者舌国。董琬一行回到平城,随同而来的有包括乌孙、破洛那、者舌等在内的
西域十六国使节。董琬等出使西域是中西交通史上的重要事件,这次外交活
动在加强中原与西域各地的关系方面起到了沟通和促进作用,使一度沉寂的
中西之间的官方来往又频繁起来。史载"旁国闻之,争遣使者随琬等入贡,凡
十六国,自是每岁朝贡不绝"④。太平真君六年(445年),太武帝开始积极经
营西域,派遣万度归统兵征鄯善。九年(448年),又以韩拔领护西戎校尉、鄯
善王,镇鄯善。同时又出兵征焉耆、龟兹,置焉耆镇,终于取代柔然控制了西域
诸地。北魏使者韩羊皮远抵波斯,便是在这一背景下进行的。董琬等出使西
域后,西域诸地"自后相继而来,不间于岁,国使亦数十辈矣"⑤。自董琬等出
使西域,至孝文帝太和十八年(494年)迁都洛阳五十多年,平城成为丝路起点
城市,所以《魏书·西域传》记载至西域各地的路程皆以代(即平城)为坐标。
如鄯善"去代七千六百里",且末"去代八千三百二十里",于阗"去代九千八百
里",蒲山"去代一万二千里",悉居半"去代万二千九百七十里",车师"去代
万五十里",乌孙"去代一万八百里",洛那"去代万四千四百五十里",粟特
"去代一万六千里",波斯"去代二万四千二百二十八里",大月氏"去代一万
四千五百里",安息"去代二万一千五百里"等等。⑥北魏的使节发自平城,
频繁西使。平城通西域的路线,利用了自汉以来的丝绸之路。当时平城与
西域间的商使往来,一方面由洛阳转输,经洛阳西去长安,从而与传统丝路

① 《魏书》卷102《西域传》,中华书局1974年版,第2260页。
② (宋)司马光等撰:《资治通鉴》卷122,中华书局1956年版,第3858页。
③ 《魏书》卷102《西域传》,中华书局1974年版,第2260页。
④ (宋)司马光等撰:《资治通鉴》卷123,中华书局1956年版,第3865—3866页。
⑤ 《魏书》卷102《西域传》,中华书局1974年版,第2260页。
⑥ 《魏书》卷102《西域传》,中华书局1974年版,第2261—2275页。

联结起来①。另一方面则是从平城出发,沿鄂尔多斯南缘路经原州高平城西进,进入河西走廊。在北魏迁都洛阳之前,首都平城与高平间的联系以及与河西走廊间交通,有赖于这条鄂尔多斯南缘路②。

作为丝路起点,邺城也有过一定时期的辉煌。邺城历史悠久,文化底蕴深厚。战国时魏文侯便曾以邺为都城;汉末曹操以邺为根据地,平定中原;曹丕代汉后邺城仍为魏五都之一。自曹魏以来,邺城为北方重要城市,经济发达。西晋时邺城是北方商业贸易中心。斯坦因在敦煌西北长城烽燧遗址发现的粟特文古信札,提到那些以凉州为中心经商的粟特人,最东边就到邺城。说明在此之前,粟特商人已经来到这里。魏晋南北朝分裂动乱的时期,邺城先后成为后赵、冉魏、前燕的都城。北魏在邺城置行台,此后东魏、北齐都定都邺城。十六国时期,后赵石勒注意营建邺城,而且以世子石弘镇守。史载石勒"令少府任汪、都水使者张渐等监营邺宫,勒亲授规模"③。后赵、冉魏、前燕时,邺城一带平原千里,漕运四通,经济发达。石季龙在邺多所营缮,"造东西宫""起灵风台九殿于显阳殿后"④"盛兴宫室于邺,起台观四十余所,营长安、洛阳二宫,作者四十余万人"。⑤ 在后赵邺都有"胡天祠"⑥,说明西域粟特人信奉的祆教已经传入此地。《晋书·慕容暐载记》记载,皇甫真"从慕容评攻拔邺都,珍货充溢"。⑦ 北魏时期"国之资储,唯籍河北""河北数州,国之基本"⑧,是北魏政权赖以生存的经济支柱。

北魏都洛前,曾有多次迁都邺城之议。永熙三年(534年)东魏迁都邺城,史载"东魏主(高欢)发洛阳四十万户,狼狈就道"⑨,其中应包括洛阳的

---

① 王育民:《论历史时期以洛阳为起点的丝绸之路》,载《洛阳—丝绸之路的起点》,中州古籍出版社1992年版。
② [日]前田正名:《北魏平城时代鄂尔多斯沙漠南缘路》,《东洋史研究》31卷2号;胡戟中译本,《西北历史资料》1980年第3期。
③ 《晋书》卷105《石勒载记下》,中华书局1974年版,第2748页。
④ 《晋书》卷106《石季龙载记上》,中华书局1974年版,第2765页。
⑤ 《晋书》卷106《石季龙载记上》,中华书局1974年版,第2772页。
⑥ 《晋书》卷107《石季龙载记下》记载:"龙骧孙伏都、刘铢等结羯士三千伏于胡天。"
⑦ 《晋书》卷111《慕容暐载记》,中华书局1974年版,第2860—2861页。
⑧ 《魏书》卷15《元晖传》,中华书局1974年版,第380页。
⑨ (宋)司马光等撰:《资治通鉴》卷156,中华书局1956年版,第4857页;周一良认为"四十万户"应指四十万人户,亦即人口之意。《魏晋南北朝史札记》,中华书局1985年版,第44—45页。

百工伎巧。洛阳的人力、物力和技术输入邺城,有力地促进了邺城生产力的发展。此后邺城成为东魏、北齐的首都,成为北方政治、经济和文化中心。邺城手工业发达,成为当时丝织业中心之一。《隋书·地理志》云:"魏郡,邺都所在,浮巧成俗,雕刻之工,特云精妙。士女被服,咸以奢丽相高,其性所尚习,得京洛之风矣。"①邺城有魏末以来精于农器、兵器制作的冶炼作坊,《魏书·食货志》云:"其铸铁为农器、兵刃,在所有之,然以相州牵口冶为工,故常炼锻为刀,送于武库。"②有被南朝萧梁所羡称的"登高之文,北邺之锦"的织锦作坊③。当时邺市被认为是最好的丝织品的产销之地,南朝梁庾肩吾《谢武陵王赉白绮绫启》夸此赐物说:"图云缉鹤,邺市稀逢;写雾传花,丛台罕遇。"④意思是说这么精美的白绮绫,就是在邺市也难以见到。

邺城也是当时中国北方佛教中心之一。这里出土了大批雕刻精妙的佛教造像碑,说明邺城集中了一批技艺高超的工匠。作为国都所在,邺城汇聚了东部地区的各类人才,以本地的旧传统,加上洛阳的新因素,使经济、文化和工艺达到一个新水平。邺城佛教有深厚基础,成为魏晋南北朝时期佛教重镇。后赵时高僧佛图澄、释道安皆在邺城及河北其他地区活动。佛图澄"慈洽苍生,拯救危苦,其弘法之盛,莫之与先。考其声教所及,河北中州之外,江南名僧,亦相钦敬。于石虎建武末年卒于邺寺宫""邺中佛寺可考者,亦有多所。相台为六朝佛法重镇,盖始于佛图澄之世。河北佛法之盛,亦起自澄和尚"。道安是佛图澄的高足,晋成帝咸康元年(335年),石虎迁都于邺,佛图澄随至邺,其后道安入邺师事佛图澄。其后三十年,道安一直在河北活动。后至襄阳,又于晋孝武帝太元十年(385年)八月,自襄阳赴邺视佛图澄寺庙。⑤北魏明元帝"敬重三宝,仍于邺下大度僧尼"。太武帝"于邺城造宗正寺";孝文帝时"以邺都造安养寺,硕德高僧,四方云集"。孝明帝"于邺

① 《隋书》卷30《地理志中》,中华书局1973年版,第860页。

② 《魏书》卷110《食货志》,中华书局1974年版,第2857页。

③ (南朝梁)萧统:《谢敕赉魏国所献锦等启》,载《艺文类聚》卷85,上海古籍出版社1982年版,第1458页。

④ (唐)欧阳询撰:《艺文类聚》卷85,上海古籍出版社1982年版,第1460页。

⑤ 参见汤用彤著:《汉魏两晋南北朝佛教史》,北京大学出版社1997年版,第136—139页。

下造大觉寺"。① 东魏迁都邺城,沙门佛事亦俱东向,"暨永熙多难,皇舆迁邺,诸寺僧尼,亦与俱徙"②。一批名显洛邑的高僧如慧光、菩提流支、勒那摩提等皆由洛阳随迁邺城。东魏孝静帝、丞相高欢以及北齐诸帝皆崇信佛教,促进了佛教发展,邺城成为佛教中心。著名的高僧如慧光、法上、道凭和僧稠都在邺城活动。北朝佛教义学进入一个新时期,具有重大影响的昭玄大统法上改革僧侣服制也发生在这一时期。

南朝、西域及其他国家聘使之往来,出入于邺城。《晋书·石勒载记》记载,后赵石勒立国,诸国使节至邺都:"时高句丽、肃慎致其楛矢,宇文屋孤并献名马于勒。凉州牧张骏遣长史马诜奉图,送高昌、于阗、鄯善、大宛使,献其方物。"③东魏天平四年(537年),是法上改革僧侣服饰之时,又是东魏与萧梁两国通好互聘使节的开始。《魏书》卷九八《岛夷萧衍传》记载,天平以后十余年南境宁息,并互相致书问候。《北史·魏本纪》记载,东魏天平四年至武定六年(548年)十一年间,东魏遣聘梁使十五次,梁朝回聘十四次。即使在东魏侯景叛逃南朝,梁武帝大举北侵失败后,被俘的梁宗室子弟亦受到东魏的礼遇,以求和好,如长沙王萧懿之子萧明。梁使入魏或魏使至梁,皆受到对方隆遇。陆云撰《御讲般若经序》记载,在梁朝法会上,进佛经的"外域杂使一千三百六十人",其中便有"虏使主"即北朝使臣崔长谦、使副阳休之。④

经济的发展、文化的繁荣以及与域外、南朝政治上的交好,使邺城成为沟通南北的中心都市,推动了南北文化的交流,甚至在一定程度上使海上丝绸之路与西北丝路联系起来。《晋书·石季龙载记》记载:"勒及季龙并贪而无礼,既王有十州之地,金帛珠玉及外国珍奇异货不可胜纪,而犹以为不足。"⑤东魏使臣至梁,参加梁朝法会,如《魏书》卷三六《李同轨传》记载,李同轨使梁;陆云撰《御讲般若经序》记载,崔长谦、阳休之等使梁,都曾参与法会,听讲佛经。

---

① (唐)法琳撰:《辨正论》卷3,载《大正新修大藏经》(第52册),河北省佛教协会出版,第506—507页。
② (北魏)杨衒之撰,范祥雍校注:《洛阳伽蓝记校注》原序,上海古籍出版社1978年版,第1页。
③ 《晋书》卷105《石勒载记下》,中华书局1974年版,第2747页。
④ (唐)释道安编:《广弘明集》卷19,《大正新修大藏经》第52册,第235—236页。
⑤ 《晋书》卷107《石季龙载记下》,中华书局1974年版,第2781—2782页。

又有东魏使节求取佛经事。《北史》卷三二《崔暹传》记载:"魏梁通和,要贵皆遣人随聘使交易,暹唯寄求佛经。梁武帝闻之,缮写,以幡花宝盖赞呗送至馆焉。"① 南北僧人的交往也十分频繁,据《续高僧传》卷七《安廪传》记载,释安廪"寓居江阴之利成县""北诣魏国""在魏十有二年",讲经说法。后又"还届扬都,武帝敬供相接,敕住天安,讲华严经"。② 同书卷十记载,受梁高祖供养十二年的沙门僧温,年七十北还,"行住此埠,创立寺宇"。③ 卷十六《法常传》记载:"释法常,高齐时人,领徒讲肆,有声漳邺,后讲《涅槃》,并授禅数。齐主崇为国师。"④ 邺城与建康间的交通为南来北往的僧人所利用。《续高僧传·拘那罗陀传》记载,有中天竺优禅尼国王子月婆首那,陈言高空,游化东魏。"译《僧伽吒经》等三部七卷,以魏元象年中于邺城司徒公孙腾第出,沙门僧昉笔受。属齐受魏禅,蕃客任情,那请还乡。事流博观,承金陵宏法,道声远肃,以梁武大同年辞齐南度。既达彼国,仍被留住。因译《大乘顶王经》一部"。⑤ 邺城作为北齐的首都,还聚集了一批为北齐皇帝宠幸的胡人伎乐。在这个特定时期,邺城还在一定程度上沟通了与海上丝绸之路的联系。建康在海上交通中处于重要位置,佛教自建康传入邺城,自然也带来了来自海上的佛教。在佛教义学方面,如般若之学,经梁武帝的重新提倡,又复转盛。东魏、北齐时,已传入北地,不少义学高僧研习此经,如灵裕、慧藏。扶南国僧伽婆罗、曼陀罗仙入梁后,"被敕徵召于扬都寿光殿、华林园、正观寺、占云馆、扶南馆等五处传译"⑥。他们于萧梁时先后译出《文殊师利所说般若波罗蜜经》,该经文刻于南响堂山第2窟内和第4—6窟窟外上方崖面,显然是由梁都建康传入河北的。在萧梁的影响下,北朝义学迅猛发展,以至于后世以梁齐并称,"且夫佛教道东,世称弘播,论其荣茂,勿盛梁齐"⑦。

---

① 《北史》卷32《崔暹传》,中华书局1974年版,第1189页。
② (唐)道宣撰,郭绍林点校:《续高僧传》卷7《安廪传》,中华书局2014年版,第236—237页。
③ (唐)道宣撰,郭绍林点校:《续高僧传》卷10《慧畅传》,中华书局2014年版,第366页。
④ (唐)道宣撰,郭绍林点校:《续高僧传》卷16《法常传》,中华书局2014年版,第585页。
⑤ (唐)道宣撰,郭绍林点校:《续高僧传》卷1《拘那罗陀传》,中华书局2014年版,第22页。
⑥ (唐)道宣撰,郭绍林点校:《续高僧传》卷1《僧伽婆罗传》,中华书局2014年版,第5页。
⑦ (唐)道宣撰,郭绍林点校:《续高僧传》卷15《义解篇十一》,中华书局2014年版,第549页。

一般认为,东魏、北齐与西域地隔西魏、北周,似乎无法与西域交通,其实也不尽然。东魏、北齐通过北方草原路绕过西魏、北周与西域交通。553 年,吐谷浑使者及西域商人自北齐欲返青海故地,在武威西面遭到西魏凉州刺史拦截,这些商胡从北齐所得为丝绸。中天竺优禅尼国王子月婆首那,游化东魏,译《僧伽吒经》等三部七卷。以魏元象年中,于邺城司徒公孙腾第出,沙门僧昉笔受。安阳出土的北方文物透露出北齐与西域的联系。1971 年,河南安阳范粹墓出土的黄釉乐舞扁瓷壶,应该是外来品,高 20 厘米。五人一组的乐舞场面极为生动,人物皆深目高鼻,着窄袖长衫,是西域人的形象。①

魏晋南北朝时期,长安在丝绸之路上的地位时有盛衰,但总的看处于衰落地位。西魏和北周建都长安,为隋唐时期长安在丝路贸易和交流中重铸辉煌奠定了基础,可以看作是盛世的曙光。张骞通西域,丝绸之路开辟,长安便担负起丝绸之路起点的历史任务。西汉末年,王莽代汉自立,建立新王朝,不久在农民起义的打击下灭亡。公元 23 年,农民军攻入长安,结束了新王朝的统治。在这场大动乱之后,刘秀在洛阳建立起东汉政权。虽然刘秀以长安为西京,但由于全国政治经济中心转移至洛阳,长安随之失去了昔日丝路起点的重要地位。东汉末年,为避关东诸侯的讨伐,董卓挟汉献帝迁都长安。此举不仅没有使长安重振雄威,反而带来空前的劫难。王允等在长安谋杀董卓,董卓部将李傕、郭汜等大乱长安,长安城遭到极大破坏。汉末诗人王粲《七哀诗》云:"西京乱无象,豺虎方构患。"②便是对当时长安的写照。此后关中成为马超与曹操争夺的战场,最终为曹操所控制。

曹丕代汉自立,迁都洛阳,长安为曹魏陪都,此后长安的建设没有什么成就。但由于长安是西域通洛阳的要道,魏晋时它仍是入华西域人的重要落脚点。南朝梁代的康绚,先祖出于康居,汉代充当侍子,定居河西,晋时迁于蓝田。刘宋永初年间(420—422 年),其祖父康穆率乡族三千余家从蓝田南迁襄阳岘南。③ 仅康穆一族在蓝田县便有三千余家,说明长安附近聚居的胡人之多。西晋永嘉之乱时,司马邺逃到长安建都,"长安城中户不盈百,墙宇颓

---

① 河南省博物馆:《河南安阳北齐范粹墓发掘简报》,《文物》1972 年第 1 期,第 49 页。
② 逯钦立辑校:《先秦汉魏晋南北朝诗》,中华书局 1983 年版,第 365 页。
③ 《梁书》卷 18《康绚传》,中华书局 1973 年版,第 290 页。

毁,蒿棘成林"①。其后即位,即愍帝,长安频遭战乱。十六国和南北朝时,匈奴人的前赵(319—329年)、氐人的前秦(351—394年)、羌人的后秦(384—417年)、鲜卑人的西魏(535—556年)和北周(557—580年)等王朝相继在长安建都,使长安的政治地位和它在中西交通方面的作用逐渐重要起来,从某种意义上具有丝路起点的特征。前秦、后秦与西域均有直接交往。前赵刘曜据长安,建宫殿,修太学,任百官,进行了一系列都城建设。刘曜略定陇右,迁"陇右万余户入长安"充实长安人口。② 刘曜西征,凉州刺史张茂受制称藩,刘曜任命田崧为凉州牧、领西域大都护、护氐羌校尉,封凉王。但刘曜时忙于征讨,不见与西域交通之事。

符坚都长安,曾徙张平"所部三千余户于长安"③;破匈奴右贤王曹毂,又"徙其酋豪六千余户于长安"④。前凉张天锡谢罪称藩,符坚署张天锡为使持节、散骑常侍、都督河右诸军事、骠骑大将军、开府仪同三司、凉州刺史、西域都护、西平公。后符坚遣将灭前凉,又徙凉州豪右"七千余户"以实关中⑤。此时,长安政治地位迅速提高,经济得到很大程度的恢复。符坚任命梁熙为持节、西中郎将、凉州刺史,领护西羌校尉,镇姑臧。梁熙治理河西十年,甚有成效,长安经河西走廊至西域的道路打通了。"梁熙遣使西域,称扬坚之威德,并以缯彩赐诸国王,于是朝献者十有余国。大宛献天马千里驹,皆汗血、朱鬣、五色、凤膺、麟身,及诸珍异五百余种"⑥。符坚仰慕汉文帝返千里马之事,将大宛所献良马悉数返之。符坚平洛阳,"鄯善王、车师前部王来朝,大宛献汗血马,肃慎贡楛矢,天竺献火浣布,康居、于阗及海东诸国,凡六十有二王,皆遣使贡其方物"⑦。长安作为丝路起点,随着中西间商使往来兴盛起来。符坚的侄子符阳犯法,被流放到高昌,反映了自长安至西域间的密切关系。

车师前部王弥寘、鄯善王休密驮至长安朝见,符坚赐以朝服,引见西堂。

① 《晋书》卷5《愍帝纪》,中华书局1974年版,第132页。
② 《晋书》卷103《刘曜载记》,中华书局1974年版,第2691页。
③ 《晋书》卷113《符坚载记上》,中华书局1974年版,第2885页。
④ 《晋书》卷113《符坚载记上》,中华书局1974年版,第2889页。
⑤ 《晋书》卷113《符坚载记上》,中华书局1974年版,第2898页。
⑥ 《晋书》卷113《符坚载记上》,中华书局1974年版,第2900页。
⑦ 《晋书》卷113《符坚载记上》,中华书局1974年版,第2904页。

弥阗等人观其宫宇壮丽,仪卫严肃,甚惧,因请年年贡献。苻坚则以西域路遥,不许,令三年一贡,九年一朝,以为永制。弥阗等人又请求:"大宛诸国虽通贡献,然诚节未纯,请乞依汉置都护故事。若王师出关,请为向导。"于是苻坚命吕光、姜飞率兵七万,"以讨定西域"①。第二年,吕光从长安出发,苻坚于建章宫为之饯行,告诉吕光说:"西戎荒俗,非礼仪之邦。羁縻之道,服而赦之,示中国之威,导以王化之法,勿极武穷兵,过深残掠。"②加鄯善王休密驮使持节、散骑常侍、都督西域诸军事、宁西将军,车师前部王弥阗使持节、平西将军、西域都护,率其军兵为吕光作先导。吕光讨平西域三十六国,所获珍宝以万万计。

前秦时长安也是西域沙门东来的目的地,僧伽跋澄、僧伽提婆、竺佛念等天竺、西域高僧皆于前秦时至长安,从事译经传教活动。同时这里也是粟特部落聚集之地。前秦建元三年(367 年)立《邓太尉祠碑》记前秦冯翊护军所统诸部落中,有"粟特",证明渭北地区有粟特部落活动。③

前秦末年遭慕容冲之乱,"冲毒暴关中,人皆流散,道路断绝,千里无烟"④。长安又遭破坏。后秦姚苌都长安,姚氏历三世,对长安进行了一些都城建设。姚兴时灭后凉,镇姑臧,通过河西走廊,长安与西域建立起密切关系。姚氏崇奉佛教,迎请鸠摩罗什入关。史载姚兴引诸沙门入逍遥园澄玄堂,听鸠摩罗什说经,姚兴与鸠摩罗什及众沙门合译佛经,"续出诸经并诸论三百余卷"。姚兴"既托意于佛道,公卿以下莫不钦附,沙门自远而至者五千余人。起浮图于永贵里,立波若台于中宫,沙门坐禅者恒有千数"。⑤ 其中当有不少来自西域的僧人,长安成为佛教译经中心和西域沙门东来传教的终点。天竺昙摩掘多、佛驮跋陀罗,罽宾弗若多罗、昙摩流支、卑摩罗叉、佛陀耶舍等都在姚秦时入长安,参与鸠摩罗什的译经事业。在五胡十六国动乱时期,长安附近

---

① 《晋书》卷 114《苻坚载记下》,中华书局 1974 年版,第 2911 页。

② 《晋书》卷 114《苻坚载记下》,中华书局 1974 年版,第 2914 页。

③ 参见唐长孺:《魏晋杂胡考》,载《魏晋南北朝史论丛》,生活·读书·新知三联书店 1978 年版,第 421—422 页;马长寿著:《碑铭所见前秦至隋初的关中部族》,中华书局 1985 年版,第 22 页。

④ 《晋书》卷 113《苻坚载记上》,中华书局 1974 年版,第 2927 页。

⑤ 《晋书》卷 117《姚兴载记上》,中华书局 1974 年版,第 2985 页。

的蓝田一直是西域胡人的聚集之地。《晋书·姚兴载记》记载，后秦时"扬武、安乡侯康官驱略白鹿原氐、胡数百家奔上洛"。① 康官当是粟特人，其所驱略氐、胡数百家，其中也当有粟特胡人。白鹿原在蓝田县，说明在康穆率数千家粟特人南奔之后，长安附近仍有大量粟特胡人留居。

417年，东晋刘裕攻破长安，灭后秦。《宋书·傅弘之传》记载，傅弘之等人"进据蓝田，招怀戎、晋，晋人庞斌之、戴养，胡人康横等，各率部落归化"②。说明粟特胡人是以部落形式生活在蓝田。刘裕的军队退回江南，大夏王赫连勃勃乘机夺取长安，并于418年在长安灞上即皇帝位。赫连勃勃以统万城（在今内蒙古乌审旗南白城子）为都城，而于长安置南台，以太子赫连璝录南台尚书事，镇长安。后来，赫连勃勃第三子赫连昌袭杀赫连璝，被立为太子。赫连勃勃死，赫连昌即位。426年，北魏太武帝拓跋焘派大将奚斤攻占长安，第二年赫连昌派赫连定率众反攻长安。拓跋焘乘机攻统万城，夏主赫连昌战败逃往上邽，赫连定听说统万城失守，也退往上邽。公元428年，北魏进军上邽，生俘赫连昌。431年，赫连定被吐谷浑所灭，夏亡，长安进入北魏统治。北魏先是都平城，后迁洛阳，洛阳成为中西交通的中心，长安失去了作为丝路起点的重要地位。但长安附近依然是一个胡人活动的中心。《魏书》卷四一《源子雍传》记载："贼帅康维摩拥率羌、胡，守锯谷（在同州韩城县），断鄗棠桥，子雍与交战，大破之。"③康维摩应是出身粟特胡人的酋帅。

北魏灭亡后，中国北方又一次陷于分裂，西魏、北周相继以长安为都城。《北史·西域传》云："东西魏时，中国方扰，及于齐、周，不闻有事西域。"④并不符合实际。它们皆与西域有使节往还和商贸往来。特别是西魏、北周以长安为都，奠定了后来隋唐两朝长安为全国政治、经济和文化中心的基础，也奠定了长安在中西交通方面丝路起点的基础。长安是关陇集团的发祥地，因此隋、唐二代皆以长安为都，其时长安成为当时世界上最大的国际都市，成为丝绸之路黄金时代的起点。

---

① 《晋书》卷118《姚兴载记下》，中华书局1974年版，第3002页。
② 《宋书》卷48《傅弘之传》，中华书局1974年版，第1430页。
③ 《魏书》卷41《源子雍传》，中华书局1974年版，第930页。
④ 《北史》卷97《西域传》，中华书局1974年版，第3207页。

四、隋唐时长安、洛阳的颉颃

隋唐以长安和洛阳为两都,长安和洛阳在中外经济文化交流中各有优势和盛衰,基本上具有同等重要的地位。大体说来,唐朝前期洛阳是全国经济中心,在丝绸之路贸易和交流中具有明显的优势地位,特别是武则天在位时期,洛阳作为首都成为全国政治、经济和文化的中心,其地位益形重要。开元二十五年(737年)后,由于黄河龙门水道的疏浚,长安在经济领域里地位有所加强。皇帝不再因长安粮食供应紧张而东幸,洛阳的政治地位急剧下降;安史之乱中洛阳遭受的破坏最为严重,由于南北方的交通道路改为沿长江西上,经襄阳至长安,经由大运河北上的水道受到北方政治形势的影响衰落,洛阳经济中心的地位继续坠落,长安在中外贸易和交流中则比之洛阳具有明显的优势地位。

从政治功能说,隋及唐朝前期东西两都具有同等重要的地位。唐代长安是当时世界上最大的城市,长安不仅是唐朝的政治中心,也是中外文化交流的中心,长安是一个名符其实的国际都市。洛阳是与长安东西辉映、并驾齐驱的城市,两都都是百万人口的大城市。隋唐两代都重视洛阳居天下之中的地理位置,隋及唐代前期洛阳由于交通的便利成为全国经济中心。从隋文帝时代起,至唐玄宗开元二十五年,在长安和洛阳都存在相同的中央机构,正常年景在长安,一遇灾荒移宫洛阳成为隋唐两朝天子经常性的活动。[1] 当天子移驾洛阳时,包括接待外国来使的工作都在洛阳进行,例如龙朔元年(661年)三月,高宗便"与群臣及外夷宴于洛城门"[2]。

隋及唐朝前期,长安和洛阳都是外国使节、艺人和胡商云集之所,这从两地出土粟特胡人后裔墓志可知。昭武九姓粟特人以经商著称,魏晋南北朝至隋唐时他们是丝路贸易的主要担当者。进入中国中原地区都以国为姓,有康、

---

[1] 参见石云涛:《唐前期关中灾荒、漕运与高宗玄宗东幸》,载《魏晋南北朝隋唐史资料》(第13辑),武汉大学出版社1994年版,第102—111页。

[2] (宋)司马光等撰:《资治通鉴》卷200,中华书局1956年版,第6323页。

安、曹、石、米、何、史、穆等,而以康、安两国人最多,他们多为富商,不仅带来域外产品以与中国丝绸等产品进行交换,而且带来了西域的宗教和文化。康国人多信仰摩尼教,安国人多信仰火袄教。曹国人多乐工、画师,唐代的琵琶名手多姓曹,如曹保、曹善才、曹纲三代都以琵琶而著称。石国人多摩尼教徒,有的善舞,有的能翻译回鹘语。米国人以善乐著称,米、何、史诸国也多属袄教徒。波斯人多以经商致富,操纵长安珠宝、香药市场。波斯贵族由于阿拉伯势力入侵而流浪天涯,国王卑路斯和他的儿子泥涅师入华而客死长安。据《唐两京城坊考》卷五,洛阳修善坊也有波斯胡寺,说明在洛阳的波斯商人也不是少数。

长安在隋唐两代中西交通和交流中首屈一指的重要地位为人熟知,不必赘述,这里单说洛阳。洛阳在中西交通和贸易交流方面也盛况空前。隋朝在炀帝时开始大力营建东都,并建含嘉仓以屯储各地租赋;设市经商,开展对外贸易,吸引西域商人至洛阳进行交换。唐朝建立,继承隋之传统,把洛阳做为全国经济中心,扩大市场规模。隋时在城南外侨聚居地之外,形成了东市、南市、北市三大市。唐代增加西市,形成国际性的大市场,称为洛阳四市。其中最重要的是隋东市曰丰都市,唐时称南市。据唐杜宝《大业杂记》记载:"丰都市,周八里,通门十二,其内一百二十行,三千余肆……市四壁有四百余店,重楼延阁,互相临映。招致商旅,珍奇山积。"①韦述《两京新记》云:"南市,隋曰丰都市,东西、南北居二坊之地。"②《唐两京城坊考》云:"隋曰丰都市,东西、南北居二坊之地,其内一百二十行,三千余肆,四壁有四百余店,货贿山积。"③丰都市即唐之南市,以其在洛水之南,故曰南市。辛德勇考证认为:"丰都市不唯'南北居二坊之地',东西也同样是'居二坊之地',共占地四坊。"所以才有八里之周长。④ 隋唐长安东、西两市均占两坊地,可知洛阳丰都市的规模比之长安东西两市都大,说明隋炀帝于东都置市,一开始就是把它作为最大的贸

---

① (唐)杜宝撰,辛德勇辑校:《大业杂记辑校》,三秦出版社2006年版,第15页。
② (唐)韦述撰,辛德勇辑校:《两京新记辑校》卷5,三秦出版社2006年版,第86页。
③ (清)徐松撰:《唐两京城坊考》卷5,中华书局1985年版,第160页。
④ 辛德勇著:《隋唐两京丛考》,三秦出版社1991年版,第140页。

易中心进行建设的。至唐丰都市规模缩小，"贞观九年促半坊"①，但高宗显庆年间又立北市，《唐会要》卷八六《市》云："显庆二年十二月十九日，洛州置北市，隶太府寺。"②洛阳龙门奉先寺古阳洞石窟存有永昌元年（689 年）"北市香行社"供养人题字，印证了北市的存在。西市、北市在唐前期一直与南市互相呼应，成为洛阳经济贸易中心区，南市以经营日常商品为主，在三个市中规模最大。当时，各类重要商品如金、银、珠宝、瓷器、毛皮、丝绸等从全国各地汇集到南市，再从这里发送到全国各地乃至域外。直到唐后期由于洛阳在政治经济领域里地位的坠落才废为居民区。现在隋唐洛阳城南市遗址考古发掘正在进行，它将进一步揭示南市在隋唐经济贸易中的重要地位，为洛阳作为隋及唐前期丝绸之路最东端的起点提供新的说明。

隋唐时期洛阳在全国交通网络中地位更加重要，在中西交通方面更为便利。隋炀帝建东都新址比汉魏故址在交通四方上更为便利，"都内纵横各十街"③，城内河渠如网，处处通漕，整个漕运系统以洛水为纽带，南北两翼遍布河渠：北岸有漕渠、瀍水、泄城渠，南岸有通济渠、运渠、分渠，又南引两条伊水与运渠相通。从都城与外界交通看，陆上，城址西移后，控制了伊洛瀍涧四河的谷口，都城成为洛阳平原陆路交通的枢纽；水上，洛阳城跨河而建，为伊洛瀍涧四条河纵横交错的中心，同时贯通南北的黄金水道即南到杭州、北至涿郡的大运河已经开通，洛阳正好成为其联接点。隋炀帝开凿南北大运河，在所开四段运河中，除邗沟与江南河的衔接点在京口以外，其它三段的中心衔接点都在洛口，洛阳成为全国水运中心，正如唐人所说："今自九河外，复有淇、汴，北通涿郡之渔商，南运江都之转输。"④唐太宗、高宗屡次东居洛阳宫，武则天以洛阳为神都，玄宗在开元二十五年前亦常东幸洛阳，在政治地位上洛阳与长安并驾齐驱，吸引着众多的商使蕃客东至洛阳。

洛阳在隋唐时中外经济贸易和文化交流的兴盛，有两个标志性的事件。一是隋代举行的盛大的胡商贸易大会。炀帝派裴矩经营西域，裴矩在张掖从

① （清）徐松撰：《唐两京城坊考》卷 5，中华书局 1985 年版，第 160 页。
② （宋）王溥撰：《唐会要》卷 86，上海古籍出版社 1991 年版，第 1873 页。
③ 《旧唐书》卷 38《地理志一》，中华书局 1975 年版，第 1421 页。
④ （唐）皮日休著，萧涤非整理：《皮子文薮》卷 4，中华书局 1959 年版，第 44 页。

事的重要工作之一是鼓动商胡至洛阳朝贡和贸易,《隋书·裴矩传》记载,根据裴矩的建议,炀帝在洛阳举行"都下大戏","征四方奇技异艺,陈于端门街,衣锦绮、珥金翠者以十万数"。"遣掌蕃率蛮夷与民贸易"①。又据《资治通鉴》卷一八一"大业六年"条记载,在洛阳端门街举行的这次贸易盛会,"盛陈百戏,戏场周围五千步,执丝竹者万八千人,声闻数十里。自昏至旦,灯火光烛天地,终月而罢,所费巨万"。洛阳有丰都等三市,"诸蕃请入丰都市交易,帝许之。先命整饰店肆,檐宇如一,盛设帷帐,珍货充积,人物华盛,卖菜者亦藉以龙须席。胡客或过酒食店,悉令邀延就坐,醉饱而散,不取其直,绐之曰:中国丰饶,酒食例不取直。胡客皆惊叹。"这样的盛会在炀帝的时代一直沿袭下来,"自是岁以为常"。② 说明当时洛阳一直是胡商东来最主要的目的地,也是西行经商者的出发点,是丝绸之路贸易最东端最大的贸易中心。

隋唐时洛阳、长安同为全国中心,另一个具有标志性意义的事件是高宗、玄宗东封泰山。《唐会要》卷七《封禅》记载:"麟德二年十月丁卯,帝发东都,赴东岳。从驾文武兵士及仪仗法物,相继数百里,列营置幕,弥亘郊原。突厥、于阗、波斯、天竺国、罽宾、乌苌、昆仑、倭国及新罗、百济、高丽等诸蕃酋长,各率其属扈从,穹庐毡帐及牛羊驼马,填候道路。"③《通典》卷七《历代盛衰户口》记载:"(开元)十三年封泰山,米斗至十三文,青、齐谷斗至五文。自后天下无贵物,两京米斗一至二十文。……东至宋、汴,西至岐州,夹路列店肆待客,酒馔丰溢。每店皆有驴赁客乘,倏忽数十里,谓之驿驴。南诣荆、襄,北至太原、范阳,西至蜀川、凉府,皆有店肆,以供商旅。远适数千里,不持寸刃。"④在这样的背景下,玄宗东封泰山,从洛阳出发,出现了"四夷酋长从行"的盛况。据此,韩国磐先生说:"高宗、玄宗东封泰山时,四方少数民族首领及外国使者,皆以洛阳为中心而聚集,那么,丝路上东来的使、商客,自然相同,以洛阳为目的地而来此。"⑤

① 《隋书》卷67《裴矩传》,中华书局1973年版,第1581页。
② (宋)司马光等撰:《资治通鉴》卷181,中华书局1956年版,第5649页。
③ (宋)王溥:《唐会要》卷7《封禅》,上海古籍出版社1991年版,第113页。
④ (唐)杜佑:《通典》卷7《食货七》,中华书局1988年版,第152页。
⑤ 韩国磐:《古都洛阳与丝绸之路》,载《洛阳——丝绸之路的起点》,中州古籍出版社1992年版,第20页。

其时,自长安至洛阳一带成为一个特殊的地理单元,既是全国政治核心区域,又是经济文化中心地区。在这个区域内长安和洛阳东西辉映,成为两个耀眼的明珠城市,中西交通与交流进入黄金时代,东西两都共同担负着丝路起点的任务。根据《隋书·裴矩传》记载,北朝后期西域各地商胡多至张掖贸易,随着隋朝统一和中西交通的开展,丝绸之路向内地延伸,经长安一直延伸至中原洛阳,洛阳作为丝绸之路的起点也发展到最辉煌的时代。从长安和洛阳出发,有四通八达的驿道网络,辐射和联接全国各地城市,全国各地丰饶的物产源源不断地输入两都,又经东来西往的商使蕃客转运世界各地,从而促进了世界各个国家各个民族和各地区的相互交流,推动着世界文明共同进步。如果说长安和洛阳是丝绸之路起点的中心城市,环绕两都的各大城市则构成丝绸之路起点的卫星城市,这样的城市数量众多,如汴州、相州、太原、襄阳、南阳、颍川等,它们在丝绸之路贸易和交流中各自发挥着自己的作用,将中外文化交流的触角伸向全国各地。因此说长安和洛阳是丝绸之路的起点,它们只是这诸多城市的两个代表而已,它们和这些城市共同代表着丝绸的故乡,即中国。安史之乱中洛阳遭到严重破坏,特别是回纥两次助唐收复东都,回纥军队对洛阳的抢劫杀掠破坏尤甚。战乱结束后虽有所恢复,但昔日辉煌不再,洛阳丧失了丝绸之路起点的地位,南市废弃为居民区便是一个象征。

探讨丝绸之路起点的迁移,我们之所以限定在汉唐之间,因为中西之间的交通在路线、功能和交流内容等方面,从唐后期开始发生了许多重要变化。第一,由于吐蕃占领河西走廊和西域,造成中原地区与中亚、西亚、南亚以至欧洲、非洲的交通路线的改变:一是草原路兴起,二是海上交通开始发展起来。第二,从中国西传的商品茶叶、瓷器日益重要,与丝绸一样成为输出的大宗商品,它们共同发挥着中西交流的杠杆作用,丝绸日益失去一枝独秀的地位。第三,随着欧洲人环球航行的成功,明清时西方传教士来华,中西交流的内容更发生实质性的变化,中西交流的重要内容已经不是物质产品的交换,也不是佛教的传播和发展,而是新的西方现代文明的传播和汉学西传。第四,在新的交通工具出现以后,世界各地陆海两道交通发展起来,许多空间的阻隔都被打破了,每一个城市都能够独立地与域外进行交通和交流,文化传播的起点便突破个别政治中心、经济中心的单一模式,变得更加多元了。那么,某一个城市就很难说处于中外交通起点的中心地位。

（本文原载《中州学刊》2008 年第 1 期,中国人民大学复印报刊资料《地理》2008 年第 3 期转载）

3—6世纪的草原丝绸之路

欧亚间草原民族东西交通的路线很早就已经存在,公元前5、6世纪中国丝绸已经传至遥远的希腊,便是通过欧亚间草原民族辗转传递实现的;周穆王西征的路线也是沿草原路进行。自古以来欧亚大陆北部的辽阔草原一直存在各游牧民族部落,他们的活动是草原路产生和发展的基础。这条道路在公元3至6世纪期间的发展变化,大致可以分为四个阶段:(1)魏晋;(2)五胡十六国和北魏前期;(3)北魏后期;(4)东、西魏和北周、北齐时期。本文结合中西方文献记载和考古发现,对此一时期草原路的利用略加探讨。

一、魏晋时期草原路的复兴

两汉时期,由于绿洲路的兴盛发展,取代了早期草原路的利用,加之北方匈奴的草原霸权地位,中原地区利用草原路呈现中断和衰落状况。那时,在这条道路上,匈奴人与西域交通,汉文化通过匈奴的中介向更远的地方传播。

从中国西北地区通西域的这条草原之路,在魏晋时期兴盛一时,可以说是早期草原路的复兴。曹魏时期,所谓草原路之起点在车师后王都城于赖城,[①]由此西向至"大秦"。鱼豢《魏略·西戎传》的"北新道"即此路线:

> 北新道西行,至东且弥国、西且弥国、单桓国、毕陆国、蒲陆国、乌贪

---

① 汉宣帝神爵二年(公元前60年),车师分为前后部,后部王治务涂谷。东汉永平十五年(72年),东汉夺取车师后部,屯田金满城。此即后来魏晋时的于赖城,隋末唐初时的可汗浮图城。唐贞观十四年(640年)平高昌,于可汗浮图城设庭州。在今新疆吉木萨尔县。

国,皆并属车师后部王。王治于赖城,魏赐其王壹多杂守魏侍中,号大都尉,受魏王印。转西北则乌孙、康居,本国无增损也。北乌伊别国在康居北,又有柳国、又有岩国,又有奄蔡国,一名阿兰,皆与康居同俗。西与大秦、东南与康居接。其国多名貂,畜牧逐水草,临大泽,故时羁属康居,今不属也。①

据鱼豢记载,通过这条路线可至还有若干政权,魏晋时对这些政权皆有一定了解:"呼得国在葱岭北,乌孙西北,胜兵万余人,随畜牧,出好马,有貂。坚昆国在康居西北,胜兵三万人,随畜牧,亦多貂,有好马。丁令国在康居北,胜兵六万人,随畜牧,出名鼠皮,白昆子、表昆子皮。此上三国,坚昆中央,俱去匈奴单于庭安习水七千里,西南去康居界三千里,西去康居王治八千里。或以为此丁令即匈奴北丁令也,而北丁令在乌孙西,似其种别也。又匈奴北有浑窳国,有屈射国,有丁令国,有隔昆国,有新梨国,明北海之南自复有丁令,非此乌孙之西丁令也。乌孙长老言北丁令有马胫国,其人音声似雁骛,从膝以上身头,人也;膝以下生毛,马胫马蹄。不骑马而走疾马,其为人勇健战也。短人国在康居西北,男女皆长三尺,人众甚多,去奄蔡诸国甚远。康居长老传闻常有商度此国,去康居可万余里。"②

这是从于赖城出发,经奄蔡(阿兰)西行至大秦的道路。奄蔡北与黑海北岸的萨尔马提人相邻,南与高加索南部亚美尼亚接壤。其时亚美尼亚在罗马帝国范围。这是通大秦的北路,是自汉以来中国通康居的道路的延伸。阿兰即汉代之奄蔡,原居咸海以北,公元前2世纪左右占有里海北岸至顿河间草原,并南徙高加索。因据有里海沿岸,常假手亚美尼亚人、米底人与高加索、小亚细亚、中亚各族贸易,极为富庶。《史记·大宛列传》记载:"奄蔡在康居西北可二千里,行国,与康居大同俗。控弦者十余万。临大泽,无崖,盖乃北海云。"③由此更西,则为黑海附近希腊诸殖民地,远古时希腊商人即取道黑海与

① 《三国志》卷30《魏书·乌丸鲜卑东夷传》,裴松之注引《魏略·西戎传》,中华书局1959年版,第862页。

② 《三国志》卷30《魏书·乌丸鲜卑东夷传》,裴松之注引《魏略·西戎传》,中华书局1959年版,第862—863页。

③ 《史记》卷123《大宛列传》,中华书局1982年版,第2161页。

里海以北,东求西伯利亚的皮毛。奄蔡后来异名甚多,又名阿兰、阿兰聊、粟特、温那沙、特拘梦等。《后汉书·西域传》记载,奄蔡后改名阿兰聊。阿兰聊即《魏略·西戎传》中的阿兰。①

沿此路经行诸地,有一个共同的特点,就是"畜牧逐水草",或"随畜牧"②,皆草原游牧民族。应该注意的是这条路线的西部终点是"大秦",这是一条沟通中国与遥远的罗马的路线。但中国人似乎并没有怎么利用这条路线进行交往活动,虽然车师后部王接受了曹魏封号,而且康居长老传闻"有商度其国",但中国人对乌孙以远地区的了解仍然相当有限,有的明显带有传闻失实的成分。鱼豢的时代,中国与罗马都没有能够走通这条贯通欧亚大陆的草原路,其间各游牧民族的迁徙与交往造成中西方文化信息的辗转间接的传递。

曹魏政权通过河西走廊与西域保持着密切联系,《三国志》卷三十《乌丸鲜卑东夷传》记载:"魏兴,西域虽不能尽至,其大国龟兹、于阗、康居、乌孙、疏勒、月氏、鄯善、车师之属,无岁不奉朝贡,略如汉氏故事。"③其中康居则是联结丝绸之路绿洲路和草原路的枢纽,是经草原路继续西行的中转站。据上引《魏略》记载,曹魏时车师后部王与中原政权有密切关系,其王壹多杂接受曹魏"守侍中,号大都尉"之号并受魏王印。而当时东、西且弥国,单桓国、毕陆国、蒲陆国、乌贪国皆并属车师后部王。从乌贪国转西北至乌孙、康居;从康居向北有乌伊别国、柳国、岩国、奄蔡国。此道出乌孙、康居、阿兰,经里海、黑海以北草原与欧洲相通,是自康居至大秦的必经之地。

西晋与西域各地保持着密切关系。史载晋武帝泰始及太康年间,康居、焉

---

① 杨宪益《粟特国考》认为,奄蔡、阿兰本非一国,因公元 1 世纪间奄蔡为阿兰所并,故其地改名阿兰。《魏略》中的柳国即《后汉书》中阿兰聊之聊国,聊国似为阿兰的附庸,所以《后汉书》并为一国,称为阿兰聊。据西方史籍,阿兰于公元 3 世纪时游牧于亚速海和高加索地区。4世纪 70 年代前后,被匈奴人击败,其王被杀。5 世纪初,一部分阿兰人迁至伊比利亚半岛西南部,与当地西哥特人融合。5 世纪中叶,大部分阿兰人随阿提拉西征,经高卢、西班牙迁至北非。留在高加索者与当地部落融合,形成以阿兰为主体的联盟,史称阿兰尼亚。参见氏著:《译余偶拾》,山东画报出版社 2006 年版,第 147—149 页。

② 《三国志》卷 30《魏书·乌丸鲜卑东夷传》,裴注引《魏略·西戎传》,中华书局 1959 年版,第 862—863 页。

③ 《三国志》卷 30《魏书·乌丸鲜卑东夷传》,中华书局 1959 年版,第 840 页。

耆、龟兹、大宛、大秦皆有来华朝贡的活动。①《晋书·四夷传》"大秦国"条记载,太康年间(280—289 年)大秦王"遣使贡献"。② 他们不一定经草原路而来,大秦使节似从海道东来,由广州至洛阳③,焉耆、龟兹、大宛诸地皆经绿洲路可达,而康居西北行则与草原路联结。《晋书·四夷传》"大宛"条记载:"太康六年(285 年),武帝遣使杨颢,拜其王蓝庾为大宛王。蓝庾卒,其子摩之立,遣使贡汗血马。""康居"条记载,晋武帝泰始年间(265—274 年),康居国王那鼻遣使上封事,并献善马。④

二、五胡十六国和北魏时期草原路的利用

五胡十六国和北魏前期,这条路线由车师后部、高昌向东延伸,经河套地区过黄河,至北魏前期政治中心平城(今山西大同),东至辽东,形成贯通中国北方的东西交通路线。这种东延与其时中国北方政治形势密切相关。北魏迁都洛阳后,与拜占庭有频繁往来,欧亚间草原路西段得到一定利用。

(一) 中国北方鲜卑诸部的活动和吐谷浑部西迁

从高昌经伊吾东向是中国北方草原,是欧亚间草原路的东段,魏晋时是鲜卑人活动的地区。鲜卑人在沟通东西方民族方面发挥了一定作用。西晋末年,北方大乱,北方草原路成为各草原民族往来迁徙的道路。鲜卑拓跋部原来游牧于大兴安岭北端东麓,3 世纪中叶拓跋力微迁居盛乐(今内蒙古和林格尔)。376 年拓跋部被前秦征服,386 年拓跋珪于盛乐重建代国,398 年迁都平城(今山西大同)。3 世纪末至 4 世纪初,鲜卑慕容部落的一支由吐谷浑率部西迁,其西迁路线经过今内蒙古乌盟集宁——阴山、河套一线,并在内蒙古中

---

① 参见《晋书》卷 3《武帝纪》、卷 97《四夷传》,中华书局 1974 年版。
② 《晋书》卷 97《四夷传》,中华书局 1974 年版,第 2545 页。
③ 殷巨奇《布赋序》云,西晋太康二年(281 年)"大秦国奉献琛,来经于(广)州,众宝既丽,火布尤奇"。见《艺文类聚》卷 85《布部》,上海古籍出版社 1965 年版,第 1463 页。
④ 《晋书》卷 97《四夷传》,中华书局 1974 年版,第 2544 页。

部停留 20 余年。而后,又迁居上陇,至枹罕(今甘肃临夏市),游牧于洮水西南(今甘肃、青海一带)。①

(二) 赫连夏国统万城的建立及其在草原路上的作用

十六国时,匈奴与鲜卑融合形成的铁弗部赫连勃勃建立夏国,都统万城(今伊克昭盟乌审旗南白城子),统万城一时成为河套地区交通四方的枢纽。顾祖禹《读史方舆纪要》卷三记载夏国四境:"勃勃盛时,南阻秦岭,东戍蒲津,西收秦陇,北薄于河。"②北魏前期,从统万城向东过君子津渡黄河可至平城,或从平城西行经统万城而西去,这条道路正是草原路中国北方段。《魏书·世祖纪》记载,北魏始光三年(426 年)西征大夏,太武帝拓跋焘命奚斤率军袭取蒲坂,过蒲津渡黄河,进兵长安。自己亲率大军乘冰过黄河,袭统万城:"十月丁巳,车驾西伐,幸云中,临君子津。会天暴寒,数日冰结。十月一月戊寅,帝率轻骑二万袭赫连昌。壬午,至其城下,徙万余家而还。"③第二年,北魏太武帝又袭统万城,克之,置统万镇。太武帝西征的这条路线反映了自平城西行至统万城的草原路路线。从统万城向南可至长安,向西可至天水,从而把秦陇、河套和山西连成一线,这是北方草原路向东延伸的重要条件,也是草原路得以利用的重要条件。据《读史方舆纪要》卷三,赫连勃勃强盛时,"置幽州于大城(在今榆林卫东北),朔州于三城,雍州于长安,并州于蒲坂,秦州于上邽,梁州于安定,北秦州于武功,豫州于李闰(李闰,在同州东北),荆州于陕"④。自统万城至长安、秦州、梁州等地的交通是畅通的,这就把北方草原路和传统丝绸之路连接起来。

(三) 北魏前期以平城为中心草原路的利用

北魏改统万镇为夏州,直到隋唐夏州一直是河套地区陆路交通的枢纽。以平城为起点,经君子津、统万城(夏州)、灵州至姑臧,连通河西走廊之路,也

---

① 参见周伟洲著:《吐谷浑史》,广西师范大学出版社 2006 年版,第 1—15 页。
② (清)顾祖禹撰:《读史方舆纪要》卷 3,中华书局 2005 年版,第 145 页。
③ 《魏书》卷 4《世祖纪上》,中华书局 1974 年版,第 71 页。
④ (清)顾祖禹撰:《读史方舆纪要》卷 3,中华书局 2005 年版,第 145 页。

可以西行与居延路相连接进入西域。考古发现的资料揭示了这条路线的存在,详见下文。在中原鼎沸、河西走廊局势动荡的情况下,活跃在中西交通线上的商旅和使节利用中国北方草原的通道从事贸易往来。北魏建都平城近百年,在此期间,平城成为丝路的起点之一,成为北方草原路的枢纽。草原路畅通,来自西域的商使可以经北方草原至平城。

北魏与西域的交通始于北魏太武帝之时。北魏声威远达西域,西域各地首先有通好的表现。太延元年(435年)二月,"蠕蠕、焉耆、车师诸国各遣使朝献"。统治者的对外政策由消极保守变为积极主动,于是遣王恩生、许纲等出使西域。史载这年五月"遣使者二十辈使西域",王恩生当为正使,许纲等人在其中。王恩生等在途中被柔然捕获,此行未果,但成为北魏时中西间交通的先声。此后,西域诸地不断遣使来献。这年六月,鄯善遣使朝献;八月,粟特遣使朝献。① 悉居半"太延初遣使来献"。② 太延三年(437年)三月,"龟兹、悦般、焉耆、车师、粟特、疏勒、乌孙、渴槃陁、鄯善诸国王各遣使朝献"。③ 太武帝拓跋焘"遣散骑侍郎董琬、高明等多赍金帛,出鄯善,招抚九国"。④ 据《魏书·西域传》记载,董琬等"北行至乌孙国",受到热情款待。董琬等人启程西行时,"受诏便道之国,可往赴之"。乌孙王派向导、译员送董琬等到达破洛那,送高明等到者舌。⑤ 太延三年(437年)十一月,破洛那、者舌"各遣使朝献,奉汗血马"⑥。董琬、高明等人西使,在加强中原与西域各地的关系方面起到了沟通和促进作用。董琬回朝后,向北魏朝廷介绍了西使见闻,使北魏对西域的变化有了新的了解。他们把西域分为四个区域,其中"两海之间,水泽以南"⑦,当即今咸海与里海之间,乃北方草原游牧民族之地,阿兰、奄蔡所在。此后中西交通拉开了序幕。"自后相继而来,不间于岁,国使亦数十辈矣"⑧。

① 《魏书》卷4《世祖纪上》,中华书局1974年版,第84、85页。
② 《魏书》卷102《西域传》,中华书局1974年版,第2264页。
③ 《魏书》卷4《世祖纪上》,中华书局1974年版,第88页。
④ 《魏书》卷102《西域传序》,中华书局1974年版,第2259—2260页。
⑤ 《魏书》卷102《西域传序》,中华书局1974年版,第2260页。
⑥ 《魏书》卷4《世祖纪上》,中华书局1974年版,第88页。
⑦ 《魏书》卷102《西域传序》,中华书局1974年版,第2261页。
⑧ 《魏书》卷102《西域传序》,中华书局1974年版,第2260页。

阿兰商人经草原路东来,足迹远至河西凉州和北魏都城平城。《魏书·西域传》记载:"粟特国在葱岭之西,古之奄蔡,一名温那沙。居于大泽,在康居西北,去代一万六千里。先是匈奴杀其王,而有其国。至王忽倪已三世矣。其国商人,先多诣凉土贩货,及克姑臧悉见虏。高宗初,粟特王遣使请赎之,诏听焉。"①此粟特国即阿兰国②。北魏时阿兰国使节亦曾进入平城,与北魏发生外交往来。《通典》卷一九三引《后魏史》云:"文成帝初,遣使朝贡。"③

从平城向东北,十六国和北魏时期与东北亚地区诸政权有密切往来。辽宁朝阳北票北燕冯素弗墓出土五件玻璃器,是来自西域的产品,标示着草原路向东的延伸。北魏建都平城,与东部朝鲜的交往也进入一个新时期。据统计,朝鲜半岛北部的高句丽政权向十六国遣使 12 次,北朝派遣使节多达 101 次,主要集中在北魏时期,计 79 次。中国北朝政权也向高句丽派遣使节,北朝诸政权有 7 次,主要是北魏政权。朝鲜半岛南方的百济曾向中国北朝遣使 4 次,北魏向百济遣使 1 次。朝鲜半岛东南方的新罗国向北朝遣使 4 次,北魏则向新罗回访 1 次④。北魏政权与高句丽政权存在姻亲关系,孝文帝的嫔妃、宣武帝的生母高太后出身高丽族,其兄高肇在北魏仕至尚书令⑤。

(四)北魏后期与拜占庭的往来

330 年,罗马皇帝君士坦丁一世迁都拜占庭,在此建立新都,取名新罗马,

---

① 《魏书》卷 102《西域传》,中华书局 1974 年版,第 2270 页。

② 张星烺云:"粟特似为俄粟特(Ossethi)之讹音,略去其首音'俄'字也。俄粟特民族今代仍居高架索山系间,即古代阿兰(Alans)或阿思(As)人之苗裔。粟特不可与索格多(Sogdo)相混。……所谓大泽,即里海也。""忽倪已,夏德(F.Hirth)谓即匈奴阿提拉(Attila)大王之少子 Hernae 云,读音相近,时代亦同,其说可信。"参见氏著:《中西交通史料汇编》(第 5 册)"古代中国与西部土耳其斯坦之交通",上海书店影印辅仁大学丛书 1930 年版,第 65 页。

③ (唐)杜佑撰:《通典》卷 193《边防九》,中华书局 1988 年版,第 5258 页。

④ 参见韩昇:《四至六世纪百济在东亚国际关系中的地位和作用》,载韩国忠南大学校百济研究所编《第 7 回国际学术会议·百济学术诸问题》,大田,1994 年;《"魏伐百济"与南北朝时期东亚国际关系》,《历史研究》1995 年第 3 期。

⑤ 《魏书》卷 83《外戚高肇传》记载:"高肇字首文,文昭皇太后之兄也。自云渤海蓨人,五世祖顾,晋末永嘉中避乱入高丽。父飏,字法修,高祖初与弟乘信及其乡人韩内、冀富等入国,拜厉威将军,河间子。"据李凭《北魏两位高氏皇后族属考》研究,高氏实出身高丽族。载《中国史研究》(韩国)第 20 期,2002 年 10 月;《北魏的发展轨迹》,载《4—6 世纪的北中国与欧亚大陆》,科学出版社 2006 年版。

又名君士坦丁堡。395年,罗马帝国分裂为东、西两部分。东罗马帝国以君士坦丁堡为首都,后世称拜占庭帝国。在中国文献里,中国人起初仍称东罗马为大秦,之后则称为拂林、普岚、蒲林等。罗马分裂,特别是西罗马灭亡后,罗马城作为东西方贸易的终点站和集散地的地位转移至君士坦丁堡。君士坦丁堡成为欧亚间草原丝绸之路的西部终点。

君士坦丁堡地处欧亚交通的要道。中国与拜占庭之间的道路最有名的是经巴克特拉、安条克、希卡通皮洛斯,再到拉格斯、埃克巴塔纳、巴比伦、苏萨,通往帕尔米拉。在丝路主线上,自蓝氏城直达里海东岸中部海港克拉兹诺沃茨克,渡海到巴库上岸,抵达黑海东岸和著名的特拉比仲德城,最终可达君士坦丁堡。传统的商路在拜占庭时代继续发挥沟通中国和拜占庭两大帝国的作用,并发展出许多新的线路。有一条路被称为"北方之路",这条路"可以让罗马人避开帕提亚人。它从拜占庭出发到达黑海另一端的法兹(Phase)河口,直抵萨拉巴那(Sarapana)。接着货物在库拉的库拉河上转船,穿过里海到达卡拉—博阿兹海湾。最后穿过通向阿姆河的高加索地区,就可以沿着河谷到达巴克特里亚"①。隋代裴矩《西域图记》序描述了自中国敦煌、玉门关西行至拜占庭的草原路:"发自敦煌,至于西海,凡为三道,各有襟带。北道从伊吾,经蒲类海、铁勒部、突厥可汗庭,度北流河水,至拂林国,达于西海。"②丝绸之路西段北道与中国境内西域北道相通,汉唐间北道经过康居西行,由碎叶城向西,经过里海北岸、黑海抵达欧洲。具体路线是经今伊塞克湖、巴尔喀什湖、塔拉斯西北行,从咸海、黑海北岸抵达伊斯坦布尔。普岚与北魏的交通,东罗马与西突厥的使节、商旅往来便经行这条路线。

6世纪中叶,拜占庭皇帝查士丁尼一世为打破波斯人对东方生丝贸易的垄断,支持来自印度的僧侣到中国获取养蚕技术,并将蚕卵桑种带来,从此拜占庭人在巴尔干南部建立起丝织业中心③。拜占庭的养蚕业首先是在叙利亚发展起来的,那里集中了许多纺织厂家,大约至6世纪末,拜占庭养蚕业已经

---

① [法]让—诺埃尔·罗伯特著,马军、宋敏生译:《从罗马到中国——恺撒大帝时代的丝绸之路》,广西师范大学出版社2005年版,第140页。

② 《隋书》卷67《裴矩传》,中华书局1973年版,第1579页。

③ [法]戈岱司编,耿昇译:《希腊拉丁作家远东古文献辑录》,中华书局2001年版,第96页。

能够满足制造厂家对原料在质量和数量上的要求了。在与波斯人签订了停战协议以后,拜占庭与北魏有频繁的外交往来。《魏书》卷五记载,北魏文成帝太安二年(456年),普岚国遣使入贡,这是东罗马与北魏官方交往的最早记录。和平六年(465年),普岚国献宝剑。同书卷六记载,献文帝皇兴元年(467年),普岚国又遣使和北魏通好。《洛阳伽蓝记》卷四记载北魏时来华外国僧俗有云:"西域远者,乃至大秦国,尽天地之西陲……衣服车马,拟仪中国。"①北魏报聘的使节在西方文献中有所反映,赫利奥多尔(Héliodore)《埃塞俄比亚人》中讲到:"然后,便把带来丝线和丝织物的赛里斯人的使节传了上来,这都是由生活在他们国家的蜘蛛所织。这些使者们另外还带来了服装,有的染作大红色,其余是素白色。"②拜占庭诗人西都瓦纳·阿波利奈尔(Sidoine Apollinaire)《诗集》吟诵诸国贡物,提到"赛里斯人带来了其羊毛"③。北魏与拜占庭间的使节往来应该同时利用了绿洲路和草原路。

三、柔然与东魏、北齐对草原路的利用

北魏迁都洛阳以后,东西往来的商使僧侣自洛阳西行,或入河西走廊,出敦煌、玉门关,或经行吐谷浑之路西行。由于北魏中心政权南迁,中国北方草原路主要为新崛起的北方草原民族所利用。北魏后期和东、西魏时,从高昌经伊吾东向或东北向的北方草原路则更多为新起的草原民族柔然所利用,北周、北齐时先为柔然后为突厥所控制,东魏、北齐通过北方草原路过柔然、突厥境交通西域。

(一) 柔然对草原路的利用

北朝后期,居延路成为北方草原路东西往来之要道。居延故地在今内蒙古西部的额济纳旗,额济纳河南北穿越额济纳旗,由于东西两侧巴丹吉林沙漠

---

① (魏)杨衒之撰,周祖谟校释:《洛阳伽蓝记校释》卷4,中华书局2010年版,第158页。
② [法]戈岱司编,耿昇译:《希腊拉丁作家远东古文献辑录》,中华书局2001年版,第86页。
③ [法]戈岱司编,耿昇译:《希腊拉丁作家远东古文献辑录》,中华书局2001年版,第93页。

和北山山脉的阻挡,额济纳河两岸成为中国西部一条重要的南北通道。居延远控大漠,近屏河西,东西襟带黄河、天山,水草丰美,宜于农牧。从汉朝开始,就在这里大规模修筑军事设施,屯田戍边,至今保存着大量城障烽燧遗迹。西汉居延路开通以后,这条维系东西方贸易和南北交通的道路一直是联系中原与西域的重要道路之一,并与伊吾路连接构成联系中国北方草原路和天山以北往西欧亚草原路的纽带。汉武帝元狩二年(前 121 年),骠骑将军霍去病曾沿此捷径,南攻祁连山,"扬武乎鱳得"①,开辟河西四郡。李陵沿此道北出居延,与匈奴主力血战。武帝时路博德经营居延城、遮虏障以屏藩河西四郡,并发动戍边军民修筑西连敦煌郡的"塞墙",即居延汉长城。东汉窦固曾利用居延塞款待入觐的匈奴使团。东汉末献帝时,居延道路非但没有冷落,而且得以加强,西海郡的设置便是有力的证明。

居延道沿漠南之地与河西路平行西进,发自阴山山麓,途经居延绿洲,西过天山之北而通中亚诸国,成为自中国北方经草原路入西域的道路。这条道路可与河西走廊的道路相通,亦可南入吐谷浑之地。在魏晋南北朝时期,这条交通道路的利用引人注目。王素指出:"这条草原路,由于途经额尔济纳,亦即居延,显然也是居延路的向东延伸。"与唐宋以后所走的草原路亦即回鹘路不同,"都在现在的中国境内,对中国古代各中央王朝和地方割据政权而言,应是使用更多的一条草原交通路线"。② 首先,居延之地处于北方草原民族与西域交界地区,是北方草原民族交通西域通常经行之路。《魏书·袁翻传》记载,神龟末年,柔然为高车所破,凉州刺史袁翻建议北魏朝廷将柔然阿那瓌、婆罗门安置在西海郡,原因是"西海郡本属凉州,今在酒泉,直抵张掖西北千二百里,去高车所住金山一千余里,正是北虏往来之冲要,汉家行军之旧道,土地沃衍,大宜耕殖"③。便是指魏晋以后,居延一带成为北方草原民族交通往来的通道。为了防止柔然衰落后高车跋扈西北,袁翻认为应将阿那瓌、婆罗门安置西海郡,同时置将镇守。其次,当河西路不通时,居延路是中原地区与西北边疆各族政权和民间交通往来的替补道路。远在巴蜀建立政权的李雄、李势

① 《史记》卷 111《卫将军骠骑列传》,中华书局 1982 年版,第 2931 页,注[四]引。
② 王素著:《高昌史稿》(交通编),文物出版社 2000 年版,第 215 页。
③ 《魏书》卷 69《袁翻传》,中华书局 1974 年版,第 1542 页。

以及以青海为中心建立政权的吐谷浑,都曾绕道居延路与中原政权进行交通。《魏书·序纪》"穆皇帝九年"记载:"是年,李雄遣使朝贡。"又"昭成皇帝六年"记载:"是年,李寿死,子势僭立,遣使朝贡。"①在五胡乱华中原鼎沸不能直接交通的情况下,巴蜀政权只能经行吐谷浑、居延之地至代。《资治通鉴》卷一五八,"梁武帝大同六年(540年)"条记载:"吐谷浑自莫折念生之乱,不通于魏。……是岁,始遣使假道柔然,聘于东魏。"②在地隔西魏不能直接交通时,吐谷浑绕道居延与东魏交通。周伟洲先生说:"秦汉至东晋十六国时期,中西陆路交通最东一段,主要是经由河西路,其次是居延路。"③陆庆夫先生认为,五凉时期,河西路、青海路和居延路是中西交通的三条主要道路。④ 陈戈先生指出,古代新疆北道有二条支线,其一为巴里坤至居延路线。⑤

柔然与北魏对峙时,居延一带为柔然统治。西魏时,柔然虽处于衰落状态,却颇与西域往来。大约在西魏大统十二年(546年),柔然曾派虞弘出使波斯和吐谷浑⑥。1999年7月,在山西太原晋源区王郭村发现隋代虞弘夫妇合葬墓,出土《虞弘墓志》。虞弘经历东西魏、北周北齐,殁于隋朝。墓志记载北朝时虞弘的身世和经历有云:"父君陀,茹茹国莫贺去汾、达官,使魏□□□□朔州刺史。"虞弘在柔然亦曾任使,"茹茹国王,邻情未协,志崇通乐,□□□芥,年十三,任莫贺弗,衔命波斯、吐谷浑"。⑦ 所谓"邻情未协"当指受到新起的突厥的威胁,出使吐谷浑和波斯当拉拢反突统一战线。在突厥进攻面前,柔然日益走向崩溃。在这种情况下虞弘出使北齐,墓志记载虞弘从波斯、吐谷浑归国,"转莫缘,仍使齐国"⑧。虞弘被北齐文宣帝高洋所留,未能返国,在北齐任职,至隋时去世。虞弘父子的东、西出使,正是经北方草原路沟通东魏、北齐与西域的联系的反映。柔然被突厥击溃,余部西迁,其迁徙路线乃沿草

---

① 《魏书》卷1《序纪》,中华书局1974年版,第9、12页。

② (宋)司马光等撰:《资治通鉴》卷158,中华书局1956年版,第4907页。

③ 周伟洲著:《吐谷浑史》,宁夏人民出版社1985年版,第133页。

④ 陆庆夫:《五凉政权与中西交通》,《西北史地》1987年第1期。

⑤ 陈戈:《新疆古代交通路线综述》,《新疆文物》1990年第3期。

⑥ 罗丰:《一件关于柔然民族的重要史料》,载氏著《胡汉之间——"丝绸之路"与西北历史考古》,文物出版社2004年版,第411—414页。

⑦ 张庆捷:《〈虞弘墓志〉中的几个问题》,《文物》2001年第1期。

⑧ 张庆捷:《〈虞弘墓志〉中的几个问题》,《文物》2001年第1期。

原路入欧洲。

（二）北朝后期草原路的利用

北魏分裂为东、西魏，东、西魏又分别为北齐、北周所取代。中国北方进入东西分裂的局面。东魏、北齐与传统的中西交通路线即自中原入河西走廊的道路隔绝，草原路成为东魏、北齐沟通西域的主要道路，以绕过西魏、北周辖境。那里先是柔然势力范围，因此东魏、北齐皆与柔然交好，一方面牵制西部强敌西魏、北周，一方面可以从柔然过境交通西域，北方草原路成为东魏、北齐通西域的路线。从东魏、北齐之邺都北行，经蒙古草原西向，至居延之地，此地连接河西路、草原路、绿洲路和吐谷浑之路。

北魏灭亡以后在东、西魏对峙和北周、北齐的对峙中，东魏、北齐与西域的交通靠此路维系。这条路线经行地区先后成为柔然和突厥人的舞台，而吐谷浑人对自己曾经经行的这条路线应该是熟悉的。当东魏与西魏、北周与北齐对峙时，西部的吐谷浑与东魏、北齐的交通则利用了柔然突厥路，以绕过西魏和北周的阻隔。《北史》卷九六《吐谷浑传》云："夸吕乃使人赵吐骨真假道蠕蠕，频来东魏。"[1]柔然公主出嫁东魏，河北东魏茹茹公主墓出土陶骆驼[2]，正是东魏与柔然交好，利用草原路进行丝绸贸易的反映。联接吐谷浑之路与居延路的是凉州，史载吐谷浑向西魏称臣，但却与北齐交往，进行贸易活动，引起西魏的不满，西魏废帝二年（553年），发生凉州刺史史宁派兵袭击吐谷浑商队的事件。《周书·异域传》"吐谷浑"条记载：

> 是岁，（吐谷浑王）夸吕又通使于齐氏。凉州刺史史宁觇知其还，率轻骑袭之于州西赤泉，获其仆射乞伏触扳、将军翟潘密、商胡二百四十人，

---

[1] 《北史》卷96《吐谷浑传》，中华书局1974年版，第3186页。

[2] 据磁县文化馆《河北磁县东魏茹茹公主墓发掘简报》，东魏茹茹公主墓位于今河北省磁县城南2公里的大冢营村北，出土物有两枚拜占庭金币及一些金质和铜质饰物。墓志云："魏骠骑大将军开府仪同三司长广郡开国公高公妻茹茹公主闾氏，……讳叱地连，茹茹主之孙、谙罗臣可汗之女也。……皇魏道映襄中，……茹主钦挹风猷，思结姻好，乃归女请和，作嫔公子。……以武定八年四月七日薨于晋阳，时年十三。即其年岁次庚午五月己酉朔十三日辛酉，葬于滏水之阴、齐献武王之茔内。天子下诏曰："长广郡开国公妻茹茹邻和公主，奄至丧逝，良用嗟伤。……送终之礼，宜优常数。"《文物》1984年第4期。

驼骡六百头,杂采丝绢以万计。[①]

吐谷浑至北齐的使团不可能经北周辖境,他们一定经北方草原路东来西返,而后过河陇通道返回。在他们的使团中竟然有商胡如许之多,他们在吐谷浑使节的协助下进入北齐进行商贸活动。他们在北齐得到的大宗商品是杂采丝绢。由于北齐可以通过北方草原路与西域交通往来,北齐虽地隔北周,境内却有商胡活动。《北史·齐后主皇后穆氏传》记载:"武成为胡后造真珠裙袴,所费不可称计,被火烧。后主既立穆皇后,复为营之。属周武曹太后丧,诏侍中薛孤、康买等为吊使,又遣商胡赍锦彩三万匹与吊使同往,欲市真珠,为皇后造七宝车。周人不与交易,然而竟造焉。"[②]由此可知从西域到北齐经贸的胡商为数不少,而且与皇室有密切关系。这条路线也成为来自西域的佛教僧徒至东魏、北齐的通道。北天竺乌场国僧人那连提黎耶舍入华,便是经柔然至北齐。那连提黎耶舍,北天竺乌场国人,年十七出家。二十一岁时受具篇。曾北背雪山,南穷师子国,后六人为伴,行化雪山之北。闻中国崇奉佛教,循路东指,到芮芮(柔然)国。"值突厥乱,西路不通,返乡意绝,乃随流转,北至泥海之旁,南距突厥七千余里。彼既不安,远投齐境。天保七年(556年),届于京邺,文宣皇帝极见殊礼。"[③]耶舍来中国时,正值北周打击佛教之时,因此他经柔然之地至北齐。

四、突厥崛起与草原路的兴盛

6世纪中叶土门可汗时,突厥部落逐渐强盛,活跃于北方草原,并与中原地区进行贸易活动,"始至塞上市缯絮,愿通中国"[④],成为草原丝路上的重要力量。此后突厥在土门可汗率领下,在阿尔泰山南麓迅速崛起。突厥求婚于西魏,太祖许之。大统十七年(551年)六月,西魏以长乐公主妻之。魏废帝元

---

① 《周书》卷50《异域传下》,中华书局1971年版,第913页。
② 《北史》卷14《后妃传下》,中华书局1974年版,第525页。
③ (唐)道宣撰,郭绍林点校:《续高僧传》卷2,中华书局2014年版,第33—34页。
④ 《周书》卷50《异域传下》,中华书局1971年版,第908页。

年(552年)正月,土门可汗发兵击柔然,大破柔然于怀荒北,阿那瓌自杀。此后二百年间,突厥控制了蒙古高原和中亚的广大版图。木杆可汗征服中亚草原的铁勒,破嚈哒,取得塔什干、费尔干纳、撒马尔罕、布哈拉等地,势力范围推进到阿姆河流域。木杆可汗"西破嚈哒,东走契丹,北并契骨,威服塞外诸国。其地东自辽海以西,西至西海万里,南以沙漠以北,北至北海五六千里,皆属焉"①;"塞北戎狄悉归之,抗衡中夏"②。成为欧亚草原东部最强大的政权。

俟斤以后,突厥强盛,有凌轹中原之意。北齐和北周都想借助突厥的力量,因而争相贿赂突厥。北周既与之和亲,每年送给缯絮锦彩十万段。突厥在京师者又待以优礼,衣锦食肉者常以千数。北齐惧其寇掠,亦倾府藏以给之。这些助长了突厥可汗的贪欲和狂妄,佗钵可汗曾说:"但使我在南两个儿(指北周、北齐两国皇帝)孝顺,何忧无物邪!"③突厥极力在北周和北齐的鹬蚌相争中捞取好处。佗钵可汗卒,其子菴罗嗣,菴罗惧大逻便而让国摄图。于是摄图为伊利俱卢设莫何始波罗可汗,一号沙钵罗,治都斤山。菴罗降居独洛水,称第二可汗,又以大逻便为阿波可汗。沙钵罗勇而得众,北夷皆归附之。由于内讧,6世纪末分裂为东西两个汗国,大体以阿尔泰山为界,东突厥地处蒙古高原,又被称为北突厥;西突厥汗国势力西达咸海,南抵今阿富汗,控制着中亚草原。西域各绿洲诸胡地都归附西突厥,接受可汗派去的"吐屯"监管,向其纳贡。突厥成为草原上的霸主。突厥的强盛和扩张,客观上阻断了中原地区与西域的交通,但却在很大程度上充当了中原地区与西域交流的中介。突厥人和中原人民有密切的联系,他们经常在塞上进行贸易。北齐与西域经贸和宗教上的联系也靠经由突厥的草原路维系。北周武帝灭佛,阇那崛多不肯改从儒礼,被"哀而放归",他"路出甘州,北由突厥"。为突厥所留。有北齐僧人宝暹、道邃、僧昙等十人,从西域东归。回至突厥,适逢北齐灭亡。因与阇那崛多同处,直到隋朝建立,提倡佛教,他们才返回中原。④ 这件事说明,在北齐与

①　《周书》卷50《异域传下》,中华书局1971年版,第909页。
②　《隋书》卷84《北狄·突厥传》,中华书局1973年版,第1864页。
③　《周书》卷50《异域传下》,中华书局1971年版,第911页。
④　(唐)道宣撰,郭绍林点校:《续高僧传》卷2《阇那崛多传》,中华书局2014年版,第37—39页。

西域的联系中,突厥为重要的经行之地。

突厥除了与中原政权存在密切关系外,亦与其西之粟特、嚈哒、波斯、东罗马有密切接触。突厥与波斯、东罗马聘问通交,见于东罗马史家弥南德《希腊史残卷》的记载①。突厥先是通使于波斯。当时突厥兵强马壮,过去臣服于嚈哒之粟特人,今则转归突厥统治。粟特人请求突厥可汗西扎布鲁(Sizabulus)遣使至波斯②,希望得到波斯国之许可,把生丝卖给米底人。西扎布鲁派马尼亚克(Maniach)率粟特使团出使波斯③,见其王库斯老一世,请求在波斯国内自由贩卖丝货。波斯王企图垄断丝绸贸易,借故拒绝,收购粟特人丝货而焚之。突厥大使返回,向可汗汇报,西扎布鲁再次遣使波斯。波斯王派人将突厥使者酖杀,突厥使者三、四人侥幸未死,归报可汗,突厥与波斯失和。马尼亚克建议西扎布鲁与东罗马交好,东罗马人用丝较他国为多,可将丝之市场移往东罗马,他自愿率人通聘东罗马。西扎布鲁派马尼亚克率随员数人出使东罗马,携价值巨万的丝货以赠东罗马皇帝及贵族大臣。东罗马查士丁皇帝(Emperor Justin)即位第四年初(568年),突厥大使抵君士坦丁堡(Byzantium),拜谒东罗马大臣和皇帝,递呈国书,献上礼物。东罗马皇帝与突厥结盟。

查士丁即位第四年末,遣使至突厥报聘,选拔西里细亚人蔡马库斯(Ze-marchus)为大使。蔡马库斯一行经粟特地区至往爱克塔山(Ektag,希腊语意为"金山"),突厥可汗(Khagan)驻跸于此。可汗幕庭在河谷中,蔡马库斯受到可汗接见,蔡马库斯依突厥之礼拜之,献呈礼物。可汗向他垂询诸种事宜,蔡马库斯受到盛情款待。可汗欲使蔡马库斯率其从者20人随征波斯,而使其他罗马人先归货利泰(突厥四部之一)。可汗以所掳之美女克尔吉

---

① 弥南德《希腊史》成书于6世纪末,H.裕尔把其中关于突厥与波斯、拜占庭之间交往的一段史实录入《东域纪程录丛》,见张绪山译《东域纪程录丛》,云南人民出版社2002年版,第173—186页。

② 法国汉学家沙畹(Chvannes)认为,此突厥可汗即西突厥室点蜜可汗。参见氏著:《西突厥史料》,冯承钧译,中华书局1957年版,第201—202页。

③ 据皮古列夫斯卡娅研究,Mani即摩尼教之摩尼,ach为叙利亚语,兄弟的意思。"摩尼兄弟"当为景仰摩尼教创立者的意思。参见氏著:《拜占庭通往印度之路》,莫斯科,1951年,第202页;姜伯勤:《敦煌吐鲁番文书与丝绸之路》,文物出版社1994年版,第9页。

思(Kherkhis)赐蔡马库斯,蔡马库斯则随可汗征波斯。军至怛逻斯,波斯遣使者来,可汗命与东罗马使人同席而食,而让东罗马使者坐上位。席间可汗数波斯人欺谩之罪,申明而今兴师问罪之由。波斯使人疾声辩护,语多不恭,举座皆惊,不欢而散。可汗预备讨伐波斯,战前召见蔡马库斯及其从者,极言愿与东罗马人修好之意,并遣使者归国,又派使者随蔡马库斯使团往东罗马。马尼亚克已卒,乃以次官达格玛(Tagma)代之,而以马尼亚克之子为副使。

东罗马使团回国,突厥附近部落皆请求派遣使节前往东罗马,突厥可汗许之。他部酋长亦有此愿,可汗只许货利泰部落首领随往。东罗马使团偕突厥使人西行,渡奥伊赫河(Oech),复经长途而抵大湖,当为阿拉尔海。蔡马库斯一行在此休整三日,遣乔治(George)先归通报东罗马皇帝使团归国的消息。乔治与突厥使者 12 人,取最近的道路,经沙漠无水之境,向拜占庭而行。蔡马库斯等则沿大泽沙岸行 12 日,履危涉险,至艾赫河(Ikh,今按巴河,Emba)。又至达伊赫河(Daikh,今乌拉尔河,Ural)。又经 ideirg 地带多日,至阿提拉河(Attila,今阿得尔河,Athil)。接着至乌古尔族(Ugurs)领地。当地人告知波斯 4000 人埋伏在科芬河(Kophen)畔丛林中,欲捕获东罗马使节。蔡马库斯等至阿兰人(Alan)领地,谒其酋长。阿兰酋长萨罗修斯(Sarosius)劝他们不要经过缪西米安人(Miusimians)居地,因为途中有波斯人埋伏。蔡马库斯设计摆脱了波斯人的攻击,经达莱因(Dareine)前行,到达阿坡西利(Apsilii)。经罗戈托里乌姆城(Rogatorium)进至黑海岸边,乘船抵达菲希斯河(Phasis),换船抵特拉比宗(Trebizond,在今土耳其),从此乘驿站的马回到拜占庭,晋见皇帝复命。东罗马皇帝提比里乌斯(Tiberius)即位第二年,东罗马与波斯达成和平协议,又向突厥派出一次使团,首领为瓦伦丁。此次出使,突厥可汗对罗马使团极不友好,表现出突厥与罗马关系的变化[①]。突厥与东罗马的使节往来,皆经行自中国西北地区至拜占庭间的草原之路。

---

① 参见[英]H.裕尔(H.Yule)撰:《东域纪程录丛》,张绪山译,云南人民出版社 2002 年版,第 173—186 页。

五、中国北方草原路利用的考古学证据

考古文物证明了3—6世纪中国北方草原路的利用。中国北方这一时期的墓葬和遗址中，经常见到来自西方的器物。据近年来各地报道，此类考古文物主要有：辽宁北票、朝阳一带墓葬中出土的3—5世纪来自域外的金步摇头饰，应当源自阿富汗席巴尔甘（Shibarghan，或译为西伯尔罕）大月氏金冠，是通过草原丝绸之路随北方游牧民族南下传入的①。辽宁北票十六国时期北燕大司马、车骑大将军冯素弗墓出土玻璃器五件②。山西大同小站村花圪垯台北魏封和突墓，出土有波斯狩猎纹鎏金银盘和素面高脚银杯等③。大同电焊厂北魏墓群内出土来自波斯的琉璃器和金银器，见于两个墓，一墓出土有鎏金錾花银碗、银罐和磨花琉璃碗④；另一墓出土有鎏金錾花高足银杯和素面银碗等⑤。大同市轴承厂北魏遗址出土鎏金錾花银碗、鎏金高足铜杯和八曲银杯⑥。大同地区北魏墓葬中出土不少玻璃器，如方山永固陵出土的玻璃指环、大同市东南30公里处湖东编组站出土玻璃器、大同南郊北魏墓群（电焊器材厂）出土磨花玻璃钵、大同市南郊变电站出土玻璃器、大同市迎宾大道工地出

① 田立坤：《步摇考》，载《4—6世纪的北中国与欧亚大陆》，科学出版社2006年版，第47—67页。按：1978年11月，苏联和阿富汗学术考古调查团在阿富汗靠近苏联边境的席巴尔甘地区发掘了一处贵霜早期的墓葬。其中出土了大量的黄金饰品，约计有两万余件。席巴尔甘（Shibarghan，或译为西伯尔罕）位于阿富汗首都喀布尔西北三百四十公里，在其东北约五公里的棉花田中有一处大夏至贵霜时代的城址，遗址的周围分布着好几个山丘，其中一个直径约百米，高3米，当地人称之为"黄金之丘"，发掘工作即在此进行。
② 黎瑶渤：《辽宁北标县西官营子北燕冯素弗墓》，《文物》1973年第3期。
③ 马玉基：《大同市小站村花圪垯台北魏墓清理简报》，《文物》1983年第8期。
④ 山西大学历史文化学院、山西省考古研究所、大同博物馆著：《大同南郊北魏墓群》，科学出版社2006年版，彩版11，第228—230页。
⑤ 山西省考古研究所、大同市考古研究所：《大同南郊北魏墓群发掘简报》，《文物》1992年第8期；山西大学历史文化学院、山西省考古研究所、大同博物馆著：《大同南郊北魏墓群》，科学出版社2006年版，彩版12，第240—244页。
⑥ 出土文物展览工作组著：《文化大革命期间出土文物》（第1辑），文物出版社1973年版。

土的玻璃器①。太原北齐徐显秀墓出土戒指②;河北定县北魏塔基出土的波斯萨珊、嚈哒银币③;河北赞皇东魏李希宗墓出土银碗、银杯、戒指、金币④,河北磁县东魏茹茹公主墓出土金币⑤;北齐库狄回洛墓出土铜瓶、高足杯等⑥,内蒙古自治区呼和浩特市土默特左旗水磨沟口北朝墓葬出土有拜占庭金币、金戒指、金饰片以及两件素面高足银杯等⑦。内蒙古呼和浩特市坝口子村古城出土四枚波斯萨珊王朝的银币⑧;北京西晋华芳墓出土的萨珊玻璃碗⑨。

　　中国北方考古发现的此类外来的器物,早就引起人们利用考古文物研究草原路的兴趣。20世纪90年代,齐东方综合考察当时考古已经发现的来自西域的器物,对北方草原路作了勾画,他说:"近年来,在中国的北方连续发现了一些西方的输入品。……这些发现充分证实在中国北部存在着一条约从河西经包头、呼和浩特、大同,通过河北北部进入内蒙古赤峰,到达辽宁辽阳的中西交通路线。这是一条大体上与兰州、西安、洛阳的'丝绸之路'的主干线的中路相平行的北路。这段北路尽管是从河西走廊叉开的支线,但应看作是历史上中国北部通西方的草原路。仅从考古发现的遗物上看,这条路自北魏到辽一直畅通。"⑩徐苹芳根据北方考古发现的外来器物论证了北方草原路的形成过程,其结论是:"中国北方草原丝绸之路,考古学的发现说明它从公元前便已开始了,公元4、5世纪形成了在中国境内的这条路线。""北魏前期(约公

---

①　大同南郊北魏墓群(电焊器材厂)出土磨花玻璃钵,类似器物在伊朗高原吉兰州的3—7世纪墓葬中出土多件,在日本橿原一座4世纪末的墓葬(126号墓)中也有发现。参见安家瑶、刘俊喜:《大同地区的北魏玻璃器》、王银田:《北朝时期丝绸之路输入的西方器物》,载《4—6世纪的北中国与欧亚大陆》,科学出版社2006年版,第37—46、68—83页。

②　太原市文物考古研究所编:《北齐徐显秀墓》,文物出版社2005年版。

③　林梅村:《北魏太和五年舍利石函所藏嚈哒钱币考》,《中国钱币》1993年第4期。

④　石家庄文化局文物发掘组:《河北赞皇东魏李希宗墓》,《考古》1977年第6期。

⑤　磁县博物馆:《河北磁县东魏茹茹公主墓发掘简报》,《文物》1984年第4期。

⑥　王克林:《北齐库狄回洛墓》,《考古学报》1979年第3期。

⑦　内蒙古博物馆、内蒙古文物工作队:《呼和浩特市附近出土的外国金银币》,《考古》1975年第3期。

⑧　盖山林、陆思贤:《呼和浩特市附近出土的外国银币》,载内蒙古自治区文物工作队编《内蒙古文物资料续辑》,1984年。

⑨　北京市文物工作队:《北京西郊西晋王浚妻华芳墓清理简报》,《文物》1965年第12期。

⑩　齐东方:《李家营子出土的粟特银器与草原丝绸之路》,《北京大学学报》1992年第2期。

元五世纪),以平城(山西大同)为中心,西接伊吾(新疆哈密),东至辽东(辽宁辽阳),逐渐形成一条贯通中国北方的东西国际交通路线。"他还指出这条草原路从中国东北继续延伸,联接了朝鲜和日本:"中国北方的草原丝绸之路,从新疆伊犁、吉木萨尔、哈密、经额尔济纳、河套、呼和浩特、大同、张北、赤城、宁城、赤峰、朝阳、义县、辽阳,东经朝鲜而至日本。这条路线是联接西亚、中亚与东北亚的国际路线。朝鲜和日本发现的4世纪以来的西方金银器和玻璃器,有一大部分可能是通过这条横贯中国北方的草原之路输入的。"[1]近年来有关北方草原路利用的考古文物续有发现,进一步印证了齐、徐二先生的论断。1997年新疆伊犁昭苏县波马古墓出土公元5—6世纪嵌红宝石带盖金罐、嵌红玛瑙虎柄金杯,收藏于新疆伊犁哈萨克自治州博物馆。[2] 2005年5月陕西西安发现的北周安伽墓[3],其围棺床石屏图像有大量的突厥人的图像,反映了粟特人与突厥人的交往。安伽是来自中亚的粟特人,粟特商人是中古时期活跃在丝绸之路上的重要角色,突厥则是北方草原上的霸主,他们的交往从某种程度上透露出北方草原路与丝路贸易的信息。对照前述突厥人、粟特人、波斯人和拜占庭人在丝绸贸易中的角逐,可以印证粟特人的丝路贸易与突厥人的密切关系。

总的来看,在魏晋南北朝大分裂和大动乱时期,北方草原丝绸之路不仅成为北方草原民族交通西域与辽东的道路,有时也成为中原政权在河西道路不通时交通西域的替补道路,有时成为与西域间地隔其他政权的东魏、北齐交通西域的道路,对于此一时期使节、僧侣和商贸的东西往来发挥了重要作用。

(本文原载《社会科学战线》2011年第9期,《中国社会科学文摘》2012年第1期转载)

---

① 徐苹芳:《考古学上所见中国境内的丝绸之路》,载《燕京学报》新1期,北京大学出版社1995年版。

② 叶尔米拉:《金光银彩——记伊犁波马古墓出土的几件金银器》,《文物鉴定与鉴赏》2014年第2期。

③ 陕西省考古研究所:《西安北郊北周安伽墓发掘简报》,《考古与文物》2000年第6期。

北魏西北丝路的利用

中国中原政权与西域的交通至北魏时出现了一个高潮,特别在太武帝以后,北魏保持了长时期的政治和社会稳定,促进了中西间交通的开展。宣武帝以后,这种交通和交往形成前所未有的高潮,与之交通的国家和地区远及波斯、南亚和东罗马,据统计,与北魏交通往来的西部地区除今新疆地区各绿洲地区外,葱岭以外多达 90 多个①,彼此间使节往还频繁。此外,东来传教与西行求法的佛教徒络绎不绝,奔波丝路从事商贸活动的商队相望于道,形成"相继而来,不间于岁"的兴盛局面。这里提出了一个问题,北魏时期的使节、僧侣和商队是经行了什么路线进行来往的,本文想对这个问题作一个粗略的考察。

一、鄯善道的利用

由于南北朝对峙,北魏主要利用西北丝路与西域诸地进行交通往来。这一时期传统的经由河西走廊进入西域的道路仍受到重视和利用,自河西入西域自汉代以来便形成三条路线,即自敦煌出玉门关西行的鄯善道、楼兰道和伊吾路。北魏人称楼兰道为"白龙堆路"②,魏晋以后,鄯善成为西行经西域南道或北行经白龙堆路入西域北道的分路口,因此从敦煌西行,则分鄯善和伊吾两

---

① 参见石云涛:《北魏中西交通的开展》,《社会科学辑刊》2007 年第 1 期。

② 《魏书》卷 102《西域传》,中华书局 1974 年版,第 2261 页。

道。《魏书·西域传》云："出自玉门,度流沙,西行二千里至鄯善为一道;自玉门关度流沙,北行二千二百里至车师为一道。"①鄯善即古楼兰,经鄯善即可赴塔克拉玛干沙漠南缘之西域南道,也可赴沙漠北缘之西域北道。

北魏交通西域,最早主要利用鄯善路,首先是由于柔然崛起北方,伊吾路受到柔然的威胁和阻碍,朝廷使节不得不经行鄯善道西行。

北魏交通西域是在太武帝拓跋焘时期开始的。《魏书·西域传序》记载:"太祖初经营中原,未暇及于四表,既而西戎之贡不至。"但也是在这时,有大臣奏请依汉朝故事通西域,以"振威德于荒外","致奇物于天府"。道武帝却以为"汉氏不保境安人,乃远开西域,使海内虚耗,何利之有?今若通之,前弊复加百姓矣"。因此没有采纳大臣的建议,究其实,国力不逮是其根本原因。太宗明元帝拓跋嗣即位后,继承了道武帝的传统,"历太宗世,竟不招纳"。②太武帝即位的前十年,在中西交通方面依然没有动向。

至太武帝太延元年(435 年),西域诸地入朝进贡,接着北魏遣使报聘,双方的交往拉开了序幕。这年二月,"蠕蠕、焉耆、车师诸国各遣使朝献"。于是有遣王恩生、许纲等出使西域之举。史载这年五月"遣使者二十辈使西域"③,王恩生当为正使,许纲等人在其中④。其时柔然将西域视为禁脔,不欲北魏染指西域。王恩生等在途中被柔然捕获,不准越境。太武帝切责柔然敕连可汗,敕连可汗放王恩生等还。王恩生等人是北魏出使西域的第一批使团,此行未果,但成为中西间交通的先声。

柔然是继匈奴、鲜卑之后,在北方兴起的又一个强盛的草原民族。五世纪初,社仑统部,为了避免北魏侵袭,开始从漠南推向漠北,侵入高车部落聚居的鄂尔浑、土拉河流域,"深入其地,遂并诸部,凶势益振。北徙弱洛水,始立军法"⑤。至牟汗纥升盖可汗大檀时柔然进入强盛时期。北魏太武帝时,正是柔然崛起之时,因此成为北魏交通西域的障碍。太武帝经营河西,对柔然的用兵

---

① 《魏书》卷 102《西域传序》,中华书局 1974 年版,第 2261 页。
② 《魏书》卷 102《西域传序》,中华书局 1974 年版,第 2260 页。
③ 《魏书》卷 4《世祖纪上》,中华书局 1974 年版,第 84、85 页。
④ 王恩生等作为第一批使团,即北魏最早"遣使者二十辈使西域",其事当在太延元年。参见石云涛著:《三至六世纪丝绸之路的变迁》,文化艺术出版社 2007 年版,第 149 页。
⑤ 《魏书》卷 103《蠕蠕传》,中华书局 1974 年版,第 2290 页。

取得了一定胜利,北魏与柔然的关系一度缓和。太延元年之前一年,即延和三年(434年)二月,"蠕蠕吴提奉其妹,并遣其异母兄秃鹿傀及左右数百人朝贡,献马二千匹"[1]。太武帝本月戊寅诏书云:

> 朕承统之始,群凶纵逸,四方未宾,所在逆僭。蠕蠕陆梁于漠北,铁弗肆虐于三秦。……故频年屡征,有事西北。……今四方顺轨,兵革渐宁,宜宽徭赋,与民休息。[2]

这一年太武帝亲幸河西,显示中西间丝路东端的通畅。于是当太延元年西域诸地遣使来贡,北魏朝廷决定回报,便试图通过伊吾路交通西域,结果却遭柔然阻挠。北魏使节所以经行伊吾路,从后来董琬等人西使,我们知道他们的目的地是乌孙,因此经伊吾路至高昌而后走西域北道或天山北草原路最为近便。但盘踞大漠的柔然却不想让北魏与西域建立直接的联系。柔然一边与北魏讲和,一边阻挠和破坏北魏使节西行,其用意就是垄断中原与西域之间的丝路贸易。

西域诸地不断遣使来献,太延元年(435年)六月,鄯善遣使朝献;八月,粟特遣使朝献。悉居半"太延初遣使来献"。北魏则于第二年八月,遣使六辈使西域。太延三年(437年)三月,"龟兹、悦般、焉耆、车师、粟特、疏勒、乌孙、渴槃陁、鄯善诸国王各遣使朝献"[3]。九地同时来献,这是北魏交通史上的空前盛况,大臣建议遣使回报,可是此时太武帝却对交通西域仍感到犹豫,他认为"西域汉世虽通,有求则卑辞而来,无欲则骄慢王命,此其自知绝远,大兵不可至故也。若报使往来,终无所益"。鉴于先前遣使西域数辈皆无结果,回报诸国又是不小的负担,所以不欲遣使回报。有人认为"九国不惮遐险,远贡方物,当与其进,安可豫抑?"[4]交通西域的主张最终占了上风,北魏决心继续遣使交通西域。

王恩生等人行经伊吾路,故为柔然所阻。为了避开柔然的阻拦,"又遣散骑侍郎董琬、高明等,多赍金帛,出鄯善,招抚九国"。董琬一行改走鄯善路,

---

① 《魏书》卷103《蠕蠕传》,中华书局1974年版,第2294页。
② 《魏书》卷4《世祖纪上》,中华书局1974年版,第83页。
③ 《魏书》卷4《世祖纪上》,中华书局1974年版,第88页。
④ 《魏书》卷102《西域传序》,中华书局1974年版,第2260页。

出使成功。据《魏书·西域传》记载,董琬等"北行至乌孙国",受到热情款待。当他们启程西行时,"受诏便道之国,可往赴之"。在乌孙,"其王得朝廷所赐,拜受甚悦",建议董琬等交通破洛那、者舌等地。这年十一月,破洛那、者舌"各遣使朝献"。[①] 董琬等出鄯善至乌孙,并没有经丝路南道西行,他们应该自鄯善北向,直接至焉耆、龟兹而后西行。从鄯善北向,实际上走的是楼兰古道,即白龙堆路,此路迂回艰险,但避开了柔然的威胁。董琬、高明等人西使,在加强中原与西域各地的关系方面起到了沟通和促进作用。这次成功出使,使一度沉寂的中西之间的官方来往频繁起来,随同董琬一行回到平城的,有包括乌孙、破洛那、者舌等在内的西域使节,"自后相继而来,不间于岁,国使亦数十辈矣"。[②] 北魏与西域之间互通使节越来越频繁,把丝路交通一步步推向高潮。

北魏使节经行鄯善道,也和北魏与割据河西走廊的政权鄯善的关系以及西域南道自古以来的利用有关。

鄯善地处新疆东部,地近中原,与中原政权的关系对中西交通有重要影响。东汉末年中原大乱,鄯善同西域其他地区一样,游离于中原政权的统治之外。魏晋以后,鄯善与中原政权长期保持友好关系。曹魏建立,鄯善与西域其他地区一样内附,"魏兴,西域虽不能尽至,其大国龟兹、于阗、康居、乌孙、疏勒、月氏、鄯善、车师之属,无岁不奉朝贡,略如汉氏故事"[③]。3 世纪前期鄯善基本上处于独立阶段,后期西晋势力进入西域,征服鄯善,使其承认中原王朝的宗主权。4 至 5 世纪,鄯善保持着繁荣,多次向中原王朝和河西地区的地方政权派遣使节,称臣朝贡,接受册封。前凉张骏派军队征服了鄯善和龟兹,加强了对西域东部的控制。前秦灭西凉,鄯善王亲自入朝。吕光征西域,鄯善王曾和车师前部王充当吕光大军的向导。

太武帝太延元年(435 年),西域各地开始遣使入魏朝贡,这年六月鄯善使节便到了平城,是最早与北魏建立友好关系的西域地区之一。《魏书·西域传》记载:"鄯善国都扜泥城,古楼兰国也。……地多沙卤,少水草,北即白龙

---

① 《魏书》卷 102《西域传序》,中华书局 1974 年版,第 2260 页。

② 《魏书》卷 102《西域传序》,中华书局 1974 年版,第 2260 页。

③ 《三国志》卷 30《魏书·乌丸鲜卑东夷传》,中华书局 1959 年版,第 840 页。

堆路。至太延初,始遣使来献。"①此时河西走廊为北凉所控制,北魏与北凉关系和好,因此北魏使节西行能够得到北凉的帮助。《魏书·西域传》记载:"初,世祖每遣使西域,常诏河西王沮渠牧犍令护送,至姑臧,牧犍恒发使导路出流沙。"②这成为北魏使节"出鄯善"入西域的重要背景。

从鄯善和车师西行分别为西域南道和北道。董琬等人为赴乌孙,又重走了经历白龙堆的楼兰古道,即从鄯善入北道。这条道路虽然艰险,但自汉以来不断有人冒险西渡。《高僧传·智猛传》记载,后秦僧人智猛等人赴印度求法,他们发迹长安,至凉州城,"出自阳关,西入流沙,……遂历鄯善、龟兹、于阗诸国"③。他们从鄯善至龟兹,入西域北道,董琬等人正是循此路西行。此后鄯善成为北魏与西域各地使节往还的必经之地。太延四年(438 年)三月,鄯善王遣其弟素延耆入侍于北魏,北魏与鄯善的关系更加密切。第二年四月,经由此道,鄯善、龟兹、疏勒、焉耆遣使进物于北魏。五月,遮逸进汗血马于北魏;十一月,粟特、渴槃陀、破洛那、悉居半诸地各遣使朝贡于北魏。据《魏书·西域传》"鄯善国"条记载,太延四年,北凉残众欲击鄯善,"会魏使者自天竺、罽宾还,俱会鄯善"④。说明北魏出使天竺和罽宾的使节亦路出鄯善。

太延四年至五年(438—439 年)间,丝路形势发生逆转,一方面北魏与柔然展开大规模的军事冲突,致使经行伊吾的北道不通。为了夺取北道的控制权,太延四年七月,北魏大举伐柔然。另一方面,北凉投靠柔然,阻断河西交通,引起北魏不满。这一年,北凉前期政权为北魏所灭,太延五年,北凉余众在沮渠无讳率领下西迁,沮渠无讳派沮渠安周西击鄯善,鄯善王比龙恐惧,从天竺、罽宾返国的魏使劝比龙抵御沮渠安周的进攻,鄯善王阻断西域南道,安周不能克。其后比龙惧沮渠氏的进攻,率众西奔且末,其世子则投降了沮渠安周,鄯善成为北凉直接控制的据点。沮渠无讳又逐高昌太守阚爽而据有其地,次年自立为凉王,与柔然、北魏对抗,于是南北两道阻绝。同时,丝路西端的形势也动荡不安,从北魏太武帝太延四年(438 年)萨珊波斯伊嗣侯二世即位起,

---

① 《魏书》卷 102《西域传》,中华书局 1974 年版,第 2261 页。
② 《魏书》卷 102《西域传》,中华书局 1974 年版,第 2260 页。
③ (南朝梁)慧皎撰,汤用彤点校:《高僧传》卷 3,中华书局 1992 年版,第 125 页。
④ 《魏书》卷 102《西域传》,中华书局 1974 年版,第 2261 页。

便与崛起于中亚的嚈哒开始攻战,嚈哒也在积极向南部发展其势力。嚈哒南下吐火罗斯坦,战胜寄多罗王朝,波斯则不断进攻嚈哒,这也是造成此一时期丝路衰落的原因。由于沮渠氏政权的阻碍和丝路西端形势的恶化,自太武帝太平真君元年(440年)至太平真君四年(443年),史书上没有看到北魏与西域诸地的使节往来。

沮渠安周虽然占有鄯善,但"鄯善人颇剽劫之,令不得通"①;"恃地多险。颇剽劫汉使"②。太武帝太平真君六年(445年),北魏开始大力经营西域。这年四月北魏出兵讨吐谷浑,吐谷浑主慕利延西走于阗。太武帝又令万度归发凉州以西兵进军鄯善,八月平鄯善,"其王真达面缚出降"③。万度归留兵镇守,与真达至平城,太武帝厚待之。于是"行人复通"④。太平真君八年(447年),"十二月,鄯善、遮逸国并遣子朝献"。⑤ 九年(448年)五月,北魏命交趾公韩牧为领护西戎校尉、鄯善王,以镇鄯善,"赋役其民,比之郡县"⑥,北魏利用鄯善进行中西间往来更加通便。后来的情况证明,北魏使节多从鄯善西行,经西域南道出使西域。《魏书·西域传》"于阗"条记载:"先是朝廷遣使者韩羊皮使波斯,波斯王遣使献驯象及珍物。经于阗,于阗中于王秋仁辄留之,假言虑有寇不达。羊皮言状,显祖怒,又遣羊皮奉诏责让之。自后每使朝献。"⑦ 显祖即献文帝拓跋弘(465—471年在位)。按照一般交通情况,自于阗入内地,通常走的是经鄯善至敦煌而进入河西走廊的道路。

太平真君九年(448年)八月,北魏大破焉耆,其王鸠尸卑那西奔龟兹。北魏命康和与车师前部王车伊洛率所部兵,与万度归相会,讨西域。十二月,北魏以万度归自焉耆西讨龟兹,康和镇焉耆,同时北征柔然。第二年,柔然渠帅绵他拔率其部落千余帐归附北魏,柔然主吐贺真远遁。自鄯善分行的西域丝路南北两道皆通,同时也迎来了北魏中西间交通的第一个高潮。

---

① 《魏书》卷102《西域传》,中华书局1974年版,第2261页。
② 《魏书》卷102《西域传》,中华书局1974年版,第2265页。
③ 《魏书》卷102《西域传》,中华书局1974年版,第2262页。
④ 《魏书》卷102《西域传》,中华书局1974年版,第2261页。
⑤ 《魏书》卷4《世祖纪下》,中华书局1974年版,第102页。
⑥ 《魏书》卷4《世祖纪下》,中华书局1974年版,第102页。
⑦ 《魏书》卷102《西域传》,中华书局1974年版,第2263页。

二、伊吾路的利用

北魏时自敦煌入西域之二道，其中至车师则路经伊吾。严耕望先生说："两晋北朝时代，伊吾道似为通西域之主要干线，用兵节使多出此途。"[1]这一论断不免笼统，一是如前所论，北魏时中西交通曾充分利用了途经鄯善的道路，或北上过白龙堆路入北道，或西行经于阗过葱岭的南道；二是北魏时中西交通还利用了吐谷浑之路，这一点将在下文论述；三是伊吾路的利用比较复杂，主要取决于北魏与柔然、高车等民族的关系，特别是北魏与柔然的和战造成伊吾路的起伏盛衰，因此很难简单地说北朝时用兵节使多出此途。对于北魏时期的使节来往而言，一开始伊吾路不通，后来的利用也是断续进行的。直到北魏后期征服柔然，伊吾路才显得重要起来。

五胡十六国时，伊吾路多有利用。《晋书·吕光载记》记载，太元十年（385年），吕光平定龟兹后东归，"而苻坚高昌太守杨翰说其凉州刺史梁熙距守高桐、伊吾二关，熙不从。光至高昌，翰以郡迎降。……及至玉门，梁熙传檄，责光擅命还师，遣子胤与振威姚皓、别驾卫翰率众五万，距光于酒泉"[2]。据考玉门关原在敦煌西北，隆安四年（400年）前已东移至晋昌宜禾县之东、酒泉以西[3]。而"吕光自龟兹还至宜禾"[4]，向达先生推测其东归应该经伊吾路[5]。永初三年（422年）十二月，河西王蒙逊所置晋昌太守唐契反，蒙逊遣世子正德讨之。景平元年（423年）三月，唐契战败，自晋昌"奔伊吾"[6]。这些都是伊吾路得到利用的史证。在这样的历史背景下，北魏第一次遣使西域，便企图经伊吾路西行，但为柔然所阻。

① 严耕望著：《唐代交通图考》（第2卷·河陇碛西区），上海古籍出版社2007年版，第480页。

② 《晋书》卷122《吕光载记》，中华书局1974年版，第3056页。

③ 向达著：《唐代长安与西域文明》，生活·读书·新知三联书店1957年版，第392页。

④ （宋）司马光等撰：《资治通鉴》卷106，中华书局1982年版，第3352页。

⑤ 向达著：《唐代长安与西域文明》，生活·读书·新知三联书店1957年版，第388页。

⑥ 《宋书》卷98《氐胡传》，中华书局1974年版，第2414页。

当北魏完成了北方的统一时,北方崛起的柔然成为伊吾路上的最大威胁,使节的往还不得不改走他路。如前所论,出敦煌西行使节们更多经行鄯善路,有意绕过了伊吾,从而避开柔然的作梗。北魏太武帝时经营西域,打通了南北两道的交通,并没有能够解决伊吾的交通问题。柔然盘踞伊吾,并力图垄断丝路交通,北魏与西域使节往还受到阻隔。由于伊吾在丝路交通中的重要地位,因此成为北魏、北凉、柔然、高车等各种势力争夺的中心,伊吾先后隶属于柔然、高车、北魏。柔然在西域的活动中心是准噶尔盆地和阿尔泰山一带,5世纪时,柔然向南发展,占据了伊吾、高昌和焉耆等地。《魏书·唐和传》记载,西凉李暠为沮渠蒙逊所灭,唐和与兄唐契携外甥李宝避难伊吾,"招集民众二千余家,臣于蠕蠕,蠕蠕以契为伊吾王,经二十年,和与契遣使来降"①。此后唐契兄弟被柔然所逼,弃城携部落逃至高昌,柔然又命高羔子为伊吾城主。

至北魏文成帝太安二年(456年)八月,北魏遣尉眷北击伊吾,克其城,大获而还。此后的一段时间,由于北魏对柔然军事上的胜利,伊吾路可能得到利用。这时草原路畅通,现今黑海北岸刻赤出土有此一时期的中国丝绸,西亚哈来比、杜拉欧罗波、巴尔米拉等地有成批的中国丝绸残片发现。太安三年(457年)北魏主拓跋濬北巡阴山。第二年,渡大漠,柔然绝迹远遁,其别部乌珠贺颓、库世颓率众降。

但这种形势不久就发生了变化,文成帝和平元年(460年),柔然攻高昌,杀沮渠安周,以阚伯周为高昌王。经伊吾西行必经之地高昌落入柔然之手,此后柔然的发展进入一个盛期,北魏与柔然的关系进入一个微妙时期。这一时期,柔然与北魏时战时和,且战且和,柔然既是敌对方,又是交通西域各地的中介。柔然一方面对抗北魏,不断进扰北魏西北边境地区;一方面向西域扩展势力。献文帝皇兴四年(470年)八月,柔然侵北魏边塞。九月,北魏北伐,破柔然。同时,柔然西击于阗,于阗遣使向北魏求救,且云:"西方诸国,今皆已属柔然,……今蠕蠕兵马到城下,……延望救援。"②北魏力不能及,柔然一时成为西域霸主。此后,柔然连年寇边。

---

① 《魏书》卷43《唐和传》,中华书局1974年版,第962页。
② 《魏书》卷102《西域传》,中华书局1974年版,第2263页。

柔然与北魏发生军事冲突的同时,又不断遣使入贡。自和平元年至太和二十三年(460—499年),柔然与北魏大规模的军事冲突达十四次之多,而以柔然进犯北魏防御为主。与此同时,柔然向北魏朝贡十三次。与柔然入贡次数成反比,西域其他诸地入贡次数明显减少。据此,大致可以推断,柔然向西域的扩张,以及对北魏西北边塞的侵扰,其重要目的之一,是控制丝路交通,垄断丝路贸易,柔然力图独占与中原地区丝路贸易之利。入贡是要换取更多的赏赐,用兵是阻断中原与西域的联系,从而保证丝路贸易的专利权。由于柔然势力崛起,并联络南朝刘宋,进击北魏。因此和平三年至和平五年数年间,中西交通一度中断,史书上不见北魏与西域各地互派使节的记载。

柔然的存在一直是当时中西间交通的障碍,地处中原的北魏王朝想在西域外交上有所作为,必须解除柔然游牧民族对于天山北部的控制。从孝文帝开始,北魏对柔然展开了大规模的进攻。北魏太和十二年(488年),高羔子投降北魏,北魏在伊吾设郡,柔然势力退出伊吾地区。太和十六年(492年)八月,北魏出动七万骑兵进击柔然。太和二十一年(497年)高昌臣于柔然,不久,柔然主被高车所杀,柔然势衰。高车与北魏通好,高昌臣于高车。宣武帝正始三年(506年)十月,柔然遣使纥奚勿六跋至北魏请和,标志着北魏与柔然长期的军事冲突结束。中亚地区嚈哒称霸,其势力伸展至南亚北部、西亚和西域,保证了丝路西端的通畅。宣武帝时中西间交通达到高潮,与这一背景有关。

当柔然衰落时,其属部高车首领阿伏至罗脱离柔然汗国的统治,建立高车国,屡与柔然争夺对伊吾的统治权,与北魏共同形成对柔然的夹击之势。柔然衰落后,高车与北魏保持友好关系。因此北魏后期二三十年间,伊吾路应该得到重视和利用。6世纪中叶,突厥汗国建立,伊吾一带成为突厥势力范围,西域为室点密可汗统治。公元583年,突厥分裂为东、西二部,包括伊吾在内的西域各部都归属西突厥,西突厥在伊吾设城长。至隋朝夺取伊吾,于此设伊吾镇和柔远镇,伊吾路又成为中西交通的要道。经行白龙堆的古楼兰道早已成为畏途,在伊吾路消除了人为的威胁时,使节、佛教徒与商旅更多地利用了伊吾路。所以隋代裴矩《西域图记》云:"自高昌东南去瓜州一千三百里,并沙碛,乏水草。人西行,四面茫茫,道路不可准记,惟以六畜骸骨及驼马粪为标验,以知道路。若大雪,即不能行,兼有魑魅。是以商客往来,多取伊吾路。"①

20世纪初,新疆鄯善县吐峪沟曾出土《持世经》残卷,该经尾题"岁在己丑凉王大且渠安周所供养经,吴客丹阳郡张烋写"②。"己丑"为公元449年,即北魏太平真君十年、北凉承平七年。吐峪沟所出《佛说菩萨藏经》残卷尾题"大梁王大且渠安周所供养经,承平十五年(457年)岁在丁酉书吏臣樊济写"③。中村不折所藏《十住论》残卷,出自鄯善吐峪沟,尾题"凉大且渠安周取写"④。中村不折藏《华严经》卷二十八残卷,尾题"鄯善出土(六朝经)凉王大且渠安周取供养经"。⑤ 据释僧祐《出三藏记集》,上述四件残卷中,《持世经》《菩萨藏经》和《十住论》皆为鸠摩罗什于402至412年间在长安译出。元熙二年(420年)六月十日,佛度跋陀罗于扬州道场寺译出六十卷本《华严经》。李崇峰先生据此指出,大量中原和南方佛经西传,表明这一时期僧侣西行求法和传译活动加强,伊吾路的开通或许为上述诸经新译本问世后不久直接传入高昌,提供了便利。靠近伊吾路起点的酒泉和玉门地区石窟中,出现较多西域式样的洞窟和画塑,也应当与伊吾路的通畅有关⑥。

经伊吾路入西域,官方的使节常受到柔然的阻挠,佛教徒、商队与使节不同,宗教容易突破国家与民族的隔阂而传播,佛教徒的行踪不大受政治上的影响;商队则是经济上的互通有无,为各国各民族所鼓励,因此即便战争时他们亦通常利用这条道路。对于使节往来,随着北魏与柔然的关系时战时和,伊吾道时有通塞,其东部起点有时自敦煌,有时则不自敦煌,或自晋昌(今安西)。宣武帝以后,北魏彻底解除了柔然对丝路的威胁,伊吾路应该得到更多的利用。虽然该道多沙碛,乏水草,多风险,甚至带有诸多恐怖色彩,然而较之白龙堆路仍较优越,使节、商旅、僧徒仍多取此路往还,成为中西交通的要道,裴矩

---

① (宋)乐史撰:《太平寰宇记》,台湾商务印书馆1986年影印版,第450—459页。

② 此残卷后为日本中村不折收藏,参见《敦煌遗书总目索引》,散录844号,中华书局1983年版。

③ 据王树枏《新疆访古录》卷一,此残卷先为陈谥皆、阜钧在曾炳熿吐鲁番幕府时所得,1910年赠与王树枏,后流入日本,为中村不折收藏。见《敦煌遗书总目索引》,散录0820号,中华书局1983年版。

④ 商务印书馆编:《敦煌遗书总目索引》,散录0817号,中华书局1983年版,第331页。

⑤ 商务印书馆编:《敦煌遗书总目索引》,散录0820号,中华书局1983年版,第331页。

⑥ 李崇峰著:《中印佛教石窟比较研究》,北京大学出版社2003年版,第246页。

《西域图记》视伊吾为三大门户之一。

三、吐谷浑之路的利用

自张骞出使西域以后,古代中西交通的陆上路线,一般情况下都是过河西走廊经新疆进入葱岭以西。但是当河西走廊或其中某一段被阻塞时,或者新疆东部地区出现阻碍时,人们也往往另走它道进入新疆地区。北魏时曾利用了吐谷浑之路。[①] 关于吐谷浑之路的研究,前人成果很多,但更多地注意了南朝与西域间交通的利用,北魏时利用的具体情况还缺乏深入探讨。

西晋灭亡以后,在南北朝对峙,中国境内多个政权存在,北方柔然崛起,彼此交通阻隔的特定时代里,特别是河西走廊和新疆东部地区成为多事之地,吐谷浑之地便成了一个沟通四方的重要地区。一般地说,吐谷浑之路以青海湖周围地区为中心,向东经湟水流域可通往中原,至长安、洛阳;向北越过祁连山脉,可进入河西走廊,向北偏东可到达武威,过扁都山口向北可至张掖;从青海湖西的都兰城出发,沿柴达木盆地南北两缘西行,再向北过阿尔金山隘口,可至鄯善。向南经龙涸(今四川松潘)至成都,可以和南朝交通。

中原政权利用吐谷浑之地交通西域,开始的时间较晚,北魏利用吐谷浑之地交通西域更晚。十六国南北朝时期,吐谷浑之地的利用,首先是割据河西走廊的前凉政权交通东晋。其时青海一带是所谓"西北诸种"游牧之地,吐谷浑族从遥远的东北辗转迁徙而来,只是作为一个游牧部落,在甘肃、青海一带游牧,被"西北诸种"称为阿虏柴,势单力弱。因此包括吐谷浑族的"西北诸种"并不成为前凉沟通东晋的障碍。东晋末年,阿豺为吐谷浑主,吐谷浑部落开始强盛,"兼并羌氐,地方数千里,号为强国"。[②] 东晋灭亡,阿豺依附南朝刘宋,

---

① 唐长孺、陈良伟等先生对这一时期此道交通状况进行过深入探讨。见唐长孺:《北凉承平七年(449年)写经题记与西域通往江南的道路》,载《魏晋南北朝隋唐史资料》(第1辑),香港中华科技(国际)出版社1992年版;陈良伟著:《丝绸之路河南道》,中国社会科学出版社2002年版。

② 《魏书》卷101《吐谷浑传》,中华书局1974年版,第2235页。

"遣使通刘义符,献其方物",①接受宋文帝刘义隆的封号。刘宋与北魏相抗,吐谷浑依附刘宋,而北魏的势力尚未进入关中、河西,因此当时吐谷浑并没有与北魏发生直接的关系。

阿豺死,慕璝立,继续奉表通刘宋,宋文帝授予陇西公称号。"慕璝招集秦凉亡业之人及羌戎杂夷,众至五六百落。南通蜀汉,北交凉州赫连,部众转盛"②。在这以前,在政治交往方面,吐谷浑之地仍然主要是西北地区前凉、西凉、北凉、南凉、河南国(即吐谷浑)等各政权交通东晋和南朝的道路。北魏的势力尚未统一黄河流域,与吐谷浑地隔后秦和后来匈奴人赫连勃勃(铁弗)建立的夏,因此双方的联系尚未建立起来。北魏太武帝以前,北魏亦无交通西域的打算,所以也不存在利用吐谷浑之地的交通问题。

这一时期利用吐谷浑之地交往的,主要是西北各政权交通南朝和来往于西域、北方和南朝之间的使节和佛教僧众。中原地区西行者,著名的法显西行取经经行了此地。据《法显传》记载,东晋安帝隆安三年(399 年,后秦弘始元年)三月中旬,法显从长安出发,西行取经,与之同行者有慧景、道整、慧应、慧嵬。其时中国北方正值五胡十六国混战的时代,河西走廊的形势非常混乱,有西秦、南凉、后凉、北凉、西凉等割据政权。建都长安的后秦与以凉州为中心的后凉在对峙中,法显不能通过凉州(姑臧)西行,故绕道吐谷浑之地。他们西度流沙,过陇山,至金城(今兰州),经乾归(西秦,今兰州一带)、僄檀(南凉,今西宁一带),北行至张掖,绕过凉州。③《高僧传》卷三记载,北魏泰常五年(420 年),释昙无竭"慕法显西行",与 25 位僧人从黄龙出发,经河南国、西海郡,度流沙,至高昌。④

北魏使节利用吐谷浑之路,取决于北魏与吐谷浑的政治关系。吐谷浑与北魏建立正式的官方交往,是慕璝和太武帝拓跋焘时,其时北魏统一了黄河流域,吐谷浑在慕璝的领导下也在西部进行扩张。《魏书·吐谷浑传》记载:"世祖时,慕璝始遣其侍郎谢大宁奉表归国,寻讨擒赫连定,送之京师。世祖嘉之,

---

① 《魏书》卷 101《吐谷浑传》,中华书局 1974 年版,第 2235 页。
② 《魏书》卷 101《吐谷浑传》,中华书局 1974 年版,第 2235 页。
③ (东晋)法显撰,章巽校注:《法显传校注》,中华书局 2008 年版,第 2—3 页。
④ (南朝梁)释慧皎撰,汤用彤校注:《高僧传》卷 3,中华书局 1992 年版,第 93 页。

遣使者策拜慕璝为大将军、西秦王。"①但是双方的关系并没有因此向着良好方向发展下去,原因是慕璝的示好存在着令北魏不安的动机。慕璝向北魏上表陈情云:

> 臣诚庸弱,敢竭情款,俘禽僭逆,献捷王府。爵秩虽崇而土不增廓,车旗既饰而财不周赏,愿垂鉴察,亮其单款。臣顷接寇逆,疆境之人,为贼所抄,流转东下。今皇化混一,求还乡土。乞佛日连、窟略寒、张华等三人家弱在此,分乖可愍,愿并敕遣使,恩洽遐荒,存亡感戴。②

慕璝向东扩张,击灭赫连夏,却以对北魏有功要求封赏。言语之间,又希望北魏割让土地,赏赐钱物,并索要进入北魏的人口。这道表被北魏认为"无厌之情",没有接受。"自是慕璝贡献颇简,又通于刘义隆,义隆封为陇西王"。慕璝交通刘宋,与刘宋共同构成对北魏夹击之势。慕璝死,慕利延立,接受刘宋封号。太武帝征凉州,慕利延惧,"西遁沙漠"。③ 太武帝遣使慰喻,招还慕利延。慕利延弟暗通北魏,被慕利延处死,其弟叱力延逃至北魏平城,受到北魏庇护,请兵讨慕利延。其时北魏正大力经营西域,试图打通丝路交通。太平真君六年(445年),北魏出兵西讨,北魏与吐谷浑发生第一次军事冲突。慕利延兵败,西逃于阗,"杀其王,死者数万人。南征罽宾,遣使通刘义隆求援,献乌丸帽、女国金酒器、胡王金钏等物,义隆赐以牵车"④。第二年,慕利延返回吐谷浑。

慕利延死,拾寅立,接受刘宋封号,对北魏则"自恃险远,颇不恭命"⑤。北魏发兵两道,大举进攻吐谷浑,拾寅遁逃。自太武帝末年至文成帝时,北魏大规模地对吐谷浑用兵,迫使吐谷浑遣子入侍。此后,直到孝文帝时长达半个世纪,拾寅及其子度易侯与北魏长期保持友好关系。北魏也在这一时期大力开展与西域的交通往来。接下来,度易侯死,伏连筹立,继续与北魏保持通好关

---

① 《魏书》卷101《吐谷浑传》,中华书局1974年版,第2235页。
② 《魏书》卷101《吐谷浑传》,中华书局1974年版,第2235—2236页。
③ 《魏书》卷101《吐谷浑传》,中华书局1974年版,第2236—2237页。
④ 《魏书》卷101《吐谷浑传》,中华书局1974年版,第2237页。
⑤ 《魏书》卷101《吐谷浑传》,中华书局1974年版,第2237页。

系,"终世宗世,至于正光,氂牛、蜀马及西南之珍,无岁不至"①。也就是说从世宗宣武帝起至孝明帝正光年间(500—524年),正值北魏与西域交通达到高潮时,吐谷浑与北魏始终保持着良好关系,这一时期吐谷浑之路的利用应该对中西间交通起到了促进作用。

北魏与吐谷浑的统治者皆出于鲜卑,同根同祖,虽时有冲突,但总的看没有影响相互间的密切交往。考古发现的《魏故武昌王妃吐谷浑氏墓志铭》记载,北魏武昌王元鉴妃吐谷浑氏,出身于吐谷浑贵族家庭,与鲜卑王室联姻,表明吐谷浑与北魏间建立了密切的姻亲关系。武昌王妃于北魏孝庄帝建义元年(528年)七月三日薨于崇让里第。碑志云:"百两来仪,终远兄弟;同车去国,作嫔魏庭,行未半古,中年分体。"②可见她去世时年岁不大,吐谷浑与北魏的通婚发生在这一时期。在这种情况下,人们则会更多利用吐谷浑之地作为东西往来的交通要道。

宋云等人出使西域,经过了吐谷浑之地,是在吐谷浑与北魏关系和好的背景进行的。据《洛阳伽蓝记》卷五引宋云等人的记述,孝明帝神龟元年(518年),宋云等人受皇太后胡充华派遣,赴西域取经。同行的有沙门法力、惠生等人。他们从洛阳出发,西行40日至赤岭(今青海日月山),取吐谷浑南道至鄯善,其时鄯善在吐谷浑辖下。他们完全绕过了河西走廊。据尚民、贾鸿健的研究,宋云等人过赤岭后,当经今共和、茶卡、都兰、香日德、格木尔、乌图美仁,然后过阿尔金山口,进入今新疆若羌地区。吐谷浑都城便在今香日德③。宋云等西使取经是一次重大的交往活动,这次活动兼具出使与取经双重性质,他们的成功出使进一步加强了北魏与西域各地的联系。他们经吐谷浑之路,至鄯善,其时鄯善为吐谷浑所占领。由此西行,经西域南道,越葱岭进入印度,后于正光三年(522年)二月返国。

北魏宣武帝以后,一方面经过长期的军事斗争,北魏彻底征服了柔然,经河西走廊入西域的伊吾路得到了利用;一方面吐谷浑与北魏的关系得到改善,

---

① 《魏书》卷101《吐谷浑传》,中华书局1974年版,第2240页。
② 赵超著:《汉魏南北朝墓志汇编》,天津古籍出版社1992年版,第245页。
③ 尚民、贾鸿健:《宋云西行与吐谷浑国》,《青海社会科学》1992年第3期。

双方保持了 70 多年的和平交往,吐谷浑之路得到利用;鄯善与北魏长期保持友好关系,经鄯善北向入西域北道,或西行经西域南道的道路都空前通畅,因此北魏与西域各地间的丝路各线空前畅通,于是出现了宣武帝时中西交往的高潮。在广泛交往的背景下,西域各地进入中原人数众多,出现了杨衒之《洛阳伽蓝记》所描述的盛况:"西夷来附者处崦嵫馆,赐宅慕义里。自葱岭以西,至于大秦,百国千城,莫不款附,商胡贩客,日奔塞下,所谓尽天地之区已。乐中国土风,因而宅者,不可胜数。是以附化之民,万有余家。"①大批西域商人前来中原贸易,形成"相继而来,不间于岁"的兴盛局面。世宗宣武帝时,散骑常侍兼尚书邢峦曾指出:"逮景明之初,承升平之业,四疆清晏,远迩来同,于是蕃贡继路,商贾交入,诸所献贸,倍多于常。"②这是一个空前的高潮,这一时期有更多的西域地区与北魏建立了通使关系。北魏以后,中国北方再次分裂,加上突厥的崛起,中西间交通出现衰落趋势。但当隋唐两朝再次完成国家的统一,并对突厥实现了军事征服的时候,北魏时中西交通的兴盛局面便迅速恢复,这是与北魏时打下的良好基础分不开的。

(本文原载《西域研究》2008 年第 1 期)

---

① (北魏)杨衒之撰,范祥雍校注:《洛阳伽蓝记》卷 5,上海古籍出版社 1978 年版,第 160—161 页。

② 《魏书》卷 65《邢峦传》,中华书局 1974 年版,第 1438 页。

魏晋南北朝时期海上丝路的利用

魏晋南北朝时期,海上丝绸之路在两汉以来的基础上继续发展。当时利用海道与中国交往之海外国家有官方关系者,据统计有如下国家:林邑、扶南、诃罗陁、诃罗单、婆皇、婆达、阇婆达、盘盘、丹丹、干陁利、狼牙修、婆利、中天竺、天竺迦毗黎、师子国、大秦、头和国、新罗、百济、高句丽、倭国。从中国方面看,由于分裂割据的局面和地理位置的原因,利用海上丝路与域外交往的主要是三国时的孙吴、两晋和南朝诸朝即宋、齐、梁、陈各王朝。本文对魏晋南北朝时期海上丝路的利用进行探讨。

一、三国孙吴时的海上交通

西汉时中国使节已经经南海至印度和斯里兰卡,东汉时罗马人已经走通了经印度、扶南、日南而至洛阳的道路,南亚、东南亚诸国亦经日南、交趾至洛阳。所以《南史·夷貊传》"海南诸国"条云:"汉元鼎中,遣伏波将军路博德开百越,置日南郡。其徼外诸国,自武帝以来皆朝贡。后汉桓帝世,大秦、天竺皆由此道遣使贡献。"①东汉末年,西域反乱,原来经陆路与中国交往的天竺等国则改道走海路东来,海道的利用频繁起来。同书同传云:"汉和帝时,天竺数遣使贡献,后西域反叛,遂绝。至桓帝延熹三年、四年,频从日南徼外来献。"②

---

① 《南史》卷78《夷貊传上》,中华书局1975年版,第1947页。
② 《南史》卷78《夷貊传上》,中华书局1975年版,第1962页。

魏晋间鱼豢《魏略》"大秦国"条有关记载,反映了东汉以来这条海上交通线的利用:

> 大秦道既从海北陆通,又循海而南,与交趾七郡外夷比,又有水道通益州、永昌,故永昌出异物。前世但论有水道,不知有陆道。①

前人但知有水道,因为汉与罗马之间的交通最早是由罗马人经过海道走通的。至鱼豢的时代,陆道既已走通,所以鱼豢书中便详述了陆道经行路线,但他也没有忘记大秦至中国的两条海上交通线。三国时吴国由于地处东南沿海,立国之初就继承了汉代海外交通的遗产。《江表传》记载,黄初二年(221年),魏文帝曹丕遣使至吴,"求雀头香、大贝、明珠、象牙、犀角、玳瑁、孔雀、翡翠、斗鸭、长鸣鸡"。孙吴官员有的认为不该应其所求,孙权说:"彼所求者,于我瓦石耳,孤何惜焉。"②魏文帝所求诸海外舶来品,在孙吴看来如"瓦石",说明孙吴与海外诸国保持着密切联系。

海南、西域诸地有人从海道来到吴国,据《三国志》卷四十九《吴书·士燮传》记载,士燮为交趾太守,每有出入,"胡人夹毂焚香者常有数十"。说明西域至交州者人数之多,其胡人中便有天竺、大秦商人。又云:"燮每遣使诣(孙)权,致杂香细葛,辄以千数,明珠、大贝、流离、翡翠、玳瑁、犀、象之珍奇物,异果蕉、邪、龙眼之属,无岁不至。(士燮弟士)武时贡马凡数百匹。"③在士燮献送孙权诸物中有海外舶来品。从天竺国王赠送扶南国使月氏马四匹和《吴时外国传》中"加营国王好马,月支贾人常以舶载马到加营国"④的记载来看,士武贡马可能也是来自西域的月氏马。这些反映交州与海外交往之频。

在这样的背景下,三世纪初,便有第一位留下姓名的罗马人秦论来到三国时吴国的都城,关于秦论入吴,《南史·夷貊传》记载:

---

① 《三国志》卷30《魏书·乌丸鲜卑东夷传》,裴松之注引,中华书局1959年版,第861页。
② 《三国志》卷47《吴书·吴主传》,裴注引,中华书局1959年版,第1124页。
③ 《三国志》卷49《吴书·士燮传》,中华书局1959年版,第1192—1193页。
④ 《太平御览》(第4册)卷359,上海古籍出版社2008年版,第296页。加营,一般认为即歌营,或以为在今马来半岛,或以为在今印度南部奎隆,或以为印度东海岸的珠利耶,或以为在今印度尼西亚爪哇岛。按:将加营与歌营混为一谈,有望文生义之嫌,歌营当在今马来半岛南部,参见石云涛《3—6世纪中西间海上航线的变化》,《海交史研究》2004年第2期,第41页。加营当在今印度东南海岸。

汉桓帝延熹九年，大秦王安敦遣使自日南徼外来献，汉世唯一通焉。其国人行贾往往至扶南、日南、交趾。其南徼诸国人少有到大秦者。孙权黄武五年，有大秦贾人字秦论来到交趾，太守吴邈遣送诣权。权问论方土风俗，论具以事对。时诸葛恪讨丹阳，获黝、歙短人。论见之曰："大秦希见此人。"权以男女各十人，差吏会稽刘咸送论，咸于道物故，乃径还本国也。①

交趾在东吴辖境。大秦商人从海道经天竺、扶南、日南等至中国交易，交趾往往是他们来华贸易的终点。吴黄武五年（226 年），交趾太守士燮病逝，其子士徽欲代父自立，吕岱奉诏率兵讨平之，孙权以吴邈为太守。就在这一年，大秦商人秦论来到交趾，吴邈立即遣送秦论往武昌（今鄂城），秦论受到孙权的礼遇。吴邈遣送秦论之举，当是出于孙权事先已有的嘱托和安排，这件事表明了孙权通过海路交通海南和西域各地的意向。孙权向秦论询问大秦的"方土风俗"，其交通大秦的目的非常明显。秦论"具以事对"，说明这次相见，使东吴掌握了不少有关大秦的知识和从大秦到东吴沿途各地的情况，为后来孙权遣使南海诸国提供了必要的条件和信息。

孙吴东南濒海，北限长江，注意发展水军力量，具有较强的造船技术和航海能力。因此能凭借其航海技术交通海外。秦论离开中国以后，孙吴开始遣使到南海诸国进行外交活动。《三国志·吕岱传》记载，吕岱为广州刺史，"既定交州，复进讨九真，斩获以万数，又遣从事南宣国化。暨徼外扶南、林邑、堂明诸王各遣使奉贡，权嘉其功，进拜镇南将军"②。有关与扶南、林邑、堂明等之交往，语焉不详，其中包括史籍上有具体记载的朱应和康泰出使扶南。《梁书·海南传序》记载：

海南诸国，大抵在交州南及西南大海洲上，相去近者三、五千里，远者二、三万里，其西与西域诸国接。汉元鼎中，遣伏波将军路博德开百越，置日南郡，其徼外诸国自武帝以来皆朝贡。后汉桓帝世，大秦、天竺皆由此

---

① 《南史》卷79《夷貊传下》，中华书局1975年版，第1961页。
② 《三国志》卷60《吴书·吕岱传》，中华书局1959年版，第1385页。扶南，中南半岛古国，辖境约当今柬埔寨以及老挝南部、越南南部和泰国东南部一带。公元1世纪建国，与中国联系密切。3世纪初，扶南王范蔓向外扩张，势力达马来半岛。三国时，其国王范旃遣使至吴，吴亦派康泰、朱应出使其国，此后两国来往频繁。林邑，古国名，象林之邑的省称，故地在今越南中部。秦汉时为象郡象林县地。东汉末，象林功曹之子区连自立为王。堂明国，在今老挝中部或北部。

道遣使贡献。及吴孙权时遣宣化从事朱应、中郎康泰通焉。其所经及传闻则有百数十国。①

《吕岱传》中所谓"南宣国化",乃吕岱遣从事为之,此"从事"当即朱应。其宣化之地当新平之交州、九真等地。南方沿海地区平定,"徼外"三国遣使而来,后来才有孙权遣使报谢。孙权所遣有中郎康泰和吕岱旧僚即宣化从事朱应。此段记载说明了朱应、康泰出使扶南的前提和背景。据《三国志·吴主孙权传》记载,赤乌六年(243年)"十二月,扶南王范旃遣使献乐人及方物"②。则朱应、康泰出使扶南当在此事之后,由于扶南王遣使贡献,孙权则遣使报谢。朱应、康泰等所到之处,有林邑(今越南中南部)、扶南以及东南亚其他一些地方。

朱应、康泰到扶南时,其国王为范旃(约245—251年间在位),或许就在他们在扶南逗留期间,范旃因内乱被范长所杀,大将范寻又杀范长自立。《梁书·诸夷传》"扶南"条云:"吴时遣中郎康泰、宣化从事朱应使于寻国。"他们在扶南,见其"国人犹裸,唯妇人著贯头。泰、应谓曰:'国中实佳,但人亵露可怪耳。'寻始令国内男子著横幅。横幅,今干缦也。大家乃截锦为之,贫者乃用布"。③在扶南他们还曾与中天竺的使者会晤,询问了中天竺的土俗。《梁书·诸夷传》"中天竺"条云:"吴时扶南王旃遣亲人苏物使其国,从扶南发投拘利口,循海大湾中,正西北入,历湾边数国,可一年余,到天竺江口,逆水行七千里乃至焉。天竺王惊曰:'海滨极远,犹有此人!'即呼令观视国内。仍差陈宋等二人以月支马四匹报旃,遣物等还,积四年方至。其时吴遣中郎康泰使扶南,及见陈宋等具问天竺土俗。"④陈宋等向他详述天竺国情况。

朱应、康泰出使扶南之后,中国与扶南两国来往频繁,直到公元七世纪中叶,扶南为其北方属国吉蔑所灭。在实地考察的基础上,朱应著有《扶南异物志》一书,《隋书·经籍志》和《新唐书·艺文志》均曾著录。康泰撰有《吴时

---

① 《梁书》卷54《诸夷传·海南传序》,中华书局1973年版,第783页。
② 《三国志》卷47《吴书·吴主传》,中华书局1959年版,第1145页。
③ 《梁书》卷54《诸夷传》,中华书局1973年版,第789页。
④ 《梁书》卷54《诸夷传》,中华书局1973年版,第789页。

外国传》。① 据此二书的散见佚文，参考万震的书，可以考知今天东南亚、南亚以及西亚的数十个古代地名、国名和它们的某些情况。由于这些国家和地区的情况，本国无文献记载，因此，朱应和康泰的著作成为研究古代南海交通、东南亚各国，特别是柬埔寨古代史的不可多得的第一手材料。朱应、康泰知道"从迦那调洲乘大伯舶，张七帆，时风一月余日，乃入秦，大秦国也"②。"从加那调洲西南入大湾，可七八百里，乃到枝扈黎大江口，渡江径西行，极大秦也"③。可以推测船只启航地点的迦那调洲是在枝扈江口以北七八百里的康契普拉姆，由此向西大约航行四五十天，可到达大秦。此所谓"大秦"当指两河流域的报答（今巴格达）。④ 三世纪中叶吴国万震的《南洲异物志》记述歌营国西南有个加陈国，该国在古波斯铭文中叫 Kuśa，即古代居住在埃塞俄比亚和努比亚的库施民族⑤。库施领土中最大的港口是阿杜利，在现在的马萨瓦港附近。公元一世纪起，它就成了阿克苏姆王国的对外贸易中心，三世纪进入盛时。这些材料透露出公元三世纪上半叶，中国人至少已经了解到波斯湾的信息以及印度和罗马海上之间的贸易状况。

海上丝路向东延伸至日本，东汉时日本倭国已接受中国"倭王"封号，三国时邪马台王国曾向曹魏政权纳贡，曹魏亦遣使回访。东南沿海地区似乎与日本诸岛间有民间的海船往来。《三国志·吴主孙权传》记载，黄龙二年（230

---

① 见《太平御览》《册府元龟》，此书诸书著录或引述又作《吴时外国志》（见《太平御览》《艺文类聚》）或《扶南土俗》（见《太平御览》）、《扶南记》（见《艺文类聚》）、《扶南传》（见《通典》《水经注》）、《康泰扶南记》（见《水经注》）。朱应、康泰的书在唐以后已经散佚。唐代以前的一些书引用过这两本书的材料，如北魏郦道元《水经注》、隋代虞世南《北堂书钞》、唐初欧阳询等《艺文类聚》、徐坚等《初学记》、杜佑《通典》、李善与六臣《文选注》，还有《事类赋》《史记正义》和《史记索引》，宋代《太平御览》等皆有征引。因此我们还可以看到一些片断引文。同时代的万震撰《南州异物志》、稍后的郭义恭撰《广志》都采用了这两本书的材料。后来《南齐书》《梁书》《南史》中的海南诸国传，也主要依了这两本书的记述。上引《梁书》上的材料中有所谓"因立记传"就说明了这个问题。

② （宋）李昉等撰：《太平御览》（第7册）卷771引《吴时外国传》，上海古籍出版社2008年版，第785页。

③ （北魏）郦道元著：《水经注》卷1引康泰《扶南传》，上海古籍出版社1990年版，第12页。

④ 参见韩振华：《魏晋南北朝时期海上丝绸之路的航线研究》，载《中国与海上丝绸之路》，福建人民出版社1991年版。

⑤ ［印］普拉加什著：《印度和世界》（Buddha Prakash，India and the World），Hoshiarpur，1964年版，第241页。

年),孙权曾"遣将军卫温、诸葛直将甲士万人浮海求夷洲及亶洲"。据说当时亶洲和会稽之间经常有海船往来,"亶洲在海中,长老传言秦始皇帝遣方士徐福将童男童女数千人入海,求蓬莱神山及仙药,止此洲不还,世相承有数万家,其上人民,时有至会稽货布。会稽东县人海行,亦有遭风流移至亶洲者。所在绝远,卒不可得"。卫温等"至但得夷洲数千人还"。① 卫温和诸葛直去夷洲及亶洲。结果只到了夷洲(今台湾),亶洲太远,没能到达。从这个叙述可以判断,亶洲不会是台湾,因为卫温和诸葛直到了台湾;也不会是吕宋岛,因为陈寿说亶洲有人口"数万家",而吕宋岛元代时称"三屿国",元世祖时仍"民不及二百户";②更不可能是舟山岛,因为舟山岛离陆地较近,容易到达。故一般认为亶洲在日本。但由于当时航海条件的限制,通过海上交通日本与中国南方政权的正式关系未能建立起来。

二、两晋时海上丝路的利用

西晋初时仍与南海诸国频繁交往,主要是与林邑、扶南的官方交往。《晋书·南蛮传》记载,林邑国"至武帝太康中,始来贡献"。林邑王范文"遣使通表入贡于帝,其书皆胡字"。扶南国"武帝泰始初,遣使贡献。太康中,又频来"。③甚至大秦国人亦通过海路入贡,经广州至洛阳。据晋殷巨奇《布赋序》,晋太康二年(281 年)"大秦国奉献琛,来经于(广)州,众宝既丽,火布尤奇"。其赋云:"伊荒服之外国,逮大秦以为名,仰皇风而悦化,超重译而来庭;贡方物之奇丽,亦受气于妙灵。"④惠帝元康六年(296 年)天竺高僧耆域由海路到达广州,光熙年间,又前往京师洛阳。除了官方和佛教的交往之外,彼此间的贸易仍然存在,《晋书·南蛮传》"林邑"条记载,范文"随商贾往来,见上国制度,至林邑,遂教

① 《三国志》卷 47《吴书·吴主传》,中华书局 1959 年版,第 1136 页。
② 《元史》卷 210《三屿传》,中华书局 1976 年版,第 4668 页。
③ 《晋书》卷 97《四夷传·南蛮》,中华书局 1974 年版,第 2545—2547 页。
④ (唐)欧阳询撰:《艺文类聚》卷 85,上海古籍出版社 1982 年版,第 1463 页。

(范)逸作宫室、城邑及器械"①。反映了在林邑与中国之间商贾的活动。

西晋立国时间甚短,通过海上与域外各国交往的活动材料很少,尤其惠帝以后,这种交往活动顿然衰落。东晋立国江南长达百余年,有关彼此间交通的记载也很少。《南史·夷貊传》云海南诸国"晋代通中国者盖鲜,故不载史官"②。这与西晋后期中国战乱有关,《晋书·四夷传序》云:

> 武帝受终衰魏,廓境全吴,威略既申,招携斯广,迷乱华之议,矜来远之名,抚旧怀新,岁时无怠,凡四夷入贡者,有二十三国。既而惠皇失德,中宗迁播,凶徒分据,天邑倾沦,朝化所覃,江外而已,琛贡之礼,于兹殆绝,殊俗异风,所未能详。③

更与两晋南方沿海地区官吏贪污与对外商的侵渔有关。同书《林邑传》记载:

> 初,徼外诸国尝赍宝物自海路来贸货赇,而交州刺史、日南太守多贪利侵侮,十折二三。至刺史姜壮时,使韩戢领日南太守,戢估较太半,又发船调炮,声云征伐。由是诸国恚愤。④

还与两晋与林邑的战争、林邑内乱以及林邑与扶南的战争有关。林邑国贪日南之地,两晋与林邑频年发生战事,这些因素造成了海外贸易势减。除了两晋交州官吏贪残造成双方的战争之外,林邑国内的动乱也是造成晋时海上交通衰落的原因。据《南史》卷七十八《夷貊传》"林邑国"条记载:

> 汉末大乱,功曹区连杀县令自立为王数世,其后王无嗣,外甥范熊代立,死,子逸嗣。晋成帝咸康三年,逸死,奴文篡立。文本日南西卷县夷帅范稚家奴,……范稚尝使之商贾至林邑,……遂胁国人自立。时交州刺史姜壮使其亲韩戢、谢稚前后监日南郡,并贪残,诸国患之。穆帝永和三年,台遣夏侯览为太守,侵刻尤甚。林邑素无田土,贪日南地肥沃,常欲略有之。至是因人之怨,袭杀览,以其尸祭天,留日南三年乃还。林邑交州刺史朱藩后遣都护刘雄戍日南,文复灭之。进寇九德郡,害吏人,遣使告藩,愿以日南北境横山为界。藩不许。文归林邑,寻复屯日南。文死,子佛

---

① 《晋书》卷97《四夷传·南蛮》,中华书局1974年版,第2546页。
② 《南史》卷78《夷貊传上》,中华书局1975年版,第1947页。
③ 《晋书》卷97《四夷传》,中华书局1974年版,第2531页。
④ 《晋书》卷97《四夷传·林邑》,中华书局1974年版,第2546页。

立,犹屯日南。征西将军桓温遣都护滕畯、九真太守灌邃讨之,追至林邑,佛乃请降。安帝隆安三年,佛孙须达复寇日南、九德诸郡,无岁不至,杀伤甚多,交州遂至虚弱。须达死,子敌真立,其弟敌恺携母出奔。敌真追恨不能容其母弟,舍国而之天竺,禅位于其甥,国相藏磷固谏不从,其甥立而杀藏磷,藏磷子又攻杀之而立敌恺同母异父弟曰文敌。文敌复为扶南王子当根纯所杀。大臣范诸农平其乱,自立为王。诸农死,子阳迈立。①

这段记载反映了两晋时晋与林邑的矛盾和林邑国内的动乱,林邑地当中西海上交通要道,显然这些都会直接影响到中西间的行旅往来和贸易。

但如果认为晋时海外交通和贸易"因而中断"②,则未免强调过分。即便在西晋后期和东晋时彼此间的交通仍然存在。晋之南海官吏侵渔外商本身便是建立在外商来华贸易的基础之上。干宝《搜神记》记载:"晋永嘉中,有天竺胡人,来渡江南。"③当经海路而来。《法显传》记载,法显于东晋义熙六年至七年(410—411年)自天竺至师子国,在师子国见到玉佛像边"商人以晋地一白绢扇供养"④,说明在法显以前两国商人已经进行着贸易往来。法显自师子国乘商船回国,经海道东返,说明当时师子国与东晋间不仅存在使节交往,而且有商舶往还。法显自耶婆提(今爪哇或苏门答腊)至广州,"复随他商人大船,上亦二百许人,赍五十日粮","商人议言,常行时正可五十日便到广州"。⑤ 说明两地之间频有商舶往来。《晋书·四夷传》记载,扶南国"穆帝升平初,复有竺旃檀称王,遣使贡驯象。帝以殊方异兽,恐为人患,诏还之"⑥。《梁书·诸夷传》记载,东晋安帝义熙初(405年),师子国始遣使来"献玉像,经十载乃至"⑦。义熙年间,师子国(今斯里兰卡)国王为优婆帝沙一世,其遣使为沙门昙摩抑,所携为玉质佛像⑧。师子国使者当通过海路来中国。西域

① 《南史》卷78《夷貊传上》,中华书局1975年版,第1948—1949页。
② 方豪著:《中西交通史》,岳麓社1987年版,第198页。
③ (晋)干宝撰:《搜神记》卷2,中华书局1979年版,第23页。
④ (东晋)释法显撰,章巽校注:《法显传校注》,中华书局2008年版,第128页。
⑤ (东晋)释法显撰,章巽校注:《法显传校注》,中华书局2008年版,第145、146页。
⑥ 《晋书》卷97《四夷传》,中华书局1974年版,第2547页。
⑦ 《梁书》卷54《诸夷传》,中华书局1973年版,第800页。
⑧ 耿引曾:《以佛教为中心的中斯文化交流》,载周一良主编《中外文化交流史》,河南人民出版社1987年版,第475页。

僧人也有浮海来华者。安帝隆安三年至五年(339—401年),罽宾僧人昙摩耶舍在广州王园寺译经传教。

东晋时海上交通的发展还表现在与朝鲜半岛百济政权的交往。建都于汉江下游的百济曾与西晋政权交往频繁。在公元277至290年的十余年间,曾八次遣使至西晋。东晋政权立国江南,百济国仍然跨海与东晋保持交往,向东晋遣使六次,东晋也向百济遣使两次。①

三、南朝海上丝路盛衰

东晋灭亡以后,南朝经历了宋、齐、梁、陈诸朝,海上交通经历了由衰而盛又由盛而衰的起伏变迁。从代东晋而起的刘宋王朝开始,利用海上交通进行交往的活动又频繁起来。所以《梁书·海南诸国传序》云:"晋代,通中国者盖少,故不载史官。及宋、齐至者有十余国,始为之传。"②这种交通和交往自刘宋末年至南齐时有所衰落,而至梁时达到高潮。由于侯景之乱,梁末至陈朝海上交通再次衰落。

(一)刘宋时海上丝路的复兴

刘宋时疆界延及今越南中部,与东南亚和印度洋诸国关系十分密切。据《宋书》卷九十七《夷蛮传》记载,通过海路与刘宋政权交往的国家有东南亚、南亚的林邑、扶南、诃罗陁、媻皇、媻达、阇婆婆达、师子国、迦毗黎国、盘盘等,东亚朝鲜半岛、日本。③

林邑地处中国南朝与南海诸国交通的要道,因此与林邑的关系决定着与

---

① 陈尚胜著:《中韩交流三千年》,中华书局1997年版,第12页。
② 《梁书》卷54《诸夷传·海南传序》,中华书局1973年版,第783页。
③ 诃罗陁,又称诃罗单,在今印度尼西亚苏门答腊岛;媻皇,又称媻皇,在今马来西亚彭亨一带;媻达,又称媻达,是苏门答腊岛北部巴达人国家;阇婆婆达,又作阇婆婆达、阇婆达,在今爪哇。即《后汉书》所谓叶调国,冯承钧以为"南海诸洲与中国通,以此岛为最古"。冯承钧著:《中国南洋交通史》,商务印书馆1998年影印第1版,第3页。迦毗黎国,在印度南部科佛里河一带;盘盘,在马来半岛北端泰国万伦湾。

其他各国的关系。刘宋建立之初，与林邑关系有所改善，宋永初二年（421年），林邑王范阳迈"遣使贡献"①，宋武帝则以阳迈为林邑王。阳迈死，其子咄篡其名号自立。自宋文帝元嘉初，宋与林邑关系开始恶化，阳迈屡犯宋之日南、九德诸郡，元嘉十二年、十五年、十六年、十八年，林邑一边遣使贡献，一边"寇盗不已，所贡皆陋薄"②，元嘉后期发生宋大举攻伐林邑的战争。直到宋孝武帝即位，刘宋与林邑重新趋于缓和，在刘宋的军事打击下，林邑于孝武帝孝建二年（455年）遣长史范龙跋贡献，刘宋封范龙跋为扬武将军。两国关系得到改善。《梁书·诸夷传》云："孝武孝建、大明中，林邑王范神成累遣长史奉表贡献。明帝泰豫元年，又遣使献方物。"③

受宋与林邑关系的影响，元嘉十八年至二十六年是中西间海上交通的一度衰落时期，以此为界，刘宋朝与南海诸国的交通往来大致可分为此前和此后两个时期。

刘宋建立，便通过海上与南海诸国建立起密切联系，南亚天竺、师子国频遣使奉献。宋元嘉五年（428年），天竺国迦毗黎国王月爱遣使奉表，其表云："大王若有所须，珍奇异物，悉当奉送。此之境土，便是王国；王之法令，治国善道，悉当承用。愿二国信使往来不绝。此反使还，愿赐一使，具宣圣命，备敕所宜。款至之诚，望不空反。所白如是，愿加哀愍。"④元嘉十八年（441年），天竺苏摩黎国王那邻那罗跋摩遣使献方物。元嘉五年（428年），师子国王刹利摩诃南奉表："谨白大宋明主，虽山海殊隔，而音信时通。……故托四道人，遣二白衣，送牙台像以为信誓。信还，愿垂音告。"⑤由此可知两国间保持着经常的官方联系。宋文帝回书云："此小乘经甚少，彼国所有，皆可写送。"⑥元嘉

---

① 《宋书》卷97《夷蛮传》，中华书局1974年版，第2377页。

② 《宋书》卷97《夷蛮传》，中华书局1974年版，第2378页。

③ 《梁书》卷54《诸夷传》"林邑"条，中华书局1973年版，第785—786页。

④ 《宋书》卷97《夷蛮传》，中华书局1974年版，第2385页。按：月爱王即笈多王朝旃陀罗（月）笈多（爱）二世。《梁书》第54卷亦录此表文，迦毗黎国王改称"屈多王"，即笈多（爱）之异译；使臣竺罗达。表文亦略有不同，文末所列贡献方物亦不同，为"琉璃唾壶、杂香、吉贝等物"。

⑤ 《宋书》卷97《夷蛮传》，中华书局1974年版，第2384页。按：《梁书·诸夷传》作"元嘉六年"。

⑥ （唐）欧阳询撰：《艺文类聚》卷76《内典部》引《宋元嘉起居注》，上海古籍出版社1982年版，第1294页。

七年(430年)秋七月甲寅,"林邑国、诃(一作呵)罗陁国、师子国遣使献方物";元嘉十二年(435年)六月,师子国又"遣使献方物"。① 据《高僧传》卷三《求那跋摩传》《比丘尼传》和卷二《僧果传》记载,刘宋元嘉年间(424—453年),有师子国商舶两次来到刘宋都城建康。

由于海道的通畅和佛教的兴盛,僧人亦经海道往还,宋初极一时之盛。生活在公元四世纪后半叶和五世纪上半叶的希腊作家巴拉迪尤斯到过印度,在其《论婆罗门教》中说:"沿恒河两岸居住有来自印度和赛里斯国的婆罗门。"②他所谓赛里斯的婆罗门大约指从中国来印度的佛教徒。《高僧传》卷二记载,慧观法师"志欲重寻《涅槃后分》,乃启宋太祖资给,遣沙门道普将书吏十人,西行寻经。至长广郡,舶破伤足,因疾而卒"③。同书卷三记载,智严"入道受具足,常疑不得戒,每以为惧。积年禅观而不能自了,遂更泛海,重要天竺,咨诸明达"④。同卷记载,昙无竭等二十五人于宋永初元年(420年)经陆路往天竺求法,"后于南天竺随舶泛海达广州"⑤。同卷记载,求那跋摩自西域至师子国,自师子国泛海至阇婆。建康沙门慧观等"以元嘉元年(424年)九月,而启文帝,求迎请跋摩,帝即敕交州刺史,令泛舶延致"。求那跋摩"先已随商人竺难提舶,欲向一小国,会值便风,遂至广州"⑥。求那跋陀罗,中天竺人,先至师子国,元嘉十二年(435年)乘船至广州。⑦

刘宋与东南亚各国通过海上丝路进行交往的活动也屡见载籍。地处今爪哇诸王国频遣使贡献。《宋书·夷蛮传》记载,呵罗陁国"元嘉七年,遣使奉

① 《宋书》卷5《文帝本纪》,中华书局1974年版,第79、83页。

② [法]戈岱司编:《希腊拉丁作家远东古文献辑录》,耿昇译,中华书局1987年版,第74页。

③ (南朝梁)释慧皎撰,汤用彤校注:《高僧传》卷2《昙无谶传》,中华书局1992年版,第80页。

④ (南朝梁)释慧皎撰,汤用彤校注:《高僧传》卷3《释智严传》,中华书局1992年版,第100页。

⑤ (南朝梁)释慧皎撰,汤用彤校注:《高僧传》卷3《释智严传》,中华书局1992年版,第93—94页。

⑥ (南朝梁)释慧皎撰,汤用彤校注:《高僧传》卷3《释智严传》,中华书局1992年版,第105—106页。

⑦ (南朝梁)释慧皎撰,汤用彤校注:《高僧传》卷3《释智严传》,中华书局1992年版,第130—131页。

表"①。"呵罗单国治阇婆洲,元嘉七年(430年)遣使献金刚指环、赤鹦鹉鸟、天竺国白叠古贝、叶波国古贝等物。十年(433年)呵罗单国王毗沙跋摩奉表,……十三年又上表"②。《宋元嘉起居注》记载:"呵罗单国奉孔雀盖一具。"③元嘉十二年(435年),阇婆婆达王师黎婆达陁阿罗跋摩遣使奉表,有"虽隔巨海,常遥臣属"之语。④《宋书·夷蛮传》记载:"扶南国,太祖元嘉十一、十二、十五年,国王持黎跋摩遣使奉献。"⑤《梁书·诸夷传》记载,扶南王桥陈如死,"后王持梨陁跋摩,宋文帝世奉表献方物"。⑥ 地处今苏门答腊的诸王国亦有通贡之举,《南史·夷貃传》记载:"元嘉十八年,苏摩黎国王那罗跋摩遣使献方物。"⑦苏摩黎,即今印度尼西亚苏门答腊北岸的三马朗加(Samar-langka)。⑧

经历了一段低落之后,元嘉后期,随着刘宋与林邑关系的改善,与南海诸国的关系又活跃起来。盘盘国、呵罗单、婆皇、婆达、干陁利、师子国、天竺、婆利等复与宋通交。据《梁书·诸夷传》记载:"盘盘国,宋文帝元嘉、孝武孝建、大明中并遣使贡献。"⑨《宋书·夷蛮传》引元嘉二十六年(449年)太祖诏曰:"呵罗单、婆皇、婆达三国,频越遐海,款化纳贡,远诚宜甄,可并加除授。"⑩说明宋与地处今爪哇诸王国重新建立友好关系。婆皇国于元嘉二十六年遣使献方物四十一种,二十八年复贡献;孝建三年又献方物,大明三年、八年,泰始二年皆遣使贡献。婆达国于元嘉二十六年两次遣使献方物,二十八年又来。呵罗单国于元嘉二十六年遣使贡献,二十九年(452年),又遣长史婆和沙弥献方物。泰始二年,天竺国又遣使贡献,宋明帝"以其使主竺扶大、竺阿弥并为建

---

① 《宋书》卷97《夷蛮传》,中华书局1974年版,第2380页。
② 《宋书》卷97《夷蛮传》,中华书局1974年版,第2381页。
③ (唐)虞世南撰:《北堂书钞》(2)卷134引《宋元嘉起居注》,学苑出版社2003年版,第375页。
④ 《宋书》卷97《夷蛮传》,中华书局1974年版,第2383页。
⑤ 《宋书》卷97《夷蛮传》,中华书局1974年版,第2379页。
⑥ 《梁书》卷54《诸夷传》,中华书局1973年版,第789页。
⑦ 《南史》卷78《夷貃传》,中华书局1975年版,第1962页。
⑧ 参见陈佳荣等编著:《古代南海地名汇释》,中华书局1986年版,第416页。
⑨ 《梁书》卷54《诸夷传》,中华书局1973年版,第793页。
⑩ 《宋书》卷97《夷蛮传》,中华书局1974年版,第2382页。

威将军"。①《梁书·诸夷传》记载,宋孝武之世,干陀利国王释婆罗那怜陀遣长使竺留陀献金银宝器。据《宋书·夷蛮传》,其事在孝建二年(455 年)。干陀利在今马来西亚吉打。同书记载,后废帝元徽元年(473 年)"婆黎国遣使贡献"②。婆黎,《南史》作"婆利",即婆罗洲,今文莱。《宋书·夷蛮传》记载,明帝泰始二年(466 年),天竺国遣使贡献。《南史·夷貊传》记载,泰始二年,中天竺国遣使贡献,以其使主竺扶大、竺阿珍并为建威将军。

刘宋时与东北亚、东亚各政权间的交通往来进入一个新时期,其交往活动主要利用海路。倭国曾与西晋政权频繁交往,但至东晋时长达百余年时间,未见双方有交通往来。入宋,"世修贡职"③。宋武帝永初二年,宋文帝元嘉二年、七年、十五年、二十年、二十八年,孝武帝大明四年、六年,顺帝昇明元年、二年,倭国频繁遣使入贡,刘宋王朝则不断为倭王加封。④ 东北亚高句丽政权在东晋百余年时间里未尝入贡,而派往刘宋政权的贡使则达 22 次之多。《南史·宋本纪》记载,刘宋初立遣使册封百济王扶馀映为镇东大将军。至景平二年(424 年),百济遣使刘宋朝贡,双方确立朝贡关系。史籍有明确记载的此时段百济与刘宋双方往来共 12 次,百济遣使朝贡刘宋 10 次,其中献方物 8 次,上表 1 次,求除受 1 次。刘宋遣使百济 2 次,其中遣使册封百济 1 次,遣使慰劳百济 1 次。《南史·夷貊传下》记载,元嘉二年(425 年),文帝遣使"往宣旨慰劳,其后每岁遣使奉献方物"⑤。如其所记属实,百济与刘宋的朝贡活动应更多一些。⑥

(二) 萧齐时海上丝路的衰落

南齐时通过海路交通,比之刘宋有所衰退。这种衰退是从刘宋末年开始

---

① 《宋书》卷 97《夷蛮传》,中华书局 1974 年版,第 2386 页。
② 《宋书》卷 97《夷蛮传》,中华书局 1974 年版,第 2386 页。
③ 《宋书》卷 97《夷蛮传·倭国》,中华书局 1974 年版,第 2394 页。
④ 参见《宋书》卷 5《文帝本纪》、卷 6《孝武帝本纪》、卷 10《顺帝本纪》、卷 97《夷蛮传·倭国》,《南史》卷 1、卷 2、卷 3《宋本纪》(上、中、下)。
⑤ 《南史》卷 79《夷貊传下》,中华书局 1975 年版,第 1972 页。
⑥ 于春英:《百济与南北朝朝贡关系研究》,《东北史地》2010 年第 6 期。

的,所以南齐武帝给扶南国王的报书中便说:"自宋季多难,海译致壅。"①见于记载,南海之国与南齐通使者仅扶南和林邑二国。《梁书·诸夷传》云:"齐永明中,(林邑王)范文赞累遣使贡献。"②南亚、东南亚的僧人亦经海道至齐,据《高僧传》卷三,中天竺高僧求那毗地于齐建元(479—482年)初,"来至京师",止毗耶离寺。③《续高僧传》卷一,扶南僧人僧伽婆罗"闻齐国宏法,随舶至都"④。南齐初年,南海国家也有商舶至齐,《南齐书·荀伯玉传》记载,高帝建元年间,萧赜为太子,"度丝锦与昆仑舶营货"⑤。这种"昆仑舶"是来自马来西亚一带的商船,说明当时与南海诸国保持着商贸方面的联系。但总的倾向是呈衰落趋势,其原因与刘宋和林邑的战事、林邑的内乱、刘宋末年以来扶南与林邑的战争和交州的叛乱有关。

林邑国本秦时林邑县,汉末称王立国,西晋太康五年(284年)开始入朝贡献。刘宋元嘉年间,由于林邑王侵扰刘宋南境,造成双方关系紧张,交州刺史檀和之曾发兵征伐。孝武帝孝建二年(455年)以林邑长史范龙跋为扬武将军,而以林邑故王范杨迈之子孙相传为王。此后林邑发生范当根纯之乱,夺其王位。至南齐永明九年(491年)遣使入南齐贡献,南齐以根纯为持节都督缘海诸军事、安南将军、林邑王。但范杨迈后人范诸农率族人攻根纯,复国。永明十年(492年),南齐又以范诸农为持节都督缘海诸军事、安南将军、林邑王。齐明帝建武二年(495年)进号镇南将军。永泰元年(498年)范诸农入朝南齐,但海中遭风溺死。以其子嗣其位。

扶南自东吴、两晋、刘宋时便与中国交通,《梁书·诸夷传》记载,齐"永明中,王阇耶跋摩遣使贡献"⑥。但扶南与中国地隔林邑,与中国的交通受到林邑的阻隔。据《南齐书·东南夷传》记载:"宋末,扶南王姓侨陈如,名阇耶跋摩,遣商货至广州。天竺道人那伽仙附载欲归国,遭风至林邑,掠其财物皆尽。

---

① 《南齐书》卷58《蛮传》,中华书局1972年版,第1016页。

② 《梁书》卷54《诸夷传》,中华书局1973年版,第786页。

③ (南朝梁)释慧皎撰,汤用彤校注:《高僧传》卷3《求那毗地传》,中华书局1992年版,第138页。

④ (唐)道宣撰,郭绍林点校:《续高僧传》卷1《僧伽婆罗传》,中华书局2014年版,第5页。

⑤ 《南齐书》卷31《荀伯玉传》,中华书局1972年版,第573页。

⑥ 《梁书》卷54《诸夷传》,中华书局1973年版,第789页。

那伽仙间道得达扶南,具说中国有圣主受命。"于是齐永明二年(484 年),扶南王阇耶跋摩遣释那伽仙至南齐上表,请南齐发兵助讨林邑。南齐武帝曾"诏交部随宜应接"。① 但自刘宋末年,林邑国与扶南国不断发生战争,又交州所在悬远,常常发生叛乱,这次扶南与南齐夹击林邑的计划并没有实现。据同书同传记载,扶南"人性善,不便战,常为林邑所侵击,不得与交州通,故其使罕至"。又云:"交州斗绝海岛,控带外国,故恃险数不宾。"宋泰始初年,交州又发生李长仁之乱,李长仁卒,其弟李叔献继之。萧齐建立,高帝萧道成任命李叔献为交州刺史,而李叔献却"继割外国,贡献寡少"。② 齐武帝永明元年(483 年),南齐以刘楷为交州刺史,统兵征讨,李叔献被迫贡献,武帝不纳。继而刘楷复叛,南齐又委法乘讨伐,法乘又被部将伏登之所因。这些情况一度造成中国南朝萧齐与扶南及南海诸国交通的衰落。

南齐时中西间海上交通的衰落,也与海道西端的政治形势以及中国中原地区与西域交通的开展有关。当时中西间取道红海的海上交通由阿克苏姆王国所控制,阿克苏姆王国是非洲东北部古国,约公元一世纪前后建国,其红海沿岸的阿杜利斯港是出入亚丁湾东西方海上交通的要道。三世纪后半叶,处于极盛时期的阿克苏姆王国还统治着阿拉伯西部的部分地区,控制了红海的航运。公元四至六世纪,阿克苏姆王国一直保持强盛国势。罗马和后来的拜占庭人经海道进行东方贸易必须经阿克苏姆人转手以与中国和印度交流,这是罗马人一直不甘心的,而阿克苏姆人还常攻劫商船,造成红海航线海盗猖獗。但在东罗马与安息长期的战争中,陆上与东方的交往受到阻碍,罗马人不得不以阿克苏姆为中介。至公元五世纪中叶,贯通西亚的陆路出现了转机,经过两个世纪的战争和对抗,东罗马和萨珊波斯终于达成了和平协议,东罗马与中国加强了经过丝绸之路的陆上贸易关系。当罗马人走通了东方的陆上丝路时,对于他们来说,无论西端和东端都充满危机的海上交通线就不那么重要了。我们看到五世纪中叶以后,中国中原地区的北魏政权与普岚即拜占庭有频繁的外交往来。罗马分裂以后,中国南朝与罗马世界海上交通的衰落当与

① 《南齐书》卷58《东南夷传》,中华书局 1972 年版,第 1014—1017 页。
② 《南齐书》卷58《东南夷传》,中华书局 1972 年版,第 1017—1018 页。

此有关。

南齐时海上交通的衰落,还表现在与东亚各国的交往中,南齐年间未见日本有朝贡之举。高句丽派往南齐的使节仅三次。一向对中国南方政权表示友好的百济也由于各种原因,与南齐交往较少。高丽王朝时期金富轼《三国史记·百济本纪第四》记载:文周王二年三月"遣使朝宋,高句丽塞路不达而还"①。之后,百济发生了佐平解仇的乱政。南朝刘宋宗室互相残杀,479年齐代宋。这期间百济未曾派使者朝贡刘宋,朝贡关系一度搁浅。480年百济遣使南齐,重新开始了和南朝的朝贡往来。百济与南齐往来6次,百济向南齐朝贡6次,其中1次因高句丽阻路而未至。

(三)梁陈之际海上丝路盛极而衰

梁时海上交通呈现出前所未有的兴盛局面,前来通交的国家更多,朝鲜半岛的高句丽、百济、新罗和日本倭国等,东南亚、南亚的林邑、扶南、盘盘、丹丹(一般认为在今马来西亚吉兰丹一带)、干陀利、婆利、南亚的中天竺国、师子国等都与梁有频繁交往。故《梁书·海南诸国传序》云:"自梁革运,其奉正朔,修贡职,航海岁至,逾于前代矣。"②《梁书·王僧孺传》记载:"天监初,除临川王后军记室参军,待诏文德省。寻出为南海太守,郡常有高凉生口及海舶,每岁数至,外国贾人,以通货易。"③"每岁数至"反映了当时外国商人通过海路来华之盛况。《梁书·诸夷传》和《南史·夷貊传》的记载,反映了南海诸国通过海路与梁交往的盛况。

林邑　梁朝建立,林邑与梁保持着自萧齐以来的友好关系,《梁书·诸夷传》记载,梁武帝"天监九年,(范)文赞子(林邑王)天凯奉献白猴"。武帝下诏册封褒奖云:"林邑王范天凯介在海表,乃心款至,远修职贡,良有可嘉,宜班爵号,被以荣泽,可持节督缘海诸军事、威南将军、林邑王。"天监十年(511年)、十三年(514年),范天凯多次"遣使献方物"。④ 同书卷三《武帝纪》记

① [朝]金富轼撰:《原本三国史记》卷9,이강래校,[韩]한길사1998年版,第250页。
② 《梁书》卷54《诸夷传》,中华书局1973年版,第783页。
③ 《梁书》卷33《王僧孺传》,中华书局1973年版,第470页。
④ 《梁书》卷54《诸夷传》,中华书局1973年版,第786页。

载,大通元年(527年)三月,林邑遣使献方物。此后至中大通六年(534年),林邑诸王皆频遣使贡献。梁与林邑的友好关系保证了梁与林邑以远诸国关系的进一步发展。据《梁书·诸夷传》记载,与梁通交的南海国家如下:

扶南 《梁书·诸夷传》记载:"天监二年,(扶南王)跋摩复遣使送珊瑚佛像并献方物。"梁武帝下诏封赠。"十年、十三年,跋摩累遣使贡献。其年死,庶子留陁跋摩杀其嫡弟自立。十六年,遣使竺当抱老奉表贡献。十八年,复遣使送天竺旃檀瑞像、婆罗树叶,并献火齐珠、郁金、苏合等香。普通元年、中大通二年、大同元年累遣使献方物。五年,复遣使献生犀。又言其国有佛发长一丈二尺,诏遣沙门释云宝随使往迎之"。① 扶南有属国毗骞国,"梁时闻焉",又有诸薄国、马五洲、燃火洲等。②

干陁利 《梁书·诸夷传》记载,天监元年(502年),干陁利国王瞿昙修跋陀罗遣使并画工,奉献玉盘等物,模写高祖形像。十七年(518年),子毗邪跋摩遣长史毗员跋摩奉表,献金芙蓉、杂香药等。普通元年(520年),复遣使献方物。

狼牙修 据《梁书·诸夷传》,天监十四年(515年),遣使阿撤多奉表贡献。狼牙修在今泰国南部北大年一带。《通典》卷一八八《边防》四"狼牙修"条云:"梁时通焉,……武帝天监中,遣使献方物。其使云,立国以来四百余年。"③

婆利 据《梁书·诸夷传》,天监十六年(517年),遣使奉表,并献金席。普通三年(522年)又献白鹦鹉、青虫、兜鍪、琉璃器、吉贝、螺杯、杂香药等方物数十种。

丹丹 据《梁书·诸夷传》,中大通二年(530年),其王遣使奉表,奉牙像及塔各二躯,并献火齐珠、吉贝、杂香药等。大同元年(535年)又遣使献金银、琉璃、杂宝、香药等物。

盘盘 《梁书·诸夷传》云:"中大通元年五月,累遣使贡牙像及塔,并献沉、檀等香数十种。六年八月,复使送菩提国真舍利及画塔,并献菩提树叶、詹

① 《梁书》卷54《诸夷传》,中华书局1973年版,第789—790页。
② (唐)杜佑撰:《通典》卷188《边防四》,中华书局1988年版,第5096页。
③ (唐)杜佑撰:《通典》卷188《边防四》,中华书局1988年版,第5096页。

糖等香。"①

顿逊　南海又有顿逊国,《通典·边防四》"顿逊"条云:"梁时闻焉。"②
《梁书·诸夷传》云:扶南"南界三千余里有顿逊国,在海崎上,地方千里,城去
海十里,有五王,并羁属扶南。顿逊之东界通交州,其西界接天竺、安息,徼外
诸国往还交市。所以然者,顿逊回入海中千余里,涨海无涯岸,船舶未曾得径
过也。其市东西交会,日有万余人,珍物宝货,无所不有。又有酒树,似安石
榴,采其花汁停瓮中,数日成酒"③。

中天竺　据《梁书》卷二《武帝本纪》,"(天监二年)秋七月,扶南、龟兹、
中天竺国各遣使献方物"。④据《梁书·诸夷传》,天监初,其王屈多遣长史竺
罗达奉表,并献琉璃唾壶、杂香、吉贝等物。

北天竺　据《梁书》卷二《武帝本纪》,天监三年九月壬子,"北天竺国遣使
献方物"。⑤

师子国　据《梁书》卷三《武帝本纪》,大通元年三月,师子国遣使献方物。
同书《诸夷传》记载,梁大通元年(527年),师子国"后王伽叶伽罗诃梨邪使奉
表"。⑥

南海诸国朝贡多经广州,因此广州成为舶商番货云集之处。《南史·萧
劢传》记载,梁时由于"外国舶至,多为刺史所侵,每年舶至不过三数",后来萧
劢任广州刺史,"纤毫不犯",于是每年至广州之外国船舶多至十余艘。"劢征
讨所获生口、宝物,军资之外,悉送还台。前后刺史,皆营私蓄,方物之贡,少登
天府。自劢在州,岁中数献,军国所须,相继不绝,武帝叹曰:'朝廷便是更有
广州'"。⑦

在梁朝中西间海上交通与佛教兴盛之时,域外僧人经海道来中国,据《续

---

①　《梁书》卷54《诸夷传》,中华书局1973年版,第793页。

②　(唐)杜佑撰:《通典》卷188《边防四》,中华书局1988年版,第5095页。

③　《梁书》卷54《诸夷传》,中华书局1973年版,第787页。按:方豪以为顿逊"当在今新加
坡,新加坡古名Tamasak,与顿逊音相近"。见氏著《中西交通史》,岳麓社1987年版,第189页。

④　《梁书》卷2《武帝纪中》,中华书局1973年版,第40页。

⑤　《梁书》卷2《武帝纪中》,中华书局1973年版,第41页。

⑥　《梁书》卷54《诸夷传》,中华书局1973年版,第800页。

⑦　《南史》卷51《萧劢传》,中华书局1975年版,第1262页。

高僧传》卷一记载,扶南僧人曼陀罗"大赍梵本,远来贡献"。西天竺优禅尼国僧人拘那罗陀(真谛)于大同十二年(546年)八月十五日达于南海(今广州)。① 梁武帝普通元年(520年),南天竺香至第三子菩提达摩来到广州西来庵传教。梁武帝兴佛,推动了梁与南海佛教世界的交往和交流,当时与南海诸国交换的物品中有不少是佛事用品,如扶南进贡珊瑚佛像,天竺旃檀佛像、婆罗树叶等。宗教比较容易突破国家民族界限而相传播,佛教僧人的活动也说明了这一点,梁时东南亚僧人有经南朝而入北魏者。杨衒之《洛阳伽蓝记》卷四记载:

> 南中有歌营国,去京师甚远,风土隔绝,世不与中国交通。虽二汉及魏亦未曾至也。今始有沙门菩提拔陀至焉。自云:"北行一月日,至勾稚国。北行十一日,至孙典国。从孙典国北行三十日,至扶南国,方五千里,南夷之国,最为强大。……从扶南北行一月,至林邑国。出林邑,入萧衍国。"②

这件事反映梁之佛教与海外交通之兴盛。由于梁时通过海道与南海诸国交往的频繁,造成西方世界对中国的了解进一步深入。公元530年希腊人科斯马斯年轻时经商至波斯、印度西海滨和锡兰岛等地,年老时信仰基督教,居埃及亚历山大里亚,于545年著《基督教国家风土记》,其中讲到中国,他称之为秦尼斯坦(Tzinista),说秦尼斯坦与锡兰相去甚远,由秦尼斯坦和其他地区运至锡兰之货物有丝绸、芦荟、丁子花香蕾、檀香木等。③ 张星烺说其书"记述中国由于真正事实,脱离古代半神话之风者也。记载虽不详,然已示大进步矣"④。这种对中国了解的进一步翔实,应当与当时中西间海道的通畅有关。

梁朝与朝鲜半岛的交通也出现兴盛局面。《梁书·诸夷传》中把今朝鲜半岛诸国称为"东夷"。梁朝与这些国家和地区的交往也空前发展了。本传

---

① (唐)道宣撰,郭绍林点校:《续高僧传》卷1《曼陀罗传》《拘那罗陀传》,中华书局2014年版,第6、19页。

② (北魏)杨衒之著,范祥雍校注:《洛阳伽蓝记》卷4,上海古籍出版社1978年版,第236页。

③ [法]戈岱司编:《希腊拉丁作家远东古文献辑录》,耿昇译,中华书局1987年版,第100—101页。

④ 张星烺编注:《中西交通史料汇编》(一)"古代中国与欧洲之交通",民国丛书本,第79页。

云:"东夷之国,朝鲜为大,得箕子之化,其器物犹有礼乐云。魏时朝鲜以东马韩、辰韩之属,世通中国。自晋过江,泛海东使,有高句骊、百济,而宋齐间常通职贡。梁兴,又有加焉。"①梁朝时继续对高句丽加晋封爵,"高祖即位,进云车骑大将军"。② 高句丽先后派往梁朝的使节有十一次。天监七年(508年),高句丽国王接受梁朝赐封,武帝诏云:"高骊王、乐浪郡公云,乃诚款著,贡驿相寻。宜隆秩命,式弘朝典,可抚东大将军,开府仪同三司,持节常侍都督王并如故。"③十一年、十五年,高丽王云皆遣使贡献。十七年云死,其子安立,普通元年(520年)梁武帝诏封安"纂袭封爵,持节督营、平二州诸军事,宁东将军"。④七年,安卒,子延立,遣使入梁贡献。梁下诏以延袭爵。中大通四年、六年、大同元年、七年,高句丽王多次遣使奉表献方物。太清二年延卒,诏以其子袭延爵位。萧梁继南齐后,百济继续保持和南朝的朝贡,熊津时代百济与梁往来6次,百济向梁朝贡4次,梁册封百济王3次(其中1次是来朝时所册封)。偏居朝鲜半岛东南的新罗国一直没有与中国交通的机会,梁时也遣使跟随百济使团前往梁朝通贡,梁朝回访一次。

至南朝陈时,这种海外交通仍然存在,据《陈书》《册府元龟》记载,陈朝与干陁利、扶南、林邑、狼牙修、丹丹、盘盘、头和、天竺等国仍有往来。《陈书》卷三《世祖纪》记载,天嘉四年(563年)"正月丙子,干陁利国遣使献方物"。⑤同书卷四《废帝纪》记载,光大二年(568年)"九月甲辰,林邑国遣使献方物。丙午,狼牙修国遣使献方物"。⑥ 同书卷五《宣帝纪》记载,太建十三年(581年)十月"壬寅,丹丹国遣使献方物"。⑦ 同书卷六《后主纪》记载,至德元年(583年),"十二月丙辰,头和国遣使献方物"⑧。二年十一月"壬申,盘盘国遣

① 《梁书》卷54《诸夷传》,中华书局1973年版,第800—801页。

② 《梁书》卷54《诸夷传》,中华书局1973年版,第803页。

③ 《梁书》卷54《诸夷传》,中华书局1973年版,第803页。

④ 《梁书》卷54《诸夷传》,中华书局1973年版,第804页。

⑤ 《陈书》卷3《世祖纪》,中华书局1972年版,第55页。

⑥ 《陈书》卷4《废帝纪》,中华书局1972年版,第69页。

⑦ 《陈书》卷5《宣帝纪》,中华书局1972年版,第99页。

⑧ 《陈书》卷6《后主纪》,中华书局1972年版,第110页。头和,一作投和。《通典》卷188《边防四》:投和国"在海南大洲中,真腊之南"。头和即堕罗钵底的省译,在今泰国湄南河下游地区。参见陈佳荣等编著:《古代南海地名汇释》,中华书局1986年版,第300、753页。

使献方物"。① 据《续高僧传》卷一,扶南僧人须菩提陈朝时在扬州至敬寺为陈主译经。陈朝与朝鲜半岛的关系有所加强,据有学者统计,朝鲜半岛上高句丽派往陈朝使节有 6 次。陈继梁统治南朝后,百济与陈建立起朝贡关系。百济和陈共往来 5 次,百济 4 次朝贡于陈,陈册封百济 1 次。新罗向陈朝派遣使节八次。② 但经侯景之乱,中西间海上交通呈衰退局面,境况大不如前。《南史·夷貊传下》追述南朝海外交通的发展云:"自晋氏南度,介居江左,北荒西裔,隔碍莫通。至于南徼东边,界壤所接,洎宋元嘉抚运,爰命干戈,象浦之绝,威振滇海。于是鞮译相系,无绝岁时。以洎齐、梁,职贡有序。及侯景之乱,边鄙日蹙,陈氏基命,衰微已甚,救首救尾,身其几何。故西赆南琛,无闻竹素,岂所谓有德则来无道则去者也!"③此后,中西间海上交通的复兴,要到隋朝完成南北方的统一,隋炀帝大力开展与西方交往的时代。

四、余论

根据上述考察,魏晋南北朝时海上交通相当活跃,特别是东吴、刘宋和萧梁等朝,彼此间的交往和交流主要表现为使节、贸易和佛教等三个方面。在政治上东夷、南海诸国皆以中国南朝诸朝为宗主国,所谓"奉正朔,修贡职",反映了当时中国在东亚、东南亚和南亚等地区的广泛影响。当时海上贸易的兴盛和发展,从下列文献史官评述略见一斑。《宋书·夷蛮传》史臣传论云:"若夫大秦、天竺,迥出西溟;二汉衔役,特艰斯路。而商货所资,或出交部;泛海陵波,因风远至。又重峻参差,氏众非一;殊名诡号,种别类殊,山琛水宝,由兹自出。通犀翠羽之珍,蛇珠火布之异,千名万品,并世主之所虚心。故舟舶继路,商使交属。"④《南齐书·蛮夷传》史臣曰:"书称蛮夷猾夏,盖总而为言矣至于南夷杂种,分屿建国,四方珍怪,莫此为先。藏山隐海,环宝溢目。商舶远届,

---

① 《陈书》卷 6《后主纪》,中华书局 1972 年版,第 111 页。
② 陈尚胜著:《中韩交流三千年》,中华书局 1997 年版,第 11 页。
③ 《南史》卷 79《夷貊传下》,中华书局 1975 年版,第 1987 页。
④ 《宋书》卷 97《夷蛮传》,中华书局 1974 年版,第 2399 页。

委输南州。故交、广富实,物积王府。"①由此可知其时海上交通贸易和文化交流,比较两汉时期有新的发展,但这种发展是时有盛衰断续进行的,而且在有所发展的同时,又存在某种衰退。其发展表现为比之汉代以来交通的南海之国从数量上大有增加,与东南亚诸国交往比之前代更加频繁;其衰退则表现在空间上由交通遥远的大秦收缩到西止天竺的南亚,西方文献中虽有中国船只至波斯湾的记录,中国文献中只有"少有至者"的明确记载。尽管东汉时自大秦至洛阳已经为罗马人所走通,但两晋以后,便少有中国与罗马或拜占庭之间海上交通的记录,据前文考察,南朝诸朝交往的南海国家最远便是天竺、师子国。东夷方面,与朝鲜半岛诸政权间的交往有加强趋势,而与倭国之间则呈衰退之势。魏晋南北朝时期中西间海上交通的盛衰与东西方政治形势密切相关,又与中西间陆上交通的盛衰遥相呼应,呈此起彼伏之态势。

(本文原载《国家航海》第六辑(2014 年第 1 辑),上海中国航海博物馆主办,上海古籍出版社 2014 年版)

---

① 《南齐书》卷 58《蛮夷传》,中华书局 1972 年版,第 1018 页。

唐诗中的丝绸之路回鹘道

唐朝平息"安史之乱"取得胜利，回纥之援助功不可没。唐朝接受回纥毗迦可汗的请求，改称回纥为"回鹘"，取"回旋轻捷如鹘"之义。[1] 唐与回鹘交通的道路，沿袭前期"参天可汗道"。贾耽《入四夷之路》记载"中受降城入回鹘道"：

> 中受降城正北如东八十里，有呼延谷，谷南口有呼延栅，谷北口有归唐栅，车道也，入回鹘使所经。又五百里至鹕鹈泉，又十里入碛，经麚鹿山、鹿耳山、错甲山，八百里至山燕子井。又西北经密粟山、达旦泊、野马泊、可汗泉、横岭、绵泉、镜泊，七百里至回鹘衙帐。又别道自鹕鹈泉北经公主城、眉间城、怛罗思山、赤崖、盐泊、浑义河、炉门山、木烛岭，千五百里亦至回鹘衙帐。[2]

这条道上的中受降城、筑受降城之唐朝名将张仁愿和这条道路上之交通枢纽鹕鹈泉，以及唐与回鹘之间的和战关系、使节往来、绢马贸易等均在唐诗中得到反映。唐诗中的有关材料，迄今未见史家深入挖掘，本文试加探讨，以求方家指正。

一、受降城与鹕鹈泉

贾耽《入四夷之路》虽然详细记载了回鹘道沿途经行路线，但诗人笔下却

---

① 《旧唐书》卷195《回纥传》，中华书局1975年版，第5210页。
② 《新唐书》卷43《地理志七下》，中华书局1975年版，第1148页。

只记有受降城和鸊鹈泉,中受降城为回鹘道的起点,鸊鹈泉乃交通枢纽和唐回交界处,更重要的是诗人的情感指向与审美选择,因而中受降城和鸊鹈泉不仅是地理学、地名学意义上的地名,都蕴含着某种社会内容和象征意义。

唐高宗和武则天时,突厥余部势力复兴,史称"后突厥"。唐中宗神龙三年(707年),后突厥再次击败唐朝朔方军,唐朝派张仁愿(原名张仁亶)出任朔方军大总管。朔方军与突厥以黄河为界,夹岸对峙,岸北有拂云神祠,突厥人南侵,必先至该祠求福,而后渡河。① 据吕温《三受降城碑铭》记载:"有拂云祠者,在河之北,地形雄坦,控扼枢会。虏伏其下,以窥域中,祷神观兵,然后入寇。"②张仁愿乘突厥西击突骑施之机,夺取其地,沿黄河北岸在各距400里的地方筑三座边城,称"三受降城",此三城掎角相应,有效遏制了突厥的侵扰。唐军以此为基地,向北拓地三百余里,控制了大漠以南的整个地区。"自是突厥不敢渡山畋牧,朔方无复寇掠,减镇兵数万人"③。中受降城建在拂云堆,故拂云堆又为中受降城之别称,唐诗中有时简称为"云堆"。三受降城皆在今内蒙古境内,其址后来稍有移徙。"东受降城,景云三年,朔方军总管张仁愿筑三受降城。宝历元年,振武节度使张惟清以东城滨河,徙置绥远烽南;中受降城,有拂云堆祠,接灵州境,有关,元和九年置。……西受降城,开元初为河所圮。十年,总管张说于城东别置新城,北三百里有鸊鹈泉"。中受降城位置最为重要,曾是唐安北大都护所在地,安北大都护府"开元二年治中受降城,十年徙治丰、胜二州之境"。④《元和郡县图志》载:"中受降城,本秦九原郡地,汉武帝元朔二年更名五原,开元十年(当为'二年'之误)于此置安北大都护府,后又移徙。"⑤由于拂云堆是黄河北岸战略之要地,故张仁愿首先夺取其地筑中受降城。

受降城成为诗人喜欢吟咏的题材,折射出唐代前后期人们的不同心态。唐前期,受降城是唐朝强盛国力的象征。盛唐王之涣《凉州词》云:"单于北望

① (唐)李吉甫撰:《元和郡县图志》卷4,中华书局1983年版,第116页。
② (清)董诰等编:《全唐文》卷630,上海古籍出版社1990年版,第2814页。
③ (宋)司马光等撰:《资治通鉴》卷209,中华书局1956年版,第6621页。
④ 《新唐书》卷三七《地理志一》,中华书局1975年版,第976页。
⑤ (唐)李吉甫撰:《元和郡县图志》卷4,中华书局1983年版,第115页。

拂云堆,杀马登坛祭几回。汉家天子今神武,不肯和亲归去来。"①拂云堆即中受降城,成为敌军望而却步之地。此诗咏唐玄宗时事,史载突厥首领多次向唐求亲,唐玄宗皆未应允,单于无可奈何。②"安史之乱后,唐朝边防危机严重,受降城在唐朝诗人的吟咏中带上了一丝悲凉色彩。李益《夜上受降城闻笛》:"回乐峰前沙似雪,受降城外月如霜。不知何处吹芦管,一夜征人尽望乡。"③杜牧《游边》:"黄沙连海路无尘,边草长枯不见春。日暮拂云堆下过,马前逢着射雕人。"④《题木兰庙》云:"弯弓征战作男儿,梦里曾经与画眉,几度思归还把酒,拂云堆上祝明妃。"⑤皆将拂云堆或受降城视为边塞和前线,敌骑出没,征人难归。故在诗人笔下的受降城成为唐朝边地之象征,以及将士立功扬名之地。张祜《塞下》云:"万里配长征,连年惯野营。入群来拣马,抛伴去擒生。箭插雕翎阔,弓盘鹊角轻。问看行近远,西去受降城。"⑥聂夷中《胡无人行》云:"男儿徇大义,立节不沽名。腰间悬陆离,大歌胡无行。不读战国书,不览黄石经。……醉卧咸阳楼,梦入受降城。更愿生羽翼,飞身入青冥。请携天子剑,斫下旄头星。自然胡无人,虽有无战争。"⑦卿云《送人游塞》云:"雪每先秋降,花尝近夏生。闲陪射雕将,应到受降城。"⑧因为是边地的象征,受降城也成为征夫思妇相思离别的意象。黄滔《闺怨》诗云:"妾家五岭南,君戍三城北。雁来虽有书,衡阳越不得。"⑨此"三城",即三受降城。唐北疆边地环境恶劣,为了表达征人和思妇的悲伤,这种自然环境之艰苦在唐诗中被强调和渲染,因此"三城"在诗人笔下又是苦寒之地。李益《夜上西城听梁州曲二首》其一:"行人夜上西城宿,听唱梁州双管逐。此时秋月满关山,何处关山无此曲。""西城"即西受降城。其二:"鸿雁新从北地来,闻声一半却飞回。金河

---

① (清)彭定求等编:《全唐诗》卷253,中华书局1960年版,第2850页。
② 《新唐书》卷215《突厥传下》,中华书局1975年版,第6053页。
③ (唐)李益著,范之麟注:《李益诗注》,上海古籍出版社1984年版,第124页。
④ (唐)杜牧撰:《樊川文集·别集》,上海古籍出版社1978年版,第346页。
⑤ (唐)杜牧撰:《樊川文集》卷4,上海古籍出版社1978年版,第80页。
⑥ (唐)张祜著,尹占华校注:《张祜诗集校注》卷2,上海古籍出版社2020年版,第96页。
⑦ (清)彭定求等编:《全唐诗》卷636,中华书局1960年版,第7296页。
⑧ (清)彭定求等编:《全唐诗》卷835,中华书局1960年版,第9295页。
⑨ (清)彭定求等编:《全唐诗》卷704,中华书局1960年版,第8095页。

成客肠应断,更在秋风百尺台。"①金河位于西受降城之东,即今内蒙古黄河北岸乌梁素海以北的金河水。刘沧《边思》诗云:"汉将边方背辘轳,受降城北是单于。黄河晚冻雪风急,野火远烧山木枯。"②诗人写戍边将士的家国情怀,他们笔下的将士们总是既思报国,又心怀家乡亲人,是热血男儿,又儿女情长。

筑三受降城是唐朝名将张仁愿的辉煌功业,肯定受降城的边防意义,便是肯定张仁愿的功业;歌颂张仁愿的功业,便不能不说受降城,张仁愿的名字由此与受降城紧密联系在一起,唐诗中不乏对张仁愿的歌颂。三受降城在抗击突厥的战争中发挥了巨大作用,唐代诗人热情歌咏这三座边城,因而诗人笔下的受降城是唐王朝边塞战争胜利的象征,是唐朝国力强盛的象征,进而肯定了这三座边城的重大意义。唐景龙元年(707 年)张仁愿入朝,又返回朔方军,中宗赋诗送行,朝中大臣李峤、李乂、李适、郑愔、苏颋、刘宪等人皆应制赋诗奉和送别,故有《奉和幸望春宫送朔方军大总管张仁亶》同题之作。唐中宗的诗没有流传,大臣们的诗虽有当面奉承之嫌,但因为张仁愿确实有值得赞扬的功绩,因此并不让人感到过分溢美。李适诗重在赞美张仁愿的文武双全:"地限骄南牧,天临饯北征。解衣延宠命,横剑总威名。豹略恭宸旨,雄文动睿情。坐观膜拜入,朝夕受降城。"③李峤诗重在称颂张仁愿的军事才能:"玉塞征骄子,金符命老臣。三军张武旆,万乘饯行轮。猛气凌玄朔,崇恩降紫宸。投醪还结士,辞第本忘身。露下鹰初击,风高雁欲宾。方销塞北祲,还靖漠南尘。"④郑愔诗着重赞美张仁愿对朝廷的忠诚:"御跸下都门,军麾出塞垣。长杨跨武骑,细柳接戎轩。睿曲风云动,边威鼓吹喧。坐帷将阃外,俱是报明恩。"⑤李乂诗祝愿张仁愿赴边高奏凯歌:"边郊草具腓,河塞有兵机。上宰调梅寄,元戎细柳威。武貔东道出,鹰隼北庭飞。玉匣谋中野,金舆下太微。投醪衔饯酌,缉衮事征衣。勿谓公孙老,行闻奏凯归。"⑥苏颋诗着重写中宗对张

① (唐)李益著,范之麟注:《李益诗注》,上海古籍出版社 1984 年版,第 107 页。
② (清)彭定求等编:《全唐诗》卷 586,中华书局 1960 年版,第 6790 页。
③ (清)彭定求等编:《全唐诗》卷 70,中华书局 1960 年版,第 777 页。
④ (清)彭定求等编:《全唐诗》卷 61,中华书局 1960 年版,第 724 页。
⑤ (清)彭定求等编:《全唐诗》卷 106,中华书局 1960 年版,第 1106 页。
⑥ (清)彭定求等编:《全唐诗》卷 92,中华书局 1960 年版,第 999 页。

仁愿的信重和寄托:"北风吹早雁,日夕渡河飞。气冷胶应折,霜明草正腓。老臣帷幄算,元宰庙堂机。饯饮回仙跸,临戎解御衣。军装乘晓发,师律候春归。方伫勋庸盛,天词降紫微。"①刘宪诗着重写唐中宗对张仁愿的恩宠:"命将择耆年,图功胜必全。光辉万乘饯,威武二庭宣。中衢横鼓角,旷野蔽旌旃。推食天厨至,投醪御酒传。凉风过雁苑,杀气下鸡田。分阃恩何极,临岐动睿篇。"②这些诗都肯定了受降城修筑的重大意义,颂扬了张仁愿的才干、道德和功业。

唐后期失地难收,边防吃紧,人们更加怀念张仁愿这样却敌立功的名将。杜甫以张仁愿作比,批评诸将无能,而叙写张仁愿的功绩,由此写到受降城。其《诸将五首》之二云:

> 韩公本意筑三城,拟绝天骄拔汉旌。岂谓尽烦回纥马,翻然远救朔方兵。胡来不觉潼关隘,龙起犹闻晋水清。独使至尊忧社稷,诸君何以答升平。③

"韩公"即张仁愿,唐景龙二年(708年)拜相,封韩国公。杜诗意谓张仁愿欲击灭回纥,故筑受降城;而今诸将无能,却依靠回纥立功。诗人批评这些边将不作为,"讲得君何以答升平"——不为天子去分忧、安边。唐后期筑盐州城,出于唐德宗的决策。白居易歌颂其事,把此举与张仁愿筑受降城相比,肯定其重要意义,其《城盐州》诗云:

> 城盐州,盐州未城天子忧。德宗按图自定计,非关将略与庙谋。吾闻高宗中宗世,北虏猖狂最难制。韩公创筑受降城,三城鼎峙屯汉兵。东西亘绝数千里,耳冷不闻胡马声。如今边将非无策,心笑韩公筑城壁。相看养寇为身谋,各握强兵固恩泽。愿分今日边将恩,褒赠韩公封子孙。谁能将此盐州曲,翻作歌词闻至尊。④

此诗题注云:"贞元壬申岁,特诏城之"⑤,小序又云:"美圣谟而诮边将

---

① (清)彭定求等编:《全唐诗》卷74,中华书局1960年版,第809页。
② (清)彭定求等编:《全唐诗》卷71,中华书局1960年版,第782页。
③ (唐)杜甫著,(清)仇兆鳌注:《杜诗详注》卷16,中华书局1979年版,第1365页。
④ 谢思炜撰:《白居易诗集校注》卷3,中华书局2006年版,第329页。
⑤ 谢思炜撰:《白居易诗集校注》卷3,中华书局2006年版,第329页。

也。"①在歌颂德宗的英明决策的同时，批评边将的无能，并以"韩公"（张仁愿）作衬托。许浑《吴门送振武李从事》用张仁愿的典故赞美振武军主帅，祝愿李从事立功边塞："胡马近秋侵紫塞，吴帆乘月下清江。嫖姚若许传书檄，坐筑三城看受降。"②李益《拂云堆》："汉将新从虏地来，旌旗半上拂云堆。单于每近沙场猎，南望阴山哭始回。"③诗人笔下威震敌胆的"汉将"即张仁愿。皎然《从军行五首》其四："飞将下天来，奇谋阃外裁。水心龙剑动，地肺雁山开。望气燕师锐，当锋虏阵摧。从今射雕骑，不敢过云堆。"④薛逢诗《狼烟》："三道狼烟过碛来，受降城上探旗开。传声却报边无事，自是官军入抄回。"⑤秦韬玉《边将》："剑光如电马如风，百捷长轻是掌中。无定河边蕃将死，受降城外虏尘空。旗缝雁翅和竿袅，箭撼雕翎逐隼雄。自指燕山最高石，不知谁为勒殊功。"⑥在诗人笔下，受降城成为胜利的象征。

鸊鹈泉是回鹘道上的一个湖泊，是联接中原与北方草原地带的中转之地。贞观四年（630年），北方草原民族奉唐太宗为"天至尊"，共请唐朝开辟通往长安的大道："生荒陋地，归身圣化，天至尊赐官爵，与为百姓，依唐若父母然。请于回纥、突厥部治大涂（途），号'参天至尊道'，世为唐臣。"唐太宗"诏碛南鸊鹈泉之阳置过邮六十八所，具群马、湩、肉待使客，岁内貂皮为赋"。⑦ 即在鸊鹈泉北岸置驿，并由此往北开辟邮驿大道。"天至尊"又称"天可汗"。⑧ 从上引贾耽《入四夷之路》之"中受降城入回鹘道"的记载可知，唐后期这条道上的鸊鹈泉仍是交通枢纽，是从中受降城赴回鹘牙帐两条路线的分叉处和交汇点。除了贾耽的记载之外，《新唐书·回鹘传》写到唐使从西受降城至黠戛斯阿热牙帐的路线须经鸊鹈泉和回鹘牙帐：

> 阿热牙至回鹘牙所，橐它四十日行。使者道出天德右二百里许抵西

① 谢思炜撰：《白居易诗集校注》卷3，中华书局2006年版，第268页。
② （唐）许浑撰，罗时进笺证：《丁卯集笺证》卷9，中华书局2012年版，第574页。
③ （唐）李益著，范之麟注：《李益诗注》，上海古籍出版社1984年版，第101页。
④ （清）彭定求等编：《全唐诗》卷820，中华书局1960年版，第9240页。
⑤ （清）彭定求等编：《全唐诗》卷548，中华书局1960年版，第6334页。
⑥ （清）彭定求等编：《全唐诗》卷670，中华书局1960年版，第7658页。
⑦ 《新唐书》卷217《回鹘传上》，中华书局1975年版，第6113页。
⑧ 《旧唐书》卷3《太宗纪下》，中华书局1975年版，第39页。

受降城,北三百里许至鸊鹈泉,泉西北至回鹘牙千五百里许,而有东、西二道,泉之北,东道也。①

鸊鹈泉是唐使往回鹘和黠戛斯路经之地,由于鸊鹈泉在唐朝与回鹘、黠戛斯交通道路上这种重要位置,故颇受唐朝诗人关注。鸊鹈泉在丰州西受降城北(今内蒙古河套西北部)300里,中受降城北580里。泉之本义是从地下流出的水源,此指由地下水形成的湖泊。唐诗中的描写对我们认识鸊鹈泉的地理位置具有重要意义。鸊鹈泉,又称"胡儿饮马泉"。李益《过五原胡儿饮马泉》咏其地:"绿杨著水草如烟,旧是胡儿饮马泉。几处吹笳明月夜,何人倚剑白云天。从来冻合关山路,今日分流汉使前。莫遣行人照容鬓,恐惊憔悴入新年。"作者自注:"鸊鹈泉在丰州城北,胡人饮马于此。"②"分流"写出鸊鹈泉地处两条路线交叉处,"汉使""行人"说明此乃唐人奉使入回鹘之要道。史书记载和唐诗描写都反映唐朝与回鹘大致以鸊鹈泉为交界。《旧唐书·回纥传》载,元和八年(813年),"回鹘数千骑至鸊鹈泉,边军戒严"③。刘言史《赋蕃子牧马》诗云:"碛净山高见极边,孤峰引上一条烟。蕃落多晴尘扰扰,天军猎到鸊鹈泉。"④唐军行猎至于此处,表明唐朝与回鹘实际控制区域以此为界。李益诗中多次写到鸊鹈泉,其《再赴渭北使府留别》云:

结发逐鸣鞞,连兵追谷蠡。山川搜伏虏,铠甲被重犀。故府旌旗在,新军羽校齐。报恩身未死,识路马还嘶。列嶂高烽举,当营太白低。平戎七尺剑,封检一丸泥。截海取蒲类,跑泉饮鸊鹈。汉庭中选重,更事五原西。⑤

此诗与刘言史之诗相同,亦言边军的活动以鸊鹈泉作为北方边界。李益《暖川(一作征人歌)》云:"胡风冻合鸊鹈泉,牧马千群逐暖川。塞外征行无尽日,年年移帐雪中天。"⑥唐军将士戍守此地,故诗人写鸊鹈泉严寒"胡风冻合"以突出北方边地环境之艰苦,表达了对戍边将士境遇的深切同情。正因

① 《新唐书》卷217《回鹘传下》,中华书局1975年版,第6148页。
② (唐)李益著,范之麟注:《李益诗注》,上海古籍出版社1984年版,第78—79页。
③ 《旧唐书》卷195《回纥传》,中华书局1975年版,第5210页。
④ (清)彭定求等编:《全唐诗》卷468,中华书局1960年版,第5327页。
⑤ (唐)李益著,范之麟注:《李益诗注》,上海古籍出版社1984年版,第83页。
⑥ (唐)李益著,范之麟注:《李益诗注》,上海古籍出版社1984年版,第108页。

为是边地，当唐王朝与北边少数民族交恶时，这里便成为前线。李益《度破讷沙二首》其二："破讷沙头雁正飞，鹈鹕泉上战初归。平明日出东南地，满碛寒光生铁衣。"①"破讷沙"，亦称"普纳沙""库结沙"，今称"库布齐沙漠"。"库布其"蒙古语意为"弓弦"，位于鄂尔多斯高原脊线北部，今内蒙古伊克昭盟杭锦旗、达拉特旗和准格尔旗部分地区，内蒙古黄河弯道东西狭长，像一根弓弦，因此而得名。破讷沙与鹈鹕泉隔黄河相望，故在李益诗中对举，鹈鹕泉是交战之地，从前线归来的将士回到位于破纳沙的军营。唐宪宗元和初，回鹘曾以骑兵进犯，与镇武节度使驻军在这一带对峙和交战，此诗当以此历史内容为背景，赞颂边塞将士的英雄气概。

二、唐朝与回纥（回鹘）通使之路

唐朝与回鹘使节往来不绝，双方使节一般情况下都要经回鹘道往来，唐诗中反映了双方往来的盛况。北方草原民族奉唐天子为"天至尊""天可汗"，回纥汗国名义上是唐朝的瀚海都督府，是唐朝版图的重要组成部分。回纥可汗任瀚海都督府都督，名义上是唐朝属吏，汗国是唐朝的属国。回纥历代可汗共15人，受唐册封者有11人。每当回纥新可汗继位，唐朝的册封都对汗国人心的稳定起了重要作用。回纥改名为回鹘，回鹘可汗去世，唐使前往吊唁；新可汗继位，要经唐朝廷册封；唐公主入回鹘和亲，唐和亲使节入回鹘；双方发生冲突时寻求和解，皆经回鹘道。从长安至回鹘道起点中受降城主要有两条道路，一是灵州道，二是太原道。

唐代灵州，有时称灵武郡，治所在今宁夏灵武西南十里，中古时北方民族南侵，中原政权北征，都以此为重要通道。唐玄宗开元年间边疆置九节度，其中朔方军节度使驻节灵武。"灵武朔方军既当西北交通孔道，华夷走集枢纽，其去国都又最近，且无大河之限，高山之阻，故此州军在对外交通上尤形重要"；"安史乱后，灵武更见为唐与回纥（回鹘）交通转输中心。诚以其地最近

---

① （唐）李益著，范之麟注：《李益诗注》，上海古籍出版社1984年版，第101页。

长安,且当中国北通塞上诸国之孔道也"。①唐后期,由于秦、兰、原、会诸州地陷吐蕃,经过青海、陇右、河西通西域的道路皆遭阻绝,唐与西域、中亚诸国使节往还、商旅贩贸,多经灵州进出。因此灵州不仅为北通回纥(回鹘)之要道,也是交通西域与中亚各国的要道。长安至灵州主要有三条路线:一是从长安出发,经邠州、宁州、庆州至灵州;二是从长安出发,经邠州、泾州、原州至灵州;三是从长安出发,经邠州、宁州、庆州、盐州至灵州。灵州是唐朝西北交通军事之枢纽,向西、北两个方向可通向北方和西北方域外民族。其一向西通凉州,可经河西走廊赴西域。"由灵州西渡黄河,盖越贺兰山南间,经沙碛,凡九百里至凉州"②。其二向北到丰州、西受降城、天德军道及西城,出高阙至回纥(回鹘)、黠戛斯道。由灵州向北微东循黄河而下至天德军为一道,取西受降城路及取丰州路皆约1100里。从灵州至西受降城或中受降城,入"参天可汗道"或"回鹘道"。其三向北至碛南弥娥川水1000里,此道出贺兰山隘道向北行,也是通塞北诸部之孔道。

唐与回纥(回鹘)交通的另一条重要道路是太原道。从长安至太原的驿道,严耕望曾详细考证:"此道大略取渭水北岸东经同州(今大荔),由蒲津渡河至蒲州(今永济),再东北循涑水河谷而上,至绛州(今新绛)。又由同州有支线东北行至龙门,渡河,循汾水而上亦至绛州。又有支线由蒲州沿河东岸北行至龙门,接龙门、绛州道。绛州又循汾水河谷北上,经晋州(今临汾),至太原府(今晋源)……"③这条道路就是当年唐高祖李渊从太原起兵攻入长安的逆向行军路线。唐与回纥的交通,本来主要利用灵州道和太原道,安史之乱后灵州道受到吐蕃的威胁,于是经太原至回鹘的道路得到更多的利用。④从太原道经东受降城至中受降城而入回鹘道。

回鹘一直沿袭着唐太宗时的传统,尊奉唐天子为"天可汗",故其新君要经唐朝廷册封,唐与回纥间的使节往来不绝于途,唐诗中反映了唐朝与回纥间交通和交往的兴盛状况。周繇《送入蕃使》:"猎猎旗幡过大荒,敕书犹带御烟

---

① 严耕望著:《唐代交通图考》第1册,上海古籍出版社2007年版,第175页。
② 严耕望著:《唐代交通图考》第1册,上海古籍出版社2007年版,第207页。
③ 严耕望著:《唐代交通图考》第1册,上海古籍出版社2007年版,第91页。
④ 严耕望著:《唐代交通图考》第5册,上海古籍出版社2007年版,第1335—1336页。

香。滹沱河冻军回探,逦迤孤城雁著行。远寨风狂移帐幕,平沙日晚卧牛羊。早终册礼朝天阙,莫遣虬髯染塞霜。"①朱庆馀《送于中丞入蕃册立》:"上马生边思,戎装别众僚。双旌衔命重,空碛去程遥。迥没沙中树,孤飞雪外雕。蕃庭过册礼,几日却回朝。"②诗中的"册礼"即册封之礼。又如贾岛《送于中丞使回纥册立》:"君立天骄发使车,册文字字著金书。渐通(一作'过')青冢乡山尽,欲达皇情译语初。调角寒城边色动,下霜秋碛雁行疏。旌旗来往几多日,应向途中见岁除。"③贾岛生活的时代,回纥已改名回鹘,诗题仍用其旧称。回鹘可汗去世,唐王朝例遣使吊唁。权德舆《送张阁老中丞持节册吊回鹘》:"旌旆翩翩拥汉官,君行常得远人欢。分职南台知礼重,辍书东观见才难。金章玉节鸣驺远,白草黄云出塞寒。欲散别愁唯有醉,暂烦宾从驻征鞍。"④旧可汗的去世和新可汗的继位是同时的,因此吊祭使和册立使往往由同一个官员兼任,是同一次使命往来,称"吊祭册立使"。⑤ 故权德舆诗题云"册吊",即唐朝使节的双重使命。顾非熊《送于中丞入回鹘》:"风沙万里行,边色看双旌。去展中华礼,将安外国情。朝衣惊异俗,牙帐见新正。料得归来路,春深草未生。"⑥雍陶《送于中丞使北蕃》:"朔将引双旌,山遥碛雪平。经年通国信,计日得蕃情。野次依泉宿,沙中望火行。远雕秋有力,寒马夜无声。看猎临胡帐,思乡见汉城(自注:回鹘中有汉城)。来春拥骑,新草满归程。"⑦这两首诗与朱庆馀、贾岛的诗所送为同一使节,于中丞肩负着双重使命,所以既说"将安外国情",又说"牙帐见新正"。于中丞,即于人文,唐敬宗宝历元年(825年)三月,朝廷遣其出使回鹘,"册回鹘曷萨特勒为爱登里罗汩没密于合毗伽

---

① (清)彭定求等编:《全唐诗》卷634,中华书局1960年版,第7292页。
② (清)彭定求等编:《全唐诗》卷514,中华书局1960年版,第5866—5867页。
③ (唐)贾岛著,李嘉言校:《长江集新校》卷9,上海古籍出版社1983年版,第108页。
④ (唐)权德舆撰,郭广伟校点:《权德舆诗文集》卷4,上海古籍出版社2008年版,第63页。
⑤ 《旧唐书》卷195《回纥传》:"长庆元年,毗伽保义可汗薨,辍朝三日,仍令诸司三品已上就鸿胪寺吊其使者。四月,正衙册回鹘君长为登罗羽录没密施句主录毗伽可汗,以少府监裴通为检校左散骑常侍、兼御史大夫,持节册立、兼吊祭使。太和七年,回鹘可汗李义节死,朝廷以唐弘实为"持节入回鹘吊祭册立使"。中华书局1975年版,第5211、5213页。
⑥ (清)彭定求等编:《全唐诗》卷509,中华书局1960年版,第5787—5788页。
⑦ (清)彭定求等编:《全唐诗》卷518,中华书局1960年版,第5917—5918页。

昭礼可汗"①。

唐与回鹘一直保持着和亲关系,因唐公主入蕃造成的使节往来也很频繁,送亲的使节称"和亲使"。杨巨源《送殷员外使北蕃》:"二轩将雨露,万里入烟沙。和气生中国,薰风属外家。塞芦随雁影,关柳拂驼花。努力黄云北,仙曹有雉车。"②北蕃或北番,即回鹘,因为唐公主下嫁回鹘,故唐人自称"外家"。殷员外的这次出使应当与和亲公主有关。又如杨巨源《和吕舍人喜张员外自北番回至境上先寄二十韵》:

> 割爱天文动,敦和国步安。仙姿归旧好,戎意结新欢。并命瞻鹓鹭,同心揖蕙兰。玉箫临祖帐,金榜引征鞍。广陌双旌去,平沙万里看。海云侵鬓起,边月向眉残。突兀阴山迥,苍茫朔野宽。毳庐同甲帐,韦橐比雕盘。义著亲胡俗,仪全识汉官。地邻冰鼠净,天映烛龙寒。节异苏卿执,弦殊蔡女弹。碛分黄渺渺,塞极黑漫漫。欢味膻腥列,徵声末僸攒。归期先雁候,登路剧鹏抟。上客离心远,西宫草诏殚。丽词传锦绮,珍价掩琅玕。百两开戎垒,千蹄入御栏。瑞光麟阁上,喜气凤城端。尚德曾辞剑,柔凶本舞干。茫茫斗星北,威服古来难。③

张员外,即张荐;吕舍人,即吕渭。唐贞元四年(788年),与回鹘和亲,以关播充使,张荐为判官。当张荐从回鹘返至境上,吕渭寄之以诗,杨巨源和之。④"割爱""敦和"意即以公主和亲,诗强调了与回鹘以和为贵,反对以武威征服敌人的思想。张员外从北番归朝,其使命应该是送公主至回鹘和亲。

尽管唐与回鹘有时也发生纠纷甚至战争,但战争之后便是议和,唐朝派遣入回鹘议和的使节称"和蕃使"。赵嘏《平戎》:"边声一夜殷秋鼙,牙帐连烽拥万蹄。武帝未能忘塞北,董生才足使胶西。冰横晓渡胡兵合,雪满穷沙汉骑迷。自古平戎有良策,将军不用倚云梯。"诗题注:"时谏官谕北虏未回,天德军帅请修城备之。"⑤可知当时朝廷已经派谏官赴回鹘议和,但不知道是否成

---

① (宋)司马光等撰:《资治通鉴》卷243,中华书局1956年版,第7843页。
② (清)彭定求等编:《全唐诗》卷333,中华书局1960年版,第3719页。
③ (清)彭定求等编:《全唐诗》卷333,中华书局1960年版,第3734页。
④ 傅璇琮主编:《唐五代文学编年史》(中唐卷),辽海出版社1998年版,第448—449页。
⑤ (清)彭定求等编:《全唐诗》卷549,中华书局1960年版,第6350页。

功,所以天德军统帅上书朝廷,请求修城备战。当朝廷官员奉命远赴异域议和时,同僚朋友则写诗送行。马戴《送和北虏使》云:"路始阴山北,迢迢雨雪天。长城人过少,沙碛马难前。日入流沙际,阴生瀚海边。刀镮向月动,旌纛冒霜悬。逐兽孤围合,交兵一箭传。穹庐移斥候,烽火绝祁连。汉将行持节,胡儿坐控弦。明妃的回面,南送使君旋。"①孙颀《送薛大夫和蕃》云:"亚相独推贤,乘轺向远边。一心倾汉日,万里望胡天。忠信皇恩重,要荒圣德传。戎人方屈膝,塞月复婵娟。别思流莺晚,归朝候雁先。当书外垣传,回奏赤墀前。"②无名氏《送薛大夫和蕃》:"戎王归汉命,魏绛谕皇恩。旌旆辞双阙,风沙上五原。往途遵塞道,出祖耀都门。策令天文盛,宣威使者尊。澄波看四海,入贡伫诸蕃。秋杪迎回骑,无劳枉梦魂。"③朱庆馀《送李侍御入蕃》:"远使随双节,新官属外台。戎装非好武,书记本多才。移帐依泉宿,迎人带雪来。心知玉关道,稀见一花开。"④这里的"和北虏使""和蕃""入蕃"使节均为入回鹘议和之人,有的经过灵州道,有的经过太原道。

回鹘使节入唐也见于唐诗的吟咏之作。王卓《观北番谒庙》:"肃肃层城里,巍巍祖庙清。圣恩覃布濩,异域献精诚。冠盖分行列,戎夷变姓名。礼终齐百拜,心洁尽忠贞。瑞气千重色,箫韶九奏声。仗移迎日转,旆动逐风轻。休运威仪盛,丰年俎豆盈。不堪惭颂德,空此望簪缨。"⑤回鹘娶唐之公主,自认为唐朝的女婿,当其入唐时,回鹘可汗以女婿身份谒庙。

三、公主和亲之路

唐朝与回纥和亲开始于安史之乱中。安史之乱爆发,唐肃宗在灵武即位,向北方草原民族政权借兵。唐肃宗派仆固怀恩、将军石定番和敦煌王李承寀

① (清)彭定求等编:《全唐诗》卷 556,中华书局 1960 年版,第 6449 页。
② (清)彭定求等编:《全唐诗》卷 779,中华书局 1960 年版,第 8814 页。
③ (清)彭定求等编:《全唐诗》卷 787,中华书局 1960 年版,第 8875 页。
④ (清)彭定求等编:《全唐诗》卷 514,中华书局 1960 年版,第 5869—5870 页。
⑤ (清)彭定求等编:《全唐诗》卷 781,中华书局 1960 年版,第 8830 页。

出使回纥,要求和亲,"以修好征兵"①。回纥怀仁可汗也有心与唐朝和亲并出兵助唐平乱,同意把女儿嫁给李承寀,又派渠领跟随唐使入唐,求娶唐公主,唐肃宗答应了他的要求。肃宗封怀仁可汗之女为毗伽公主,双方遂建立起和亲关系。回纥可汗亲自率兵与唐军元帅郭子仪共破随安禄山反叛的同罗等部。翌年二月,怀仁可汗又派将军多揽等 15 人赴唐。九月,唐肃宗令李承寀纳毗伽公主为妃。怀仁可汗又派太子叶护和将军帝德等人率领 4000 名士兵助唐平乱。"安史之乱"期间,回纥两度派兵助战,唐朝多次将公主下嫁回纥可汗和亲,"回鹘道"遂成为和亲之路。

唐后期与回纥和亲,嫁入回纥见于唐诗的首先是崇徽公主。崇徽公主姓仆固氏,乃唐朝名将仆固怀恩幼女。此前,为了得到回纥助唐平叛,她的两个姐姐已经先后远嫁回纥。其中一位嫁给牟羽可汗(后称登里可汗)移地健,被册封为光亲可敦。光亲可敦于大历三年(768 年)病故,移地健指名续娶仆固怀恩的女儿为妻。翌年,唐代宗封怀恩幼女为"崇徽公主",嫁与登里可汗。崇徽公主经太原道入回鹘,唐诗提供了证据。雍陶《阴地关见入蕃公主石上手迹》诗云:

> 汉家公主昔和蕃,石上今馀手迹存。风雨几年侵不灭,分明纤指印苔痕。②

晚唐时李山甫有《阴地关崇徽公主手迹》一诗:

> 一拓纤痕更不收,翠微苍藓几经秋。谁陈帝子和番策,我是男儿为国羞。寒雨洗来香已尽,澹烟笼著恨长留。可怜汾水知人意,旁与吞声未忍休。③

据此可知,崇徽公主入回纥曾途经阴地关。阴地关,位于长安至太原的驿道上,今山西灵石西南五十里,唐太宗取霍邑时曾驻于此。李山甫又有《代崇徽公主意》诗:"金钗坠地鬓堆云,自别朝(一作昭)阳帝岂闻。遣妾一身安社稷,不知何处用将军。"④其用意仍在于借此批评朝廷无能。宋人欧阳修也有

---

① 《旧唐书》卷 195《回纥传》,中华书局 1975 年版,第 5198 页。
② (清)彭定求等编:《全唐诗》卷 518,中华书局 1960 年版,第 5926 页。
③ (清)彭定求等编:《全唐诗》卷 643,中华书局 1960 年版,第 7368 页。
④ (清)彭定求等编:《全唐诗》卷 643,中华书局 1960 年版,第 7374 页。

《唐崇徽公主手痕和韩内翰》诗：“故乡飞鸟尚啁啾，何况悲笳出塞愁。青冢埋魂知不返，翠崖遗迹为谁留。玉颜自古为身累，肉食何人与国谋。行路至今空叹息，岩花野草自春秋。”①北宋对外软弱，屈辱事敌，上层统治集团以权谋私，不恤国事，欧阳修借古讽今，其用意与李山甫诗同。

其次是咸安公主嫁回纥长寿天亲可汗。咸安公主是和亲真公主，为唐德宗第八女，即燕国襄穆公主，始封咸安公主。因回纥助唐平乱有功，武义成功可汗（即后之“长寿天亲可汗”）派将军合阙献方物，并请求和亲。唐德宗答应以咸安公主下嫁，让合阙在麟德殿见咸安公主，并将咸安公主的画像赐予可汗。回纥派宰相、公主率庞大使团纳聘迎亲，唐德宗于延喜门接见。② 唐德宗按亲王的标准置咸安公主府，任命李湛然为婚礼使，关播、赵憬等持节护送咸安公主入蕃。德宗亲自赋诗相送，其诗不传。贞元五年（789 年）七月，咸安公主至回鹘牙帐。天亲可汗死，其子忠贞可汗立；忠贞可汗死，其子奉诚可汗立；奉诚可汗死，回鹘人立宰相为怀相可汗，按照回鹘传统，咸安公主依次嫁与此四位可汗。她在回鹘二十一年，卒于唐宪宗元和三年（808 年）二月二十六日。回鹘遣使告哀，唐宪宗废朝三日，追封她为燕国大长公主，谥襄穆。按说德宗曾赋诗送行，群臣亦应奉和，但这些诗都没有留传下来，唐诗中咏及咸安公主和亲的只有一首诗存留，即孙叔向《送咸安公主》诗：

卤簿迟迟出国门，汉家公主嫁乌孙。玉颜便向穹庐去，卫霍空承明主恩。③

诗是讽刺将军无能而以公主和亲安国，显然不是朝廷送行时所写的诗，当是目睹咸安公主出嫁时的场面有感而发。咸安公主去世的消息传至唐廷，白居易奉命代宪宗撰写了《祭咸安公主文》，祭文以诗一般的语言赞美咸安公主及其和亲之举：

柔明立性，温惠保身，静修德容，动中规度。组紃之训，既习于公宫；汤沐之封，遂开于国邑。及礼从出降，义重和亲；承渥泽于三朝，播芳猷于九姓。远修好信，既申协比之姻；殊俗保和，实赖肃雍之德。方恁福履，以

---

① （宋）欧阳修撰：《欧阳修全集》，中国书店 1986 年版，第 94 页。
② 《新唐书》卷 217《回鹘传上》，中华书局 1975 年版，第 6124 页。
③ （清）彭定求等编：《全唐诗》卷 472，中华书局 1960 年版，第 5358 页。

茂辉荣;宜降永年,遽归长夜。悲深讣告,宠极哀荣。爰命使臣,往申奠礼。故乡不返,乌孙之曲空传;归路虽遥,青塚之魂可复。远陈薄酹,庶鉴悲怀。①

这可以看作是一首颂扬咸安公主的诗篇。

与回鹘最后一次和亲的是太和公主,唐宪宗第十女,始封"太和公主",从回鹘归国后晋为"定安大长公主"。她是唐代晚期和亲真公主中的第四位。唐穆宗长庆元年(821 年),回鹘保义可汗求和亲,唐穆宗以太和公主嫁之。未成行,可汗死,公主留唐,出家为女道士。回鹘嗣立的崇德可汗派都督、都渠、叶护、公主等两千多人的庞大队伍来唐朝迎婚,纳马 2 万匹、驼千匹为聘礼。穆宗册太和公主为"仁孝端丽明智上寿可敦",出嫁崇德可汗。当时唐廷衰弱,长安城竟没有足够的设施招待所有迎亲的回鹘使团人员,大部分使者都没有来到长安城,唐朝以大量丝绸换取回鹘少量马匹并支付公主嫁资。公主出嫁的礼仪空前隆重,唐穆宗亲自送至通化门,文武百官早已恭立于章敬寺前送别。长安城百姓倾城出动,以睹此盛况。唐诗中有两首写送行的作品。杨巨源《送太和公主和蕃》:"北路古来难,年光独认寒。朔云侵鬓起,边月向眉残。芦井寻沙到,花门度碛看。薰风一万里,来处是长安。"②花门是回鹘的地名,这里代指回鹘。王建《太和公主和蕃》诗云:"塞黑云黄欲渡河,风沙眯眼雪相和。琵琶泪湿行声小,断得人肠不在多。"③这两首诗主要写赴回鹘一路上自然地理环境的恶劣,想象太和公主远嫁心境之悲伤。

太和公主的经历十分坎坷,这与唐朝与回鹘的复杂关系以及回鹘后期的形势有关。她经灵州道入回鹘,回鹘迎亲途中,吐蕃发兵侵扰青塞堡,被盐州刺史李文悦发兵击退。为了保证太和公主路途上的安全,回鹘派 1 万骑兵出北庭,1 万骑兵出安西,威胁和牵制吐蕃。唐朝发兵 3000 赴蔚州(治今河北蔚县)护送,回鹘派 760 人将驼马及车至黄芦泉迎候。丰州刺史李祐则在卿泉接应。太和公主到达回鹘牙帐,崇德可汗以隆重的礼仪迎接公主。太和公主先后嫁给三位可汗为可敦。唐朝与回鹘的关系和贸易由于公主和亲而重新活

---

① (唐)白居易撰:《白居易集》卷 57,中华书局 1979 年版,第 1211—1212 页。
② (清)彭定求等编:《全唐诗》卷 333,中华书局 1960 年版,第 3740 页。
③ (唐)王建著,王宗堂校注:《王建诗集校注》卷 9,中州古籍出版社 2006 年版,第 528 页。

跃,但好景不长。回鹘连年饥荒、瘟疫流行,各派势力矛盾激化,局势动荡。崇德可汗死后,其弟昭礼可汗即位。不久,昭礼可汗被部下所杀,其侄彰信可汗即位。宰相掘罗勿荐公引沙陀突厥进攻彰信可汗,彰信可汗兵败自杀,掘罗勿荐公自立为可汗。回鹘将军名末录贺引黠戛斯 10 万兵马进攻回鹘,杀死掘罗勿荐公,将牙帐焚烧精光。掘罗勿荐公之弟乌介率残余十三部落南迁至唐朝错子山,并于唐开成六年(841 年)自立为可汗。

在回鹘与黠戛斯的这场冲突中,太和公主为黠戛斯军所俘。黠戛斯自认是西汉名将李陵之后,与李氏唐室本为一家,欲结好唐朝,派达干(北方草原民族统兵官)等 10 人送太和公主归唐。乌介可汗发兵袭杀达干,又抢回太和公主,并以太和公主的名义表请唐朝册封。唐武宗采纳宰相李德裕的建议,遣使前往乌介驻地慰问赈济,"许借米三万石",①并封其为可汗。但乌介并不满足,不仅借粮借兵,还要求唐朝助其复国。唐朝不能完全满足其要求,乌介遂挟持太和公主南下,侵犯唐朝边城,先后侵掠大同、马县、天德、振武等地。乌介的侵扰给边地百姓造成极大灾难,晚唐诗人杜牧《早雁》诗反映了这一史实:

> 金河秋半虏弦开,云外惊飞四散哀。仙掌月明孤影过,长门灯暗数声来。须知胡骑纷纷在,岂逐春风一一回?莫厌潇湘少人处,水乡菰米岸莓苔。②

乌介可汗率兵南侵,边民纷纷向中原地区避乱逃亡。杜牧时任黄州(今湖北黄冈)刺史,闻此而忧之,写下此诗。通篇采用比兴象征手法,借写雁反映时事,写流离失所的百姓的痛苦。

唐会昌三年(843 年),唐朝河东节度使刘沔率兵突袭乌介可汗驻地,乌介仓皇逃命。丰州刺史石雄途中遇太和公主帐幕,"因迎归国"。③ 乌介为部下所杀,回鹘汗国遂亡。太和公主被唐军护送回太原,唐武宗派去慰问公主的使者不绝于途,将黠戛斯所献白貂皮、玉指环等物赐给公主。太和公主回到长安,朝廷以盛大的礼仪迎接公主归来。唐武宗晋封她为定安大长公主。从和

---

① 《旧唐书》卷 174《李德裕传》,中华书局 1975 年版,第 4522 页。
② (唐)杜牧著:《樊川文集》卷 3,上海古籍出版社 1978 年版,第 57 页。
③ 《旧唐书》卷 195《回纥传》,中华书局 1975 年版,第 5215 页。

亲出降至会昌三年被唐军夺回,公主在回鹘生活了22年,归唐不久因病去世。唐军平安迎回太和公主,对于唐廷来说是一件可喜可贺之事。因此当时诗人写了不少歌咏其事的诗,把太和公主还朝比作蔡文姬或乌孙公主归汉。迎回公主的石雄将军又是一位画家,在他护送公主回长安的途中曾绘有《射鹭鸶图》,诗人白居易大加赞赏,他把石雄的武功和太和公主还朝两件事一起咏叹,其《河阳石尚书破回鹘迎贵主过上党射鹭鸶绘画为图猥蒙见示称叹不足以诗美之》诗云:

> 塞北虏郊随手破,山东贼垒掉鞭收。乌孙公主归秦地,白马将军入潞州。剑拔青鳞蛇尾活,弦抨赤羽火星流。须知鸟目犹难漏,纵有天狼岂足忧。画角三声刁斗晓,清商一部管弦秋。他时麟阁图勋业,更合何人居上头。①

"潞州"即今山西上党,从太原经潞州、河阳可至洛阳,太和公主经由这条路回长安。许浑《破北虏太和公主归宫阙》:"毳幕承秋极断蓬,飘飘一剑黑山空。匈奴北走荒秦垒,贵主西还盛汉宫。定是庙谟倾种落,必知边寇畏骁雄。恩沾残类从归去,莫使华人杂犬戎。"②诗把破回鹘和迎回公主的胜利归功于武宗的决策和唐军将领的骁雄。刘得仁《马上别单于刘评事(时太和公主还京,评事罢举起职)》:"庙谋宏远人难测,公主生还帝感深。天下底平须共喜,一时闲事莫惊心。"③"单于刘评事"即在单于都护府任从事刘某,其朝衔是大理评事。刘某放弃长安应举,将赴北方边地任职,诗人写此诗送行。诗把迎回太和公主一事视为天下恢复太平的象征,当时惊心动魄的斗争被诗人视为"一时闲事",意谓对强大的唐朝来说,此乃等闲之事。张祜《投河阳右仆射》诗云:"黮虏构搀抢(应作'欃枪'),将军首出征。万人旗下泣,一马阵前行。对敌枭心死,冲围虎力生。雪霜齐摌甲,风雨骤扬兵。指点看鞭势,喧呼认箭声。狂胡追过碛,贵主夺还京。黑夜星华朗,黄昏火号明。无非刀笔吏,独传

---

① (唐)白居易撰,谢思炜校注:《白居易诗集校注》卷37,中华书局2006年版,第2816—2817页。

② (唐)许浑撰,罗时进笺证:《丁卯集笺证》卷8,中华书局2012年版,第470页。

③ (清)彭定求等编:《全唐诗》卷545,中华书局1960年版,第6304页。

说时英。"①诗中颂扬迎回公主的石雄将军。顾非熊《武宗挽歌词二首》其一："睿略皇威远,英风帝业开。竹林方受位,薤露忽兴哀。静塞妖星落,和戎贵主回。龙髯不可附,空见望仙台。"②他把迎回太和公主作为唐武宗的功绩之一加以颂扬。还有的诗人对公主的坎坷身世深表同情,如李频《太和公主还宫》:"天骄发使犯边尘,汉将推功遂夺亲。离乱应无初去貌,死生难有却回身。禁花半老曾攀树,宫女多非旧识人。重上凤楼追故事,几多愁思向青春。"③李敬方《太和公主还宫》:"二纪烟尘外,凄凉转战归。胡笳悲蔡琰,汉使泣明妃。金殿更戎幄,青袪换毳衣。登车随伴仗,谒庙入中闱。汤沐疏封在,关山故梦非。笑看鸿北向,休咏鹊南飞。宫髻怜新样,庭柯想旧围。生还侍儿少,熟识内家稀。风去楼扃夜,鸾孤匣掩辉。应怜禁园柳,相见倍依依。"④两首诗均是从太和公主归来物是人非的感受抒写其凄惨命运。昔日的"参天可汗道",后来的"入回鹘道",承载了入唐公主多少辛酸和痛苦,承载了唐王朝多少光荣和屈辱!

唐代诗人对公主和亲的认识和态度是有所不同的。从总的倾向看,唐前期在国家强盛时与周边民族的和亲促进了双方友好关系,诗人虽同情公主远离故土远赴边疆的遭遇,但对她们和亲的意义和作用一般持肯定的态度,如唐中宗时金城公主和亲吐蕃,朝廷大臣奉和诸作。但"安史之乱"后的和亲是作为争取对方军事援助的条件而出嫁的,诗人不免有屈辱之感,因此大多持否定态度。他们认为安定国家,朝廷不应该以此作为国策,而应该任用良将战胜敌人。如杜甫《喜闻盗贼蕃寇总退口号五首》其二即云:"赞普多教使入秦,数通和好止烟尘。朝廷忽用哥舒将,杀伐虚悲公主亲。"⑤唐大历二年(767年)冬,吐蕃被唐军击退,诗写此事。杜甫认为,要避免战争,获得边境安定,需要朝廷的英明决策。当年,玄宗任命哥舒翰为将,导致唐蕃间战争连绵不断,葬送了唐朝与吐蕃和亲的一切成果,唐公主悲伤远嫁实在是徒劳无益。杜甫《柳司

---

① 陈尚君辑校:《全唐诗补编》上册,中华书局1992年版,第192页。
② (清)彭定求等编:《全唐诗》卷509,中华书局1960年版,第5788页。
③ (清)彭定求等编:《全唐诗》卷587,中华书局1960年版,第6809页。
④ (清)彭定求等编:《全唐诗》卷508,中华书局1960年版,第5776页。
⑤ (唐)杜甫著,(清)仇兆鳌注:《杜诗详注》卷21,中华书局1979年版,第1858页。

马至》诗:"有使归三峡,相过问两京。函关犹出将,渭水更屯兵。设备邯郸道,和亲逻些城。幽燕唯鸟去,商洛少人行。衰谢身何补,萧条病转婴。霜天到宫阙,恋主寸心明。"①逻些,即今拉萨,安史之乱后唐朝无与吐蕃和亲之事,此以文成公主、金城公主和亲吐蕃代指与回鹘的和亲,以逻些城代指回鹘牙帐。当时,杜甫在三峡,从出使到长安归来的人那里了解北方的信息,他把和亲回鹘视为伤心事之一。又如,陈陶《水调词十首》其八:"瀚海长征古别离,华山归马是何时。仍闻万乘尊犹屈,装束千娇嫁郅支。"②戴叔伦《塞上曲二首》其一:"军门频纳受降书,一剑横行万里馀。汉祖谩夸娄敬策,却将公主嫁单于。"③此诗以汉代唐,讽刺唐朝和亲的失策。鲍溶《述德上太原严尚书绶》诗云:

> 帝命河岳神,降灵翼轩辕。天王委管籥,开闭秦北门。顶戴日月光,口宣雨露言。甲马不及汗,天骄自亡魂。清冢入内地,黄河穷本源。风云寝气象,鸟兽翔旗幡。军人歌无胡,长剑倚昆仑。终古鞭血地,到今耕稼繁。樵客天一畔,何由拜旌轩。愿请执御臣,为公动朱轓。岂令群荒外,尚有辜帝恩。愿陈田舍歌,暂息四座喧。条桑去附枝,薙草绝本根。可惜汉公主,哀哀嫁乌孙。④

诗人向镇守太原的将军陈情,希望他牢记唐朝公主远嫁回鹘之悲,用心戍守,令敌人闻风丧胆。项斯《长安退将》:"塞晚冲沙损眼明,归来养病住秦京。上高楼阁看星坐,著白衣裳把剑行。常说老身思斗将,最悲无力制蕃营。翠眉红脸和回鹘,惆怅中原不用兵。"⑤这位病退长安的老将军悲伤的不是个人身世,而是敌强我弱的局面。眼看公主入蕃和亲,朝廷无心用兵,令他不禁伤心难过。还有的诗人借写公主之悲苦愁怨渲染和亲的失策。如张籍《送和蕃公主》:"塞上如今无战尘,汉家公主出和亲。邑司犹属宗卿寺,册号还同房帐人。九姓旗幡先引路,一生衣服尽随身。毡城南望无回日,空见沙蓬

---

① (唐)杜甫著,(清)仇兆鳌注:《杜诗详注》卷21,中华书局1979年版,第1824页。
② (清)彭定求等编:《全唐诗》卷746,中华书局1960年版,第8490页。
③ (清)彭定求等编:《全唐诗》卷274,中华书局1960年版,第3104页。
④ (清)彭定求等编:《全唐诗》卷485,中华书局1960年版,第5510—5511页。
⑤ (清)彭定求等编:《全唐诗》卷554,中华书局1960年版,第6424页。

水柳春。"①诗写入蕃公主思念家乡,生还无望。白居易《听李士良琵琶》:"声似胡儿弹舌语,愁如塞月恨边云。闲人暂听犹眉敛,可使和蕃公主闻。"②此诗写李士良琵琶乐曲感人,用入蕃公主心情映衬。常人听了悲伤得已经难以忍受,如果让公主听到会更加不堪,以此渲染入蕃公主的痛苦无比。这些唐后期感叹和蕃公主命运的诗,直接或间接地在表达诗人对唐与回鹘和亲的观点,表面上书写公主之悲,其深层的意蕴则在于批判朝廷的腐败和无能。

四、唐与回鹘的绢马贸易

在平息"安史之乱"的过程中,回纥的军事援助发挥过重要作用,特别是回纥精骑投入战场后,令渔阳突骑遇到克星。但这种援助不是无偿的。唐至德二载(757 年)九月,为了收复长安,唐肃宗遣使到回纥求援。其时唐朝廷正值艰难之际,没有酬劳的资本,便采用指鸡下蛋的办法,许诺收复长安、洛阳后,两都金帛子女皆归回纥。这是以牺牲百姓的骨肉财产为代价来换取回纥的援助。收复长安后,回纥兵立刻就要进入长安进行抢掠,广平王李俶跪地相求,回纥勉强停止了行动。

唐朝担心回纥抢了长安百姓,洛阳百姓会支持叛军死守洛阳。而回纥之所以同意了广平王的请求,因为唐朝有新的许诺,一是打下洛阳后,允许回纥大抢;二是"与中国婚姻,岁送马十万匹,酬以缣帛百余万匹"③。即唐用百余万匹缣帛换取回纥 10 万匹马,这不是贸易,而是以交换的名义付给回纥的酬劳。及至收复洛阳,回纥进行了一番抢掠,洛阳百姓主动拿出上万匹罗锦送给回纥,回纥才停止行动。回纥首领叶护回到长安,唐肃宗又答应每年赠送回纥两万匹绢,"使就朔方军受之"④。唐代宗宝应元年(762 年),回纥再次出兵助

---

① (唐)张籍撰,徐礼节、余恕诚校注:《张籍集系年校注》卷 4,中华书局 2011 年版,第503 页。

② 谢思炜撰:《白居易诗集校注》卷 16,中华书局 2006 年版,第 1331 页。

③ 《新唐书》卷 51《食货志一》,中华书局 1975 年版,第 1348 页。

④ (宋)司马光等撰:《资治通鉴》卷 220,中华书局 1956 年版,第 7044 页。

唐,收复史朝义占领的洛阳,唐朝又与回纥约定,取胜后每年向回纥收买数万至 10 万匹马,每匹马付绢 40 匹。

"安史之乱"后,唐朝与回鹘的"绢马贸易"并未停止,这种绢马贸易已经不是平等交易,交换意味着唐朝以高价收购回鹘的马匹,而以低价售出自己的丝绸,"回纥恃功,自乾元之后,屡遣使以马和市缯帛。仍岁来市,以马一匹易绢四十匹,动至数万马。其使候遣继留于鸿胪寺者非一,蕃得帛无厌,我得马无用。朝廷甚苦之"①;"中国财力屈竭,岁负马价"②。唐德宗建中元年(780年),唐积欠马价绢达 180 万匹。③ 直到唐宪宗元和二年(807 年),唐才还清历年积欠,可是翌年回鹘又送来许多病弱马匹,以后每年一仍旧贯,唐朝不能如数支付马价绢,于是继续欠债。直到唐武宗会昌二年(842 年)回鹘亡国,这笔账才算了结。

在不公平的绢马贸易中,回鹘得到数额巨大的丝绢。8 世纪中叶以后,回鹘人和粟特商人绕道天山之北,通过庭州(今新疆吉木萨尔)、弓月城(今新疆伊宁市东北)和碎叶城(今哈萨克斯坦托克马克城附近),将成千上万匹丝绢西运销往中亚和西亚地区。唐朝在这种绢马贸易中承担了巨大财政赤字,造成沉重经济负担。陆贽上疏论其事云:"国家自禄山构乱、河陇用兵以来,肃宗中兴,撤边备以靖中邦,借外威以宁内难,于是吐蕃乘釁,吞噬无厌;回纥矜功,凭陵亦甚。中国不遑振旅,四十余年。使伤耗遗甿,竭力蚕织,西输贿币,北偿马资,尚不足塞其烦言,满其骄志。"④

对于回鹘求取无厌,汉地大量丝帛输入回鹘,诗人无不痛心疾首。杜甫《喜闻盗贼蕃寇总退口号五首》其四:"勃律天西采玉河,坚昆碧碗最来多。旧随汉使千堆宝,少答胡王万匹罗。"⑤他希望朝廷能减少对回鹘的绢帛的输送。元稹《阴山道》:

　　　　年年买马阴山道,马死阴山帛空耗。元和天子念女工,内出金银代酬

---

① 《旧唐书》卷 195《回纥传》,中华书局 1975 年版,第 5207 页。
② 《新唐书》卷 51《食货志一》,中华书局 1975 年版,第 1348 页。
③ 《新唐书》卷 217《回鹘传上》,中华书局 1975 年版,第 6122 页。
④ 《旧唐书》卷 139《陆贽传》,中华书局 1975 年版,第 3806 页。
⑤ (唐)杜甫著,(清)仇兆鳌注:《杜诗详注》卷 21,中华书局 1979 年版,第 1858 页。

犒。臣有一言昧死进,死生甘分答恩涛。费财为马不独生,耗帛伤工有他盗。臣闻平时七十万匹马,关中不省闻嘶噪。四十八监选龙媒,时贡天庭付良造。如今坰野十无一,尽在飞龙相践暴。万束刍荛供旦暮,千钟菽粟长牵漕。屯军郡国百余镇,缣缃岁奉春冬劳。税户逋逃例摊配,官司折纳仍贪冒。挑纹变缦力倍费,弃旧从新人所好。越縠缭绫织一端,十匹素缣功未到。豪家富贾逾常制,令族清班无雅操。从骑爱奴丝布衫,臂鹰小儿云锦韬。群臣利己要差僭,天子深衷空悯悼。绰立花砖鹓凤行,雨露恩波几时报。①

在元稹笔下,浸透了百姓血汗的绢帛浪费非止一端,除了支付回纥的马价绢之外,边境驻军的军饷、达官贵人的奢侈及其下人的僭越逾制,都造成"耗帛伤工"。白居易有同题诗表达了同一主旨,其《阴山道》诗云:

阴山道,阴山道,纥逻敦肥水泉好。每至戎人送马时,道旁千里无纤草。草尽泉枯马病羸,飞龙但印骨与皮。五十匹缣易一匹,缣去马来无了日。养无所用去非宜,每岁死伤十六七。缣丝不足女工苦,疏织短截充匹数。藕丝蛛网三丈余,回纥诉称无用处。咸安公主号可敦,远为可汗频奏论。元和二年下新敕,内出金帛酬马直。仍诏江淮马价缣,从此不令疏短织。合罗将军呼万岁,捧授金银与缣彩。谁知黠虏启贪心,明年马多来一倍。缣渐好,马渐多。阴山虏,奈尔何。②

此诗题注云:"疾贪虏也。"既表达了对回鹘欲壑难平的愤恨,表达了对绢帛损失的痛心,也表达了对朝廷软弱和失策的不满。陈寅恪注意到唐史与元白诗中唐朝输回纥之马价丝织品数量和品种有所不同,白居易诗云:"五十匹缣易一匹",《旧唐书》则云"以马一匹易绢四十匹"。缣之为丝织品,其质不及绢之精美,他推测可能马一匹值绢四十匹,缣五十匹。白居易所起草与回鹘可汗书中"印纳马都二万匹,都计马价绢五十万匹"③,则每匹马只换到二十五匹绢,与《旧唐书》所言一匹马四十匹绢不合。因此他推测"回鹘每以多马贱价倾售,唐室则减其马数而依定值付价"。陈氏又据白居易诗的描写,说明双方

---

① (唐)元稹著,杨军笺注:《元稹集编年笺注》(诗歌卷),三秦出版社 2002 年版,第 135 页。
② 谢思炜撰:《白居易诗集校注》卷 4,中华书局 2006 年版,第 398—399 页。
③ 顾学颉校点:《白居易集》卷 57,中华书局 1979 年版,第 1225 页。

的交易中都存在欺诈行为,"唐制丝织品之法定标准为阔一尺八寸,长四丈,而付回鹘马价者,仅长三丈余,此即所谓'短截'也。其品质之好恶,应以官颁之样为式,而付回鹘马价者,则如藕丝蛛网,此即所谓'疏织'也。其恶滥至此,宜回鹘之诉称无用矣。观于唐回马价问题,彼此俱以贪诈行之,既无益,复可笑。乐天此篇诚足为后世言国交者之鉴戒也。又史籍所载,只言回鹘之贪,不及唐家之诈,乐天此篇则并言之。是此篇在新乐府五十首中,虽非文学上乘,然可补旧史之阙,实为极佳之史料也"。① 从白诗可知,白居易也不赞成对回鹘诚心相向,他认为如果输出马价之丝织品质量越好,回鹘明年会以更多的马输入,唐朝就更没办法应付了。

　　唐后期,回鹘成为唐朝与周边和域外交通交往的重要枢纽和中介,据贾耽《入四夷之路》记载"回鹘牙帐"与周边国家、民族和地区的交通可知,以回鹘牙帐为中心,这条路又可向不同方向继续延伸。向北可至骨利干(约在今贝加尔湖一带),折西可至都播(古部族名,役属于黠戛斯,分布于今唐努力山北),又折北可至坚昆(即黠戛斯,在今西萨彦岭、叶尼塞河流域一带),向东北可至室韦(今黑龙江南北广大地区)。周朴《塞上》:"受降城必破,回落陇头移。蕃道北海北,谋生今始知。"②说明唐人知道从回鹘继续向北有道路可通向远方。

　　唐后期利用回鹘道与西域保持联系。从回鹘牙帐通向西域的路线,在中西交通方面发挥了重要作用。这条道路即由回鹘牙帐向西沿着草原而行进的道路,处于从远古以来早就存在的欧亚草原之路的东段。"安史之乱"后,吐蕃切断河西走廊和吐谷浑之路,这条路遂成为唐朝与西域取得联系的主要通道。由于吐蕃人的进攻,切断了唐朝与西域驻军的联系,唐德宗建中二年(781年)北庭节度使李元忠等即假道回鹘返回长安朝奏。早在天宝年间出使天竺的悟空,于唐德宗贞元五年(789年)回国,是随中使段秀明从庭州(今新疆吉木萨尔)出发,越阿尔泰山进入蒙古高原,然后经回鹘牙帐返回长安。在欧亚草原之路和沙漠绿洲之路之间有若干条连接南北的干道。在东段,额济

① 陈寅恪撰:《元白诗笺证稿》,上海古籍出版社1978年版,第258—259页。
② (清)彭定求等编:《全唐诗》卷673,中华书局1960年版,第7703页。

纳、巴里坤、吉木萨尔和霍城都是南端的连接点。由于吐蕃势力的威胁,额济纳和巴里坤都不好利用,这可能就是悟空到了庭州就折北走上回鹘道的原因。从庭州至碎叶的草原路是唐朝与西域和中亚地区联系的重要通道。从唐建中二年(781 年)起,除了从贞元六年至贞元十五年(790—799 年)之间一度为吐蕃占领,庭州一直为回鹘所控制。回鹘在唐朝的中西交通中起了重要的中介作用。关于回鹘道交通状况和在唐后期丝绸之路上发挥的重要作用,史家多所论述。然而唐诗的描写为这条道路的利用提供了某些独特的材料,其生动性和形象性是一般历史文献所不具备的。通过本文的梳理,或可对唐后期回鹘道的利用以及唐与回鹘的关系史研究提供一个新的视角。

(本文原载《河北学刊》2020 年第 5 期,《新华文摘》2020 年第 22 期摘编)

丝绸之路物质文化交流

汉代良马输入及其影响

汉代从远方引进动物,包括牲畜、野兽、禽鸟等。从用途上分为两类,一类为实用,一类为观赏。有供实用的,如马、骆驼等;有供观赏的,如一些远方的奇禽异兽。西汉上林苑中放养着来自远方的珍禽奇兽,远方地区入贡奇禽异兽被视为政治清明皇威远被的表征,而为汉代人津津乐道。马从远方输入,在汉代既有实用价值,又有观赏价值,在汉代社会生活中发挥了重要作用。本文拟对汉代远方良马的输入及其在汉代社会的影响略加探讨。

一、汉代远方良马的输入

古代我国北方和西北游牧民族地区都出良马,中原地区最早从北方游牧民族那里输入包括马在内的牲畜。《逸周书·王会解》记载,商时伊尹奉汤之命为《四方献令》,云:"正北崆峒、大夏、莎车、姑他、旦略、貌胡、戎狄、匈奴、楼烦、月氏、截犁、其龙、东胡,请令以橐驼、白玉、野马、騊駼、駃騠、良弓为献。"① 騊駼、駃騠皆良马名。在汉对匈奴和西域用兵的过程中,需要发展骑兵,需要大量战马和驮马,因此对养马和马种改良十分重视。② 汉朝通过各种途径从

---

① 《逸周书》卷7《王会解》,《汉魏丛书》,吉林大学出版社1992年版,第286页。按:这里记载的地名,其方位并不确切,其中崆峒、大夏、莎车不在北方,这与当时人们对远方认识上的局限有关。《逸周书》,原名《周书》,古代历史文献汇编,今人多认为此书主要篇章出自战国人之手。

② 汉景帝时开始在西北地区置苑养马,汉敦煌马圈湾木简有云:"张兵以马为本,马以食为命。"参见胡之主编:《甘肃敦煌汉简》(4),重庆出版社2008年版,第15页。

周边获得良马。

（一）汉朝从匈奴获得良马

汉朝首先从匈奴得到北方的良马，主要有互市、礼赠和战争俘掠等三条途径。

一是通过互市所得。汉与匈奴无论战和，一直保持着互市贸易。在汉初和亲政策之下，汉匈之间虽然时战时和，彼此之间的贸易交流一直存在着。《史记·匈奴列传》记载，汉高祖刘邦始与匈奴和亲，"使刘敬结和亲之约"。在这种和亲之约中包括互市贸易。汉景帝"复与匈奴和亲，通关市，给遗匈奴"。武帝即位之初，仍然保持互市贸易，"明和亲约束，厚遇，通关市，饶给之。匈奴自单于以下皆通汉，往来长城下"。这种互市贸易，在武帝时汉与匈奴和亲关系破裂，双方进行军事对抗时仍然存在。"然匈奴贪，尚乐关市，嗜汉财物，汉亦尚关市不绝以中之。"①原因是这种互市贸易对双方都是有利的。东汉时匈奴仍然希望与汉朝互市，在这种互市中匈奴的主要商品是牛马骆驼。汉朝也乐于这种互市，既可以获得匈奴的牛马骆驼，又加强双方的友好互信。东汉时南匈奴降汉，互市贸易自不必说，北匈奴也极力与汉朝加强互市贸易。《后汉书·南匈奴列传》记载："元和元年，武威太守孟云上言北单于复愿与吏人合市，诏书听云遣驿吏迎呼慰纳之。北单于乃遣大且渠伊莫訾王等，驱牛马万余头来与汉贾客交易。诸王大人或前至，所在郡县为设官邸，赏赐待遇之。"②汉与匈奴的互市必然大大促进匈奴良马的输入。

二是通过礼赠而得。汉与匈奴和亲后，虽然仍有战争，但和平交往的情况更多。双方聘使不断，互有书信来往。汉统治者赠给匈奴贵族的礼物主要是金帛丝絮，匈奴单于赠送汉统治者的礼物主要是马和骆驼。除了有时作为礼品赠送匈奴贵族之外，汉朝的丝绸、衣物、酒米、粮食每年大批定量供应匈奴。匈奴之骆驼、乘马和车驾也作为礼物进献汉朝统治者。文帝时，冒顿单于遗汉文帝书云："使郎中係零浅奉书请，献橐他一匹、骑马二匹、驾二驷。"汉文帝遗

---

① 《史记》卷110《匈奴列传》，中华书局1982年版，第2894、2904、2905页。
② 《后汉书》卷89《南匈奴列传》，中华书局1965年版，第2950页。

匈奴和亲书云:"皇帝敬问匈奴大单于无恙,使当户且渠雕、渠难、郎中韩辽遗朕马二匹,已至,敬受。"汉赠遗匈奴单于的礼物则是"服绣袷绮衣、绣袷长襦、锦袷袍各一,比余一,黄金饰具带一,黄金胥纰一,绣十匹,锦三十匹,赤绨、绿缯各四十匹,使中大夫意、谒者令肩遗单于"。① 东汉时匈奴南单于降汉,向光武帝进献文马。《东观汉记·匈奴南单于传》记载:"建武二十六年,南单于遣使献骆驼二头,文马十匹。"② 文马,毛色有文彩的骏马。

三是通过战争获取。汉朝在与匈奴之间的战争中常常夺取良马为战利品。匈奴寇边,常抄掠汉之"人民畜产"。而汉朝对匈奴的进攻,往往获得许多战利品,马是重要内容。匈奴以骑兵为主,汉军对于匈奴的每一次胜利,都会获得大批战马。武帝元朔二年(前127年)《益封卫青》诏书中表彰卫青进击匈奴的战功:"执讯获丑,驱马牛羊百有余万。"③《汉书·匈奴传》记载,常惠与乌孙兵进击匈奴,"虏马牛羊驴赢橐驼七十余万"。④《后汉书·耿夔传》记载,耿夔随大将军窦宪北击匈奴,金微山之战,"尽获其匈奴珍宝财畜"。⑤永初三年(109年),南单于檀反叛,耿夔率军进击,"获穹庐车重千余辆,马畜生口甚众"。⑥ 同书《窦宪传》记载,窦宪率军出塞击北匈奴,与北单于战于稽落山,大破之,虏众崩溃,"获生口马牛羊橐驼百余万头"。⑦ 通过礼赠获得的马数量有限,通过贸易和战争获得则数量巨大。

(二) 汉朝从西域和西北民族获得良马

汉朝还从西域得到良马。根据余太山对两汉魏晋南北朝正史中"西域传"所见盛产良马的西域地区的梳理,首先是大宛"多善马"⑧。其他塔里木盆地周围诸地鄯善、蒲类、龟兹、焉耆、高昌、渴盘陀、于阗,天山以北之乌孙,葱

① 《史记》卷110《匈奴列传》,中华书局1982年版,第2896、2897页。
②·(东汉)刘珍等撰,吴树平校注:《东观汉记校注》卷20,中华书局2008年版,第885页。
③ 《汉书》卷55《卫青传》,中华书局1962年版,第2473页。
④ 《汉书》卷94《匈奴传上》,中华书局1962年版,第3786页。
⑤ 《后汉书》卷19《耿夔传》,中华书局1965年版,第718页。
⑥ 《后汉书》卷19《耿夔传》,中华书局1965年版,第719页。
⑦ 《后汉书》卷23《窦宪传》,中华书局1965年版,第814页。
⑧ 《史记》卷123《大宛列传》,中华书局1982年版,第3160页。

岭以西之粟弋、康居、吐火罗、嚈哒、副货、波斯、乌秅、大秦等,皆出良马或名马。① 汉朝获得西域良马,首先是乌孙马和大宛汗血马。

乌孙"多马,富人至四五千匹"②。汉朝从乌孙获得良马主要有两个途径,一是乌孙的礼赠和贡献,二是和亲的聘礼。张骞第二次出使西域到乌孙,归来时随行而来的乌孙使者以马数十匹献汉报谢。汉武帝非常喜欢乌孙马,"天子发书《易》,曰'神马当从西北来'。得乌孙马好,名曰'天马'。"③后来匈奴欲击乌孙,乌孙为了与汉结盟,"使使献马,愿得尚当女翁主,为昆弟"。汉朝提出"必先纳聘,然后乃遣女"为条件,乌孙又以马千匹为聘礼献汉。元封三年(前108年),汉朝以江都王刘建的女儿细君为公主,妻乌孙昆弥(王)。此后乌孙马仍以各种方式源源不断地输送汉地。《后汉书·耿恭传》记载,耿恭任戊己校尉,屯车师后王部金蒲城,"移檄乌孙,示汉威德,大昆弥已下皆欢喜,遣使献名马"④。

西域有名的大宛马从汉武帝时开始传入中原地区。⑤ 大宛马又称宛马、蒲梢马、汗血马。⑥《汉书·西域传》记载,大宛"多善马,马汗血,言其先天马子也"。颜师古注引孟康曰:"言大宛国有高山,其上有马不可得,因取五色母马置其下与集,生驹,皆汗血,因号曰天马子云。"⑦这种马是今中亚土库曼马的祖先,据说所谓"汗血"跟马身上的一种寄生虫有关。这种寄生虫寄生于马的前肩膊与项背皮下组织,寄生处皮肤隆起,马奔跑时血管扩张,寄生处创口张开,血就流出来。古代的大宛汗血马可能就是因此而得名。大宛汗血马通过战争的手段和贡献、贸易等途径获得。张骞第一次出使西域,回来曾向武帝介绍大宛马。武帝听说大宛有好马藏在贰师城,不肯给汉使,便派使者以金换马,结果不仅没有换成,连使者也遭杀害。于是武帝命李广利率军远征大宛,

---

① 余太山著:《两汉魏晋南北朝正史西域传研究》,中华书局2003年版,第288—289页。

② 《汉书》卷96《西域传下》,中华书局1962年版,第3901页。

③ 《汉书》卷61《张骞传》,中华书局1962年版,第2693页。

④ 《后汉书》卷19《耿恭传》,中华书局1965年版,第720页。

⑤ 《汉书》卷96《西域传上》,中华书局1962年版,第3894页。

⑥ 《史记》卷24《乐书》,中华书局1982年版,第1178页。

⑦ 《汉书》卷96《西域传上》,中华书局1962年版,第3895页。

获得"善马数十匹,中马以下牝牡三千余匹"①。

从汉武帝时开始,大宛汗血马成为西域政权向汉朝经常入贡的特产。大宛良马终两汉之世,一直源源不断地输入。汉武帝为了得到大宛马,频遣使往西域。"天子好宛马,使者相望于道"②。李广利伐大宛获胜,"西域震惧",大宛国王蝉封"遣其子入质于汉,汉因使使赂赐以镇抚之"。"宛王蝉封与汉约,岁献天马二匹"。③敦煌悬泉置出土汉代简牍中便有大宛向汉朝进贡大宛马的记录:

> 元平元年十一月己酉,□□诏使甘□□迎天马敦煌郡。为驾一乘传,载舆一人。御使大夫广明下右扶风,以次为驾,当舍传舍,如律令。(Ⅱ0115④:37)④

这是一枚朝廷命甘某迎接西域地区贡献的天马的诏书。元平,汉昭帝年号。甘某,胡平生等先生推测可能是甘延寿。⑤此简记载奉献天马的应该是大宛使节。另一简云:

> 建平五年十一月庚申,遣卒史赵平,送自来大宛使者侯凌奉献,诣□□以……(A)

乐哉县(悬)泉治。(B)(Ⅱ0D114④:57)⑥

"建平"是西汉哀帝年号,建平元年即公元前46年。这是大宛使者经过悬泉置,当地有关部门派人送大宛使者入朝贡献的记载。其贡物未见记载,但通常情况下大宛入贡物品少不了汗血马。《汉书·冯奉世传》记载,昭帝时,冯奉世出使大宛,"大宛闻其斩莎车王,敬之异于它使。得其名马象龙而还"。颜师古注云:"言马形似龙者。"⑦西汉长安城外养马所有八厩,其中有"大宛厩",⑧

---

① 《汉书》卷61《张骞李广利传》,中华书局1962年版,第2702页。

② 《汉书》卷61《张骞李广利传》,中华书局1962年版,第2694页。

③ 《汉书》卷96《西域传上》,中华书局1962年版,第3895页。

④ 胡平生、张德芳著:《敦煌悬泉汉简释粹》,上海古籍出版社2001年版,第104页。

⑤ 胡平生、张德芳著:《敦煌悬泉汉简释粹》,上海古籍出版社2001年版,第104页。按:此甘某未必是甘延寿,甘延寿任西域都护、骑都尉在汉元帝时,汉昭帝元平元年时甘延寿不在西域或敦煌。

⑥ 胡平生、张德芳著:《敦煌悬泉汉简释粹》,上海古籍出版社2001年版,第113页。

⑦ 《汉书》卷79《冯奉世传》,中华书局1962年版,第3295页。

⑧ 何清谷校注:《三辅黄图校注》卷6,三秦出版社1995年版,第335页。

显然是饲养大宛马的马房。东汉班固的《西都赋》写上林苑集中了四方奇物云:"西郊则有上囿禁苑(颜师古注曰:'上囿谓上林苑也'),林麓薮泽,陂池连乎蜀汉,缭以周墙四百余里,离宫别馆三十六所,神池灵沼往往而在。其中乃有九真之麟、大宛之马、黄支之犀、条支之鸟。逾昆仑,越巨海,殊方异类至三万里。"①大宛马还被养在建章宫奇华殿。《三辅黄图》卷三记载,上林苑中有建章宫,"奇华殿在建章宫旁,四海夷狄器服珍宝,火浣布、切玉刀,巨象、大雀、师子、宫马,充塞其中"②。"宫"疑"宛"字之误。

东汉时大宛马继续大量输入中原地区。段颎在边十余年,建宁三年(170年)"征还京师,将秦胡步骑五万余人,及汗血千里马,生口万余人"③。东汉时的西域官员甚至还通过贿赂获得大宛马。《东观汉记·李恂传》记载:"为西域副校尉,西域殷富,多珍宝,诸国侍子及督使贾胡数遗恂奴婢、宛马、金银、香罽之属。"④这种贿赂行为在当时可能是常例,只是因为李恂清廉,才"一无所受",其他官员通常是接受的。《后汉书·梁冀传》记载,梁冀与其妻孙寿大起第舍,对街为宅,其中"远致汗血名马"。梁冀的汗血马有的来自贿赂,有的来自远购,因为当时既"四方调发,岁时贡献,皆先输上第于冀";梁冀又"遣客出塞,交通外国,广求异物"。⑤ 大宛马成为赐赠的贵重礼物。汉章帝曾赐大宛汗血马一匹给东平王刘苍。⑥ 东汉末年曹操把大宛马赐赠诸子,曹植还从父亲曹操那里得此种好马,其《献文帝马表》云:"臣于先武皇帝世,得大宛紫骍马一匹,形法应图,善持头尾,教令习拜,今辄已能;又能行与鼓节相应。"⑦《三国志·任城王彰传》记载:"太祖尝抑之曰:汝不念读书慕圣道,而好乘汗马击剑,此一夫之用,何足贵也!"⑧曹彰的"汗马"应当也来自父亲的赐赠。

除了乌孙马和大宛马之外,汉朝还得到月氏马、康居马。武帝时得到渥洼

---

① 费振刚等辑校:《全汉赋》,北京大学出版社 1993 年版,第 311 页。

② 黄清谷校注:《三辅黄图校注》卷 3,三秦出版社 1995 年版,第 168 页。

③ 《后汉书》卷 65《段颎传》,中华书局 1965 年版,第 2153 页。

④ (东汉)刘珍等撰,吴树平校注:《东观汉记校注》卷 16,中华书局 2008 年版,第 730 页。《后汉书·李恂传》李贤注:"督使,主蕃国之使也;贾胡,胡之商贾也。"

⑤ 《后汉书》卷 34《梁冀传》,中华书局 1965 年版,第 1181、1182 页。

⑥ (东汉)刘珍等撰,吴树平校注:《东观汉记校注》卷 7,中华书局 2008 年版,第 242 页。

⑦ (三国魏)曹植撰,赵幼文校注:《曹植集校注》卷 2,人民文学出版社 1984 年版,第 310 页。

⑧ 《三国志》卷 19《魏书·任城王彰传》,中华书局 1959 年版,第 555 页。

良马,《汉书·汉武帝纪》记载,元鼎四年(前113年)"六月,得宝鼎后土祠旁。秋,马生渥洼水中"。① 元鼎五年(前112年)十一月《郊祀泰畤诏》云:"渥洼水出马,朕其御焉。"②《史记·乐书》记载:"又尝得神马渥洼水中。"③据考证乃月氏马。渥洼水,亦名寿昌海、寿昌湖,在今甘肃敦煌市西南南湖乡东南黄水坝。东汉时月氏马也传入中原地区,班固曾请身在西域的弟弟班超为他买月氏马,在他给班超的信中写道:"今赍白素三百匹,欲以市月支马、苏合香、氍毹。"④据三国吴康泰《外国传》记载:"外国称天下有三众,中国为人众,秦为宝众,月氏为马众也。"⑤那时大月氏以多马而闻名于世,曾经成为马的主要输出地。康居出善马。《后汉书》卷八十八《西域传》记载:"栗弋国属康居,出名马牛羊。"⑥《晋书》卷九十七《四夷传》记载:"康居国在大宛西北可二千里,与粟弋、伊列邻接,……多牛羊,出好马。"⑦敦煌悬泉置出土汉简有康居向汉朝入贡良马的记录,有一简记载康居使者入贡:

> 甘露二年正月庚戌敦煌太守千秋库令贺兼行丞事敢告酒泉大……
>
> 罢军候丞赵千秋上书送康居王使者二人贵人十人从者……
>
> 九匹驴卅一匹橐他廿五匹牛戊申入玉门关已闇□……(Ⅱ90DXT0213
> ③:6)⑧

这是一枚记载康居王遣使贡献的木牍。第三行"九匹"前缺字应该是"马",此牍记载了康居王贡献马、驴和骆驼的数量。甘露是宣帝年号,说明至迟宣帝时汉与康居已经发生通贡关系。

西北地区游牧民族的马也通过商贾贸易而来。《史记·货殖列传》云:"天水、陇西、北地、上郡与关中同俗,然西有羌中之利,北有戎翟之畜,畜牧为

---

① 《汉书》卷6《武帝纪》,中华书局1962年版,第184页。

② 《汉书》卷6《武帝纪》,中华书局1962年版,第185页。

③ 《史记》卷24《乐书二》,中华书局1982年版,第1178页。

④ (唐)虞世南编纂:《北堂书钞》(2)卷134,学苑出版社2003年版,第381页。

⑤ 《史记》卷123《大宛列传》,司马贞《索隐》引,中华书局1982年版,第3160页,注[一]。

⑥ 《后汉书》卷88《西域传》,中华书局1965年版,第2922页。

⑦ 《晋书》卷97《四夷传》,中华书局1974年版,第2544页。

⑧ 张德芳:《悬泉汉简中若干西域资料考论》,载荣新江、李孝聪编:《中外关系史:新史料与新问题》,科学出版社2004年版,第146页。

天下饶。"①同传还记载了边塞地区一位因畜牧而致富的名叫桥姚的人，"塞之斥也，唯桥姚已致马千匹，牛倍之，羊万头，粟以万钟计"②。张守节《史记正义》引颜师古云："塞斥者，言国斥开边塞，更令宽广，故桥姚得恣其畜牧也。"③桥姚之所以能以畜牧致富，与国家边塞地区开放对匈奴的贸易有关，他从塞外匈奴游牧民那里交换到良马、牛、羊，贩卖到内地，从这种转手经营中获取厚利。在汉朝对西域用兵的过程中也获得战马。《后汉书·耿秉传》记载，耿秉率军击车师后王，"斩首数千级，收马牛十余万头"。④ 同书同卷《耿恭传》记载："建初元年正月，会柳中击车师，攻交河城，斩首三千八百级，获生口三千余人，驼驴马牛羊三万七千头。"⑤西北地区良马还通过贡献的形式输入。敦煌悬泉置汉简中有西域地区向汉朝贡献马与骆驼的记录：

> □守府卒人、安远侯遣比胥健……者六十四人、献马二匹、橐他十四、私马。□名藉（籍）畜财财物。（A）……□□辛酉日出时受遮要御。……□行。（B）（Ⅱ0214③:83）⑥

比胥健贡使在途中遇"受遮要御"，他们的情况被记录下来。据刘国防先生研究，比胥健乃地名，当在西域鄯善。⑦

（三）汉朝从东北亚民族获得良马

东北亚各民族政权也向中原地区进献良马。《汉书·朝鲜传》记载，汉武

---

① 《史记》卷129《货殖列传》，中华书局1982年版，第3262页。
② 《史记》卷129《货殖列传》，中华书局1982年版，第3280页。
③ 《史记》卷129《货殖列传》，中华书局1982年版，第3281页。
④ 《后汉书》卷19《耿秉传》，中华书局1965年版，第717页。
⑤ 《后汉书》卷19《耿恭传》，中华书局1965年版，第722页。
⑥ 胡平生、张德芳：《敦煌悬泉汉简释粹》，上海古籍出版社2001年版，第123页。
⑦ 比胥鞬屯田，始见于《汉书》卷96《西域传》："乃因使（郑）吉并护北道，故号日都护。都护之起，自吉置矣。僮仆都尉由此罢，匈奴益弱，不得近西域。于是徙屯田，田于北胥鞬，披莎车之地，屯田校尉始属都护。"其中北胥鞬，《通典》卷一百九十一作比胥鞬，汉简中又作比胥健、比胥鞬。因文献记载过于简略，后世研究者对比胥鞬屯田的具体情况难知其详，以至于连比胥鞬屯田究在何处也是见仁见智，各执一词。近年来，随着简牍资料的披露，一些新的信息使我们对比胥鞬屯田有进一步探讨的可能。刘国防指出："比胥鞬当在今鄯善，初屯时约有数百人。随着西汉屯田重心的北移，车师前部屯田人数逐渐增多。至元帝初元年，汉置戊己校尉对车师前部屯田力量进行了整合，以戊己二校尉领护车师屯田。"参见刘国防：《西汉比胥鞬屯田与戊己校尉的设置》，《西域研究》2006年第4期。

帝遣使因兵威劝降朝鲜王卫右渠,右渠"遣太子入谢,献马五千匹,及馈军粮"。①《后汉书·东夷传》记载,夫余国"出名马、赤玉、貂貀,大珠如酸枣"。建武二十五年,"夫余王遣使奉贡"。②

　　濊族人有一种小马称果下马,这种马可能在西汉时已经传入长安,长安城外有八厩,其中有"果马厩"③,可能是饲养果下马的马房。东汉时有入贡汉朝的记载。《后汉书·东夷传》记载,濊族"多文豹,有果下马,海出班鱼,使来皆献之"。李贤注云:"高三尺,乘之可于果树下行。"④东汉卫宏《汉仪注》卷下记载,中黄门有"果下马,高三尺,驾辇"。⑤《三国志·乌丸鲜卑东夷传》记载:"濊南与辰韩,北与高句丽、沃沮接,东穷大海,今朝鲜之东皆其地也。户二万。……作矛长三丈,或数人共持之,能步战。乐浪檀弓出其地。其海出班鱼皮,土地饶文豹,又出果下马,汉桓时献之。"裴松之注云:"果下马高三尺,乘之可于果树下行,故谓之果下。见《博物志》《魏都赋》。"⑥这种果下马后来仍不断输入中原地区。《魏书·高句丽传》又提到高句丽"出三尺马,云本朱蒙所乘,马种即果下也"。⑦《北齐书·尉景传》记载:"景有果下马,文襄求之,景不与。"⑧尉景的果下马应该来自东北亚地区。东汉时乌桓大人曾向东汉光武帝进献良马。《后汉书·乌桓传》记载,建武二十五年,"辽西乌桓大人赦旦等九百二十二人率众向化,诣阙朝贡,献奴婢、牛马及弓、虎、豹、貂皮"。⑨

　　汉末,游牧于东北地区的鲜卑人西下南迁,进入原来属于匈奴人的草原地带,成为北方草原的主人,与东汉王朝发生密切联系。在鲜卑与东汉王朝的军事对抗中,汉朝从战争中获得鲜卑的良马。《后汉书·祭肜传》记载,祭肜任辽东太守,建武二十一年(52年),大败鲜卑,"斩首三千余级,获马数千匹"。⑩

---

① 《汉书》卷95《朝鲜传》,中华书局1962年版,第3865页。
② 《后汉书》卷85《东夷列传》,中华书局1965年版,第2811、2812页。
③ 何清谷校注:《三辅黄图校注》卷6,三秦出版社1995年版,第335页。
④ 《后汉书》卷85《东夷列传》,中华书局1965年版,第2818页。
⑤ (清)孙星衍等辑:《汉官六种》,中华书局1990年版,第47页。
⑥ 《三国志》卷30《魏书·乌丸鲜卑东夷传》,中华书局1959年版,第848—849页。
⑦ 《魏书》卷100《高句丽传》,中华书局1974年版,第2215页。
⑧ 《北齐书》卷15《尉景传》,中华书局1972年版,第195页。
⑨ 《后汉书》卷90《乌桓鲜卑列传》,中华书局1965年版,第2982页。
⑩ 《后汉书》卷20《祭肜传》,中华书局1965年版,第745页。

在与中原政权的交往中,鲜卑人以其良马进献。同书同卷记载,建武二十五年(56年),祭肜"使招呼鲜卑,示以财利。其大都护偏何遣使奉献,愿得归化,肜慰纳赏赐,稍复亲附。其异种满离、高句骊之属,遂络绎款塞,上貂裘、好马"①。《三国志·公孙瓒传》记载:"太祖与袁绍相拒于官渡,阎柔遣使诣太祖受事,迁护乌丸校尉。……太祖破南皮,柔将部曲及鲜卑献名马以奉军。"②太祖即曹操,鲜卑人曾向曹操进献名马。中原地区与鲜卑存在互市贸易,鲜卑以其良马交换中原地区的"珍货"。《后汉书·应劭传》记载,应劭说鲜卑"唯至互市,乃来靡服。苟欲中国珍货,非为畏威怀德"。③鲜卑人欲得中原珍货,只能以良马来交换。

二、良马输入与汉代社会

研究汉代物质文明的意义并不在于这些物品的本身,而在于这些物品对汉代社会生活的影响。正如美国汉学家谢弗说自己的著作《撒马尔罕的金桃》研究的重点是唐代的进口物品,而"目的是撰写一部研究人的著作"④。汉代远方良马的输入对汉代人的思想观念和文化生活都发生了重要影响,因此远方良马输入对汉代社会生活的影响值得探讨。

(一)良马输入与汉武帝长生求仙

西域良马的输入,曾使武帝求仙思想达到一个高潮,同时最终又造成了他求仙思想的破灭。汉武帝迷信方士神仙之说,成仙长生的欲望非常强烈。"孝武皇帝初即位,尤敬鬼神之祀"⑤。

在方士炫惑之下,武帝屡行求仙之举。《史记·封禅书》记载,元鼎四年

① 《后汉书》卷20《祭肜传》,中华书局1965年版,第745页。
② 《三国志》卷8《魏书·公孙瓒传》,中华书局1959年版,第247页。
③ 《后汉书》卷48《应劭传》,中华书局1965年版,第1609页。
④ [美]谢弗著:《唐代的外来文明》导论,吴玉贵译,中国社会科学出版社1995年版,第3页。
⑤ 《史记》卷12《孝武本纪》,中华书局1982年版,第451页。

（前 113 年）六月，汾阴出土宝鼎，方士公孙卿编造黄帝铸鼎铜山，鼎成而乘龙升天的神话，武帝心向往之，说："吾诚得如黄帝，吾视去妻子如脱屣耳。"①神龙不可见，武帝怅然，"訾黄其何不徕下？"②訾黄是龙马名。"天子既闻公孙卿及方士之言，黄帝以上封禅，皆致怪物与神通，欲效黄帝，以接神人蓬莱，高世比德于九皇，而颇采儒术以文之。"③武帝派方士栾大入东海，想迎接仙人于海，封禅泰山。结果，"五利将军（栾大）使不敢入海，之泰山祠。上使人微随验，实无所见。五利妄言见其师，其方尽，多不雠，上乃诛五利"④。此事在元鼎五年。第二年，"上遂东巡海上，行礼祠八神，齐人之上疏言神怪奇方者以万数，然无验者"⑤。这年春，公孙卿又上言，在东莱山见到神人，"若云欲见天子，天子于是幸缑氏城，拜卿为中大夫，遂至东莱，宿留之数日，无所见"⑥。

正是在武帝求仙之举屡以失败告终之时，西域天马之说又给他带来新的希望。汉朝人听说西域有良马，方士又妄言西域之马是神马，乘之可以代龙而升天成仙，武帝孜孜以求。《史记·大宛列传》记载："初天子发书《易》云：'神马当从西北来'。得乌孙马好，名曰'天马'；及得大宛汗血马，益壮，更名乌孙马曰'西极'，名大宛马为'天马'。"⑦西域马入汉，武帝初时仍信此等妄说。武帝作有《天马》诗二首，一为元狩三年（前 120 年）马生渥洼水中作，其中有云："今安匹兮龙为友。"⑧二是太初四年（前 101 年）诛宛王获宛马作，太初四年，李广利伐大宛获胜，得汗血马。汉武帝又作《西极天马之歌》。⑨ 都表达了乘之升天为仙的思想。然而天马既到，久之并不能升天，武帝之梦想终归于破灭。

---

① 《史记》卷 28《封禅书》，中华书局 1982 年版，第 1394 页。
② 《汉书》卷 22《礼乐志二》，中华书局 1962 年版，第 1059 页。
③ 《史记》卷 12《孝武本纪》，中华书局 1982 年版，第 473 页。
④ 《史记》卷 28《封禅书》，中华书局 1982 年版，第 1395 页。
⑤ 《史记》卷 28《封禅书六》，中华书局 1982 年版，第 1397 页。
⑥ 《史记》卷 28《封禅书》，中华书局 1982 年版，第 1399 页。
⑦ 《史记》卷 123《大宛列传》，中华书局 1982 年版，第 3170 页。
⑧ 《史记》卷 24《乐书二》，中华书局 1982 年版，第 1178 页。
⑨ 《汉书》卷 6《武帝纪》，中华书局 1962 年版，第 202 页。颜师古注引应劭曰："大宛旧有天马种，蹋石汗血。汗从肩髆出，如血。号一日千里。"颜师古说："蹋石者，谓蹋石而有迹，言其蹄坚利。"

（二）良马输入与汉代骑兵的发展

汉代是将马匹运用到战争进入高潮的时期，乘马作战和以马驮载战略物资成为汉代战争的一大景观。商、周时虽然已经有马拖拉的战车，但骑兵于春秋战国才开始发达。骑兵迅捷灵活，很快改变了战场上的形态，成为新兴的主力。汉代对北方游牧民族的战争尤其需要发展骑兵。

汉朝获得大量良马，发展了骑兵，提高了汉朝骑兵的战斗力。西汉从景帝开始置苑养马，至汉武帝反击匈奴，已经拥有大量良马。这些马有的饲养在京师长安，有的在西北地区置苑牧养。东汉卫宏《汉官旧仪》卷下云："天子六厩，未央厩、承华厩、騊駼厩、路軨厩、骑马厩、大厩，马皆万匹。""中黄门驸马、大宛马、汗血马、干河马、天马、果下马。果下马，高三尺，驾辇。大宛、汗血马皆高七尺。干河马，华山神马种也。"①同书补遗云："太仆、牧师诸苑三十六所，分布北边、西边，以郎为苑监，宦官奴婢三万人，养马三十万匹。"②南齐时孔稚珪《上和虏表》论汉朝对付北方游牧民族的策略："匈奴为患，自古而然。虽三代智勇，两汉权奇，算略之要，二途而已。一则铁马风驰，奋威沙漠；二则轻车出使，通驿虏廷。"③汉武帝时反击匈奴，汉朝已经拥有强大的骑兵。元朔六年（前123年）春天，大将军卫青率领六将军和十余万骑兵，二出定襄数百里，攻击匈奴。元狩二年（前121年），骠骑将军霍去病率骑兵数万，两次从陇西出击，夺取河西走廊。元狩四年（前119年），大将军卫青、骠骑将军霍去病率领骑兵二十四万，步兵十余万，分兵两路出击，北越大漠，大败匈奴单于。从汉武帝反击匈奴到东汉时最终击溃匈奴，汉朝骑兵发挥了重要作用。

在汉军中"胡骑"是重要组成部分。汉代文献中提到的胡骑有的指胡人的骑兵，亦泛指胡人军队，包括匈奴骑兵。《史记·绛侯周勃世家》记载，周勃

---

① （清）孙星衍等辑：《汉官六种》，中华书局1990年版，第47页。

② 《汉书》如淳注。黄清谷校注：《三辅黄图校注》卷4引，三秦出版社1995年版，第231页。按：《汉仪注》，东汉卫宏撰。又名《汉旧仪》，后人见该书所载多官制，又名之为《汉官旧仪》。该书原本有注，魏晋唐人引曰《汉仪注》，皆指此书。主要记述皇帝起居、官制、名号职掌、中宫及太子制度、二十等爵等内容，是研究汉史的重要资料之一。原为四卷，今本《汉官旧仪》二卷，系残本，清人孙星衍有校证，并辑补遗二卷。

③ 《南齐书》卷48《孔稚珪传》，中华书局1972年版，第838页。

"前至武泉,击胡骑";"击韩信胡骑晋阳下,破之"。① 有时则指归附的胡人骑兵,包括胡兵和胡马。在西汉保卫京师长安的卫戍部队里有"胡骑"。《汉书·百官公卿表上》:"长水校尉,掌长水宣曲胡骑。又有胡骑校尉,掌池阳胡骑,不常置。"颜师古注:"长水,胡名也;宣曲,观名,胡骑之屯于宣曲者。""胡骑之屯于池阳者也"。②《汉书·宣帝纪》记载,神爵元年(前101年),西羌反,汉朝调发军队平叛,其中有"胡、越骑"。③

在边塞地区汉军中也有"胡骑"。《后汉书·段颎传》记载,段颎在边十余年,建宁三年"征还京师,将秦胡步骑五万余人,及汗血千里马,生口万余人"④。居延汉简中有一简云:"以食斥侯胡骑二人五月尽□。"⑤另一简乃《□属国胡骑兵马名籍》。⑥ 又一简云:"始摄过胡骑外输沈里前。"⑦说明胡骑是屯守居延驻军的重要组成部分。汉末陈琳《为袁绍檄豫州》写袁绍军中有大量胡骑:"莫府奉汉威灵,折冲宇宙,长戟百万,胡骑千群。"⑧陈琳《武军赋》写袁绍讨公孙瓒的军队:"南辕反斾,爰整其旅。胡马骈足,戎车齐轨。"⑨这其中有文学的夸张和渲染,但也反映了袁绍军中"胡骑"数量之多。

这种包括胡兵和胡马的胡骑,可能是周边游牧民族降附骑兵改编而来,成为汉军重要组成部分。

(三) 马与汉代交通

马也是重要的交通工具。汉代发展了驿传制度,各交通要道设有置驿,供

---

① 《史记》卷57《绛侯周勃世家》,中华书局1982年版,第2069页。

② 《汉书》卷19《百官公卿表上》,中华书局1962年版,第738页。

③ 《汉书》卷8《宣帝纪》,中华书局1962年版,第260页。

④ 《后汉书》卷65《段颎传》,中华书局1965年版,第2153页。

⑤ 中国社会科学院考古研究所编:《居延汉简甲乙编》(下册),中华书局1993年版,第124页。

⑥ 中国社会科学院考古研究所编:《居延汉简甲乙编》(下册),中华书局1993年版,第265页。

⑦ 中国社会科学院考古研究所编:《居延汉简甲乙编》(下册),中华书局1993年版,第268页。

⑧ (南朝梁)萧统编:《文选》卷44,上海书店1988年版,第616—617页。

⑨ 费振刚等辑校:《全汉赋》,北京大学出版社1993年版,第696页。

行人食宿和换乘车马。置驿中饲养有供行人换乘的传马、驿马。敦煌悬泉置出土简牍和居延汉简中有不少"传马""驿马"的记载,传马、驿马即置驿供行人骑乘的公用马匹。出土的Ⅴ1610②:11—20简为建始二年(前31年)三月悬泉置《传马名籍》,将传马匹数、特征都记录在案。① 悬泉置的驿马随时被征用,供东西往来的远方使节和汉朝出行的官员出行。敦煌悬泉置出土一枚汉简云:"……騩,乘,齿十八岁,送渠犁军司马令史勋,承明到遮要,病柳张,立死。卖骨肉临乐里孙安所,贾(价)千四百。"②騩,是毛浅黑色的马,被指令送到渠犁军司马令史,病死半途。又一简云:"五凤四年九月己巳朔己卯,县(悬)泉置丞可置敢言之:廷移府书曰:效谷驿传马病死爰书:县(悬)泉传马一匹,骊,乘,齿十八岁,高五尺九寸,送渠犁军司(马)令史……"(Ⅱ0115③:98)③这两简记载都是以悬泉置驿马送渠犁屯田官马病死的事件。又一简云:"……齿九岁,高六尺二寸,乃三月乙卯送罢戊校侯张君……"(Ⅰ0205②:3)④又:"□骑士六人,持马送戊校。"(Ⅱ0115②:173)⑤似乎都是送人后发生了事故,才记录下来。Ⅴ1311④:82和Ⅱ0115③:96两简内容都与冯夫人路经悬泉置有关。⑥ Ⅱ0114③:522简则与乌孙公主路经悬泉置有关。⑦ 在汉代驿置饲养供骑乘的驿马有的来自周边或域外良马。居延汉简有一简记载,属吏士张禹病,其弟张宗"自将驿牝胡马一匹来视禹"⑧。

马作为个人坐骑,是人们日常生活中的重要交通工具,这当然限于贵族和官员。从汉武帝开始,马主人注重马的佩戴和装饰,并以远方珠宝装饰为尚。《西京杂记》卷二记载:"武帝时,身毒国献连环羁,皆以白玉作之,马瑙石为勒,白光琉璃为鞍。鞍在暗室中,常照十余丈,如昼日。自是,长安始盛饰鞍马,竞加雕镂。或一马之饰直百金,皆以南海白蜃为珂,紫金为华,以饰其上。犹以不鸣

---

① 胡之主编:《甘肃敦煌汉简》(四),重庆出版社2008年版,第21—26页。
② 胡平生、张德芳著:《敦煌悬泉汉简释粹》,上海古籍出版社2001年版,第112页。
③ 胡平生、张德芳著:《敦煌悬泉汉简释粹》,上海古籍出版社2001年版,第116页。
④ 胡平生、张德芳著:《敦煌悬泉汉简释粹》,上海古籍出版社2001年版,第130页。
⑤ 胡平生、张德芳著:《敦煌悬泉汉简释粹》,上海古籍出版社2001年版,第130页。
⑥ 胡平生、张德芳著:《敦煌悬泉汉简释粹》,上海古籍出版社2001年版,第141页。
⑦ 胡平生、张德芳著:《敦煌悬泉汉简释粹》,上海古籍出版社2001年版,第142—143页。
⑧ 中国社会科学院考古研究所编:《居延汉简甲乙编》(下册),中华书局1993年版,第158页。

为患,或加以铃镊,饰以流苏,走则如撞钟磬。若飞幡葆。后得贰师天马。帝以玫瑰石为鞍,镂以金银鍮石,以绿地五色锦为蔽泥,后稍以熊罴皮为之。熊罴毛有绿光,皆长二尺者,直百金。卓王孙有百余双,诏使献二十枚。"①骑上来自远方的良马,马身上又满戴远方输入的金银珠宝,是当时达官贵人们感到十分荣耀的排场。

汉代马作为重要交通工具还表现在以马驾车上。汉代墓室壁画、画像石、画像砖上有不少车马出行图,是贵族出行生活的反映。这种艺术在全国各地均有发现,特别是徐州、山东、四川、河南、陕西等地出土的汉画像石、画像砖和壁画。以马驾车,马的匹数跟主人的身份地位有关,在汉代壁画和画像石中有的单马驾车,有的两马驾车,有的三马驾车,这些都体现出主人的不同身份,同时也展现了汉代贵族官员们出行的工具。

三、良马输入与汉代文学艺术

有关马的美术作品,从汉代开始兴盛。远方文明的输入,总是令人感到新奇,因此容易引起诗人的歌咏和艺术家表现的兴趣。远方良马雄壮的体型、骏马奔驰的姿态和便于骑乘的功能引起诗人艺术家的美感,汉代出现了吟咏远方良马的诗篇和雕刻骏马的艺术。

汉武帝咏渥洼马和大宛马的诗传诵至今。《汉书·汉武帝纪》记载,元鼎四年(前113年)"六月,得宝鼎后土祠旁;秋,马生渥洼水中。作《宝鼎》《天马》之歌"。② 汉武帝《天马歌》曰:"天马来兮从西极,经万里兮归有德。承威灵兮降外国,涉流沙兮四夷服。"③得到大宛汗血马,武帝认为比乌孙马好,改

---

① (汉)刘歆撰,(晋)葛洪集:《西京杂记》卷 2,见《汉魏六朝笔记小说大观》,上海古籍出版社 1992 年版,第 87 页。

② 《汉书》卷 6《武帝纪》,中华书局 1962 年版,第 184 页。

③ 《汉书·武帝纪》作《天马歌》。《史记》卷 24《乐书》云:"尝得神马渥洼水中,复次以为《太一之歌》。"司马迁误将咏大宛马诗当作咏渥洼水马诗,此诗当为咏渥洼水马诗,经改编后入乐府《郊祀乐》,文字不同:"天马徕,从西极,涉流沙,九夷服。天马徕,出泉水,虎脊两,化若鬼。天马徕,历无草,径千里,循东道。天马徕,执徐时,将摇举,谁与期? 天马徕,开远门,竦予身,逝昆仑;天马徕,龙之媒,游阊阖,观玉台。"见《汉书》卷 22《礼乐志二》,中华书局 1962 年版,第 1060—1061 页。所谓"出泉水"云云,符合"马生渥洼水中"之说。但《汉书》沿袭《史记》之误,也把这首诗当作咏叹大宛马诗。

称大宛汗血马为"天马",把乌孙马改名"西极马"。① 武帝作《西极天马之歌》②,表达欣喜之情。诗云:"太一贡兮天马下,沾赤汗兮沫流赭。骋容与兮蹢万里,今安匹兮龙为友。"③

"胡马"在汉代已经进入诗歌的咏唱中,成为思乡意象。被匈奴拘留的苏武归汉,与投降匈奴的李陵作别,诗云:"黄鹄一远别,千里顾徘徊。胡马失其群,思心常依依。"④以黄鹄自比,用胡马比李陵,写留在异乡的李陵对家乡和朋友的思念。汉无名氏《古诗十九首》中《行行重行行》一首有云:"行行重行行,与君生别离。相去万余里,各在天一涯。道路阻且长,会面安可知? 胡马依北风,越鸟巢南枝。"⑤"依北风""巢南枝"是动物怀念乡土情感的本能的表现。这两句托物喻意,在文中意思是说胡马和越鸟尚且如此,难道丈夫就不思念故乡吗? 这两句是思妇对游子说的,意思是人应该有恋乡之情。"胡马"作为诗歌意象更多地出现在魏晋南北朝和隋唐诗歌中,皆托物寓意,有的借胡马写壮志,有的借胡马写思乡,而这一意象的生成则在汉代发端。

赋是汉代的代表文学,汉代大赋歌功颂德,在他们颂扬大汉威德和文治武功时,常常写到远方物产。四夷入贡和远方奇禽异兽奇珍异宝传入中原地区,被视为大汉帝国威德表现。大宛马就是一个典型。东汉班固《西都赋》写道:"西郊则有上囿禁苑,林麓薮泽,陂池连乎蜀汉,缭以周墙,四百余里。离宫别馆,三十六所。神池灵沼,往往而在。其中乃有九真之麟、大宛之马、黄支之犀、

---

① 《汉书》卷61《张骞李广利传》,中华书局1962年版,第2693—2694页。

② 《汉书》卷6《武帝纪》,中华书局1962年版,第202页。

③ 此诗《史记》卷24《乐书》又作《太一之歌》,司马迁误将咏大宛马当作咏渥洼水马,而把咏渥洼水马误作咏大宛马。中华书局1982年版,第1178页。《后汉书》第42卷《东平王苍传》记载,汉章帝曾赐大宛汗血马一匹给东平王刘苍,云:"致宛马一匹。闻武帝歌天马:'霑赤汗。'今亲见其然,血从前膊上小孔中出。"李贤注云:"《前书》'天马歌'曰:'太一况,天马下,霑赤汗,沫流赭'也。"章帝给东平王苍的信和李贤的注是对的,此诗云:"霑赤汗,沫流赭"符合大宛汗血马的形象。武帝诗后经改编入乐府《郊祀乐》,歌词有变化,云:"太一况,天马下,霑赤汗,沫流赭。志俶傥,精权奇,尔浮云,晻上驰。体容与,泄万里,今安匹,龙为友。"见《汉书》卷22《礼乐志二》,中华书局1962年版,第1060页。但《汉书》亦沿袭《史记》之误,把这首诗当作咏渥洼水马。颜师古显然认识到《汉书》记载之误,故注"霑赤汗,沫流赭"两句,引应劭曰:"大宛马汗血霑濡也,流沫如赭也。"

④ (南朝梁)萧统编:《文选》卷29,上海书店1988年版,第405页。

⑤ (南朝梁)萧统编:《文选》卷29,上海书店1988年版,第401页。

条枝之鸟,逾昆仑,越巨海,殊方异类,至三万里。"①这里虽在夸耀,却是写实。

远方良马输入汉地,引起艺术家创作的兴趣,产生了以马为题材的造型艺术,马形造像和装饰图案的艺术品越来越多。汉代石雕图像主要有圆雕动物、透雕动物纹饰、石刻和画像石,以及大型镇墓兽石狮、石马和天禄、辟邪,其中都有西域题材和表现手法的影响。西汉时期的雕塑艺术成就突出表现在大型纪念性石刻和园林的装饰性雕刻上,霍去病墓前石刻是留存至今的一组非常具有代表性的大型石雕作品,其代表作"马踏匈奴"石像,象征着他为国家立下的不朽功勋。昂首屹立的战马足踏手持弓箭的匈奴人,战马俨然一副胜利者的姿态,寓意深刻,耐人寻味。

汉代产生了金属铸造艺术,远方良马成为重要素材。汉武帝为了获得大宛汗血马,派壮士车令等人出使大宛,"持千金及金马以请宛王贵山城善马"②。金马显然是以金铸造成的工艺品,用为贵重礼物。陕西省兴平县汉武帝茂陵东南 1000 米处,有其姐姐阳信长公主墓,其陪葬坑出土的鎏金铜马表现的就是大宛汗血马体型。③ 在汉代以前的造型艺术中,不见这种体型的马,而从汉迄唐约千年间,这类马的造型艺术品屡见不鲜。与现代良马相比,这尊铜马与中亚土库曼斯坦的阿哈—捷金马最为近似,它们可能属于同一血缘品种的马。《三辅黄图》卷三"未央宫"条记载:"金马门,宦者署。武帝得大宛马,以铜铸像,立于署门,因以为名。东方朔、主父偃、严安、徐乐,皆待诏金马门,即此。"④此铜铸像大概与汉武帝茂陵东侧 1 号无名冢 1 号葬坑出土的鎏金铜马艺术风格和制作技术相同。

1969 年,在甘肃武威雷台东汉墓中出土大批铜俑,这是镇守张掖的军事长官张某及其妻合葬墓,出土物中有驾车乘骑的铜人马 38 件、铜奔马 1 件。著名的铜奔马又称"马踏飞燕"或"马超龙雀",重 7.15 公斤,高 34.5 厘米,长 45 厘米,宽 13 厘米,马头顶花缨微扬,昂首扬尾,尾打飘结,三足腾空,右后足

---

① (南朝梁)萧统编:《文选》卷 1,上海书店 1988 年版,第 4 页。

② 《汉书》卷 61《张骞传》,中华书局 1962 年版,第 2697 页。

③ 陕西地区文管会、茂陵博物馆:《陕西茂陵一号无名冢一号从葬坑的发掘》,《文物》1982 年第 9 期。

④ 黄清谷校注:《三辅黄图校注》卷 3,三秦出版社 1995 年版,第 163 页。

蹄踏一飞燕,飞燕展翅,惊愕回首。其造型一反秦汉雕塑以静态或静中寓动的方法表现马的方式,而着意表现马的动态,雕塑了一匹躯体健壮的骏马头微左侧、张口嘶鸣、束尾飘举的俊逸姿态,给人协调自然、神采飞扬的印象,完全符合骏马在运动中的自然形态。鎏金铜马和铜奔马不仅展现了汉代高度发达的冶金、铸造技术和艺术家的卓越才华,而且为研究汉代马的体型、来源提供了有力的实证。20 世纪 50 年代在四川彭山县出土的陶马和 70 年代在贵州兴义县出土的铜马,艺术风格虽然与前出两件迥然不同,然而马之体形悍威勃然的神态却如出一辙。①

汉武帝时东门京曾铸铜马,可能依据当时进口之汗血马体式铸作。《后汉书·马援传》记载:

> 援好骑,善别名马,于交阯得骆越铜鼓,乃铸为马式,还上之。因表曰:"……孝武皇帝时,善相马者东门京铸作铜马法献之,有诏立马于鲁班门外,则更名鲁班门曰金马门。臣谨依仪氏䩭,中帛氏口齿,谢氏唇鬐,丁氏身中,备此数家骨相以为法。"马高三尺五寸,围四尺五寸,有诏置于宣德殿下,以为名马式焉。②

东汉时马援南征,获得南越之地的铜鼓,效法东门京,铸为铜马,作为相马法式。

由于马在社会生活中的重要作用,汉代出现一批以善画马而著称的画家。《西京杂记》记载:"元帝后宫既多,不得常见,乃使画工图形,案图召幸之。诸宫人皆赂画工,多者十万,少者亦不减五万。独王嫱不肯,遂不得见。匈奴入朝,求美人为阏氏。于是上案图,以昭君行。及去,召见,貌为后宫第一,善应对,举止闲雅。帝悔之,而名籍已定。帝重信于外国,故不复更人。乃穷案其事,画工皆弃市,籍其家资皆巨万。画工有杜陵毛延寿,为人形,丑好老少,必得其真。安陵陈敞、新丰刘白、龚宽,并工为牛马飞鸟众势,人形好丑,不逮延寿。"③

---

① 常洪、王仁波:《试评茂陵东侧出土的西汉鎏金铜马——兼论天马和现代中亚马种的关系》,《农业考古》1987 年第 2 期。

② 《后汉书》卷 24《马援传》,中华书局 1965 年版,第 840—841 页。

③ (汉)刘歆撰,(晋)葛洪集:《西京杂记》卷 2,见《汉魏六朝笔记小说大观》,上海古籍出版社 1999 年版,第 86 页。

其中陈敞、刘白、龚宽都是活跃在元帝宫廷中的画家,工于牛马,其画马素材有的应该也取材于远方输入的骏马形象。他们的画应该有帛画,也有壁画。不仅元帝宫廷中如此,汉代社会上应该有不少善于画马的画家,我们现在还能看到不少汉代墓画壁画中的车马出行图,应该就是这些画家的作品。山东嘉祥武氏祠堂画像石刻有龙马之状,应是乌孙、大宛马输入中原后龙的变形图案。

汉代时远方良马的输入,在汉代物质文化生活中发挥了重要作用。在汉代远方文明的输入中,最有实用价值的当属良马的输入。良马的输入和它在汉代社会生活中的作用,有力说明文化交流是人类文明进步的动力。

（本文原载《社会科学战线》2014 年第 7 期,《新华文摘》2014 年第 14 期转载）

汉代骆驼的输入及其影响

　　骆驼是古代交通和运输的重要工具,可用作骑乘、驮运、拉车、耕地等。汉代随着丝绸之路的开辟,通过战争、入贡和商业贸易,北方草原民族和西域民族的骆驼源源不断地传入中原地区。骆驼作为驯养动物的传播利用是人类文明史上的重要现象,骆驼的传入在汉代社会产生了重要影响。骆驼对沙漠环境有特殊的适应能力,历史上著名的丝绸之路途经广大沙漠地区,在现代化的交通工具产生之前,骆驼是古代丝绸之路上最重要的交通运载工具。在西北地区很早就有以骆驼殉葬的习俗。骆驼异于中原牲畜的形象以及其耐劳性格受到汉地人们的喜爱,汉代出现了更多的以骆驼为题材的造型艺术。

一

　　骆驼是骆驼科骆驼属动物,在古代不同的汉文文献中被写作"橐驼""駝驼""橐它""橐他""橐佗""橐駞""骆駞"等。骆驼,最早见于西汉陆贾《新语·道基》。颜师古注《汉书》云:"橐驼者,言其可负橐囊而负驮物,故以名云。"[1]从体型上分,骆驼有单峰驼和双峰驼两种。单峰骆驼比较高大,在沙漠中能走能跑,可以运货,也能驮人。双峰骆驼四肢粗短,更适合在沙砾和雪地上行走。骆驼科的进化最早发生于北美,后来其分布范围扩大到南美和亚洲,而在其原产地却消失了。英国学者梅森主编《驯养动物的进化》云:"在冰川

---

　　① 《汉书》卷57《司马相如传上》,中华书局1962年版,第2556—2557页。

时期,由于阿拉斯加和西伯利亚之间的白令海峡是相连的,使得早期的骆驼能从美洲扩散到亚洲。不同类型的化石表明它们在穿过干旱的亚洲大陆中部而进入欧洲东部(南俄罗斯和罗马尼亚)。某些早期的骆驼通过中东和北非,一直向西迁徙到达大西洋或向南到达坦桑尼亚北部。"① 传统观点认为现代骆驼的祖先4000万年前生活在北美,可能体型巨大,没有脚趾。在大约300万年前至亚洲,并进而到达中东和非洲。也有一种观点认为100万年前骆驼远祖越过白令海峡到达亚洲,进而至非洲,并演化出双峰驼和人类驯养的单峰驼。②

按照贺新民等《中国骆驼资源图志》的介绍,骆驼起源于距今5500万年前新生代始新世时期北美洲的"原蹂蹄类"。距今约3000万年前的渐新世中期,演化成二趾原驼。距今约2500万年前的中新世末期进化为原驼,外形与现代骆驼仍有差异,但在解剖学上已经非常相近。距今约100万年前,原驼开始自北美大批迁徙。一支经白令海峡到东半球,在中亚细亚进化为双峰驼;一支越过大陆干旱地区,至西亚、北非热带沙漠地区,演变为单峰驼;另有一支南下,越过巴拿马海峡,进入南美地区,演化为四种无峰驼:驼马、原驼、羊驼和美洲驼。③ 罗运兵指出,大迁徙后的骆驼,各自适应迁入地区的自然环境,繁衍生息,逐渐进入人类驯化的历史。距今约6000年前,西亚、北非和阿拉伯南部地区驯化出单峰驼;距今约4500年前,中亚地区则驯化出双峰驼。④

单峰驼最早在阿拉伯半岛中部或南部被驯养,约于公元前2000年,单峰驼逐渐在撒哈拉沙漠地区普及,但在公元前900年左右消失,它们大多是被人类捕猎的。后来埃及入侵波斯,波斯阿契美尼德王朝国王冈比西斯二世(CambysesⅡ,公元前529—前522年在位)把已经被驯养的单峰驼传入波斯地区。被驯养的单峰驼在北非被广泛使用,罗马人使用骆驼骑兵在沙漠边缘巡逻。波斯骆驼不适合用来穿越撒哈拉沙漠,起初穿越大沙漠的长途旅行通

---

① 〔英〕梅森(I.L.Mason)主编:《驯养动物的进化》(中译本),南京大学出版社1991年版,第121—122页。

② 贺新民、杨宪孝:《中国骆驼发展史》(上),《农业考古》1981年第1期。

③ 贺新民著:《中国骆驼资源图志》,湖南科学技术出版社2002年版,第1—2页。

④ 罗运兵:《我国骆驼的早期驯养与扩散》,载《中国〈活兽慈舟〉学术研讨会论文集》(四川威远),2013年。

常是靠战车实现的。更强壮和耐久力更强的双峰驼,原产于亚洲中部土耳其斯坦、中国北方和蒙古,大约在公元前八九世纪被驯化。圣经《旧约全书·列王纪》记载,示巴女王拜访所罗门,"跟随她到耶路撒冷的人甚多,又有骆驼驮着香料、宝石和许多金子"①。在公元前四世纪,双峰驼传入非洲,在这里越来越多的人开始使用它们。这种骆驼适合做穿越大漠的长途旅行之用,而且可以装运更多更重的货物,跨撒哈拉沙漠的贸易活动得以进行。

关于中国双峰驼的起源和驯养的时间问题,学术界存在争议。《驯养动物的进化》的作者认为:"直到公元前四世纪末,在中国尚不知骆驼的存在,这就近乎排除了中国是早期驯化地的可能。"②但中国学者贺新民、杨宪孝考证的结果是,内蒙古、新疆、甘肃河西走廊以及青海柴达木盆地等省区的荒漠、半荒漠地带,既是中国双峰驼的发源地区,也是亚洲驯养双峰驼最早的地方。中国驯养双峰驼的时期是在公元前 5000 年至前 3000 年的氏族公社时代。③ 2012 年 11 月 14 日,中国科学家破译了世界上首例双峰驼全基因组图谱,完成了世界首例双峰驼全基因组序列图谱绘制和解析工作。他们的结论是双峰驼同牛遗传关系最近,在 5500—6000 万年前有最近的共同祖先。④ 这项成果说明中国西北地区早有双峰驼的生存。在塔里木盆地至柴达木盆地之间,向东至蒙古,汉代时仍有野生双峰驼栖居。野生双峰驼驼峰比家驼小而尖,躯体比家骆驼细长,脚比家骆驼小,毛较短。数量稀少,单独、成对或结成小群 4—6 只聚在一起,很少见 12—15 只的大群。双峰驼特别耐饥渴,它可以十多天甚至更长时间不饮水,在极度缺水时,能将驼峰内的脂肪分解,产生水和热量。一次饮水可达 57 升,以便恢复体内的正常含水量。它们以梭梭、胡杨、沙拐枣等各种荒漠植物为食,吃沙漠和半干旱地区生长的几乎任何植物,包括盐碱植物。而且双峰驼比较驯顺、易骑乘,适于载重,四天内可运载 170—270 千克货物,每天行走约 47 千米,最高速度约每小时 16 千米。居延汉简中有西北边

---

① 《圣经》,中国基督教三自爱国运动委员会、中国基督教协会 2008 年版,第 331 页。

② [英]梅森(I.L.Mason)主编:《驯养动物的进化》(中译本),南京大学出版社 1991 年版,第 123 页。

③ 贺新民、杨宪孝:《中国双峰骆驼起源考》,《中国农史》1986 年第 2 期。

④ 王辉:《"双峰驼基因组计划"取得重大突破——世界首例双峰驼全基因组序列图谱绘制和破译工作完成》,《科学成果管理与研究》2013 年第 1 期。

境地区驿置人员出塞捕获野骆驼的记载,其中一简记载,张宗骑驿牝胡马看望其生病的哥哥,"见塞外有野橐佗□□□□/□(字迹不清,无法辨认)宗马出塞逐橐佗,行可卅余里,得骆驼一匹。"①张宗所获野骆驼应该是这种双峰驼。陕北绥德延家岔出土一狩猎图案的画像石,所绘被围猎的对象是一只在漠北才有可能作为猎物的野骆驼。② 从考古发现的骆驼化石或骨骼遗存来看,中国北方更新世时期就有骆驼的生存。晋东地区下更新世地层中发现"类驼"化石,河南、北京周口店出现年代较晚的更新世"巨类驼"化石,内蒙古萨拉乌苏河流域晚更新世地层中出土"诺氏驼"的骆驼化石。③ 根据古生物学家的研究,类驼可能是现生骆驼的较早祖先,而诺氏驼是现生双峰驼的近祖。内蒙古朱开沟遗址出土双峰驼上臼齿一枚,年代相当于夏代晚期,因无法判断是否驯化,被考古界定性为野生动物。新疆地区,特别是北疆地区,考古发现大量的随葬骆驼骨骼遗存,说明至迟在西周中晚期中国西北地区已驯养骆驼。④

　　骆驼可用作骑乘、驮运、拉车、耕地等。首先是骑乘,骆驼是荒漠半荒漠地区,尤其是沙漠地区的主要骑乘工具。骆驼虽不善于奔跑,但其腿长,步幅大而轻快,持久力强,加之其蹄部的特殊结构,非常适合作为沙漠中的交通工具。在短距离骑乘时,双峰驼的速度可达每小时 10 至 15 千米,长距离骑乘时,每天行程可达 30 至 35 千米。其次是驮运,在沙漠、戈壁、盐碱地、山地及积雪很深的草地上运送物资,其他交通工具往往难以发挥作用,而骆驼则是这些地区最为重要的驮畜,发挥着其他家畜及交通工具难以替代的作用,因此被广泛用于沙漠地区的运输等工作。骆驼在气候恶劣、水草供应不足的情况下,仍可坚持运输。一般说来,双峰驼的驮重约为体重的 33.8% — 43.1%,即 100 — 200 千克,短途运输时可驮重 250 — 300 千克。驮用单峰驼一般比骑乘用驼体格

---

　　① 中国社会科学院考古研究所编:《居延汉简甲乙编》(下册),中华书局 1993 年版,第 158 页。

　　② 吕静:《陕北汉画像石探论》,《文博》2004 年第 4 期。

　　③ 史庆礼:《沙漠之舟》,《化石》1979 年第 1 期。

　　④ 参见中国社会科学院考古研究所新疆工作队等:《新疆轮台县群巴克墓葬第二、三次发掘简报》,《考古》1991 年第 8 期;新疆文物考古研究所等:《新疆尼勒克县加勒克斯卡茵特墓地发掘简报》,《考古与文物》2011 年第 5 期;新疆文物考古研究所等:《新疆鄯善三个桥墓葬发掘简报》,《文物》2002 年第 6 期;新疆文物考古研究所、西北大学文化遗产与考古学研究中心:《新疆巴里坤县东黑沟遗址 2006—2007 年发掘简报》,《考古》2009 年第 1 期。

粗重,速度约为每小时 2 至 3 千米,负重为 165 至 220 千克。其次是挽曳,骆驼可用于耕地、挽车、抽水等。据测定,骆驼最大挽力为 369 千克,相当于本身体重的 80%。古代丝绸之路沿线各国和各地区常以它为驮畜,跋涉戈壁、沙漠。汉代时骆驼除了用于商业活动,也用于战争。战争中骆驼是军事物资的运载工具,特别是在北方和西北沙漠地区。汉武帝《轮台诏》讲到汉伐大宛国:"朕发酒泉驴、橐驼负食,出玉门迎军。"①说明汉朝在西北地区的军事行动中也使用骆驼作为运载工具。

二

骆驼在秦汉之前即已传入中国内地。《逸周书·王会解》记载商时伊尹奉汤之命为《四方献令》云:"正北崆峒、大夏、莎车、姑他、旦略、貌胡、戎狄、匈奴、楼烦、月氏、截犁、其龙、东胡,请令以橐驼、白玉、野马、驹騟、駃騠、良弓为献。"②说明先秦时北方的骆驼已经输入中原地区。汉代时中原地区从北方、西北游牧民族以及西域地区那里得到骆驼。陆贾《新语·道基》里提到:"夫驴、骡、骆驼、犀、象、瑇瑁、琥珀、珊瑚、翠羽、珠玉,山生水藏,择地而居。"③把骆驼与各种远来物品相提并论,说明他也是把骆驼看作远来牲畜的。从汉代文献可知,汉代人对骆驼产地尚无完整的知识,但知道燕、代、匈奴、康居、鄯善、大月氏、东离、蒲类等有骆驼:

大王诚能用臣之计,则……燕、代橐驼、良马必实外厩。④

匈奴……居于北蛮,随畜牧而转移。其畜之所多则马、牛、羊,其奇畜则橐驼、驴、骡、駃騠、驹騟、驒騱。⑤

康居亦遣贵人,橐它驴马数千匹,迎郅支。⑥

① 《汉书》卷 96《西域传下》,中华书局 1962 年版,第 3913 页。
② (明)程荣纂辑:《汉魏丛书》,吉林大学出版社 1992 年版,第 286 页。
③ (明)程荣纂辑:《汉魏丛书》,吉林大学出版社 1992 年版,第 323 页。
④ 《史记》卷 69《苏秦列传》,中华书局 1982 年版,第 2260 页。
⑤ 《史记》卷 110《匈奴列传》,中华书局 1982 年版,第 2879 页。
⑥ 《汉书》卷 94《匈奴传下》,中华书局 1962 年版,第 3802 页。

鄯善国,本名楼兰……民随畜牧逐水草,有驴马,多橐它。①

大月氏国……出一封骆驼。②

东离国……乘象、骆驼,往来邻国。③

蒲类国……有牛、马、骆驼、羊畜。④

移支国居蒲类地,……随畜逐水草,不知田作。所出与蒲类同。⑤

这是古代处于北方、西北、西域、中亚和南亚的地区。

骆驼是北方草原民族的普通家畜,但在中原地区少见。桓宽《盐铁论·崇礼》云:"騄驴馲驼,北狄之常畜也。中国所鲜,外国贱之。"⑥直至东汉末年,牟子《理惑论》中尚以"睹骆驼言马背肿"以喻"少所见多所怪"。⑦ 在中原政权和北方游牧民族的交往中,北方草原民族往往以骆驼献赠,如著名的冒顿单于《遗文帝书》云:"使郎中系零浅奉书请,献橐他一匹,骑马二匹,驾二驷。"⑧东汉时匈奴南单于降汉,向光武帝进献骆驼。《东观汉记·匈奴南单于传》记载:"建武二十六年,南单于遣使献骆驼二头,文马十匹。"⑨华峤《汉书》记载:"南单于遣使诣阙,奉藩称臣,入居于云中,遣使上书,献骆驼二头,文马十匹。"⑩汉朝从匈奴获得骆驼,更多的还是通过贸易所得。《盐铁论·力耕》记载,桑弘羊论与匈奴贸易之利:"夫中国一端之缦,得匈奴累金之物,而损敌国之用。是以騄驴馲驼,衔尾入塞;驒騱騵马,尽为我畜。"⑪汉朝与匈奴时战时和,在与匈奴的战争中也获得不少骆驼。西汉时,宣帝本始三年(前71年),常惠率汉与乌孙联军击败匈奴,获"马牛羊驴骡橐驼七十余万头"⑫。

---

① 《汉书》卷96《西域传上》,中华书局1962年版,第3876页。
② 《汉书》卷96《西域传上》,中华书局1962年版,第3890页。
③ 《后汉书》卷88《西域传》,中华书局1965年版,第2922页。
④ 《后汉书》卷88《西域传》,中华书局1965年版,第2928页。
⑤ 《后汉书》卷88《西域传》,中华书局1965年版,第2929页。
⑥ (西汉)桓宽撰,王利器校注:《盐铁论校注》卷7,中华书局1992年版,第438页。
⑦ (南朝梁)僧祐编:《弘明集》卷1,《中华大藏经》(第62册),中华书局1993年版,第710页。
⑧ 《史记》卷110《匈奴列传》,中华书局1982年版,第2896页。
⑨ (东汉)刘珍等撰,吴树平校注:《东观汉记校注》卷20,中华书局2008年版,第885页。
⑩ (唐)欧阳询撰:《艺文类聚》卷94《兽部中》,上海古籍出版社1982年版,第1630页。
⑪ (西汉)桓宽撰,王利器校注:《盐铁论校注》卷1,中华书局1992年版,第5页。
⑫ 《汉书》卷96《西域传下》,中华书局1962年版,第3905页。

《后汉书·窦宪传》记载,永元三年,窦宪率军出塞击北匈奴,与北单于战于稽落山,大破之,虏众崩溃,"获生口马牛羊橐驼百余万头"①。汉军对匈奴战争的每一次胜利,其战利品都少不了大量骆驼。美国汉学家谢弗说:"汉朝人不得不依赖像匈奴这样的边境游牧民族,以满足汉朝对这些牲畜的需求。大夏驼在运送士兵、商品通过戈壁和塔里木的高原荒漠时表现出来的安全性能,使它身价百倍,备受珍爱。"②

汉朝从西北地区和西域获得骆驼,有时是作为战利品获得的。东汉时西北地区的羌人时有反叛,中原政权在对羌人的战争中常获其骆驼。永初七年(113年),马贤与侯霸掩击零昌别部牢羌于安定,获驴、骡、骆驼、马、牛、羊二万余头。③ 元初四年(117年),任尚、马贤破羌猷狼莫,获牛、马、驴、羊、骆驼十余万头。④ 建宁二年(169年),伐东羌,获牛、马、羊、骡、驴、骆驼四十二万七千五百余头。⑤ 汉敦煌马圈湾木简中有"湖部尉得虏橐也"⑥的记载,可能就是缴获的战利品。《后汉书·耿恭传》记载:"建初元年正月,会柳中击车师,攻交河城,斩首三千八百级,获生口三千余人,驼驴马牛羊三万七千头。"⑦ 延平元年(106年),梁慬在西域平龟兹、温宿和姑墨诸地反叛,"获生口数千人,骆驼畜产数万头"⑧。有的则出于贡献。顺帝阳嘉二年(133年)六月,"疏勒国献狮子、封牛"。李贤注云:"封牛,其领上肉隆起若封然,因以名之,即今之峰牛。"⑨《通典·边防》"条支"条云:"条支,汉时通焉,……出封牛、孔雀。"⑩敦煌悬泉置汉代简牍中有西域疏勒、鄯善、莎车、乌孙、康居、大宛诸地贡献骆驼的记录:

　　1.甘露元年二月丁酉朔己未,县(悬)泉廄佐富昌敢言之,爰富:使者

① 《后汉书》卷23《窦宪传》,中华书局1965年版,第814页。
② [美]谢弗著:《唐代的外来文明》,吴玉贵译,中国社会科学出版社1995年版,第154页。
③ 《后汉书》卷87《西羌传》,中华书局1965年版,第2888页。
④ 《后汉书》卷87《西羌传》,中华书局1965年版,第2891页。
⑤ 《后汉书》卷65《段颎传》,中华书局1965年版,第2153页。
⑥ 胡之主编:《甘肃敦煌汉简》(4),重庆出版社2008年版,第9页。
⑦ 《后汉书》卷19《耿恭传》,中华书局1965年版,第722页。
⑧ 《后汉书》卷47《梁慬传》,中华书局1965年版,第1591页。
⑨ 《后汉书》卷6《顺宗纪》,中华书局1965年版,第263页。
⑩ (唐)杜佑撰:《通典》卷192《边防八》,中华书局1988年版,第5237页。

段君所将踈(疏)勒王子橐佗三匹、其一匹黄、牝,二匹黄、乘,皆不能行,罢(疲)亟死。即与假佐开、御田遂、陈……复作李则、耿癸等六人杂诊橐佗丞所置前,橐佗罢(疲)亟死、审。它如爰书。敢言之。(Ⅱ0216③:137)①

2. 大宛贵人乌莫塞献橐他一匹、黄、乘、须两耳、絜一丈、死县(悬)泉置……(Ⅱ0214②:53)②

3. 乌孙、莎车王使者四人、贵人十七,献橐佗六匹,阳赐记□(A)十九日薄(簿)至今不移,解何?(B)(Ⅰ0309③:20)③

4. □守府卒人,安远侯遣比胥健……者六十四人、献马二匹、橐他十匹、私马。□名藉(籍)畜财财物。(A)……□□辛酉日出时受遮要御。……□行。(B)(Ⅱ0214③:83)④

5. 甘露二年正月庚戌敦煌太守千秋库令贺兼行丞事敢告酒泉大☑罢军候丞赵千秋上书送康居王使者二人贵人十人从者☑九匹驴卅一匹橐他廿五匹牛戊申入玉门关已阁□/(Ⅱ90DXT0213③:6)⑤

6. 康居王使者杨伯刀、副扁阗,苏滠王使者、姑墨副沙囷、即贵人为匿等皆叩头自言,前数为王奉献橐佗入敦煌(877简)

关县次赎(?)食至酒泉昆归官,太守与杨伯刀等杂平直(值)肥瘦,今杨伯刀等复为王奉献橐佗入关,行直以次(878简)

食至酒泉,酒泉太守独与吏直畜,杨伯刀等不得见所献橐佗。姑墨为王献白牡橐佗一匹。牝二匹。以为黄。及杨伯刀(879简)

等献橐佗皆肥,以为瘦,不如实,宽(880简)

永光五年六月癸酉朔癸酉,使主客部大夫谓侍郎,当移敦煌太守,书到验问言状。事当奏闻,毋留,如律令(881简)

七月庚申,敦煌太守弘、长史章、守部候修仁行丞事,谓县,写移书到,

---

① 胡平生、张德芳著:《敦煌悬泉汉简释粹》,上海古籍出版社2001年版,第106—107页。

② 胡平生、张德芳著:《敦煌悬泉汉简释粹》,上海古籍出版社2001年版,第108页。

③ 胡平生、张德芳著:《敦煌悬泉汉简释粹》,上海古籍出版社2001年版,第109页。

④ 胡平生、张德芳著:《敦煌悬泉汉简释粹》,上海古籍出版社2001年版,第123页。

⑤ 这是一枚记载康居王遣使贡献的木牍。第三行"九匹"前缺字应该是"马",此牍记载了康居王贡献马、驴和骆驼的数量。甘露是宣帝年号,说明至迟宣帝时汉与康居已经发生通贡关系。

具移康居、苏鲎王使者杨伯刀等献橐佗食用谷数,会月廿五日,如律令/掾
登、属建、书佐政光(882 简)

　　七月壬戌,效谷守长合宗、守丞、敦煌左尉忠谓置,写移书到,具写传
马止不食谷,诏书报会月廿三日,如律令/掾宗、啬夫辅(883 简)(ⅡO216
②:877~883)①

悬泉置汉简中关于西域地区入贡活动有不少记载,其贡物品种和数量一
般要记录在案,特别是一些特殊情况发生,更要详细叙述事故原因情况。以上
诸条大都是有特殊情况发生,如疏勒王子入贡,所携三匹骆驼都在半途疲累病
死;大宛贵人所献骆驼死在悬泉置;乌孙、莎车使节入贡的六匹骆驼一直未到,
因此被悬泉置守吏记入竹简文书。康居王使者杨伯刀、副扁圜,苏擅王使者姑
墨、副沙困,即贵人为匿因献骆驼事诉冤,其册书留传下来。

汉朝从西域得到单峰骆驼。汉代从匈奴那里获得的骆驼,应当是双峰驼,
所以当从西域得到单峰驼时便感到稀奇。《汉书·西域传》记载大月氏“出一
封橐驼”。颜师古注云:“脊上有一封也。封言其隆高,若封土也。今俗呼为
封牛。封音峰。”②汉朝人所谓“封牛”,即单峰驼,除了大月氏,还产于条支、
罽宾。《汉书·西域传》记载,罽宾“出封牛”。颜师古注云:“封牛,项上隆起
者也。”③汉朝还通过地处今缅甸的掸僬侥国得到单峰骆驼。《后汉书·西南夷
传》记载,安帝永初元年,“徼外僬侥种夷陆类等三千余口举种内附,献象牙、
水牛、封牛”④。封牛或峰牛,即单峰骆驼。这种单峰驼是作为奇兽进献的,因
此数量较少。目前没有看到汉代有关单峰驼的考古资料。山东益都北齐一石
室墓曾发掘出一件刻绘商旅驼运图的石板,葬于武平四年(573 年)。线刻画
内容有一仆人牵一头骆驼、一匹马。骆驼乃较为罕见的单峰驼,张口昂首,背
负兽面纹鞍具,上挂一水囊。仆人短发,深目高鼻,上穿翻领衫,下著紧腿裤,

---

① 此件被定名为《康居王使者册》,见胡平生、张德芳著:《敦煌悬泉汉简释粹》,上海古籍
出版社 2001 年版,第 118—119 页;张德芳:《悬泉汉简中若干西域资料考论》,载荣新江、李孝聪
编:《中外关系史:新史料与新问题》,科学出版社 2004 年版,第 144 页。
② 《汉书》卷 96《西域传上》,中华书局 1962 年版,第 3890 页。
③ 《汉书》卷 96《西域传上》,中华书局 1962 年版,第 3885 页。
④ 《后汉书》卷 86《西南夷传》,中华书局 1965 年版,第 2848 页。

脚穿尖头鞋,其长相衣着显示为西域胡人,骆驼则随仆人匆步前行。①

无论从匈奴,还是从西域、西南夷获得骆驼,主要的途径应该是贸易。汉与北方的匈奴和东北、西北边地其他民族都存在互市贸易,汉地通过互市贸易从游牧民族那里主要获得其骆驼和马畜。"汉魏以降,缘边郡国皆有互市,与夷狄交易,致其物产也"②。敦煌汉简中有骆驼和骆驼笼头买卖的记载:

> 元平元年七月庚子,禽(擒)寇卒冯时卖橐络六枚杨卿所,约至八月十
> 日……与时小麦七石六斗,过月十五日以日斗计,盖卿任……(敦 1449A)③

这是一份债券簿,据分析,杨卿购买擒寇卒冯时骆驼笼头六枚,应有八月十日以前支付冯时小麦七石六斗,超过八月十五日,每日就要额外加付一斗小麦。

由于汉代得到大量骆驼,太仆寺有专门负责饲养骆驼的机构,如橐泉厩;有负责饲养骆驼的官员,称橐泉监长、橐泉监丞、牧橐令和牧橐丞。④ 司马相如《上林赋》云:"其兽则麒麟角端,騊駼橐驼,蛩蛩驒騱,䮾騠驴骡。"⑤说明上林苑中养有骆驼。东汉卫宏《汉仪注》云:"太仆、牧师诸苑三十六所,分布北边、西边,以郎为苑监,宦官奴婢三万人,养马三十万匹。"⑥饲养骆驼归太仆寺管理,因此北边、西边监苑饲养的也有骆驼。上文中提到李广利伐大宛,汉武帝能够调发酒泉橐驼,就是西北牧苑饲养的骆驼。敦煌悬泉置出土汉简有一简云:"所遣骊靬苑监侍郎古成昌,以诏书送驴、橐他。"(Ⅳ0317③:68)⑦"苑监侍郎"是朝廷派遣到边地牧苑任职的官吏,牧苑饲养的不仅是马,还有驴、

---

① 夏名采:《益都北齐石室墓钱刻画像》,《文物》1985 年第 10 期。

② (唐)李隆基撰,(唐)李林甫注:《大唐六典》卷 22,三秦出版社 1991 年版,第 415 页。

③ 参见李天虹著:《居延汉简簿籍分类研究》,科学出版社 2003 年版,第 141 页。

④ 《汉书》卷 19《百官公卿表上》,中华书局 1962 年版,第 729 页。颜师古注云:"牧橐,言牧养橐驼也。"又引如淳曰:"橐泉厩在橐泉宫下。"

⑤ 费振刚等辑校:《全汉赋》,北京大学出版社 1993 年版,第 64 页。

⑥ 佚名撰,黄清谷校注:《三辅黄图校注》卷 4,三秦出版社 1995 年版,第 231 页。按:《汉仪注》,东汉卫宏撰。又名《汉旧仪》,后人见该书所载多官制,又名之为《汉官旧仪》。该书原本有注,魏晋唐人引曰《汉仪注》,皆指此书。主要记述皇帝起居、官制、名号职掌、中宫及太子制度、二十等爵等内容,是研究汉史的重要资料之一。原为四卷,今本《汉官旧仪》二卷,系残本,清人孙星衍有校证,并辑补遗二卷。

⑦ 胡平生、张德芳著:《敦煌悬泉汉简释粹》,上海古籍出版社 2001 年版,第 60 页。

骆驼。汉代在西北边地设苑养马始于汉景帝,其时尚不包括河西。汉武帝时开始在河西地区设苑养马,同时饲养驴、骆驼等。这件文书是朝廷命担任苑监的古成昌向指定地点输送驴和骆驼的记录。

三

在古代途经许多沙漠地带的丝绸之路上,骆驼是重要的交通运输工作。和其它动物相比,骆驼特别耐饥耐渴。骆驼鼻孔能开闭,足有肉垫厚皮,适合在沙漠中行走;背有肉峰,肉峰内蓄藏脂肪,在骆驼得不到食物的时候,能够分解成骆驼身体所需要的养分,因此骆驼能够连续四五天不进食;骆驼的胃有三室,第一室有20—30个水脬,即瓶子形状的小泡泡,那是贮存水的地方,水脬里贮存的水使骆驼即使几天不喝水,也不会有生命危险。骆驼可以多日不吃不喝,一旦遇到水草,可以大量饮水贮存。骆驼的平均寿命可长达30—50年。成年骆驼到肩膀身高1.85米,到驼峰身高可达2.15米。冲刺速度可达每小时40英里,长途持续奔跑速度可达每小时25英里。

骆驼耳朵里有毛,能阻挡风沙入耳;有双重眼睑和浓密的长睫毛,可防止风沙进入眼睛;鼻子能自由关闭,可以防止风沙入鼻。这些生理"硬件"使骆驼不怕风沙。沙地松软,人脚踩上去很容易陷入,而骆驼的脚掌扁平,脚下有又厚又软的肉垫,可以在沙地上行走自如,不会陷入沙中。冬天沙漠地带非常寒冷,而骆驼的皮毛厚实,其皮毛对保持体温极为有用。骆驼熟悉沙漠里的气候,有大风或沙尘暴将要来临,它就会跪下应对,旅行的人可以预先做好准备。骆驼对地下水也特别敏感。西晋张华《博物志》记载:"敦煌西度流沙,往外国,济沙千余里中,无水,时有伏流处,人不能知,骆驼知水脉,过其处,辄停不行,以足踏地,人于所踏处掘之,辄得水。"[①]骆驼行走缓慢,但有很强驮载能力。

骆驼对沙漠环境有特殊的适应能力,历史上著名的丝绸之路途经广大沙

---

① (唐)欧阳询撰:《艺文类聚》卷94,上海古籍出版社1982年版,第1630页。

漠地区,在现代化的交通工具产生之前,骆驼是古代丝绸之路上最重要的交通运载工具。骆驼是沙漠里重要的交通工具,因此人们把它看做渡过沙漠之海的航船,有"沙漠之舟"的美誉。早在汉代,随着丝绸之路的开辟,骆驼就成为人们穿越大漠进行长途贩贸的重要运载工具。在从中国洛阳、长安出发西行经河西走廊进入西域,越葱岭进入中亚、西亚的绿洲之路上,分布着面积广大的沙漠,骆驼成为最佳的运载工具,奔波在丝绸之路上的商旅依靠骆驼进行丝绸贸易。骆驼也是战争中重要的驮载工具,其负重驮载能力优于驴骡牛马,在战争中常常被用来运输军用物资,特别在西北到处是戈壁沙漠的自然环境恶劣的地区。"西汉时与西域各国的经济交流,主要是依靠骆驼商队。往来西域的商人,成群结队,骑着骆驼,根据沿路的骆驼遗粪认识路线,越过四面茫茫的流沙。"①据说那时人们使用的主要是大夏双峰驼。美国汉学家谢弗说:"到唐朝统治的初年,北方的中国人知道使用大夏双峰驼至少已经有一千多年的历史了。早在汉代时,在新开拓的西域地区,商业性和军事性的驼队中就使用了成千上万的大夏驼。"②

骆驼也是供人们食用的牲畜。汉武帝《轮台诏》中讲到伐大宛之战:"汉军破城,食至多,然士自载不足以竟师,强者尽食畜产,羸者道死数千人。朕发酒泉驴、橐驼负食,出玉门迎军。"③这段话告诉我们,远征大宛的汉军在军粮不足的情况下,曾食其畜产,当然包括军中的骆驼。汉朝供应凯旋的汉军,亦用驴和骆驼"负食"。驼蹄羹作为一种美味,可能在东汉末年已经出现。明董斯张《广博物志》引《晋书》:"陈思王(曹植)制驼蹄为羹,一瓯值千金。④"考古发现的材料说明,汉代也用骆驼驾车。河南新密市发现一块汉代骆驼御车空心画像砖,图案为两头骆驼拉着一辆张着伞盖的车子,后乘一人,似胡人。前有一御者,手拉四条缰绳。⑤ 在中亚、西亚、北非和阿拉伯等干旱沙漠地区,很早就在日常生活、商业活动和战争中把骆驼运用于骑乘、驮载和运输,在这些

① 陈竺同:《两汉和西域等地的经济文化交流》,上海人民出版社1957年版,第14页。
② [美]谢弗著:《唐代的外来文明》,吴玉贵译,中国社会科学出版社1995年版,第153页。
③ 《汉书》卷96《西域传下》,中华书局1962年版,第3913页。
④ (明)董斯张:《广博物志》卷41,上海古籍出版社1992年版,第二册,第332页。
⑤ 魏殿臣:《汉代骆驼御车空心画像砖》,《史学月刊》1984年第1期。

地区陆上贸易活动主要是通过驼队进行的。驼鞍的使用使骆驼能够承载重负,在公元初的几个世纪里,驼鞍加工业曾遍布上述地区。骆驼运输的发展,造成西亚和中亚的主要城市中为驼队服务的客栈的兴起。汉代丝绸之路上的贸易活动越来越繁荣,骆驼及其利用方式传入中国,骆驼也越来越引起中国人的重视。骆驼的利用极大地促进了欧亚非世界的沟通和往来,在中国与中亚、西亚、阿拉伯地区和北非的商贸文化交流中,骆驼发挥了重要作用,驼铃悠扬成为古代丝绸之路上富有诗意的一大景观。

在西北地区很早就有以骆驼殉葬的习俗。新疆轮台县群巴克墓葬二号墓地单室墓的墓室周围封土边缘下的一些小墓中,葬有幼儿、成人,陪葬物多是马头,个别的则有骆驼头或完整的马或狗。其墓葬时间在公元前810至前610年,相当于西周中期至春秋中期。① 尼勒克县加勒克斯卡茵特山墓地 M80 号墓出土有牛、羊、骆驼头骨,墓葬时间在公元前6世纪至前4世纪。② 新疆鄯善县三个桥墓地中公元前400年左右相当于战国或稍晚时期的墓葬共18座,其中祭祀坑6座,发现用完整骆驼随葬的情况,坑内葬有马和骆驼。③ 新疆巴里坤县东黑沟遗址是一处战国末期至西汉前期规模较大和具有代表性的古代游牧文化聚落遗址,其 M012 封堆西侧发现3座殉牲坑,分别殉有一头骆驼和两匹马,皆为完整骨架,经鉴定为家养双峰驼。④ 新疆吐鲁番交河故城沟北墓地一号台地墓葬发掘汉代墓葬55座,殉牲坑55座(其中殉马坑51座、殉驼坑4座),全肢殉葬者39座。即将马、驼杀死后整匹整头殉葬,有的骨骼保存完好,甚至有的皮毛还附着在骨架上。⑤ 这种杀驼殉葬的现象在汉代中原地区也有发现,在汉代帝陵陪葬坑中发现以骆驼随葬的现象。咸阳汉昭帝平陵陪葬坑发现了大量骆驼骨骼,这也是陕西乃至中原地区发现最早的骆驼骨

---

① 中国社会科学院考古研究所新疆工作队等:《新疆轮台县群巴克墓葬第二、三次发掘简报》,《考古》1991年第8期。

② 新疆文物考古研究所等:《新疆尼勒克县加勒克斯卡茵特墓地发掘简报》,《考古与文物》2011年第5期。

③ 新疆文物考古研究所等:《新疆鄯善三个桥墓葬发掘简报》,《文物》2002年第6期。

④ 新疆文物考古研究所、西北大学文化遗产与考古学研究中心:《新疆巴里坤县东黑沟遗址2006—2007年发掘简报》,《考古》2009年第1期。

⑤ 联合国教科文组织驻中国代表团、新疆文物局、新疆文物考古研究所著:《交河故城——1993、1994年度考古发掘报告》,东方出版社1998年版,第15—74页。

架,经鉴定确认为33头骆驼。① 此墓还发现一乘木制四头双峰驼驾车模型,驼车说明除了骑乘、驮载之外,当时还以骆驼驾车。

骆驼很早就成为艺术表现的对象。甘肃嘉峪关"黑山石刻画像"中有三幅刻画骆驼形象的岩画,一幅上层刻骆驼、牛各一头,下层刻鹿两头;一幅刻骆驼一头,后一人持长绳,绳系于骆驼后腿,人后跟随一匹马;一幅是狩驼图,刻有八位猎人围捕三峰、双峰骆驼,猎人手持捕猎工具。这些岩画反映了我国西北地区古代游牧民族的生活,也是野双峰驼在嘉峪关一带生活的证明。② 内蒙古阴山山脉狼山地区岩画中有骑驼和野生骆驼的形象。③ 新疆吐鲁番托克逊县柯尔加依地区有两处面积较大的岩画,即盘吉尔山岩画和托格拉克布拉克岩画,刻画有驯养家畜马、骆驼、骡和牛等。④ 托格拉克布拉克岩画中有一幅"牵驼狩猎图",画面上刻有大角羊8只、双峰骆驼5头,还有骑驼和牵驼者7人。据考证,属早期姑师人生活的地区,其年代在春秋至西汉时期。湖北江陵望山二号楚国贵族墓、荆门后港楚墓出土有战国中期形制相同的人骑骆驼铜灯柱,表明当时这种铜灯是成批生产的。⑤ 河北易县燕下都辛庄头战国晚期墓地30号墓出土一件人骑骆驼饰牌,同墓出土的其他器物如剑和金银器上也有骆驼纹图案。⑥ 新疆吐鲁番交河故地沟墓地出土两件骆驼形金质饰片,为双峰驼,静卧状,平视,造型逼真,是战国至西汉时期器物。

随着汉代丝绸之路的开拓,更多的骆驼输入中原地区,骆驼异于中原牲畜的形象以及其耐劳性格受到汉地人们的喜爱,汉朝出现了更多的以骆驼为题材的造型艺术。西安沙坡村出土的西汉陶骆驼像,没有任何装饰,比较写实。整体造型十分高大,高73.5厘米,长90厘米,这与汉代流行制作其他大型动

---

① 袁靖:《动物考古学研究的新发现与新进展》,《考古》2004年第7期。

② 嘉峪关市文物清理小组:《甘肃地区古代游牧民族的岩画——黑山石刻画像初步调查》,《文物》1972年第12期。

③ 盖山林:《阴山史前狩猎岩画研究》,《内蒙古师范大学学报》(自然科学版)1984年第1期。

④ 克由木·霍加、夏克尔·赛伊德:《柯尔加依岩画》,《文艺理论研究》1992年第6期。

⑤ 陈振玉:《湖北发现战国西汉的骆驼图像》,《农业考古》1987年第1期。

⑥ 陈平著:《北方幽燕文化研究》,群言出版社2006年版,第362页。

物塑像一致。① 汉代画像石中有胡人、骆驼、狮子、象以及佛教人物等许多外来艺术形象,这些艺术形象反映了汉代战争、丝绸之路、佛教的传入所带来的外来文化对汉代文化艺术的影响,其中有不少骆驼形象。汉代骆驼的使用主要在西北地区,内地还比较少见,故被《史记》称为"奇畜",在河南南阳,山东长清、沂南,江苏徐州、洪泗,四川新都,陕北等地汉墓出土的画像石上,都发现有骆驼形象,刻画比较稚拙。江苏徐州汉画像石馆收藏的就有来自域外珍禽奇兽的作品,其中有石刻画骆驼。② 陕北大保当汉城址出土的画像石中有"牵驼图"。③ 河南南阳画像石中出现的骆驼,以四肢纤细、如马狂奔为特色。四川新都东汉晚期画像砖上的骆驼,造型风格相似。齐东方指出:"这些汉代的骆驼形象显得有些稚拙,特别是蹄子,与同时期塑像、画像上的马蹄无异,反倒与骆驼差距很大。骆驼与其他有蹄类动物的最大差别是蹄趾特别发达,趾端有蹄甲,两趾之间有很大的开叉,外面有海绵状胼胝垫,增大接触地面的面积,能在松软的流沙中行走而不下陷,还以防止足趾在夏季灼热、冬季冰冷的沙地上受伤。汉代对骆驼的塑造中忽视了这一关键的细节,似乎作者对骆驼并不十分了解。在汉代动物塑像中,骆驼大都混同在各类动物之中,没有数量上的优势和变化多样的姿态,显然与其他大量动物等同起来,没有明显的特别含义。"④四川成都新都区东汉墓出土被命名为《骆驼载乐画像砖》的画像砖,画面上一头双峰骆驼,背负一建鼓,前后有两人击鼓成乐,骆驼稳步前进,人物和骆驼的刻画非常具有动态感。骆驼形象的刻画比较稚拙,驼蹄与马蹄相似,尾巴亦似马尾,刻画者或许对骆驼形象尚无直接观感。中国古代骆驼的形象更多地出现在魏晋南北朝和唐代造型艺术中,艺术性大大提高,特别在表现与丝绸之路有关的造型艺术中,骆驼更是主角。茫茫大漠上一队骆驼行走于夕阳残照之中,令人对古代丝绸之路产生无限遐想。因此,骆驼被称为"丝绸之路的形象大使"。但在汉代作为艺术表现中的新对象,骆驼形象的雕刻还处于

---

① 齐东方:《丝绸之路的象征符号——骆驼》,《故宫博物院院刊》2004 年第 6 期。
② 杨孝军、郝利荣:《徐州汉画像石中的"胡人"及其文化影响》,载《大汉雄风——中国汉画学会第十一届年会论文集》,高等教育出版社 2008 年版,第 76—81 页。
③ 吕静:《陕北汉画像石探论》,《文博》2004 年第 4 期。
④ 齐东方:《丝绸之路的象征符号——骆驼》,《故宫博物院院刊》2004 年第 6 期。

初级阶段。

北方草原民族的斗骆驼游戏曾流行于丝绸之路沿线地区和民族。汉代匈奴地区盛行赛骆驼和斗骆驼游戏，随着匈奴向汉朝进贡骆驼传入中原。《后汉书·南匈奴传》记载："匈奴俗，岁有三龙祠，常以正月、五月、九月戊日祭天神。南单于既内附，兼祠汉帝，因会诸部，议国事，走马及骆驼为乐。"①《东观汉记·匈奴南单于传》记载："南单于上书献橐驼。单于岁祭三龙祠，走马斗橐驼，以为乐事。"②史书上记载单于向汉朝进献骆驼，特意交代其赛马和斗骆驼的活动，显然单于进献的骆驼就是用以比赛的骆驼，这些骆驼在汉朝进行了表演。后世文献记载，北方草原与西域一直流行斗骆驼游戏。《新唐书·回鹘传》记载，黠戛斯"戏有弄驼、师子、马伎、绳伎"③。黠戛斯即汉时之坚昆，在康居西北，坚昆王庭所在地位于俄罗斯阿巴干城以南八公里处，现地名改为阿巴坎。阿巴坎所在的叶尼塞河东岸是历史悠久的米努辛斯克买卖城。坚昆曾被北匈奴郅支单于征服，在文化上与匈奴有密切联系。《新唐书·西域传》记载，龟兹"岁朔，斗羊马橐它七日，观胜负以卜岁盈耗云"④。龟兹在今新疆库车、拜城和新和一带，匈奴曾长期统治西域，龟兹是亲匈奴的地区之一，其文化上自然受到匈奴影响。土耳其现在仍然流行斗骆驼活动，可能是古代草原民族斗骆驼游戏传统的传承。斗骆驼是土耳其南部地中海和爱琴海沿岸各省份如塞尔柱、艾菲斯、穆拉、丹尼兹利等地流行的一种冬季传统娱乐项目，每年进行两次，都是在雄骆驼发情季节的12月至第二年3月间。斗骆驼有专门的场地，往往是一个长着青草的大广场，四周围着木栅栏。它不像西班牙斗牛那样血腥刺激和令人震撼，但很独特、很有趣。参赛骆驼是同一品种，角斗是在两头双峰雄驼之间进行的，这种骆驼是由单峰雌驼与双峰雄驼杂交培育而来的斗驼，参加角斗的骆驼都来自斗驼种群。在斗骆驼之前，饲养骆驼的人要用红胡椒、香料和白面做成饼喂骆驼，并将酒精兑上水给它们喝，借以刺激骆驼的斗志，使它们格斗时完全处于疯狂状态。土耳其有全国性的斗骆驼比赛，即

① 《后汉书》卷89《南匈奴传》，中华书局1965年版，第2944页。
② （东汉）刘珍等撰，吴树平校注：《东观汉记校注》卷20，中华书局2008年版，第886页。
③ 《新唐书》卷217《回鹘传下》，中华书局1975年版，第6148页。
④ 《新唐书》卷221《西域传上》，中华书局1975年版，第6230页。

斗骆驼节,这是土耳其最重要的民族传统节日。土耳其当代的斗骆驼游戏活动,让我们想象当年匈奴人斗骆驼活动的激动人心场面。有人说这种比赛活动是在约 200 年前兴起的,古代一些商队间和游牧人家之间常让骆驼彼此角斗以争高低。其实在两千年前匈奴人已有此类活动,说明草原民族中斗骆驼是一种具有悠久传统的娱乐活动。

（本文原载《历史教学》(下半月刊)2016 年第 6 期,中国人民大学复印报刊资料《先秦、秦汉史》2016 年第 5 期转载)

汉唐间狮子入贡与狮文化

中国不产狮子,古代中国通过丝绸之路获得远方贡献的狮子。狮子传入中国,主要作为奇兽供观赏之用。狮子传入中国之前,狮形艺术品已经传入中国。汉代丝绸之路开辟后,西域地区不断有狮子入贡中国。狮子异于其他野兽的形象引起中国人的兴趣,因而创作出各种不同的狮子造型的艺术形式,狮子意象融入了印度、波斯和中土等多元文化元素,成为中华民族精神的象征。本文对此略加探讨。

一

狮子,古代波斯语音译,中国古代文献中常写作"师子",源于东伊兰语 šē/šī。关于其语源,其说不一,一说来自伊兰 śary,一说来自波斯 šēr(shír),一说来自粟特 sryw\šaryə 。另有人认为即"狻猊",来自梵语 simìa;一说即"酋耳",来自巴比伦 UR。[①] 狻猊,或作狻麑,有人认为来自塞语,或称斯基泰语,是游牧于欧亚草原的古代斯基泰人使用的语言。先秦时斯基泰人在东方的分布已达哈密盆地。据英国语言学家贝利研究,于阗塞人称狮子为 sarau。这个词的形容词形式作 sarvanai,抽象名词作 sarauna。汉语"狻猊"可能来自塞语表示狮子的词 sarvanai(形容词)或 sarauna(抽象名词)。[②] 狮子在分类学上属

---

① 参见刘正琰等编:《汉语外来词辞典》,上海辞书出版社 1984 年版,第 315 页。

② H.W.Bailey, *Dictionary of Khotan Saka*, Cambridge University Press, 1979, P.421.参见林梅村:《狮子与狻猊》,《汉唐西域与中国文明》,文物出版社 1998 年版,第 89 页。

哺乳纲食肉目猫科大型猛兽,是现代猫科动物中进化得最为成功的种类,其演化在第四纪达到顶峰。① 狮子曾广泛分布于非洲、欧亚和北美大陆,在最后一次冰期时代一度进入南美中南部。在其进化过程中分化出许多形态以适应各大洲不同的气候、地理环境及猎物基础,如洞狮(Panthera spelaea)和美洲拟狮(Panthera atrox)。古生物学证据显示,最早的大型猫科动物豹属化石出土于非洲坦桑尼亚,在地质年代上属于晚上新世(Early Villafranchian),距今 350万年。这种大型猫科动物在形态上具有很多现代狮的骨骼特征,大部分学者将其视为最古老的狮类动物。后来在东非发现距今 180—170 万年前的早更新世的狮子化石。

狮子的扩散和辐射能力惊人的强大,中更新世早期已广泛分布于非洲大陆东部和南部,同时化石记录显示起源于非洲的狮子已开始进入欧亚大陆。至更新世中晚期,狮子便扩散到欧洲大陆,从西伯利亚经白令陆桥迁徙至北美阿拉斯加。西伯利亚雅库特冻土带中发现两具上万年洞穴狮子尸体,为狮子的早期传播提供了新的证据。② 至最近的一次冰期时代,狮子从北美进入南美中南部今秘鲁一带。美国汉学家薛爱华说:"在古代的亚洲,在印度、波斯、巴比伦、亚述及小亚地区,狮子这种巨大的猫科动物是很常见的动物。在古典时代,甚至在马其顿和色萨利也可以见到狮子的身影。"③亚洲虽然盛产狮子,但是亚洲东部地区却不产狮子,亚洲狮原产于美索不达米亚,主要生活于南亚

---

① 第四纪(Quaternary Period)是地质时代中最新的一个纪,包括全新世和更新世两个世,从约 260 万年前开始,一直延续至今。其间生物界已进化到现代面貌,灵长目中完成了从猿到人的进化。

② 据阿根廷 Infobae 网站援引《西伯利亚时报》2015 年 10 月 26 日报道,综合塔斯社和俄罗斯卫星新闻网 2015 年 12 月 17 日报道,2015 年夏,考古学家在西伯利亚雅库特冻土带中发现两具已冻结上万年的洞穴狮子尸体。12 月 17 日,两只今年夏季被发现的已冻结上万年的洞穴狮子尸体在雅库特被展出。这是迄今为止在该地区发现的保存最为完整的洞穴狮子尸体。新发现的两只洞穴狮子与现代狮子十分相像,这一发现有助于对这些在 1 万年前已灭绝生物的研究,这种动物的尸体大多在西伯利亚、阿拉斯加、加拿大等地区发现。雅库特科学院专家称将尝试克隆洞穴狮子。参见《西伯利亚发现冰冻万年狮子尸体,保存完整极为罕见》,《东南快报》2015年 10 月 29 日第 A19 版。

③ [美]薛爱华著:《撒马尔罕的金桃——唐代舶来品研究》,吴玉贵译,社会科学文献出版社 2016 年版,第 229 页。

和西亚。① 狮类没有扩散到东亚,可能是由于东亚的山地森林不适于狮类集群动物生存,而更适于另一个豹属动物虎的生存。虎与狮在扩散过程中采取生态位的分离以避免直接的进化竞争。人类种群的繁盛导致狮和虎在最后一次冰期时代种群衰退,那些曾经占有统治地位的大型猫类最终被智人所取代。

在汉代狮子传入中国之前,中国文献中已经提到这种猛兽,在先秦文献中称作"狻猊"。《穆天子传》记载:"名兽使足□走千里,狻猊□野马走五百里。"郭璞注:"狻猊,师子,亦食虎豹。"②《穆天子传》出自战国汲冢墓,说明至迟战国时代中原人民已经知道这种猛兽。先秦文献《尔雅》对狮子有这样的描述:"狻麑如虦猫,食虎豹。"郭璞注:"即师子也,出西域。汉顺帝时疏勒王来献封牛及师子。"③汉代有了"师子"之称,《汉书·西域传》"乌弋"条云乌弋有"师子",颜师古注:"师子即《尔雅》所谓狻猊也。"④乌弋山离国是公元前 2世纪至公元 1 世纪位于西亚伊朗高原东部古国。狮子又称虓,东汉许慎《说文解字》云:"虓,虎鸣也,一曰师子。"⑤据鱼豢《魏略·西戎传》,古代中国人听说大秦国"有猛虎、狮子为害,行道不群则不得过。"⑥

汉朝人知道乌弋山离、月氏、条支、安息、大秦有"师子"。⑦ 西汉时狮子已经传入中国,相传西汉东方朔撰《海内十洲记》记载,征和三年(公元前 90年),汉武帝幸安定,西胡月氏曾献猛兽一头,"形如五六十日犬子,大似狸而色黄"⑧。当即狮子。西汉时上林苑有"兽圈九",其中有狮子圈。⑨《三辅黄

---

① 尚永琪著:《莲花上的狮子——内陆欧亚的物种、图像与传说》,商务印书馆 2014 年版,第 2 页。

② 佚名撰,(晋)郭璞注:《穆天子传》卷 1,《汉魏丛书》本,吉林大学出版社 1992 年版,第294 页。

③ (晋)郭璞注,(南朝宋)邢昺疏:《尔雅注疏》卷 10,《十三经注疏》本,中华书局 1980 年版,第 85 页。

④ 《汉书》卷 96《西域传上》,中华书局 1962 年版,第 3889 页。

⑤ (汉)许慎撰:《说文解字》(五),中华书局 1963 年版,第 103 页。

⑥ 《三国志》卷 30《乌丸鲜卑东夷传》,裴注引,中华书局 1959 年版,第 861 页。

⑦ 余太山著:《两汉魏晋南北朝正史西域传研究》,中华书局 2003 年版,第 290 页。

⑧ (汉)东方朔撰:《海内十洲记》,景印《文渊阁四库全书》第 1042 册(子部·小说家类),台湾商务印书馆 1986 年版,第 277 页。

⑨ 佚名撰,何清谷校注:《三辅黄图校注》卷 3,三秦出版社 1995 年版,第 338 页,注(一)。

图》记载,上林苑建章宫旁奇华殿兽圈内有"师子"。①《太平御览·居处部》引《三辅故事》云:"师子圈,在建章宫西南。"又引《汉宫阙疏》云:"有虒圈,有师子圈,武帝造。"②《汉书·西域传赞》描述西汉所获远方物产:"明珠、文甲、通犀、翠羽之珍,盈于后宫;蒲梢、龙文、鱼目、汗血之马充于黄门;巨象、师子、猛犬、大雀之群,食于外圃。殊方异物,四面而至。"③敦煌悬泉置出土汉代简牍中有西域地区向汉朝进献狮子的信息:

　　　　□其一只以食折垣王一人师使者

　　　　□只以食钧耆使者迎师子

　　　　□以食使者弋君(Ⅱ90DXT0214S:55)④

折垣、钧耆都是汉代文献中没有见过的西域地名,第一行简文中"师使者"可能指折垣王遣送狮子的使者;第二行简文大意是供应钧耆使节饮食,并迎接其送来的狮子。

东汉时继续从西域获得狮子,来自大月氏、安息、疏勒。司马彪《续汉书》记载:"章和元年(87年),安息国遣使献狮子、符拔。"⑤《后汉书·章帝纪》记载,章和元年"月氏国遣使献扶拔、师子"。⑥《后汉书·班超传》记载:"月氏尝助汉击车师有功,是岁贡奉珍宝、符拔、师子,因求汉公主。"⑦说明月氏曾献狮子给西域都护,由西域都护班超转送京师。《后汉书·和帝纪》记载,章和二年(88年)"安息国遣使献师子、扶拔"⑧。永元十三年(101年)"冬十一月,安息国遣使献师子及条支大爵"⑨。《后汉书·顺帝纪》记载,阳嘉二年(133年)六月"疏勒国献师子、封牛"。李贤注引《东观记》:"疏勒王盘遣使文时诣

① 佚名撰,何清谷校注:《三辅黄图校注》卷3,三秦出版社1995年版,第168页。

② (宋)李昉等撰:《太平御览》(第3册)卷197,上海古籍出版社2008年版,第5页。

③ 《汉书》卷96下《西域传赞》,中华书局1962年版,第3928页。

④ 张德芳:《悬泉汉简中若干西域资料考论》,载荣新江、李孝聪主编《中外关系史:新史料与新问题》,科学出版社2004年版,第130页。

⑤ (宋)李昉等撰:《太平御览》(第9册)卷889,上海古籍出版社2008年版,第27页。

⑥ 《后汉书》卷3《章帝纪》,中华书局1965年版,第158页。

⑦ 《后汉书》卷47《班超传》,中华书局1965年版,第1580页。

⑧ 《后汉书》卷4《和帝纪》,中华书局1965年版,第168页。

⑨ 《后汉书》卷4《和帝纪》,中华书局1965年版,第189页。

阙。"又云:"师子似虎,正黄,有髯䰄,尾端茸毛大如斗。"①《东观汉记》记载:"阳嘉中,疏勒国献狮子、封牛。狮子形似虎,正黄有髯䰄,尾端茸毛大如斗。"②阳嘉,东汉顺帝年号。疏勒即今新疆喀什一带,此地不产狮子,疏勒王进献的狮子应该来自更远的西亚地区。汉代文献中的这些描写"已经是非常写实、准确地对亚洲雄狮的描写"③。这反映了中国人对狮子的认识已经超越传说的性质,由于狮子的入贡,人们更多地接触到真实的狮子,因此对其形象的描写更加写实了。

南北朝时中国人从远方的入贡中了解到狮子产地。《魏书·西域传》记载者至拔国"都者至拔城,在疏勒西,去代一万二千六百二十里。其国东有潘贺那山,出美铁及师子"④。悉万斤国"在迷密西,去代一万二千七百二十里。其国南有山,名伽色那,山出师子,每使朝贡"⑤。波斯国"出白象、师子、大鸟卵"⑥。伏卢尼国"在波斯国北,去代二万七千三百二十里。累石为城。……城北有云尼山,出银、珊瑚、琥珀,多师子"⑦。北魏时波斯国曾献狮子。杨衒之《洛阳伽蓝记》记载:"永桥南道东有白象、狮子二坊,……狮子者,波斯国胡王所献也。为逆贼万俟丑奴所获,留于寇中。永安末,丑奴破,始达京师。"北魏朝廷对这头狮子进行了多种测试,"庄宗谓侍中李或曰:'朕闻虎见狮子必伏,可觅试之。'于是诏近山郡县捕虎以送。巩县、山阳并送二虎一豹,帝在华林园观之。于是虎豹见狮子,悉皆瞑目,不敢仰视。园中素有一盲熊,性甚驯,帝令取试之。虞人牵盲熊至,闻狮子气,惊怖跳踉,曳锁而走,帝大笑。"这头狮子被后来的广陵王遣回,"普泰元年(531年),广陵王即位,诏曰:'禽兽囚之,则违其性,宜放还山林。'狮子亦令送归本国。送狮子胡以波斯道远,不可送达,遂在路杀狮子而返。有司纠劾,罪以违旨论,广陵王曰:'岂以狮子而罪

①　《后汉书》卷6《顺帝纪》,中华书局1965年版,第263页,注[一]。
②　(宋)李昉等撰:《太平御览》(第9册)卷889,上海古籍出版社2008年版,第27页。
③　尚永琪著:《莲花上的狮子——内陆欧亚的物种、图像与传说》,商务印书馆2014年版,第4页。
④　《魏书》卷102《西域传》,中华书局1974年版,第2269页
⑤　《魏书》卷102《西域传》,中华书局1974年版,第2269—2270页。
⑥　《魏书》卷102《西域传》,中华书局1974年版,第2271页。
⑦　《魏书》卷102《西域传》,中华书局1974年版,第2272页。

人也?'遂赦之。"①魏晋南北朝时期中国和波斯萨珊王朝之间往来频繁,北魏韩羊皮曾出使波斯,波斯使臣来中国交聘达十数次之多,给北魏带来的各种礼品有珍物、驯象等,其中有狮子。② 嚈哒曾向北魏入贡狮子。《魏书·孝庄纪》记载,永安三年(530年)六月戊午"嚈达国献师子一"③。波斯可能也曾向西魏、北齐进献狮子。《周书·异域传》下记载:"波斯国,……出白象、师子、大鸟卵、珍珠、离珠、颇黎、珊瑚、琥珀、琉璃、马瑙、水晶、瑟瑟、金、银、俞石、金刚、火齐、镔铁、铜、锡、朱沙、水银、绫、锦、白叠、毼、氍毹、口㲲、赤麂皮,及熏六、郁金、苏合、青木等香,胡椒、荜拨、石蜜、千(牛)〔年〕枣、香附子、诃灾勒、无食子、盐绿、雌黄等物。魏废帝二年,其王遣使来献方物。"④史书所载可能就是波斯进贡的"方物"清单。《北齐书·归彦传》:"平秦王归彦,字仁英,神武族弟也。父徽,魏末坐事当徙凉州,行至河、渭间,遇贼,以军功得免流。因于河州积年。以解胡言,为西域大使,得胡师子来献。"⑤

南亚有狮子,南朝刘宋曾向师子国(今斯里兰卡)求索狮子。《宋元嘉起居注》记载,宋文帝元嘉五年(428年)《报师子国王诏》云:"闻彼邻多有师子,此献未睹,可悉致之。"⑥粟特人曾向南朝刘宋献狮子,但因道途中遇乱未至。《宋书·索虏传》记载:"又有粟特国,太祖世并奉表贡献。粟特大明中遣使献生狮子、火浣布、汗血马,道中遇寇,失之。"⑦南朝萧梁时从滑国(即嚈哒国)得到黄狮子。《梁书·诸夷传》记载:"滑国者,车师之别种也。……自魏、晋以来,不通中国。至天监十五年,其王厌带夷栗陁始遣使献方物。普通元年,又遣使献黄师子、白貂裘、波斯锦等物。七年,又奉表贡献。……其兽有师子、两脚骆驼,野驴有角。"滑国(嚈哒)人入贡梁朝,通过吐谷浑之路至梁朝都城

---

① (北魏)杨衒之撰,范祥雍校注:《洛阳伽蓝记校注》卷3,上海古籍出版社1978年版,第161—162页。洛阳城南狮子坊之狮子,一说乃中亚嚈哒所献,在入贡北魏时因遭遇万俟丑奴之乱,曾为万俟丑奴所得,乱平才送至洛阳。《魏书》卷102《西域传》记载:"嚈哒国……自太安以后,每遣使朝贡。正光末,遣使贡师子一,至高平,遇万俟丑奴反,因留之。丑奴平,送京师。"
② 参见《魏书》诸帝本纪、《魏书》卷102《西域传·波斯》。
③ 《魏书》卷10《孝庄纪》,中华书局1974年版,第265页。
④ 《周书》卷50《异域传下》,中华书局1971年版,第919—920页。
⑤ 《北齐书》卷14《归彦传》,中华书局1972年版,第186页。
⑥ (清)严可均辑:《全上古三代秦汉三国六朝文》,中华书局1958年版,第2452页。
⑦ 《宋书》卷95《索虏传》,中华书局1974年版,第2357—2358页。

建业(今南京),"其言语待河南人译然后通"。① "河南人"即吐谷浑人。滑国有狮子,不仅在普通元年(520 年)进献黄狮子,在此后多次入梁贡献中可能仍有狮子进献。

在唐代丝绸之路的黄金时代,西域狮子更多地入贡中国。中亚康国贞观九年(635 年)"又遣使贡狮子,太宗嘉其远至,命秘书监虞世南为之赋,自此朝贡岁至"②。康国后来屡次向唐朝入贡的贡品中可能都有狮子。吐火罗曾向唐朝进贡狮子,高宗显庆二年(657 年)"正月庚申朔,吐火罗献师子"③。米国"开元时,献璧、舞筵、师子、胡旋女"④。东罗马帝国也曾向唐朝入贡狮子,《旧唐书·西域传》记载,拂菻国主于开元七年(719 年)正月"遣吐火罗大首领献狮子、羚羊各二"⑤。拂菻国即东罗马。大食国(阿拉伯)欲向唐朝献狮子,其时正值武则天提倡节俭,故被唐朝谢绝。《资治通鉴》记载,则天后万岁通天元年(696 年)三月,"大食请献师子,姚璹上疏,以为'师子专食肉,远道传致,肉既难得,极为劳费。陛下鹰犬不蓄,渔猎悉停,岂容菲薄于身而厚给于兽!'乃却之"⑥。来自异域的狮子比中土所有的老虎、豹子更加凶猛,因此唐代产生一些有关狮子的神奇传说。李肇《唐国史补》记载:"开元末,西国献狮子。至长安西道中,系于驿树。树近井,狮子哮吼,若不自安。俄顷风雷大至,果有龙出井而去。"⑦唐人相信佛书所言:"师子筋为弦,鼓之众弦皆绝";"师子尾拂,夏月,蝇蚋不敢集其上"。⑧ 他们对苏合香乃狮子粪的旧说表示怀疑,但认识到狮子粪具有医药作用。陈藏器《本草拾遗》以为"服之,破宿血,杀百虫。烧之,去鬼气"⑨。狮子之凶猛,连其粪便燃之亦能令鬼魅畏惧。

① 《梁书》卷 54《诸夷传》,中华书局 1973 年版,第 812 页。
② 《旧唐书》卷 198《西戎传》,中华书局 1975 年版,第 5310—5311 页。
③ (宋)王钦若等编:《册府元龟》卷 970《外臣部》,中华书局 1960 年版,第 11402 页。
④ 《新唐书》卷 221《西域传》,中华书局 1975 年版,第 6247 页。
⑤ 《旧唐书》卷 198《西戎传》,中华书局 1975 年版,第 5314 页。
⑥ (宋)司马光等撰:《资治通鉴》卷 205,中华书局 1956 年版,第 6505 页。
⑦ (唐)李肇撰:《唐国史补》卷上,上海古籍出版社 1979 年版,第 16 页。
⑧ (唐)段成式撰:《西阳杂俎》卷 16,中华书局 1981 年版,第 157 页。
⑨ (明)李时珍著:《本草纲目》卷 51,中医古籍出版社 1994 年版,第 1148 页。

二

狮子主要通过入贡获得,因此数量不多,但影响很大。狮子文化并不完全是伴随着狮子的传入而传入,还有宗教和艺术的传播途径。在波斯和南亚的宗教和艺术中,狮子早就是重要角色。狮形艺术传入中国,比之狮子传入中国要早。汉代以前的狮形艺术品已经在中国境内有多处发现,新疆考古工作者在伊犁河流域的塞人墓地以及天山东部的塞人墓地相继发现带有狮子图案的先秦文物。1983 年在伊犁河支流巩乃斯河畔发现的青铜器,有一枚高足承兽方盘,盘上的对兽表现的是狮子形象。类似的方盘在中亚七河流域的塞人墓地也有发现。1976 年发掘的新疆阿拉沟战国墓地发现一件带有对狮的同类器物,与之共出的还有一件狮形金牌饰,长 20 厘米,其年代在距今 2345 至 2040 年之间。金牌狮体作昂首跳跃状,张口卷尾,振鬣奋足,造型极为生动。这些应该都是舶来品。俄罗斯阿尔泰山区巴泽雷克发现的塞王墓中有许多狮子纹饰,其年代相当于中国战国时期,其中同出的还有其他中国文物。①

在西亚狮子形象很早就成为一种文化符号,古代苏美尔文明中,就用石刻狮子护卫大门或街道,赫梯文明中也以金狮子守卫中央大街。巴比伦神话中的拉玛苏是人首半狮半牛怪。西亚文明中还有狮鹰形象,给雄狮插上雄鹰的翅膀,翼狮成为西亚艺术表现的对象。丝绸之路开辟以后,狮子形象成为中国古典造型艺术的重要素材。日本东京大学工学部收藏有汉代山东济宁晋阳山慈云寺画像石,有犬,敏捷强悍,有的作狮子姿态。② 画像石出现于西汉末和东汉初,图案有马、狮、象、骆驼、有翼兽、有翼天禄、鹰头兽、裸体人像等。四川新都雒阳令王稚子二阙画像石中有狮子形象,其镇墓辟邪的意义应当来自西

---

① 林梅村著:《汉唐西域与中国文明》,文物出版社 1998 年版,第 89—95 页。
② 法国巴黎大学北京汉学研究所编:《汉代画像全集》(初编、二编),学苑出版社 2014 年版。

亚文明。① 新疆尼雅东汉墓出土有带狮子图案的棉布残片。② 河南南阳、陕北等地出土汉画像石上都出现浮雕石狮子图像。狮子舞是中国传统艺术，据《汉书·礼乐志》记载，汉时朝贺置酒为乐，"常从象人四人"③。三国魏国人孟康解释象人"若今戏蝦鱼师子者也"④，即扮演鱼、虾、狮子进行表演的艺人。可知在汉代，至迟三国时可能已有装扮狮子的表演。在东汉黄香《九宫赋》中，狮子成为仙人的坐骑："招摇丰隆骑师子而侠毂，各先后以为云车。"⑤丰隆是中国古代神话中的云神。《九歌·云中君》汉王逸注云："云神，丰隆也，一曰屏翳。"⑥狮子成为中国神话中云神的坐驾。

西域狮形饰品或其创意很早就传入中国西南地区。云南晋宁石寨山 13 号墓出土一镏金铜饰物，被称为"二怪兽镂花铜饰物"。据考古工作者描述："二怪兽交股站立，兽形似狮而有如鹿之角及獠牙，耳上及足上皆戴圆环，上、下端有四蛇缠绕，蛇口咬住二兽的面颊。"⑦童恩正细审原图，认为此二怪兽是从狮子变化而来。石寨山 13 号墓的时代是公元前 2 世纪中期，或在公元前 175 至前 118 年之间，正值西汉时期。童恩正认为这种主题肯定不起源于古代黄河流域或云南的装饰文化中，但在古伊朗（Achaemenid Iran）带角的狮饰却非常普遍，例如在苏萨（Susa）宫殿发现的公元前 5 世纪铸在戒指上带角的狮形饰以及著名的上釉砖浮雕。这个图案两头狮子相背而立的构图，在公元前 1 世纪的早期 Kushana 石雕中可以见到。这件制品或许为当地滇人所制，但其构思可能来自印度。⑧ 汉代铜镜制作工巧，常常采用西域传入的动植物

———

① 王士禛《秦蜀驿程后记》详录阙上题记之文："过汉王涣稚子墓，观两石阙。阙下方上锐，叠石如累石，其巅有盖覆之，望之如窣堵波状，叠石凡五层，二层刻人物之形，三层象虎海马，五层狮子。"王士禛此记作于康熙三十五年（1696 年）丙子，其时不但双阙俱存，且阙上所刻人物、象、虎、海马、狮子之形象及逐层后人题记之字皆保存完好。参见袁士硕主编：《王士禛全集》（五），齐鲁书社 2007 年版，第 3584 页。按：原文"望之如窣堵坡状，叠石凡五层"，断为"望之如窣堵，坡状叠石凡五层"不妥。"窣堵坡"即佛塔，或作窣堵波。

② 林梅村著：《汉唐西域与中国文明》，文物出版社 1998 年版，第 93 页。

③ 《汉书》卷 22《礼乐志》，中华书局 1962 年版，第 1073 页。

④ 《汉书》卷 22《礼乐志》，中华书局 1962 年版，第 1075 页。

⑤ 费振刚等辑校：《全汉赋》，北京大学出版社 1993 年版，第 372 页。

⑥ （宋）洪兴祖撰：《楚辞补注》卷 2，中华书局 1957 年版，第 103 页。

⑦ 云南省博物馆：《云南晋宁石寨山古墓群发掘报告》，《考古学报》1975 年第 2 期。

⑧ 童恩正：《古代中国南方与印度交通的考古学研究》，《考古》1999 年第 4 期。

作装饰图案,如葡萄、有翼兽、石榴、海兽、飞马、狮、犀、大象、孔雀、宝相花等,明显受到印度和西域风格的影响。拜占庭时期,罗马赖文那出土古棺,在葡萄唐草纹饰中刻有孔雀,象征不死的灵鸟。安息王朝和罗马装饰图像中流行飞马和狮子题材。自通西域后,西域各地商人一定有将此类工艺品输入者,而中国铜镜工匠则吸收或参用了此类纹饰图案。

狮子形象凶猛,传说可以辟邪,所以石刻狮子被用来镇门、镇墓。现在所看到的狮子艺术形象,大约在西汉时已经定型,20 世纪 80 年代汉元帝渭陵寝殿遗址曾出土玉狮子。[1] 1976 年苏州虎丘农机厂出土有汉成帝河平元年(公元前 28 年)铭文的辟邪形铜座,属有翼狮形兽。[2] 以石刻狮子作为镇墓兽至迟在东汉时已经出现,山东嘉祥东汉武氏家族墓葬石阙前一对石狮子,两相对立,形态生动。据石阙铭文可知造于桓帝建和元年(147 年)。[3] 北魏郦道元《水经注》"汶水"条引《续述征记》:"西去夏侯坞二十里,东一里,即襄乡浮图也。汶水迳其南,汉熹平中某君所立。死因葬之,其弟刻石树碑,以旌厥德。隧前有狮子、天鹿。"[4]熹平乃东汉灵帝年号。隧指墓中运送棺材到墓室的通道,隧前狮子应是镇墓石刻狮子。四川省雅安县东汉高颐墓前石狮子,立于汉献帝建安十四年(209 年),胸前刻有飞翼,可能受波斯文化影响。辟邪是古代汉族民间传说中的神兽,形似狮,头有角,身有翅,具有祈福祛邪的作用。汉代的辟邪形象吸收了狮子、虎、豹等猛兽体形元素,形成新的神兽形象,其中以狮子形象为主。

在中国的考古发现中,有相当数量的珠饰制作成狮子形象,这种珠饰最早的是汉代,据统计琥珀质的狮形珠至少有 40 件(含被定名为兽、虎的珠饰)。[5]考古报告中明确为狮形者也有多例。广西合浦风门岭 M23 西汉后期墓出土赫石色琥珀狮形珠子 1 只,横孔,长 2.4 厘米,高 1.5 厘米。同墓还出土浅蓝

---

① 李宏涛、王丕忠:《汉元帝渭陵调查记》,载《考古与文物》(创刊号),陕西人民出版社 1980 年版。

② 沈福伟著:《中西文化交流史》(第 2 版),上海人民出版社 2006 年版,第 64 页。

③ 武氏祠石阙铭录文,见阎文儒:《关中汉唐陵墓石刻题材及其风格》,《考古与文物》1986 年第 3 期。

④ (北魏)郦道元著,陈桥驿校证:《水经注校证》卷 23,中华书局 2013 年版,第 534 页。

⑤ 赵德云著:《西周至汉晋时期外来珠饰研究》,科学出版社 2016 年版,第 122 页。

琉璃狮形珠 2 只、紫色水晶狮形珠 1 只,都作为串饰组成部分。① 合浦风门岭 M26 西汉后期墓出土玛瑙珠 31 枚,其中有狮形珠,亦作为串饰组成部分。② M27 西汉中期墓出土玛瑙狮形珠 1 件,微残,橘红色,作伏地状,可见前足,横穿孔,长 1.8 厘米,高 1 厘米。有线条刻画表现头部及身体细部,小巧精致,形象动人。③ 贵县汉墓出土琥珀珠 199 颗,其中东汉 142 颗,珠子 141 颗,有琥珀小狮一枚,带乳白和黑白斑纹,作伏状,长 5 厘米,高 3 厘米,宽 2.5 厘米。④ 贵州安顺宁谷东汉晚期石室墓出土两颗琥珀珠,形似趴伏之狮,身中部有一穿孔,红色半透明体,长 3 厘米,高约 2 厘米。⑤ 贵州兴仁东汉墓 M5、兴义东汉墓 M4 各出土琥珀狮饰 3 件。⑥ 贵州清镇平坝 M1、M14 西汉末期到东汉墓分别出土玻璃狮形珠 1 颗、骨制狮形珠 1 颗。⑦ 广东广州东汉前期墓 M4018 出土琥珀珠 7 颗,多为像生形状,有鱼、蛙、狮等。东汉后期墓 M5001 出土浅棕色伏兽形琥珀珠一粒,长 1.8 厘米。⑧ 其他东汉后期墓也出土有伏兽形琥珀珠一粒,作为串饰的组成部分。⑨ 顺德猪仔岗东汉墓 M1 出土琥珀珠 3 颗,其中兽形饰 1 件,雕刻成狮虎之形,有穿孔。⑩ 四川绵阳何家山东汉晚期崖墓 2 号墓出土琥珀狮形珠 1 颗,头、五官、身体均为粗线条刻成,卧姿。腰部有一小孔,长 3.1 厘米,高 2.2 厘米。⑪ 湖南常德南坪公社东汉晚期墓 M5、M10 出土

---

① 广西壮族自治区文物工作队、合浦县博物馆编著:《合浦风门岭汉墓:2003—2005 年发掘报告》,科学出版社 2006 年版,第 42 页。

② 广西壮族自治区文物工作队、合浦县博物馆编著:《合浦风门岭汉墓:2003—2005 年发掘报告》,科学出版社 2006 年版,第 83 页。

③ 广西壮族自治区文物工作队、合浦县博物馆编著:《合浦风门岭汉墓:2003—2005 年发掘报告》,科学出版社 2006 年版,第 16 页。

④ 广西省文物管理委员会(黄增庆执笔):《广西贵县汉墓的清理》,《考古学报》1957 年第 1 期。

⑤ 贵州省博物馆:《贵州安顺宁谷发现东汉墓》,《考古》1972 年第 2 期。

⑥ 贵州省博物馆考古组:《贵州兴义、兴仁汉墓》,《文物》1979 年第 5 期。

⑦ 贵州省博物馆:《贵州清镇平坝汉墓发掘报告》,《考古学报》1959 年第 1 期。

⑧ 广州市文物管理委员会、广州市博物馆著:《广州汉墓》,文物出版社 1981 年版,第 453 页,图版 173∶1。

⑨ 广州市文物管理委员会、广州市博物馆著:《广州汉墓》,文物出版社 1981 年版,第 454 页,图版 174∶1。

⑩ 广东省博物馆、顺德县博物馆:《广东顺德县汉墓的调查和清理》,《文物》1991 年第 4 期。

⑪ 绵阳博物馆:《四川绵阳何家山 2 号东汉崖墓清理简报》,《文物》1991 年第 3 期。

琥珀饰珠6件,暗红色,两件椭圆形,雕成虎、狮等动物形象,作蹲伏状,中心有穿孔。① 内蒙古科左中旗六家子鲜卑墓葬,年代在东汉末至西晋,出土琥珀珠3颗,一颗作卧狮形,长2.9厘米,宽1.8厘米,高1.6厘米,腹下有一椭圆形穿孔。② 陕西旬阳汉墓出土煤精狮形珠1颗,墨黑色,卧状,腹间横穿一圆孔,长2厘米,高、宽各1.7厘米。③ 湖北当阳刘家冢子东汉末年画像石墓出土金狮1件,长1.5厘米,高1.1厘米,昂首卷尾,张口露牙,蹲坐,作欲扑状。身躯中间有一圆孔,报告者以为"可能是某器零件"。④ 湖北宜都陆城东汉晚期墓出土金狮子,长1.1厘米,高0.7厘米,作向天怒吼状,腿蹬头昂,制作精细生动。⑤ 山东莒县双合村汉墓出土绿松石兽形珠,报告称双爪扶膝,作蹲踞状,瞋目嘴牙,神态凶猛。⑥ 应该也是狮形珠,或狮子的变形。那些制成蹲踞的狮子形象的珠饰被称为"辟邪形珠"。⑦ 这样的狮形珠葬于墓中,其中有明显的辟邪意味。从最早的发现属西汉后期来看,狮形饰珠的出现与汉武帝时代陆上丝绸之路、海上丝绸之路的开辟以及西域狮子入贡有密切关系。

魏晋南北朝时狮子造型艺术更为普及,南朝帝王陵墓和王侯墓前神道两侧往往有翼狮类神兽,佛教造像中更多狮子形象,这与波斯艺术的影响和东晋以来佛教的兴盛有关。有翼兽是波斯艺术传统,印度佛教艺术中也有翼狮造像,如印度山奇大塔横梁上就有三头有翼飞狮雕刻。狮子在佛教中具有神圣性,狮子乃百兽之王,代表"法力"。雄狮被认为是佛陀的象征,佛教经论中用狮子比喻佛陀的无畏与伟大。《金刚顶瑜伽中略出念诵经》说佛"于菩提树

---

① 湖南省博物馆:《湖南常德东汉墓》,载《考古学集刊》第1集,中国社会科学出版社1981年版,第174页。

② 张柏忠:《内蒙古科左中期六家子鲜卑墓群》,《考古》1989年第5期。

③ 张沛:《陕西旬阳出土汉代煤精狮》,《文博》1988年第6期。

④ 沈宜扬:《湖北当阳刘家冢子东汉末年画像石墓发掘简报》,载《文物资料丛刊》(1),文物出版社1977年版,第126页;图版拾壹:2。

⑤ 宜昌地区博物馆、宜都县文化馆:《湖北宜都陆城发现一座东汉墓》,《考古》1988年第10期。

⑥ 刘云涛:《山东莒县双合村汉墓》,《文物》1999年第12期。

⑦ 赵德云著:《西周至汉晋时期外来珠饰研究》,科学出版社2016年版,第104页。

下,获得最胜无相一切智勇猛释师子"①。《大智度论》中称佛陀为"人中狮子",因为狮子在"四足兽中,独步无畏,能伏一切。佛亦如是,于九十六种道中,一切降伏无畏"。佛陀的坐处被称为"狮子座"。② 佛陀以无畏音声说法,如同狮子吼叫,故称佛陀说法为"狮子吼"。③ 这种观念随着佛教的传入也传入中国,汉末牟融《理惑论》说佛"颊车如师子"④。狮子为万兽之王,有辟邪护法之功能,狮子被神格化,以神兽、灵兽、仁兽形象出现在佛教造像中,被作为佛的化身崇拜。随着佛教在南北朝时的兴盛发展,狮子的神威与护法功能融入汉土文化观念中。现藏于山西博物馆的北魏四面造像石上,菩萨法座两侧有两头护法狮子,形象写实。"狮子雕刻,在南北朝时期大量涌现,成为佛教造像、建筑门户等处的经典模式"⑤。北朝石窟造像中狮子造型随地域及时代不同而有变化,造像愈早者,愈接近西域风格;造像愈近,愈接近中土文化。越接近西北地区,西域风格愈浓厚;越到中原地区,中华民族化造型更鲜明。佛教艺术中的狮子形象对中华传统狮子造型具有重大影响。中国佛教艺术中的狮子可分为两种造型:(1)威武雄壮型,起镇守护卫作用;(2)屈尊温顺型,具听经护法之貌。⑥ 在魏晋南北朝时期的绘画中也出现了以狮子为题材的作品。西晋嵇康和刘宋画家宗炳皆有《狮子击象图》,表现狮象相搏的内容。⑦ 刘宋时的顾光宝以画狮子闻名,其友陆溉患病经年,医疗皆无效,顾光宝以为恶鬼所致,"以墨图一狮子,令于外户牓之"。第二天,所画狮子"口中臆前,有血淋漓","溉病乃愈"。⑧ 此传说故事显然融入了佛教观念。但中土画家所

---

① (唐)金刚智译:《金刚顶瑜伽中略出念诵经》卷 1,《中华大藏经》第 23 册,中华书局 1987 年版,第 688 页。

② [印度]龙树造,(东晋)鸠摩罗什译:《大智度论》卷 7,《中华大藏经》第 25 册,中华书局 1987 年版,第 229 页。

③ [印度]龙树造,(东晋)鸠摩罗什译:《大智度论》卷 25,《中华大藏经》第 25 册,中华书局 1987 年版,第 529 页。

④ (南朝梁)僧祐编:《弘明集》卷 1,《中华大藏经》第 62 册,中华书局 1993 年版,第 709 页。

⑤ 尚永琪著:《莲花上的狮子——内陆欧亚的物种、图像与传说》,商务印书馆 2014 年版,第 6 页。

⑥ 李芝岗著:《中华石狮雕刻艺术》,百花文艺出版社 2004 年版,第 39 页。

⑦ (唐)张彦远撰:《历代名画记》,上海人民美术出版社 1963 年版,第 122、131 页。

⑧ (宋)李昉等编:《太平广记》卷 210,中华书局 1961 年版,第 1609 页。

画狮子形象,可能并不写实。北魏时宋云等人赴印度取经,在乾陀罗国看到跋提国送两头小狮子给乾陀罗国王,发现其形象与中国画家笔下的狮子相差甚远,"观其意气雄猛,中国所画,莫参其仪"①。

狮子舞在南北朝时开始盛行,有一种说法认为狮子舞就起源于刘宋时。中国人在汉代就知道东南亚和南亚的国家以象兵作战,直到刘宋时与林邑的战争中才真正遇到象兵,刘宋军队以"狮兵"战胜了林邑象兵。据《宋书·宗悫传》记载:"元嘉二十二年,伐林邑,悫自奋请行。……林邑王范阳迈倾国来拒,以具装被象,前后无际,士卒不能当。悫曰:'吾闻狮子威服百兽。'乃制其形,与象相御,象果惊奔,众因溃散,遂克林邑。"②据说此后遇到战争胜利或有喜庆的事件,便舞狮子以庆贺。狮子舞中当有外来文化因素,有人认为狮子舞来自远方,狮子是西亚、中亚和西域地区崇尚的动物,龟兹王曾自称狮子王,并编造龟兹先王降服狮子故事,狮子舞是从这个故事演化而来。舞时几十只羯鼓齐响,青、赤、黄、白、黑五色狮子从五个方向向中心游动,戴红抹额,做种种戏弄状。前秦将领吕光破龟兹,带上万龟兹艺人到凉州(今甘肃武威),狮子舞便融入汉元素,成了中原的"五方狮子舞"流传至今。③ 狮子舞的流行与佛教的传入也有关系,北魏佛教盛行,杨衒之《洛阳伽蓝记》记述北魏都城洛阳每年浴佛节前夕,长秋寺抬佛像游行,"辟邪、狮子,导引于前"④。

西域狮形饰品或其创意也传入中国西南地区。如上文提到的云南晋宁石寨山13号墓出土的镏金铜饰物。北朝时有石狮子雕刻,《魏书·孝静纪》记载:"帝好文学,美容仪,力能挟石师子以逾墙,射无不中。"⑤在各种动物形象中,狮子可能最能表现大唐盛世的气象,因此在唐代艺术中狮子得到更多的表现。唐代花鸟画走向成熟,花鸟画家中有专工异兽的,如宫廷画家韦无忝。张

---

① (北魏)杨衒之撰,范祥雍校注:《洛阳伽蓝记校注》卷5,上海古籍出版社1978年版,第319页。

② 《宋书》卷76《宗悫传》,中华书局1974年版,第1971—1972页。

③ 王功格、王建林:《龟兹古国:遗落的西域故地文明探秘》,重庆出版社2007年版,第96页。

④ (北魏)杨衒之撰,范祥雍校注:《洛阳伽蓝记校注》卷1,上海古籍出版社1978年版,第43页。

⑤ 《魏书》卷12《孝静纪》,中华书局1974年版,第313页。

怀瓘《画断》记载韦氏："玄宗朝,以画马异兽擅其名,时称'韦画四足'。曾见貌外国所献狮子,酷似其真。后狮子放归本国,唯画者在图。时因观览,百兽见之皆惧。"①初唐画家阎立本《职贡狮子图》所画可能与虞世南所咏同为太宗时康国所献狮子,南宋周密曾眼见此图,据其记载,画中"大狮二,小狮数枚,虎首而熊身,色黄而褐,神彩粲然,与世所画狮子不同。胡王倨坐甚武,傍有女妓数人,各执胡琴之类。傍有执事十余人,皆沉着痛快。高宗题'阎立本《职贡狮子图》'。前有睿思东阁大印。"②阎立本还画过墨狮子图,张丑《清河书画舫》记载:"阎立本《西旅贡狮子图》,狮子墨色,类熊而猴貌,大尾,殊与世俗所谓狮子不同。闻近者外国所贡,正此类也。"③据段成式《酉阳杂俎》记载:"西域有黑狮子。"④在西域入贡唐朝的狮子中可能就有黑狮子,阎立本的画乃写实之作。狮子的形象出现在绘画中,顾况《杜秀才画立走水牛歌》描写画面上的内容:"昆仑儿,骑白象,时时锁着师子项。"⑤隋唐时期敦煌莫高窟壁画上有不少狮子形象,如第9窟南壁的《外道劳度叉斗圣图》表现的狮牛相斗,第85窟狮子卷瓣莲花纹藻井,又如敦煌壁画中不止一处的比喻故事"金毛狮子"画。

在唐代的雕塑中,狮子也是人们喜爱的形象。狮子形象被用作各种建筑物的装饰。刘肃《大唐新语·文章》记载:"长寿三年,则天征天下铜五十余万斤,铁一百三十余万,钱两万七千贯,于定鼎门内铸八稜铜柱,高九十尺,径一丈二尺,题曰'大周万国述德天枢',纪革命之功,贬皇家之德。天枢下置铁山,铜龙负载,狮子、麒麟围绕,上有云盖,盖上施盘龙以托火珠,高一丈,围三丈,金彩荧煌,光倖日月。"⑥唐人继承前代的传统,墓前置狮形天禄镇守,例如武则天母亲杨氏顺陵前著名的石走狮,用一块完整的巨石雕刻而成,乃石刻中

①　(宋)李昉等编:《太平广记》卷212,中华书局1961年版,第1625页。

②　(宋)周密:《云烟过眼录》卷3,《文渊阁四库全书》(子部十·杂家类)第871册,台湾商务印书馆1985年影印本,第70页。

③　(明)张丑撰:《清河书画舫》卷4,《文渊阁四库全书》(子部八·艺术类)第817册,台湾商务印书馆1985年影印本,第29页。

④　(唐)段成式:《酉阳杂俎》卷16,中华书局1981年版,第157页。

⑤　(清)彭定求等编:《全唐诗》卷265,中华书局1960年版,第2946页。

⑥　(唐)刘肃撰:《大唐新语》卷8,中华书局1984年版,第126页。

的精品。山西文水县发现一对石狮,被认为是武则天父亲武士彟墓前镇墓兽。① 唐高宗和武则天合葬之乾陵前有一对蹲狮,高三米多,气势雄伟。在唐代佛教绘画和雕塑中,文殊菩萨总是骑在狮子上。唐代宫殿有狮子造型艺术,阎朝隐诗《鹦鹉猫儿篇》写离宫别馆:"高视七头金骆驼,平怀五尺铜师子。"② 达官贵族之家的家具装饰有狮形用品,秦韬玉《豪家》:"石甃通渠引御波,绿槐阴里五侯家。地衣镇角香狮子,帘额侵钩绣辟邪。"③屋内地毯压四角的东西是"香狮子"。

唐代还流行以花狮子作礼物赠人的风气。唐冯贽《云仙杂记》"百花狮子"条引《曲江春宴录》:"曲江贵家游赏,则剪百花,装成狮子相送遗。狮子有小连环,欲送,则以蜀锦流酥牵之,唱曰:'春光且莫去,留与醉人看。'"④在唐人园艺中,有能把花草种成狮形者。《云仙杂记》"菖蒲成狮子鸾凤状"引《海墨微言》:"僧普寂大好菖蒲,房中以菖蒲种成狮子、鸾凤、仙人之状。"⑤在唐代狮子图像还出现在丝织品、印染品中和陶瓷器型上,渤海上京出土的一件三彩陶狮子就是唐代典型的蹲狮形象。⑥ 开元年间的文士阎随侯的《镇座石狮子赋》描写了一对作为镇座的石狮子形象:"威慑百城,寨帷见之而增惧;坐镇千里,伏猛无劳于武张。有足不攫,若知其搔扰;有齿不噬,更表于循良。"⑦此石刻狮子形象仁威并具,既形势雄壮,又驯服温良。

狮子舞至唐代成为宫廷乐舞,唐代立部伎中的"太平乐"即据"五方狮子舞"改编而成,成为上百人集体表演的大型乐舞。据说唐明皇梦游月殿,见一只独角兽在阶前滚球,阔口大鼻,姿态威武。醒后想重睹这种场面,命近臣照梦中独角兽舞蹈,由乐部配以雄壮的锣鼓,即"太平乐"。民间也盛行舞狮子,白居易《西凉伎》诗云:"假面胡人假狮子,刻木为头丝作尾。金镀眼睛银贴

① 孟苗:《山西现藏最大石狮在文水》,《山西日报》2015 年 6 月 29 日。

② 周勋初等主编:《全唐五代诗》卷 81,陕西人民出版社 2014 年版,第 1658 页。

③ (清)彭定求等编:《全唐诗》卷 670,中华书局 1960 年版,第 7660 页。

④ (唐)冯贽撰:《云仙杂记》卷 2,《丛书集成初编》本,商务印书馆 1939 年版,第 12 页。

⑤ (唐)冯贽撰:《云仙杂记》卷 5,《丛书集成初编》本,商务印书馆 1939 年版,第 39 页。

⑥ 尚永琪著:《莲花上的狮子——内陆欧亚的物种、图像与传说》,商务印书馆 2014 年版,第 6 页。

⑦ (清)董诰等编:《全唐文》卷 400,上海古籍出版社 1990 年版,第 1807 页。

齿,奋迅毛衣摆双耳。"①元稹诗写盛唐时哥舒翰的宴会上的百戏表演:"哥舒
开府设高宴,八珍九酝当前头。前头百戏竞撩乱,丸剑跳踯霜雪浮。狮子摇光
毛彩竖,胡姬醉舞筋骨柔。"②唐代舞狮子还流传到了日本,日本《信西古乐
图》绘有古代日本乐舞场面,与唐代相似。唐代以后,舞狮子在民间广为流
传。宋代的《东京梦华录》记载,有的佛寺在节日开狮子会,僧人坐在狮子上
做法事、讲经以招来游人。明代张岱《陶庵梦忆》记载浙江灯节,大街小巷锣
鼓喧天,处处有人围观舞狮子。

中古时狮子也得到诗人文士的吟咏,在文人笔下狮子被赋予各种含义。
李白《峨眉山月歌送蜀僧晏入中京》诗:"黄金师子乘高座,白玉麈尾谈重
玄。"③称颂僧晏讲经一如佛陀庄严,法力无边。寒山诗云:"吁嗟浊滥处,罗刹
共贤人。谓是等流类,焉知道不亲。狐假师子势,诈妄却称珍。铅矿入炉冶,
方知金不真。"④狮子比喻真佛,狐则喻冒充佛教中人的骗子。贯休《送颢雅法
师》夸奖法师讲经:"芙蓉堂窄堆花乳,手提金桴打金鼓。天花娉婷下如雨,狻
猊座上师子语。"⑤顾况《露青竹杖歌》则以狮子形容宫廷骏马:"飞龙闲厩马
数千,朝饮吴江夕秣燕。红尘扑辔汗湿鞯,师子麒麟聊比肩。"⑥虞世南《狮子
赋》是古代文学中写狮子的名篇,⑦赋咏西域入贡狮子,极尽歌功颂德之能事。
作者奉旨作赋,写狮子来自西域,是因为它仰唐朝至淳之元风,感德归仁。狮
子入贡,显示出大唐声教之遐宣,如尧舜时百兽之率舞,因此引起百姓的欢欣
与瞻仰。赋生动描写狮子的威武形貌和可贵品性,狮子具有明智殊伦品质,则
赋予了狮子以中国士人的人格理想。崔致远《乡乐杂咏五首·狻猊》:"远涉
流沙万里来,毛衣破尽着尘埃。摇头摆尾驯仁德,雄气宁同百兽才。"⑧其立意

---

① (唐)白居易著:《白居易集》卷4,中华书局1979年版,第75页。

② (唐)元稹著:《元稹集》卷24,中华书局1982年版,第281页。

③ (唐)李白著,瞿蜕园、朱金城校注:《李白集校注》卷8,上海古籍出版社1980年版,第
568页。

④ (唐)寒山著,项楚注:《寒山诗注》,中华书局2019年版,第265页。

⑤ (唐)贯休著,胡大浚笺注:《贯休歌诗系年笺注》卷5,中华书局2011年版,第274页。

⑥ (唐)顾况著,赵昌平校编:《顾况诗集》卷2,江西人民出版社1983年版,第47页。

⑦ (清)董诰等编:《全唐文》卷138,上海古籍出版社1990年版,第614页。

⑧ 陈尚君辑校:《全唐诗补编》,中华书局1992年版,第1245页。

与虞世南的赋相同,歌颂唐朝皇帝的仁德令狮子这种猛兽驯服。

狮子传入中国数量并不多,但它把西域文化与中国文化联系起来,成为中外文化交流的载体。中国传统狮子图像主要以亚洲狮的形象为本源,主要的文化源头一是来自印度佛教文明,二是来自西亚波斯文化。狮子传播的意义并不仅限于作为异兽供皇室贵族娱乐的作用。作为异兽,它的输入有时会造成劳民伤财,因而有时受到抵制,但它在文化上的影响却是积极的,伴随着狮子和狮子文化的传入,西亚、南亚的思想、文化和艺术传入中国,在狮子文化的土壤里生长起来乐舞、雕塑、绘画、诗赋以及宗教观念等等,可以说是中外文化融合而产生的人类文明瑰宝。狮子是外来物种,狮子文化却是中国传统文化的一部分,中国人曾被称为"睡狮""醒狮""雄狮",在中国大地上到处可见狮子的造型艺术。在中国文化中,狮子总是以正面形象受到赞美和称颂,狮子意象融入了多元文化元素,代表着胜利、吉祥、欢乐、正义、力量、刚强、勇猛、奋进,这些文化意蕴融入中华文化血脉,成为中华民族精神的象征。狮子入贡直到明清才告结束,狮子文化源远流长,但汉唐间狮子入贡,狮子文化在中土衍化生成,则是中国狮子文化传统逐渐形成和定型的时期。

(本文原载《武汉科技大学学报》(北大中文核心期刊)2018 年第 2 期)

安石榴的引进与石榴文化探源

石榴树是从域外移植而来的植物,石榴树具有多方面的实用价值和文化意义。它的引进不仅为我们增添了一种花木果树,而且成为中国文化中一个具有丰富内涵的意象。近年来石榴文化颇受社会上的关注,关于石榴的栽培历史和技术有较深入的探讨。然而关于石榴的历史文化往往流于常识性的递相转述。由于缺乏相关资料的系统考查和学术方面的深入探讨,造成对石榴传播历史和文化不少失误,尤其对石榴传入中国的早期情况更多误解。本文试对汉唐间石榴树的引种、推广和文化意义加以探讨,以求正于方家。

一、安石榴的引种及其在汉地的推广

石榴树作为物种传播在中国和伊朗间文化交流中的意义,早就引起植物学家、国外汉学家的注意,但其来源地及其传入时间却有争议。石榴树首先在汉代长安、洛阳栽种,其后向各地推广,全国各地普遍种植,其时间过程也缺乏清晰的辨析。这是本文首先要探讨的问题。

(一)安石榴传入汉地时间辨正

安石榴即石榴,在东汉至唐的中国文献中常写作"若留""若榴""楉留",也有的写作"千涂""丹若""石留""石榴"。三国魏张揖撰《广雅》曰:"若榴,石榴也。"①唐段成式《酉阳杂俎》云:"石榴,一名丹若(一作丹茗)。"又称甜石

---

① (宋)李昉等撰:《太平御览》(第 9 册)卷 970,上海古籍出版社 2008 年版,第 571 页。

榴为"天浆"。① 五代时避钱镠讳,称"金罂"。"若木"乃扶桑之名,榴花丹颊似之,故亦有"丹若"之称。为什么叫安石榴? 西晋张华《博物志》云:"汉张骞出使西域,得涂林安石国榴种以归,故名安石榴。"②清代学者高学山关于安石榴之名提出另一种解释:"植榴宜安僵石于根下,则安石之名,或又以此也?"③还有一种说法,石榴坚固若石,形状似瘤,故称若榴。李时珍《本草纲目》云:"榴者瘤也,丹实垂垂如赘瘤也。"④美国汉学家劳费尔(Berthold Laufer)认为张华的说法不对:"这两个地理上的名称怎么会合并成一个,用来作为石榴产地的名称,这是不可信的事情。"他认为"安石"表示一个单名,与"安息""安西"相等。石榴原产伊朗,古安息国,息与石发音相近,故称安石榴。劳费尔也不同意李时珍的说法,他说:"'榴'这个植物名称是一个伊朗字的译音,中国人从住在帕提亚以外的伊朗人把这字整个采取了来,而那些伊朗人是从帕提亚地区得到此树或灌木的,所以称它为'帕提亚石榴'。"⑤

帕提亚即安息帝国,汉代时以今伊朗为中心的西域国家。石榴汉代传入中国,故称安息石榴。"安西"是唐时的地理概念,伊朗一带在张骞的时代称为安息,所以"安石"指安息比较合理,"安石"即"安息",符合石榴原产地的意义。石榴是人类栽培引种最早的果树和花木之一,瑞士植物学家德空多尔(A. de Candolle)对安石榴原产地进行过认真研究,结论是"波斯、曲儿忒(Kurdistanê,库尔德斯坦)、阿富汗、俾路支(今巴基斯坦和伊朗的一部分)等多石之地"。⑥ 20 世纪 40 年代,在伊拉克境内距今 4000 多年的乌尔王朝废墟苏布阿德王后墓中,考古学家发现死者皇冠上镶嵌着石榴图案。公元前 10 世纪,以色列所罗门王曾建两根铜柱,柱顶上有装修的网子,挨着网子各有两行铜石榴环绕,两行共有二百。他所建耶和华殿也用铜石榴装饰,"四百石榴安

① (唐)段成式撰:《西阳杂俎》(前集)卷 18,中华书局 1981 年版,第 174 页。
② (明)李时珍撰:《本草纲目》卷 30,中医古籍出版社 1994 年版,第 756 页。
③ (汉)张仲景著,(清)高学山注:《高注金匮要略》,上海人民卫生出版社 1956 年版,第 339 页。
④ (明)李时珍:《本草纲目》卷 30,中医古籍出版社 1994 年版,第 75 页。
⑤ [美]劳费尔著:《中国伊朗编》,林筠因译,商务印书馆 1964 年版,第 110 页。
⑥ 俞德浚、蔡希陶编译:《农艺植物考源》,商务印书馆 1940 年版,第 124 页。按:德空多尔(A. de Candolle),或译德亢朵儿、德康道尔、底坎多、坎多勒,瑞士植物学家,《农艺植物考源》成书于 1882 年。

在两个网子上"。① 古波斯人称石榴为"太阳的圣树",喜爱它像宝石一样的石榴子,认为是多子丰饶的象征。波斯文化中的安娜希塔女神手执石榴象征丰收。在早期亚述的石板浮雕图案中,葡萄藤下有石榴、无花果和枣椰树,是祭祀用的圣树。如今在伊朗、阿富汗、阿塞拜疆、格鲁吉亚等国海拔 300—1000 米的山上,尚有大片野生石榴树林。

安石榴在汉代已经传入中国,历来认为石榴是张骞从西域带入汉地。此说最早见于西晋陆机《与弟陆云书》:"张骞为汉出使外国十八年,得涂林。涂林,安石榴也。"②"涂林"是梵语 Darim 的音译,即石榴。《文选》李善注引张华《博物志》:"张骞使大夏得石榴。"③唐封演《封氏闻见记》云:"汉代张骞自西域得石榴、苜蓿之种。"④李冗《独异志》云:"汉张骞奉使大月氏,往返一亿三万里,得蒲萄、涂林安石榴,植之于中国。"⑤李商隐《茂陵》诗写汉武帝时"苜蓿榴花遍近郊"⑥。后世植物、医药学著作皆沿袭此说。但汉代文献并没有张骞带回安石榴种子的记载,这与葡萄、苜蓿等一样,未必是张骞带回,后世将功绩记在了他的名下。劳费尔认为石榴树的种子不是张骞带回的,石榴树不是直接从帕提亚移植到中国,是逐渐移植过来的,应该是先传入中亚和中国新疆地区,而后渐至中原。在移植过程中伊朗本部以外的伊朗殖民地、中亚粟特人和中国新疆地区都起了很大作用。⑦ 这个论断颇有道理,中国文献中所谓从大夏或西域获得云云,正是这种传播过程的反映。但他推测"它最初来到中国似乎是第三世纪后半叶"并不正确。⑧ 受其影响,法国学者索瓦杰(J.Sauvaget)也说:"石榴起源于伊朗,公元三世纪或四世纪引进中国。"⑨安石

---

① 《圣经·列王纪》,中国基督教三自爱国运动委员会、中国基督教协会 2007 年版,第326、327 页。

② (北魏)贾思勰著,石声汉校释:《齐民要术今释》卷 4,中华书局 2009 年版,第 382 页。

③ (南朝梁)萧统编:《文选》卷 16,上海书店 1988 年版,第 211 页。

④ (唐)封演撰,赵贞信校注:《封氏闻见记校注》卷 7,中华书局 1958 年版,第 60 页。

⑤ (唐)李冗:《独异志》卷中,中华书局 1983 年版,第 49 页。

⑥ (唐)李商隐著,(清)冯浩笺注:《玉溪生诗集笺注》卷 1,上海古籍出版社 1979 年版,第264 页。

⑦ [美]劳费尔著:《中国伊朗编》,林筠因译,商务印书馆 1964 年版,第 110 页。

⑧ [美]劳费尔著:《中国伊朗编》,林筠因译,商务印书馆 1964 年版,第 111 页。

⑨ [阿拉伯]佚名撰,穆根来等译:《中国印度见闻录》,中华书局 1983 年版,第 53 页。

榴曾出现于东汉张仲景的医学名著《金匮要略》,其"果实菜谷禁忌并治"部分提到"安石榴不可多食,损人肺"①。劳氏怀疑《金匮要略》上关于安石榴的记载"或许是在原书上增添的"②。《金匮要略》中可能有后人增补的内容,但关于安石榴的记载是否后人增补,并没有确切证据。

除了《金匮要略》,还有其他材料都说明汉代中国的确已经传入石榴,并有石榴树的种植。石榴树经丝绸之路传入内地,引种之初首先在当时的帝都长安上林苑、骊山温泉宫种植,这就是最早的临潼石榴。相传西汉刘歆撰、东晋葛洪集《西京杂记》载:"初修上林苑,群臣远方各献名果树,有安石榴十株。"书中又注:"余就上林令虞渊得朝臣所上草木名二千余种,邻人石琼就余求借,一皆遗弃,今以所记忆列于篇右。"③因得到汉武帝的喜爱,后又命人将石榴栽植于骊山温泉宫。刘安《淮南子》中提到木槿,东汉高诱注云:"木槿朝荣暮落,树高五六尺,其叶与安石榴相似也。"④以安石榴相比,说明人们对石榴已经熟知。东汉时首都洛阳北宫正殿德阳殿北有濯龙苑,种植有安石榴。东汉文学家李尤《德阳殿赋》云:"德阳之北,斯曰濯龙。葡萄、安石,蔓延蒙笼。"⑤"安石"即安石榴。东汉张衡《南都赋》写南阳园圃中有"樗枣、若榴"。萧统《文选》卷二李善注引张楫《广雅》云:"石榴,若榴也。"⑥汉末蔡邕《翠鸟诗》云:"庭陬有若留,绿叶含丹荣。"⑦这些都说明石榴在汉代已经引种中国内地,而不会晚至三世纪后半叶。劳费尔没有接触到上述更早的资料。

(二)石榴树在汉地的推广

从上引诗赋中可以知道,汉代宫苑、园圃、庭陬已经种植石榴。魏晋时从达官贵人到一般文人,庭院别墅中往往栽种石榴,而且有不同品种。晋郭义恭

① (汉)张仲景撰,(清)高学山注:《高注金匮要略》,上海人民卫生出版社 1956 年版,第 339 页。
② [美]劳费尔著:《中国伊朗编》,林筠因译,商务印书馆 1964 年版,第 104 页。
③ (明)程荣纂辑:《汉魏丛书》,吉林大学出版社 1992 年版,第 304 页。
④ (汉)刘安撰,高诱注:《淮南子》卷5,载《二十二子》,上海古籍出版社 1986 年版,第 1226 页。
⑤ (唐)欧阳询撰:《艺文类聚》卷62,上海古籍出版社 1982 年版,第 1122 页。
⑥ (南朝梁)萧统编:《文选》卷4,上海书店 1988 年版,第 52 页。
⑦ (唐)欧阳询撰:《艺文类聚》卷92,上海古籍出版社 1982 年版,第 1609 页。

《广志》云：“安石榴有甜酸两种。”①晋崔豹《古今注》云：“甘实形如石榴者，谓之壶甘。”②把柑果的形状和石榴相比。《渊鉴类函》云：“石崇金谷园有石榴，名石崇榴。”③潘尼《安石榴赋》序云：“余迁旧宇，爰造新居，前临旷泽，却背清渠，实有斯树，植于堂隅。”④潘岳县衙庭前栽种安石榴，故有《河阳庭前安石榴赋》。⑤ 其《闲居赋》写自己的赋闲生活：“筑室种树，逍遥自得”，闲居之处“石榴蒲陶之珍，磊落蔓延乎其侧”。⑥ 陆翙《邺中记》记载：“石虎苑中有安石榴，子大如碗盏，其味不酸。”⑦石榴至迟魏晋时已经移植南方。《拾遗记》记载：“吴主潘夫人……以姿色见宠，每以夫人游昭宣之台，志意幸惬。既尽醋醉，唾于玉壶中，使侍婢泻于台下，得火齐指环，即挂石榴枝上，因其处起台，名曰‘环榴台’。”⑧左思《三都赋》写蜀都的植物：“蒲陶乱溃，若榴竞裂。”⑨东晋安帝时佳者进贡朝廷。《宋书·符瑞志》记载：“晋安帝隆安三年，武陵临沅献安石榴，一蒂六实。”⑩《晋隆安起居注》：“武陵临沅县安石榴，子大如椀，其味不酸，一蒂六实。”⑪东晋时法显西行取经，其《佛国记》一书记载：“自葱岭已前，草木果实皆异，唯竹及安石留、甘蔗三物，与汉地同耳。”⑫说明法显未出国时曾见到不少石榴树。

石榴树对土壤、气候适应能力很强，正如宋代苏颂云：“木不甚高大，枝柯附干，自地便生，作丛，种极易息，折其条盘土中便生。”⑬石榴树耐酸碱，耐瘠薄，非耕地、石砾滩地都可栽培，稍带石灰质的沙质壤土或砾质土尤为适宜。由于能在不同的条件下生长，因此可以在全国各地种植。南北朝时石榴树的

① （宋）李昉等撰：《太平御览》（第9册）卷970，上海古籍出版社2008年版，第571页。
② （晋）崔豹撰：《古今注》卷下，辽宁教育出版社1998年版，第13页。
③ （清）张英等撰：《渊鉴类函》（第11册）卷402，上海古籍出版社2008年版，第758页。
④ （唐）欧阳询撰：《艺文类聚》卷86，上海古籍出版社1982年版，第1480页。
⑤ （唐）欧阳询撰：《艺文类聚》卷86，上海古籍出版社1982年版，第1481页。
⑥ （南朝梁）萧统编：《文选》卷16，上海书店1988年版，第208—211页。
⑦ （晋）陆翙撰：《邺中记》，《丛书集成初编》本，商务印书馆1937年版，第9页。
⑧ （晋）王子年撰：《拾遗记》卷8，《汉魏丛书》本，吉林大学出版社1992年版，第726页。
⑨ （南朝梁）萧统编：《文选》卷4，上海书店1988年版，第59页。
⑩ 《宋书》卷29《符瑞志》，中华书局1974年版，第836页。
⑪ （宋）李昉等撰：《太平御览》（第9册）卷970，上海古籍出版社2008年版，第571页。
⑫ （东晋）法显撰，章巽校注：《法显传校注》，中华书局2008年版，第18页。
⑬ （宋）苏颂：《本草图经》卷16，安徽科学技术出版社1994年版，第557页。

种植在北方已经普及,并积累了丰富的经验。北魏贾思勰的《齐民要术》详细记载了安石榴树的种植方法:"三月初,取枝大如手大指者,斩令长一尺半,八九枝共为一科,烧下头二寸(不烧则漏汁矣)。掘圆坑深一尺七寸,口径尺。竖枝于坑畔(环圆布枝,令匀调也),置枯骨、礓石于枝间(骨、石是树性所宜),下土筑之。一重土,一重骨石,平坎止(其土令没枝头一寸许也)水浇常令润泽。既生,又以骨、石布其根下,则科圆滋茂可爱。若孤根独立者,虽生亦不佳焉。"置以骨石的目的并不是为了稳定树枝,而是"树性所宜"。"十月中,以蒲藁裹而缠之(不裹则冻死也),二月初乃解放"。栽种时"若不能得多枝者,取一长条,圆屈如牛拘(穿在牛鼻孔中的圆圈形木条)而横埋之,亦得。……其拘中,亦安骨石。其斫根栽者,亦圆布之,安骨石于其中也"。① 其法简易,而且已经成为农民必备的知识,反映石榴树的种植在北方已经普及于民间。

南北朝时北方和南方都有石榴种植,杨衒之《洛阳伽蓝记》记载:"白马寺,汉明帝所立也……浮屠前,奈林、葡萄,异于余处,枝叶繁衍,子实甚大,奈林实重七斤,蒲陶实伟于枣,味并殊美,冠于中京。帝至熟时,常诣取之,或复赐宫人。宫人得之,转饷亲戚,以为奇味。得者不敢辄食,乃历数家。京师语曰:'白马甜榴,一实值牛'。"②"奈林"乃"茶林"之误,即石榴。汉明帝时洛阳已有石榴栽培,而以白马寺品种最为优良,从"一实值牛"的说法可知当时石榴也是市场上交易的商品。白马寺的石榴至杨衒之的时代依然闻名于世。邺城石榴名闻天下。北魏太武帝拓跋焘率军南征,送礼给南朝将军张畅,同时"求甘蔗、安石留"。张畅说:"石留出自邺下,亦当非彼所乏。"③《襄国记》记载:"龙岗县有好石榴。"④龙岗县在今河北省,襄国即今河北省邢台县,为后赵石勒所都,石虎迁都于邺(今河北省临漳县),改为襄国郡,后魏复为县,隋改龙冈县。诗人庾信院子里栽种了石榴树,是从河阳移植而来,其《移树》诗云:"酒泉移赤奈,河阳徙石榴。虽言有千树,何处似封侯?"⑤石榴不断南下东进,

① (北魏)贾思勰著,石声汉校释:《齐民要术今释》卷4,中华书局2009年版,第382、383页。
② (北魏)杨衒之撰,范祥雍校注:《洛阳伽蓝记校注》卷4,上海古籍出版社1978年版,第196页。
③ 《宋书》卷59《张畅传》,中华书局1974年版,第1603页。
④ (宋)李昉等撰:《太平御览》(第9册)卷970,上海古籍出版社2008年版,第571页。
⑤ (北周)庾信撰,(清)倪璠注:《庾子山集注》卷4,中华书局1980年版,第381页。

在各地扎根、开花、结果。南朝也有石榴种植。四川有石榴种植,刘宋时刘亮任益州刺史,斋前石榴树凌冬生华,僧人邵硕视为狂花,以为"宋诸刘灭亡之象"①。唐段成式《酉阳杂俎·木篇》:"梁大同中,东州后堂石榴皆生双子。"②《方舆胜览》"合肥浮槎山"条记载,俗传山自海上浮来,梁武帝女为尼于此山,建道林寺,"寺有榴花,根干伟茂,世传梁武帝女尼所植也"③。这个传说反映合肥之石榴从南朝移植而来。南朝也出现咏石榴的诗,如王筠《摘安石榴赠刘孝威诗》、梁元帝《赋得石榴诗》。王筠诗写其产地云:"宗生仁寿殿,族代河阳湄。有美清淮北,如玉又如龟。退书写虫篆,进对多好辞。我家新置侧,可求不难识。相望阻盈盈,相思满胸臆。高枝为君采,请寄西飞翼。"④王筠家新植石榴树从淮北移栽而来,反映了石榴树产地自北方逐渐向南方扩大的事实。

隋唐时种植地区扩大,石榴遍种全国各地。隋大业元年营建东都,曾大量种植石榴树,"开大道,对端门,名端门街,一名天津街,阔一百步。道旁植樱桃、石榴两行,自端门至建国门,南北九里,四望成行,人由其下,中为御道"⑤。封演《封氏闻见记》云石榴"今海内遍有之"⑥。栽培技术进一步提高,并培育出新的品种。临潼以自然条件得天独厚,所产石榴品质最优。史载玄宗为投杨贵妃所好,在华清宫西绣岭、王母祠一带广种石榴,故临潼有"贵妃石榴"的品种。传说杨贵妃曾在朝元阁七圣殿绕殿亲手种植石榴树,⑦如今华清池前有一株直径40厘米的石榴树,据传乃杨贵妃所植。洛阳石榴也是贡品,闻名天下。康骈《剧谈录》记载,唐武宗时道士许元长奉皇帝旨意,盗取东都贡榴十颗奉进。⑧ 段公路《北户录》龟图注引郑虔云:"涂林花有五色,黄碧青白红,如杏花。汉东郡尉于吉献一株,花杂五色,云是仙人杏。今岭中安石榴花实相间,四时不绝,亦有绀者。"⑨可知当时南方已经培育出更多品种。南诏亦

① 《南史》卷43《齐高帝诸子传》,中华书局1975年版,第1086页。
② (唐)段成式撰:《酉阳杂俎》(前集)卷18,中华书局1981年版,第174页。
③ (宋)祝穆撰:《方舆胜览》卷48,中华书局2003年版,第848页。
④ (宋)李昉等撰:《文苑英华》卷322,中华书局1966年版,第1668页。
⑤ (唐)杜宝撰,辛德勇辑校:《大业杂记辑校》,三秦出版社2006年版,第3页。
⑥ (唐)封演撰,赵贞信校注:《封氏闻见记校注》卷7,中华书局1958年版,第60页。
⑦ (宋)陈景沂撰:《全芳备祖》前集卷24,浙江古籍出版社2018年版,第503页。
⑧ (唐)康骈:《剧谈录》卷下,古典文学出版社1958年版,第52页。
⑨ (唐)段公路撰:《北户录》卷3,文渊阁四库全书本,第11页。

种植石榴树,而且被视为佳品,当时人以之比美洛阳石榴。段成式《酉阳杂俎》云:"南诏石榴,子大,皮薄如藤纸,味绝于洛中。"①"衡山祝融峰下法华寺,有石榴花如槿,红花,春秋皆发。"②从唐诗的描写中可知,达官贵人的园林里种植石榴,张谔《岐王山亭》:"王家傍绿池,春色正相宜。岂有楼台好,兼看草树奇。石榴天上叶,椰子日南枝。出入千门里,年年乐未移。"③皇宫里栽种石榴,王建《宫词一百首》六十三:"树叶初成鸟护窠,石榴花里笑声多。"④农家也种石榴树,王维《田家》:"柴车驾羸牸,草屩牧豪豨。夕雨红榴拆,新秋绿芋肥。"⑤京师种石榴,外地也种石榴。李嘉祐《送卢员外往饶州》:"为郎复典郡,锦帐映朱轮。露冕随龙节,停桡得水人。早霜芦叶变,寒雨石榴新。莫怪谙风土,三年作逐臣。"⑥诗人处处会看到石榴树,并引起作诗的兴致。李贺《绿章封事》:"石榴花发满溪津,溪女洗花染白云。"⑦《莫愁曲》:"草生陇坡下,鸦噪城堞头。何人此城里? 城角栽石榴。"⑧虽然中土已经种植石榴,唐代仍从西亚输入石榴,段成式《酉阳杂俎》记载:"大食勿思离国石榴,重五六斤。"⑨当然是品种特别好的。

二、跨文化视野下的民俗学意义

石榴树起源于西亚,移植于世界各地,其实用价值和文化寓意在各地之间互相传播。石榴文化的传播是古代丝路文化的重要内容。比尔·布朗《物论》云:"物是我们遇到的东西,观念是我们投射的东西。"⑩一个物种的文化

① (唐)段成式撰:《酉阳杂俎》前集卷18,中华书局1981年版,第174页。
② (唐)段成式撰:《酉阳杂俎》续集卷9,中华书局1981年版,第282页。
③ (清)彭定求等编:《全唐诗》卷110,中华书局1960年版,第1130页。
④ (清)彭定求等编:《全唐诗》卷302,中华书局1960年版,第3443页。
⑤ (清)彭定求等编:《全唐诗》卷127,中华书局1960年版,第1293页。
⑥ (清)彭定求等编:《全唐诗》卷206,中华书局1960年版,第2145页。
⑦ (唐)李贺著,叶葱奇疏注:《李贺诗集》卷1,人民文学出版社1959年版,第31页。
⑧ (唐)李贺著,叶葱奇疏注:《李贺诗集》外集,人民文学出版社1959年版,第332页。
⑨ (唐)段成式撰:《酉阳杂俎》续集卷10,中华书局1981年版,第288页。
⑩ 孟悦、罗钢主编:《物质文化读本》,北京大学出版社2008年版,第78页。

意义往往与其自然属性相关,人们由其自然属性产生联想,托物寓意,因而使自然物象具有了丰富多彩的人文含义。石榴树是一种非常普及的树种,世界各地都有与之相关的民俗,因此石榴文化研究是一个跨文化课题。

(一) 象征吉祥的佳果祭献祖先和神灵

在世界各地不同文化中都有向神灵祖先祭献石榴的习俗。希腊人种植石榴的年代在荷马时代(约公元前9世纪至前8世纪)之后,得自小亚细亚。希腊神话中石榴是爱与美女神、又是花神、植物之母的阿芙洛狄忒的圣物与象征之一,人们祭献给她的植物包括石榴树。希腊人把石榴纹饰的瓶钵作为神庙祭祀的礼器使用。石榴传入北非很早,在5000年前的古埃及第十八王朝的法老墓壁画上绘有石榴树,画面上法老向神奉献的瓜果中有石榴。从伊斯兰教经典《古兰经》中可知,阿拉伯人把石榴与橄榄、无花果并称“天堂三圣果”。

在印度文化中,佛教认为石榴可破除魔障,故称石榴为“吉祥果”,又名“子满果”“颇罗果”,是财福圆满义。佛教艺术中佛教鬼子母、叶衣观音、孔雀明王、七俱胝佛母均以石榴为其持物。《千手千眼观世音菩萨广大圆满无碍大悲心陀罗尼经》云:“若家内横起灾难者,取石榴枝寸截一千八段,两头涂酥酪蜜,一咒一烧尽千八遍,一切灾难悉皆除灭。要在佛前作之。”①在佛教密教中,一切供果中以石榴为上。《瞿醯经》“奉请供养品”云供佛的果子中有石榴果,而且“其果子中,石榴为上”②。《佛说妙吉祥最胜根本大教经》云:“复次成就法,用吉祥果子作护摩一洛叉,于天上人间得大利养。”③“护摩”意为焚烧,“洛叉”乃数词,十万。

石榴传入中国以后,被中国人视为“天下之奇树,九州之名果”;“冠百品以奇仰,迈众果而特贵”,④因此成为祭献的佳品。三国魏人缪袭《祭仪》云:

---

① (唐)伽梵达磨译:《陀罗尼经》,《中华大藏经》第19册,中华书局1986年版,第780页。

② (唐)不空译:《蕤呬耶经》卷中,《大正新修大藏经》第18册,河北省佛教协会2005年印行,第768页。

③ (宋)法贤译:《佛说妙吉祥最胜根本大教经》卷下,《中华大藏经》第64册,中华书局1993年版,第675页。

④ (唐)欧阳询撰:《艺文类聚》卷86,上海古籍出版社1982年版,第1480、1481页。

"秋尝果以梨、枣、奈、安石榴。"①縻元有诗："苍苍陵上柏,参差列成行。童童安石榴,列生神道旁。"②晋潘岳《河阳庭前安石榴赋》云："其华可玩,其实可珍,羞于王公,荐于鬼神。"张载《安石榴赋》云："上荐清庙之灵,下羞玉堂之客。"③中秋时正是石榴上市季节,明清时八月十五吃石榴、月饼,拜神仙形成风俗。在祭祖仪式上摆放石榴和在陵墓神道上种植石榴树,在中秋佳节祭神时以石榴为供品,都包含着供神灵享用之意。石榴"千房同蒂,十子如一"④,寓意全家团圆和谐美满,中秋节是团圆的日子,以石榴作供果,表达了祈求家庭幸福的心愿。中国道教中,石榴是"福"的象征。"天官赐福"图中一身朝服的天官(福神),手抱五个善童,善童手中分别捧着仙桃、石榴、佛手、春梅和吉庆鲤鱼灯等吉祥物。石榴是中国农历五月的当令花,道教中五月花神是鬼王钟馗。五月是瘟疫流行季节,民间请钟馗神镇守,所绘钟馗像耳边插石榴花。

（二）丰产和繁育多子的象征意义

石榴多籽,花色浓烈,故象征幸福、丰收和繁育多子,这一点在世界各地文化中都有体现。波斯人称石榴树为"太阳的圣树",喜其榴籽晶莹,以其象征多子、丰饶。早期亚述石板浮雕中有石榴、葡萄、无花果的描绘,这些都是祭祀用的神圣之树。波斯人崇拜的安娜希塔女神,手执石榴象征丰收,在萨珊波斯的金银器上常有她的身影。在阿拉伯人的婚礼上,石榴也有特殊的寓意,石榴籽晶莹透亮,被阿拉伯人赋予"多子""忠诚"的含义。在他们的婚礼上,当新娘来到新郎的帐篷前下马时,要接过来一只石榴,把它在门槛上砸碎,再把石榴籽扔进帐篷里,以此告诫新郎要一生善待妻子,夫妻间保持忠诚。中亚风俗,新娘出嫁时从娘家携带一枚石榴,婚礼后把石榴砸在地上,以蹦出多少石榴籽占卜生育儿女数。在位于欧亚大陆交界处的岛国塞浦路斯先是把阿芙洛狄忒奉为丰产女神,后又奉为爱与婚姻女神,其象征物中有石榴。

在希腊神话中,天后赫拉的标志性圣物是石榴、布谷鸟、孔雀和乌鸦。

① （唐）徐坚等著：《初学记》卷28,中华书局1952年版,第683页。
② （宋）李昉等撰：《太平御览》（第9册）卷970,上海古籍出版社2008年版,第573页。
③ （唐）欧阳询撰：《艺文类聚》卷86,上海古籍出版社1982年版,第1841页。
④ （唐）欧阳询撰：《艺文类聚》卷86,上海古籍出版社1982年版,第1480页。

她的形象通常一手握权杖,象征权力;一手握石榴,象征丰收多子。珀尔塞福涅是谷物之神、收获女神得墨忒耳的爱女,她在原野上采花时被冥王哈得斯劫到冥界,强迫成亲。得墨忒耳悲伤愤怒,以其法力令人间荒芜,花木枯萎,五谷歉收。众神之王宙斯迫令哈得斯交出珀尔塞福涅,得墨忒耳与女儿得以欢聚,遂赐福大地重现生机。但珀尔塞福涅在冥界吃了那里的石榴,中了冥界的魔咒,一年中有三分之一时间必须回到冥王那里,其间便成了万物不能生长的冬天,只有其母女团聚时大地才重披绿装,开花结实。雅典娜女神曾战胜海神波塞冬,在希腊雅典卫城山上的雅典娜神庙,原有一尊雅典娜女神大理石像,右手握一颗石榴,左手握着盾牌。石榴是东方地区的象征物,主要的寓意是胜利、和平与丰收。在希腊现代家居商店随处可见石榴主题的装饰,希腊人搬新家收到的第一份礼物往往是石榴,寓意物产丰富、土地肥沃和好运气。

在北欧神话中,芙蕾雅是美与爱女神,她的丈夫奥都尔出门漫游,不知所踪。她走遍世界,且哭且寻。泪水滴在石上,石为之软;滴在海里,化为琥珀;滴在泥中,化为金沙。故在北欧,黄金被称为"芙蕾雅的眼泪"。她在南方阳光照耀的安石榴树下找到了丈夫,高兴得像新娘一样。时至今日,在北欧的婚礼上,新娘戴着石榴花成亲。石榴作为阿拉伯文化的象征,其影响还被带到了欧洲。世界上有两个国家将石榴花定为国花,一是阿拉伯国家利比亚,二是欧洲国家西班牙。公元8世纪时阿拉伯人越过直布罗陀海峡远征欧洲,占领西班牙,阿卜杜勒·赖哈曼时修建鲁萨法园,"引种了桃子、石榴等外国植物";"西班牙的阿拉伯人,把在西亚实施的耕作方法,传入西班牙。他们开凿运河,种植葡萄,还传入稻子、杏子、桃子、石榴、橘子、甘蔗、棉花、番红花等植物和水果"。① 阿拉伯人的统治维持数百年之久,公元15世纪西班牙人从阿拉伯人手中夺回最后一个据点。西班牙国徽上有石榴图案,象征着西班牙对阿拉伯人战争的胜利。

在印度文化中,佛经中描写鬼子母神(梵名音译作诃帝利母、诃哩底母,意译作欢喜母、爱子母)左手抱一儿童于怀中,右手持吉祥果。鬼子母崇拜和

---

① [美]希提(P.K.Hitti)著:《阿拉伯通史》,马坚译,新世界出版社2008年版,第463、481页。

石榴持物亦与生育、多子有关。《诃利帝母真言法》中云,女性不孕时,画诃利帝母作天女形象供奉,可得有胎。诃利帝母像"二膝上各坐一孩子,以左怀中抱一孩子,右手中持吉祥果"①。鬼子母神原为婆罗门教中的恶神,哺育五百个孩子,但她杀别人儿子以自啖食。佛祖度鬼子母向善,赐予她石榴作为代替,从此不再食人之子,并崇护三宝及守护幼儿。佛教传入日本,鬼子母被称为"子安观音"或"子安神",是保佑怀孕、顺产而供奉的儿童守护神。日本古典艺术中有许多鬼子母或子安神造像,右手握一枝对生石榴,顶端是一朵鲜艳的石榴花。

石榴象征吉祥、多子和丰收的观念伴随着石榴物种、西域文化和佛教观念也传入中国。石榴多籽,契合中国人多子多福传统观念,因此中国人把石榴作为多子的象征,这种观念至迟在南北朝时已经形成。《北史·魏收传》记载:"安德王延宗纳赵郡李祖收女为妃,后帝幸李宅宴,而妃母宋氏荐二石榴于帝前,问诸人莫知其意,帝投之。收曰:'石榴房中多子,王新婚,妃母欲子孙众多。'帝大喜,诏收'卿还将来'。"②石榴为"多子多福"的吉祥象征之物,一些西方婚礼用石榴作主题,中国也如此,唐代盛行结婚赠石榴,寓意"多生贵子"。结婚时洞房悬挂两个大石榴;结婚礼品要送绣有大石榴的枕头;初生贵子,亲友赠送绣有石榴图案的鞋、帽、衣服、枕头等,以示祝贺。明代画家王谷祥《题石榴》诗:"榴房拆锦囊,珊瑚何齿齿。试展画图看,凭将颂多子。"③人们以"榴房"喻多子。

在石榴象征多子和丰收的观念上,中国晚于世界上其他国家和地区,可以认为这是伴随着石榴传播传入中国的新观念,其中融合了西亚、南亚和欧洲各地的文化元素。在新疆尉犁县营盘 15 号墨山国贵族墓考古发现一副红地黄纹对石榴对童子图案锦襦袍,这种装饰图案应该来自古波斯艺术。墨山国是汉时西域古国,墓葬属汉晋时期。李文瑛、周金玲认为此锦袍融希腊和波斯两种文化于一体。童子可能是常与石榴树一同出现的小爱神丘比特(希腊称厄洛斯),锦袍可能制作于中亚的希腊化大夏或犍陀罗地区。在古希腊的神话

---

① (唐)不空译:《诃利帝母真言法》,《中华大藏经》第 65 册,中华书局 1993 年版,第 665 页。
② 《北史》卷 56《魏收传》,中华书局 1974 年版,第 2033 页。
③ (明)汪灏等撰:《广群芳谱》卷 59,河北人民出版社 1989 年版,第 1387 页。

中,小爱神丘比特常一手持弓箭,一手拿石榴。① 小爱神丘比特是爱与婚姻女神阿芙洛狄忒和战神阿瑞斯生的小儿子,他的形象和石榴都象征着爱情和婚姻、生育,这个考古材料揭示了西方石榴文化观念伴随着石榴树和石榴工艺品而传入中国。

三、文学形象的比兴寄托寓意

石榴树榴枝婆娑,花红似火,翠叶细密,硕果累累,籽粒繁多,晶莹剔透,味道甜美,因此受到各地人们的喜爱,引起人们丰富的联想。自汉代引进以后,便进入诗人文士的吟咏中,汉赋和汉诗中已经有作品写到石榴,此后历代皆有佳作。石榴意象寄托了诗人文士复杂的情感。比尔·布朗《物论》指出:"在诗人努力把物变成符号的过程中,物不是一个客体,而且不可能成为客体。"②因为在诗人赋物咏怀之际,物一直存在于主客体关系之中而非单纯的客体。中国古代诗歌中托物寓意和情景交融传统典型地表现出这种人与物关系,这可能也是石榴文化中最富于中国特色的一个方面。

在诗人笔下自然界的客观事物被赋予了人的情感,"以我观物,故物皆著我之色彩"③。石榴树一出现在文学作品中,便被赋予了强烈的情感色彩,诗人笔下出现了通过咏石榴树寄意抒怀的倾向。汉末蔡邕《翠鸟诗》云:"庭陬有若留,绿叶含丹荣。翠鸟时来集,振翼修容形。回顾生碧色,动摇扬缥青。幸脱虞人机,得亲君子庭。驯心托君素,雌雄保百龄。"④这是现存古诗中第一次咏及石榴树的诗,也是古诗中第一首托物言志之作。诗中石榴树处于君子之庭,成为翠鸟的托身之所。翠鸟摆脱了猎人的机关,得依若榴,获得了安全感。这是诗人自喻,"若榴"暗喻现实中诗人的庇护者。在蔡邕笔下,石榴树

---

① 李文瑛、周金玲:《营盘墓葬考古收获及相关问题》,载马承源、岳峰主编《新疆维吾尔自治区丝路考古珍品》,上海译文出版社1998年版,第63—74页。

② 孟悦、罗钢主编:《物质文化读本》,北京大学出版社2008年版,第78页。

③ 王国维著:《人间词话》,人民文学出版社1960年版,第191页。

④ 逯钦立辑校:《先秦汉魏晋南北朝诗》,中华书局1983年版,第193页。

已然不是纯客观的果树,寄托了诗人感恩戴德之情。这首诗一题《咏庭前若榴》。《四库全书总目》论古代咏物诗发展云:"其托物寄怀见于诗篇者,蔡邕《咏庭前若榴》,其始见也。"①从屈原作品以香草、美人自喻开始,以美好的事物比喻杰出的才华就成为文学的一个传统,而怀才不遇又是中国古代文士常有的命运,故以美好事物见弃托物寓意,抒发仕途坎坷壮志难酬的感慨是古代文学中常见的主题。石榴树枝叶婆娑,花果艳丽,传入中国后便成为一个新的象征才华的意象,频繁地出现在文学作品中。曹植诗《弃妇篇》写女子因无子而被弃,"拊心长叹息,无子当归宁",暗寓朋友的政治失意,写得极其委婉。诗人以石榴树起兴,石榴花虽美,但石榴树果实晚熟,诗人以此安慰和勉励朋友不要失望,结尾云"招摇待霜露,何必春夏成。晚获为良实,愿君且安宁"。②石榴果实虽然晚熟,但终为"良实",后来居上。以石榴花暗喻友人的才华,以石榴果实的晚熟预示其终当大用。

魏晋南北朝时吟咏石榴的作品随着石榴树种植的广泛而逐渐增多。在刻画石榴树花叶树形之美的同时,注重对石榴的精神品质的赞美,因而产生石榴树的人格化描写。在诗人笔下,石榴树被赋予"君子"之风。石榴树常植于院角,迟于其他草木开花,这正符合中国古代文士重名节操守自甘寂寞的人品。潘岳《安石榴赋》称赞石榴:"处悴而荣,在幽弥鲜。"梁江淹《石榴颂》:"美木艳树,谁望谁待,缥叶翠萼,红华绛采,焰烈泉石,芬披山海,奇丽不移,霜雪空改。"③其中不仅写石榴的形象之美,又包含着对石榴树品性的赞叹,那经霜不改的品性正是坚贞人格的象征。花开花谢一如人生的荣辱升沉,总是引起诗人感慨万千,石榴花经夏零落,也让诗人联想到人生的荣枯。晋庾儵《石榴赋》序:"于时仲春垂泽,华叶甚茂;炎夏既戒,忽乎零落。是以君子居安思危,在盛虑衰,可无慎哉!"④他写石榴树花叶之盛,包含着盛极有衰的感叹,并隐含着人生当居安思危的道理。《北史·裴延俊传》记载裴泽"为散骑侍郎,寻为诽毁大臣赵彦深等,兼咏石榴诗,微以托意,有人以奏武成,武成决杖六十,

---

① (清)永瑢等撰:《四库全书总目》卷168,中华书局1965年版,第1453页。
② (三国魏)曹植著,赵幼文校注:《曹植集校注》卷1,人民文学出版社1984年版,第33页。
③ (唐)欧阳询撰:《艺文类聚》卷86,上海古籍出版社1982年版,第1482页。
④ (唐)欧阳询撰:《艺文类聚》卷86,上海古籍出版社1982年版,第1482页。

髡头除名"①。裴泽这首招致不幸的咏石榴诗不传,他是如何通过咏石榴寄托
情意,表达了什么情感不得而知,但显然是托物讽喻之作。

后来的作家常常借石榴的命运以表达个人的政治操守和现实遭遇。石榴
是从域外传入,开花在夏天,诗人由此产生联想,从远徙别处和未能及时绽放
立意写个人的命运。唐代诗人孔绍《侍宴咏石榴》诗:"可惜庭中树,移根逐汉
臣。只谓来时晚,开花不及春。"②史载孔绍安侍宴唐高祖李渊,高祖命以"石
榴"为题赋诗,他将石榴在仲夏开花的原因,归结为石榴移植中国较晚所致,
错过了与百花在春天竞放的机会,以此表达个人的失意。③ 孔绍安和夏侯端
大业末皆为监察御史,时李渊在河东率军讨贼,隋炀帝命二人监其军。后李渊
称帝,夏侯端先于孔绍安投奔李渊,被任命为秘书监。孔绍安后至,被拜为内
史舍人,官职低于夏侯端,他的诗委婉地表达了个人不得其位的情绪。元稹
《感石榴二十韵》诗先感叹石榴树远离故土,僻处故园:"何年安石国,万里贡
榴花。迢递河源道,因依汉使槎。酸辛犯葱岭,憔悴涉龙沙。初到摽珍木,多
来比乱麻。深抛故园里,少种贵人家。"接着写自己在荆州见到石榴树,极写
其绿叶红英之美:"绿叶裁烟翠,红英动日华。……俗态能嫌旧,芳姿尚可
嘉。"最后表达与石榴树同病相怜之情:"唯我荆州见,怜君胡地赊。从教当路
长,兼恣入檐斜";"非专爱颜色,同恨阻幽遐。满眼思乡泪,相嗟亦自嗟"。④
当时元稹因正直为官遭到迫害,被贬为江陵士曹掾,他借写石榴树表达了远贬
失意的痛苦。李嘉祐《过乌公山寄钱起员外》:"雨过青山猿叫时,愁人泪点石
榴枝。"⑤刘禹锡《百花行》:"唯有安石榴,当轩慰寂寞。"⑥李商隐《回中牡丹
为雨所败》:"浪笑榴花不及春,先期零落更愁人。"⑦许浑《游楞伽寺》:"尽日

① 《北史》卷38《裴延俊传》,中华书局1974年版,第1379页。
② (唐)徐坚等著:《初学记》卷28,中华书局1952年版,第684页。
③ 《旧唐书》卷190《文苑传》,中华书局1975年版,第4983页。
④ (唐)元稹著,杨军笺注:《元稹集编年笺注》诗歌卷,三秦出版社2002年版,第593—594页。
⑤ (清)彭定求等编:《全唐诗》卷207,中华书局1960年版,第2168页。
⑥ (唐)刘禹锡著:《刘禹锡集》卷27,上海人民出版社1975年版,第248页。
⑦ (唐)李商隐撰,(清)冯浩笺注:《玉溪生诗集笺注》卷1,上海古籍出版社1979年版,第117页。

伤心人不见,石榴花满旧琴台。"①显然皆有拟人寄托之意。唐代赋家咏石榴也有拟人咏怀之作,吕令问《府庭双石榴赋》云:"类甘棠之勿剪,人纵去而犹思;若李树之无言,蹊有成而不召。是以固其根干,美其华辉。使开轩而翠彩重合,甫褰帷而红荣四照也。或曰物恶近以招累,事贵远而克全。空遁幽以独美,抱甘香而自捐。岂比夫善生者托仁以远害,能寿者辅道以延年。是以象(疑作蒙)君子之惠渥,故终保夫自然。"②显然是借石榴树象征君子的坚贞人格,赞美其远离世俗,不为物累,洁身自好和甘于寂寞。

石榴树是美好事物的象征,在世界各地文学中都有用石榴赞美女性的描写,这是由石榴树花叶果实之美引发而来的。古希伯来《雅歌》有云:"你的唇好像一条朱红线,你的嘴也秀美,你的两太阳(指面颊)在帕子内如同一块石榴。"③在阿拉伯文化中形容女性的美,往往用石榴比喻乳房。《一千零一夜》中"脚夫和姑娘们的故事"描写那位开门的女郎,"略凸的腹部微微的起伏,与石榴般饱满的双乳那轻轻的摇晃彼此呼应"④。"阿里·沙琳和和女奴珠曼丽"故事里写那位年轻的女奴"娇姿妩媚,美貌非凡,双乳如石榴般圆润"⑤。第328夜的故事里写那位美丽的歌手"两个乳峰丰隆高耸,就像两个大石榴"⑥。中国诗人也用石榴赞叹女性的美。隋魏彦深《咏石榴诗》将榴花比作相思中的闺中人:"分根金谷里,移植广庭中。新枝含浅绿,晚萼散轻红。影入环阶水,香随度隙风。路远无由寄,徒念春闺空。"⑦唐代诗人李商隐《石榴》赞叹眼前美好的石榴:"榴枝婀娜榴实繁,榴膜轻明榴子鲜。可羡瑶池碧桃树,碧桃红颊一千年。"⑧榴枝、榴实、榴膜、榴子都令诗人叹赏不止,但诗人又婉息石榴的美好是短暂的,难及瑶池碧桃的生命长久。诗人借石榴表达了

---

① (清)彭定求等编:《全唐诗》卷538,中华书局1960年版,第6138页。
② (宋)李昉等编:《文苑英华》卷144,中华书局1966年版,第666页。
③ 《圣经》,中国基督教三自爱国运动委员会、中国基督教协会2007年发行,第653页。
④ [阿拉伯]佚名著:《一千零一夜》,郅溥浩等译,北京燕山出版社1999年版,第57页。
⑤ [阿拉伯]佚名著:《一千零一夜》,郅溥浩等译,北京燕山出版社1999年版,第239页。
⑥ [阿拉伯]佚名著:《一千零一夜》,李惟中译,宁夏人民出版社2006年版,第1396页。
⑦ (唐)徐坚等著:《初学记》卷28,中华书局1952年版,第684页。
⑧ (唐)李商隐撰,(清)冯浩笺注:《玉溪生诗集笺注》卷3,上海古籍出版社1979年版,第576页。

对自己心爱的女人的复杂情感。于兰《千叶石榴花》诗云："一朵花开千叶红，开时又不藉春风。若教移在香闺畔，定与佳人艳态同。"①诗的末句把石榴花的娇态与香闺中女子的美艳相类比。

　　总之，从汉至唐石榴树自域外移入并得以推广，受到人们喜爱，全国各地普遍种植。从"滋玄根于夷壤"之外来果木成为汉地享誉盛名的"奇树""名果"。伴随着石榴树的移植，西域石榴文化也传入汉地，世界各地有关石榴的文化寓意有共同之处，反映了不同文化中的诗心相通和知识迁移。石榴树在汉地特殊环境中产生出富有民族特色的文化含义，寄托了中国人的理想和愿望，转化为中国传统文化中意蕴丰富的文化符号，体现出文化传播过程中衍化生新的倾向。在中国文化中石榴被赋予吉祥、团圆、喜庆、昌盛、和睦、爱情、多子多福、金玉满堂、才华、长寿、辟邪等多方面的象征意义。石榴是一种世界性文化符号，作为一种意象，蕴涵着深刻而丰富的文化意义，承载着不同民族的共同的生活向往。石榴文化的全球景观揭示了物种传播在文化交流中的重要意义。

　　（本文原载《社会科学战线》2018 年第 2 期，《新华文摘》2018 年第 5 期转载）

---

① （清）彭定求等编：《全唐诗》卷 824，中华书局 1960 年版，第 9289 页。

论胡麻的引种与文化意蕴

胡麻是一种外来植物,随着丝绸之路的开辟传入中国。胡麻应该是在汉代时已经传入中国,由于对中国古代文献掌握不足或理解有误,美国汉学家劳费尔有关胡麻以及其他外来植物的论述,存在某种失误。胡麻传入中国以后,中国人不仅把它做为食品原料,而且注意到它的医药价值,方士、道家夸张其养生长寿的功用,在中国古代各种神话传说中,食胡麻可以成仙,而神仙都好以胡麻为饭食。胡麻为人所喜食,又有许多神奇传说,因此常常引起诗人的歌咏,成为古代诗歌常见意象。

一、胡麻的引种

胡麻是通过丝绸之路传入中国的域外植物,最早见于汉代淮南王刘安著《淮南子》:"汾水濛浊,而宜胡麻。"①冠名"胡"字,跟胡桃、胡萝卜一样,意谓是域外传入之品物。东汉崔寔《四民月令》云:"二月可种胡麻,谓之上时也。"②杜笃《边论》曰:"汉征匈奴,取其胡麻、稗麦、苜蓿、葡萄,示广地也。"③大约成书于东汉时的《神农本草经》记载了胡麻。④ 至迟东汉时汉地人已引进

① (宋)李昉等撰:《太平御览》(第 9 册)卷 989,上海古籍出版社 2008 年版,第 695 页。
② (宋)李昉等撰:《太平御览》(第 9 册)卷 989,上海古籍出版社 2008 年版,第 696 页。
③ (宋)李昉等撰:《太平御览》(第 9 册)卷 972,上海古籍出版社 2008 年版,第 584 页。
④ 《神农本草经》成书年代有不同观点,或谓战国,或谓秦汉。南朝梁阮孝绪《七录》始记有《本经》,三卷。云:"世谓神农尝药。黄帝以前,文字不传,以识相付,至桐雷乃载篇册。然所载郡县多汉时,疑张仲景、华陀窜记其语。"宋叶梦得《书传》云:"《神农本草》但三卷,所载甚略,

胡饼的做法,而胡饼需要胡麻。一般认为此饼出自胡地,以胡麻做配料,故称胡饼。东汉人刘熙的《释名·释饮食》云:"饼,并也,溲面使合并也。胡饼,作之大漫沍也,亦言以胡麻著上也。"①按照刘熙的解释,一般意义的饼是面与水的并合,而胡饼之所以被称为胡饼,因为"作之大漫沍"(极言其大),还因为它是面与胡麻并合制成。居延汉简中有一简云:"□(当为戍)卒芳胡麻因得篆视老母书。"(一二三·六二 乙玖伍版)②又一简云:"儋胡麻会甲寅旦毋留如律令/尉史寿昌。"(三一二·二五 甲一六七二)③芳胡麻、儋胡麻似乎皆是人名,或许与其地种植胡麻有关。东汉末年,"灵帝好胡服、胡帐、胡坐、胡饭、胡空篌、胡笛、胡舞"④。胡饭中包括胡饼,应该配有胡麻。以上这些材料说明胡麻在汉代时已经引种中国。

南朝梁陶弘景云:"胡麻,八谷之中,惟此为良。纯黑者名巨胜,巨者大也。本生大宛,故名胡麻。"⑤北魏贾思勰《齐民要术》引《汉书》云:"张骞外国得胡麻,今俗人呼为'乌麻'者,非也。"⑥北宋沈括《梦溪笔谈·药议》区别了

初议者与其记出产郡名,以为东汉人所作。"现代学者一般认为《神农本草经》为汉人著作,非先秦古书。参见尚志钧《神农本草经辑校》卷2,学苑出版社2014年版,第73页;李楠等《刘民叔〈神农古本草经〉探析》,《中国中医基础医学杂志》2013年第4期。有人认为东汉人作。清姚际恒《古今伪书考》云:"《汉志》无《本草》,按《汉书·平帝纪》,诏天下举知方术本草者。书中有后汉郡县地名,以为东汉人作也。"陈叔方《颖川语录》认为书中使用的某些药名有故意做雅的痕迹,如称"黄精"为"黄独","山芋"为"玉延","莲"为"藕实","荷"为"水芝","芋"为"土芝","螃蟹"为"拥剑"等。这种华而不实的故意做雅,是东汉学风的典型表现。此书最后成书当在东汉时的观点比较稳妥。书中记录有来自远方的物品,如薏苡仁、菌桂、胡麻、蒲陶、戎盐等。成书年代当在这些物品传入中原之后。《史记·大宛列传》记载,大宛国以葡萄为酒,马嗜食苜蓿,"汉使取其实来,于是天子始种苜蓿、蒲陶肥饶地。及天马多,外国使来众,则离宫别观旁尽种蒲萄、苜蓿极望"。胡麻汉代来自大宛,故陶弘景云:"本生大宛,故名胡麻。"

① (东汉)刘熙撰,(清)毕沅疏证,王先谦补:《释名疏证补》卷4,中华书局2008年版,第135页。毕沅指出,《初学记》引此段文字,"面"字之前有"麦"字;《太平御览》引此段文字,"面"作"麦"。

② 中国社会科学院考古研究所编:《居延汉简甲乙编》(下册),中华书局1980年版,第86页。

③ 中国社会科学院考古研究所编:《居延汉简甲乙编》(下册),中华书局1980年版,第217页。

④ 《后汉书》志第十三《五行志》,中华书局1965年版,第3272页。

⑤ (明)李时珍著:《本草纲目》卷22,中医古籍出版社1994年版,第612页。

⑥ (北魏)贾思勰著,石声汉校释:《齐民要术今释》卷2,中华书局2009年版,第175页。石声汉考证,《汉书》中没有提到过胡麻,疑"书"乃"使"或"时"字之误。见氏著《试论我国从西域引入的植物与张骞的关系》,《科学史集刊》1963年第4期。

汉地大麻与西域传入之胡麻,云:"胡麻直是今油麻,更无他说,……张骞始自大宛得油麻之种,亦谓之麻,故以胡麻别之,谓汉麻为大麻也。"①宋人寇宗奭则以为"胡麻与白油麻为一物"②。李时珍《本草纲目·谷部》云:"汉使张骞始自大宛得油麻种来,故名胡麻,以别中国大麻也。"③胡麻是否"本生大宛",中国古代文献的记载并不可靠,因为他们注重的是从哪里传入,并不关注其最早的产地和培育演化过程。汉代文献中并没有张骞带回胡麻的直接证据,胡麻未必是张骞带来,很可能跟苜蓿、葡萄之类一样,也是其他汉使带回,或其他途径传入,但因为是在丝绸之路开辟后传入,故后代传说中都记在了张骞名下。胡麻传入中国,最早主要在北方地区种植,尤其山西上党种植比较集中。至宋代在北方就普遍种植了。所以苏颂《图经本草》云:"胡麻,巨胜也,生上党川泽;青蘘,巨胜苗也。生中原川谷,今并处处有之,皆园圃所种,稀复野生。"④然而胡麻与巨胜是何关系,亦有不同说法。寇宗奭指出:"《广雅》云:'狗虱,巨胜也;藤苰,胡麻也。'陶隐居云:'其茎方者为巨胜,圆者为胡麻。'如此巨胜、胡麻为二物矣。或云本生胡中,形体类麻,故名胡麻;又'八谷之中,最为大胜,故名巨胜。如此似一物二名也。然则仙方乃有服食胡麻、巨胜二法,功用小别,疑本一物,而种之有二,如天雄、附子之类。故葛稚川亦云胡麻中有一叶两荚者为巨胜是也。"⑤苏敬等《唐本草》云:"此麻以角八棱者为巨胜,四棱者为胡麻。"⑥李时珍在总结诸家之说后云:"陶弘景始分茎之方圆。雷学又以赤麻为巨胜,谓乌麻非胡麻。《嘉祐本草》复出白油麻,以别胡麻。并不知巨胜即胡麻中丫叶巨胜而子肥者,故承误启疑如此。"⑦他认为可以说

---

① (宋)沈括撰,胡道静校正:《新校正梦溪笔谈》卷26,中华书局1957年版,第267页。

② (宋)寇宗奭撰:《图经衍义本草》卷37,载《道藏》第17册,文物出版社等1988年版,第736页。

③ (明)李时珍著:《本草纲目》卷22,中医古籍出版社1994年版,第612页。

④ (宋)寇宗奭撰:《图经衍义本草》卷37,载《道藏》第17册,文物出版社等1988年版,第735页。

⑤ (宋)寇宗奭撰:《图经衍义本草》卷37,《道藏》第17册,文物出版社等1988年版,第735页。按:所引陶隐居之说,见于《名医别录》,该书作者或作陶弘景,或云佚名。

⑥ (宋)寇宗奭撰:《图经衍义本草》卷37,载《道藏》第17册,文物出版社等1988年版,第735—736页。

⑦ (明)李时珍著:《本草纲目》卷22,中医古籍出版社1994年版,第612页。

胡麻是脂麻,但不能说脂麻就是胡麻,因为芝麻也是脂麻。所以他说:"寇宗奭据沈存中之说,断然以脂麻为胡麻,足以证诸家之误矣。"但仅从茎之方圆区分胡麻与巨胜也不妥,而且容易引起另一种混淆:"今市肆间,因茎分方圆之说,遂以茺蔚子伪为巨胜,以黄麻子及大藜子伪为胡麻,误而又误矣。茺蔚子长一分许,有三棱。黄麻子黑如细韭子,味苦。大藜子状如壁虱及酸枣核仁,味辛甘,并无脂油。不可不辨。梁简文帝《劝医文》有云,世误以灰涤菜子为胡麻。则胡麻之讹,其来久矣。"①综合各家之说,巨胜当是胡麻之一种,其形相似而性相近,纯黑而大、茎方、角八棱和一叶两荚者为巨胜。虽然人们曾将二者混为一谈,但知道胡麻与巨胜有别,对其区别是有明确认识的。

胡麻是亚麻,在中国古代文献中还有其他名称。三国魏时张揖撰《广雅》:"狗虱,巨胜;藤弘,胡麻也。"②亚麻是人类最早使用的天然植物纤维,距今已有一万年以上的历史。亚麻分为纤维型、油用型和纤维、油用两用型三种。亚麻纤维是纯天然纤维,由于具有吸汗、透气性良好和对人体无害等优点而受到人们重视。亚麻还是油料作物,营养丰富。亚麻油含多量不饱和脂肪酸,可以用来预防高脂血症和动脉粥样硬化。亚麻起源于近东、中东和地中海沿岸。早在石器时代,古代埃及人已经栽培亚麻并用其纤维纺织衣料,埃及各地的"木乃伊"用亚麻布包盖。油用型亚麻被中国人称为胡麻。如上所述,油用胡麻在汉代已经传入中国,在中国已有 2000 多年栽培历史,至迟东汉时中国人已经种植胡麻。纤维型亚麻传入中国很晚,二十世纪初始从日本引进。

在中国古代文献和后世的议论中,曾长期把胡麻与芝麻混淆。芝麻,在古代文献中写作"脂麻",脂者,油也,脂麻与油麻同义,都是说芝麻是油料作物。寇宗奭《图经衍义本草》云:"胡麻,诸家之说,参差不一,止是今脂麻,更无他义。盖其种出自大宛,故言胡麻。今胡地所出者皆肥大,其纹鹊,其色紫黑,故

---

① (明)李时珍著:《本草纲目》卷 22,中医古籍出版社 1994 年版,第 612—613 页。
② (宋)李昉等撰:《太平御览》(第 9 册)卷 989,上海古籍出版社 2008 年版,第 695 页。按:《证类本草》引《图经本草》有《广雅》文:"狗虱,巨胜;藤弘,胡麻也。"吴征镒等认为,按照《图经本草》的记载,巨胜和胡麻非一物,《广雅》将二物并列,初为二条,后合为一条,这从另一个方面说明二物性味功能相近。之后历代本草中巨胜和胡麻混淆难辨,可能与该书的记载有关。吴征镒等:《胡麻是亚麻,而非脂麻辨——兼论中草药名称混乱的根源和〈神农本草经〉成书年代及作者》,《植物分类学报》2007 年第 4 期,第 465 页。

如北(当作此)区别,取油亦多。"①20世纪50年代考古发现,浙江省吴兴县钱山漾新石器时代遗址考古发现芝麻几百粒。② 杭州水田畈史前遗址(良渚文化后期)也发现古代芝麻种子,③说明胡麻并非芝麻。中国本有芝麻,汉代传入胡麻,冠名胡字,与之相区别。但因为同是油料作物,后来又把二者混而为一。陶弘景引《五符巨胜丸方》云:"叶名青蘘,本生大宛,度来千年尔。"④"千年"不可确指,《诗经》中有"黍稷重穋,禾麻菽麦"的诗句⑤,那时胡麻并未入中国,"麻"与各种谷物并列,应当指芝麻,而非通常说的大麻。张骞通西域之后,胡麻传入。从陶弘景引董仲舒语:"禾是粟苗,麻是胡麻,枲是大麻,菽是大豆。"⑥便把芝麻与胡麻混为一物。此后的文献相沿此说。宋人已经不清楚胡麻为何物,却几乎异口同声以为胡麻即脂麻,苏轼《服胡麻赋》序云:"始余尝服伏苓,久之良有益也。梦道士谓余伏苓燥,当杂胡麻食之。梦中问道士何者为胡麻,道士言脂麻是也。既而读《本草经》,云:'胡麻一名狗虱,一名方茎,黑者为巨胜,其油正可作食。'则胡麻之为脂麻信矣。"⑦宋人所谓胡麻即巨胜,将巨胜(胡麻)与脂麻相混,主要有两个原因,一是芝麻普遍种植,而胡麻只在局部地区种植,制作胡饼的胡麻籽早被芝麻取代。许多人只见到芝麻,吃到芝麻油和芝麻食品,未曾见过胡麻,也不曾吃到胡麻油和真正的胡麻食品;二是胡麻与芝麻性能相近,都是油料作物,只凭书中的记载无法区分。于是沈括、苏轼、寇宗奭等都断然论定胡麻即脂麻,此后长期沿袭下来。

清代吴其濬著《植物名实图考长编》仍云:"胡麻即巨胜,本经上品,今脂

① (宋)寇宗奭撰:《图经衍义本草》卷37,《道藏》第17册,文物出版社等1988年版,第736页。

② 浙江省文物管理委员会:《吴兴钱山漾遗址第一、二次发掘报告》,《考古学报》1960年第2期。

③ 浙江省文物管理委员会:《杭州水田畈遗址发掘报告》,《考古学》1960年第2期。

④ (宋)寇宗奭撰:《图经衍义本草》卷37,《道藏》第17册,文物出版社等1988年版,第736—737页。

⑤ (宋)朱熹撰:《诗集传》卷8,中华书局1958年版,第92页。

⑥ (宋)唐慎微撰:《证类本草》卷26,《文津阁四库全书》第245册《子部·医家类》,商务印书馆2005年版,第271页。

⑦ (宋)苏轼著:《苏东坡集》(4),商务印书馆1958年版,第111页。

麻也。"①但这并不代表古人一直未区分胡麻与芝麻。胡麻、巨胜与芝麻性状差别明显,古代本草学家不仅认识到胡麻与巨胜的区别,后来也知道胡麻不是芝麻。陶弘景之误至迟明代李时珍时已经澄清,他认同胡麻是脂麻(即油麻)的说法,但与芝麻相区别。胡麻和芝麻同为油料作物,因此皆可称为"脂麻",脂者,油也,即油麻之义。但胡麻不是芝麻,《本草纲目》引《食疗本草衍义》云:"俗作芝麻,非。"②1935年,吴征镒做植物分类学野外调查,为撰写四年级毕业论文收集材料,发现小五台山附近做饼饵用的胡麻油和北京常用的"香油"(即芝麻油)味道不同,虽未见实物,已知名"胡麻"。在那里这种油还用作骡车车轴的润滑油。1938年初,他在昆明北郊菜园见到田边种一两行所谓"胡麻",查看植物才认识到即清人吴其濬《植物名实图考》卷二"谷类"最后所列的"山西胡麻"。他感到大惑不解,胡麻何时与脂麻相混称?为什么"胡麻"一名用在两种植物上?吴征镒所谓"脂麻"与古人不同,指芝麻。吴征镒等人考证了中国文献中胡麻与芝麻被混为一谈的原因和过程,指出中国历史上最早记载的胡麻当为"*Linumusitatissimum*",其"胡麻"之名在种植区民间一直沿用至今,《植物名实图考》中的胡麻 *Linumusitatissimum*L 是中国古代文献中的"巨胜"。把巨胜误解为胡麻,源于《神农本草经》和沈括、李时珍等人的观点,而沈、李是南方人,没有见过真正的胡麻。古代文献中的"巨胜"应为"*Sesamumindicum*",与胡麻不同。吴其濬是沿袭的传统的误解。他们的论文还探讨了胡麻与芝麻两种植物混淆的原因,进一步推及中草药名称混淆的根源,在于其性味功能相似,而古人不重视其形态、地理差别所致。他们认为"传统民间口传身授的本草用药胡麻,可能就是亚麻而非脂麻"。《神农本草经》被他们认为是陶弘景在《本草经集注》中的托古之作,该书确定以性味功能归类是导致此后中药名称混淆的根本原因。③吴征镒等人对吴其濬书中的论断提出批评是对的,但径指中国古代文献中巨胜即芝麻有可商榷之处,他们认为自古以来那些本草学家和医药学家一直未能区别胡麻、巨胜和芝麻,也不

---

① (清)吴其濬著:《植物名实图考长编》卷1,商务印书馆1959年版,第1页。

② (明)李时珍著:《本草纲目》卷22,中医古籍出版社1994年版,第612页。

③ 吴征镒等:《胡麻是亚麻,而非脂麻辨——兼论中草药名称混乱的根源和〈神农本草经〉成书年代及作者》,《植物分类学报》2007年第4期,第458—472页。

符合实际。

美国汉学家劳费尔极力否定陶弘景"胡麻本生大宛"和后人以为胡麻乃汉时张骞带回的观点。他的观点可以接受,但他的理由和论证的方法却颇有可商榷之处。他说:

《本草纲目》里有陶宏景(公元451—536年)的这样一句话:"胡麻本生大宛,故名胡麻(伊朗麻)。"他没提到张骞,也没提胡麻传播到中国的年月,这段话由于缺乏准确性和缺乏年代及其他情况的证据,对任何熟悉中国记述的人看来,它必定会引起怀疑。有关大宛的记载都没提到胡麻,这名字在史书里也没有见过。陶宏景是一个道教大家、采药师、炼丹术士,迷于长生不老术,他从来没有出过国门,对大宛绝对不会有什么特殊知识。他只凭想像说因为苜蓿和葡萄是由大宛(胡人的国家)来的,那么胡麻既然也是胡国的植物,必定也是从那个地方来的。这种幻想不能当做历史看待。[①]

劳费尔强调中国人所谓"胡麻"不是从"大宛"而是从伊朗来的,他说,中国人称为"胡麻","从语言学上说来,这情形有些和'胡豆'的情形相似。很可能这两种都是由伊朗地区来的,只不过在中国适应了水土,因为这两种植物都是古代亚洲西部所特有的栽培植物"[②]。但他仅从陶弘景一人的见闻来说明胡麻"本生大宛"是陶弘景的误解,可能并不符合实际,因为陶弘景的观点并不是他一个人"幻想"的结果,只是沿袭传统说法而已。陶弘景的《本草经集注》实际上是中国人长期药物学知识的总结。中国人认为胡麻"本生大宛",可能中国人是从大宛获得胡麻,而不是直接从它的原产地伊朗获得的。胡麻原产近东和中东,两河流域和埃及可能是亚麻最早的演化中心,劳费尔把胡麻原产地局限于伊朗一地,似乎并不准确。在古代中国人观念中,"胡"字代表的区域包括北方游牧民族、西域地区以及中亚、西亚甚至欧洲人。在《中国伊朗编》中,劳费尔常常把中国人所谓"胡"理解为今伊朗之地和伊朗人,过于狭义化了。

---

① [美]劳费尔著:《中国伊朗编》,林筠茵译,商务印书馆1964年版,第113—114页。
② [美]劳费尔著:《中国伊朗编》,林筠茵译,商务印书馆1964年版,第115页。

劳费尔还指出胡麻的传入不是张骞带来的："虽然这种植物肯定是由伊朗地区传到中国，然而在什么年代传来的却仍然不清楚。第一，关于这事历史上没有可靠的记载；第二，中国人对这问题所造成的混乱看法简直无法解释明白。"①在中国古代文献中，往往把汉代传入中国的西域舶来品都记到张骞身上，这是一种误解。劳费尔指出胡麻也不是张骞带回，这个观点可以接受，因为我们并没有看到张骞带来胡麻的可靠史料。但他极力否定胡麻在汉代已经传入中国，则又有失偏颇。他说：

> 李时珍引用第十一世纪沈括所著的《梦溪笔谈》里的话，说"古者中国止有大麻(Cannabis sativa)，其实为蕡，汉使张骞始自大宛得油麻种来，故名胡麻，以别中国大麻也"。宋朝的郑樵(1108—1162年)著的《通志》(卷75，第33页)更加发挥了这个张骞的传说。公元983年出版的《太平御览》(卷841，第6页)引用一部不知年月的《本草经》的话，说张骞从外国得到胡麻和胡豆。因此这个传说看来是出现于宋朝(公元960—1278年)，那就是张骞死后一千多年。可是偏偏有一些有头脑的学者们要我们把这话当做汉朝的真正历史。②

否定胡麻在汉代已经传入，忽略了我们上引史书上和考古资料中有关汉代胡麻的史料的价值。他甚至推测张骞带入胡麻的传说产生在张骞死后一千多年的宋代，也忽略了上引诸如北魏贾思勰《齐民要术》之类宋代以前的各种史料。中国史料浩如烟海，国外汉学家的阅读存在局限性，如博学之劳费尔尚且如此，其论断并不是都可以轻易信从的。

二、胡麻引种的文化意义

人们通常把文化分为物质文化和精神文化，但是精神的和物质的意义有

---

① ［美］劳费尔著：《中国伊朗编》，林筠因译，商务印书馆1964年版，第117页。
② ［美］劳费尔著：《中国伊朗编》，林筠因译，商务印书馆1964年版，第114页。按：郑樵的话见今本《通志·昆虫草木略》，中华书局1995年版，第2010页；《太平御览》引《本草经》见本书卷841，中华书局1960年版，第3760页。

时又是互相联系,密不可分的。思想、观念、情感这些抽象的东西常常通过具体的物质的东西表现出来的。物质的东西总是蕴含着和反映着抽象的思想、观念和情感。在不同的文化场域,人们会赋予同样的器物以不同的文化内涵。一种异质文化进入另一文化环境,与其文化会发生冲突、碰撞,也会发生融通、化合,造成新质,赋予新意,产生新的文化意义。胡麻虽小,当它进入中国这块具有悠久文化传统的丰厚土壤,其自然品性在新的文化环境中引发出新的意蕴,产生了许多意想不到的结果和文化现象。

(一) 胡麻的引种丰富了中国农耕种植技术和品种

胡麻的传入丰富了汉地农耕文化的种植技术和品种,这是自然的。中国自古以农业立国,在外来文明中重视农作物的引进和改良,胡麻是其一。胡麻传入后,汉地人很快掌握了胡麻的适宜土壤、种植时令和收藏方法。胡麻原产于近东、中东地区,汉代传入中国西北少数民族地区,因为其独特的习性,所以无法在热带地区生长。在中国,传统的胡麻主要分布在山西北部、河北北部、河南、山东、甘肃、宁夏、内蒙古等地。成书于二世纪中期的崔寔《四民月令》云,二月"可种植禾、苴麻、大豆,可种胡麻"[1]。三月,"是月也……时雨降,可种秔稻及植禾、苴麻、胡豆、胡麻"[2]。四月"蚕入簇,时雨降,可种黍、禾(谓之上时)及大、小豆,胡麻"[3]。五月"时雨降,可种胡麻"[4]。但最合适的时令是二月,所以他说:"二月可种胡麻,谓之上时也"[5]。胡麻作为食材和榨油之用,也是重要的经济作物,因此成为市场上交易的农产品。关于胡麻的出售,《四民月令》云,五月"粜大、小豆,胡麻"[6]。《四民月令》是东汉后期崔寔模仿古时月令所著的农学著作,叙述一年中从正月到十二月例行农事活动。此后的农书一般都对胡麻的种植进行介绍,内容上则沿袭其说。汉代通过丝绸之路传入域外植物不少,但进入《四民月令》记载的只有胡蒜、胡葱、胡豆、胡麻等

---

① (汉)崔寔著,石声汉校注:《四民月令校注》,中华书局 1965 年版,第 20 页。
② (汉)崔寔著,石声汉校注:《四民月令校注》,中华书局 1965 年版,第 26 页。
③ (汉)崔寔著,石声汉校注:《四民月令校注》,中华书局 1965 年版,第 32 页。
④ (汉)崔寔著,石声汉校注:《四民月令校注》,中华书局 1965 年版,第 41 页。
⑤ (宋)李昉等撰:《太平御览》(第 9 册)卷 989,上海古籍出版社 2008 年版,第 696 页。
⑥ (汉)崔寔著,石声汉校注:《四民月令校注》,中华书局 1965 年版,第 46 页。

数种,可见胡麻在当时农作物和经济领域里的重要性。

北魏贾思勰《齐民要术》对胡麻的用途和种收有更具体的记载,他说胡麻是张骞从西域带回,未必可信。但指出北魏时胡麻分为两种,即白胡麻和八棱胡麻,白胡麻"油多,人可以为饭"。胡麻适宜的土壤:"胡麻宜白地种。"所谓白地,即空地,没有树木或建筑物的土地。种植的季节"二、三月为上时,四月上旬为中时,五月上旬为下时"。并注云:"月半前种者,实多而成;月半后种者,少子而多秕也。"所谓"上时"就是最好的季节。种植的方法:"种,欲截雨脚;若不缘湿,融而不生。一亩用籽二升。漫种者,先以耧耩,然后散籽,空曳耢。耢上加人,则土厚不生。耧耩者,炒沙令燥,中半和之。不和沙,下不均。垄种若荒,得用锋耩。"意思是说,种胡麻要趁刚下过雨,如果不趁地湿下种,就难以发芽。一亩地用两升种子。如果撒播,就要先用耧耩地,然后撒籽。再用空耢耢平。所谓空耢,就是耢上不上人,如果加了人的重量,土盖得厚实,种子不易发芽。如果用耧下种,要先把沙子炒干,拌上种子,一半对一半拌匀。如果不拌沙子,种子不能下匀。如果在田垄上种,而垄上长有杂草,要用锋耩除草。关于胡麻的管理,云:"锄不过三遍。"胡麻的收割也有讲究:"刈束欲小。(束大则难燥,打手复不胜)以五六束为一丛,斜倚之(不尔,则风吹倒,损收也)候口开,乘车诣田斗薮(倒竖,以小杖微打之);还丛之。三日一打,四五遍乃尽耳(若乘湿横积,蒸热速干,虽曰郁浥,无风吹亏损之虑。浥者,不中为种子,然于油无损也)。"①即收割时扎成的把要小,把大了就难干燥,打胡麻籽时手也不好把持。五六束互相斜靠着堆成一丛,这样可以防止被风吹倒,一旦吹倒,麻籽就会损失。等干燥到胡麻角裂开了口,就装上车拉到田里打籽。打籽时把胡麻束倒竖起,用小棍轻轻敲打,麻籽就从开口处落下。然后仍然堆成一丛丛的,每三天敲打一次,打上四五次才能把麻籽打尽。如果刚割下尚未晾干就横着堆起来,里面也会闷干。这样打的麻籽没有损失,也可以榨油,但不能用作种子。关于胡麻种植的株距,《农桑辑要》引《四时类要》云:"每科(棵)相去一尺为法。"②

---

① (北魏)贾思勰著,石声汉校释:《齐民要术今释》卷2,中华书局2009年版,第175—176页。

② (元)司农司编纂,石声汉校注:《农桑辑要校注》卷2,中华书局2014年版,第48页。

胡麻原产地与中土气候水土不同,在种植季节、管理、收割、脱籽等方面应有不同。胡麻的种植方法既伴随着胡麻的输入而传入,汉地人也根据本土的自然条件进行了适应性的改进,这是肯定的。贾思勰的记载包含着汉地人长期种植经验的总结。由于后来胡麻被道家宣扬成食之可以长生的食品,关于其种植也产生了离奇的说法。比如在古代就有"俗传胡麻须夫妇同种则茂盛"的说法,并以此曲解唐人诗"胡麻好种无人种,正是归时又不归"①。胡麻的茂盛与否应该与一人种或两人同种无关,这可能与中国人的阴阳和合化生万物的观念有关,在胡麻的种植方面凭空添加了一层神秘色彩。

(二) 胡麻的应用丰富了中国饮食文化

胡麻的输入和引种丰富了中国人的饮食文化。通过丝绸之路,域外饮食文化传入中国。胡麻制饼、胡麻制丸和胡麻制羹等饮食文化也传入中国,胡麻的种植为这些饮食提供了基本的食材和调料。汉末灵帝好"胡饭"②,影响到公卿大臣竞相仿效,造成京师洛阳一时流行胡风的习气。从东汉末年起,胡地食品即传入中国,人们越来越喜欢吃胡食,甚至成为日常生活的常用食品。这种胡食主要是来自西域各民族的食品,对北方游牧民族的饮食并不太热衷,那种"肉为食兮酪为浆"的饮食,只是作为调剂和点缀。胡麻本身可以充饥,又是制作胡食的原料,因此作为食材很早就受到重视。《晋书·殷仲堪传》记载,殷仲堪举兵反,其巴陵仓实为桓玄所取,"城内大饥,以胡麻为廪"③。这说明胡麻并不是作为主食的理想食材,殷仲堪是在无奈之下才充作军粮的。而通常所谓"胡麻饭"并不是单纯用胡麻做原料。李时珍指出:"刘、阮入天台,遇仙女,食胡麻饭,亦以胡麻同米做饭,为仙家食品焉尔。"④因此,胡麻在饮食中主要是用于榨油和调料。

首先,胡麻可以榨油,胡麻油即亚麻籽油,是一种古老的食用油。胡麻生性喜寒耐寒,在中国只适合生长在西部、北部高寒干旱地区,自古以来胡麻就

---

① (明)李时珍著:《本草纲目》卷22,中医古籍出版社1994年版,第613页。
② 《后汉书》志第十三《五行志》,中华书局1965年版,第3272页。
③ 《晋书》卷84《殷仲堪传》,中华书局1974年版,第2199页。
④ (明)李时珍著:《本草纲目》卷22,中医古籍出版社1994年版,第613页。

生长在寒冷地区。胡麻油在中国有着悠久的食用历史,上引贾思勰《齐民要术》中就讲到用胡麻籽榨油,陶弘景和寇宗奭的书中指出胡麻油有多种用途,一是燃灯,二是供食,三是入药。① 正是由于可以榨油,因此胡麻在宋代被称为"油麻"。② 胡麻只适宜生长在寒冷地区,因此很少被其他地方的人们所熟知。加之胡麻产量、出油率非常低,所以胡麻油一直未能广泛普及。东南沿海各地的人们没见过胡麻,也没见过胡麻油,很多人误将芝麻油称为胡麻油。但据前引吴征镒等《胡麻是亚麻,而非脂麻辨》可知,直到近代小五台山附近的百姓还用胡麻油做饼饵,还用作骡马车车轴的润滑油。这种油用亚麻主要在内蒙古中西部、山西北部、甘肃会宁等地区种植,在这些地区亚麻油如今仍称胡麻油。

其次,作为胡饼的原料。胡食中有胡饼,最初即带胡麻的大烧饼,胡麻是必备的原料。《释名·释饮食》云:"胡饼作之,大漫沍也;亦言以胡麻着上也。"③大漫沍,《太平御览》引作"大漫汗",意思是无边际,形容其饼很大。可知最初传入中国的"胡饼"是大型的"饼",上着胡麻。这种大饼在西域称"馕",乃波斯语发音,说明它最初是西亚的食物,丝路古道上考古发现过古代的胡饼。秦汉以前,中国人主食是煮饼或蒸饼。崔寔《四民月令》云:"距立秋,毋食煮饼及水溲饼。"④这就意味着日常饮食中是少不了煮饼及水溲饼,只是在特殊的日子才不吃。据《汉书·百官表》,"少府"属下有"汤官",颜师古注云:"汤官主饼饵。"⑤煮汤作饼即汤饼,或称煮饼。关于蒸饼,《晋书·何曾传》记载,何曾奢豪,蒸饼上不坼作十字不食。⑥ 李德裕《次柳氏旧闻》记载,太子李亨陪唐玄宗用餐,食物中有羊臂臑(煮羊前腿),太子用刀割,余污漫刃,以饼洁之。⑦ 这里讲的饼是蒸饼,因为薄软,所以用来擦拭刀刃。胡饼不

---

① (明)李时珍著:《本草纲目》卷22,中医古籍出版社1994年版,第614页。

② (宋)沈括著,胡道静校注:《新校正梦溪笔谈》卷26,中华书局1957年版,第267页。

③ (东汉)刘熙撰,(清)毕沅疏证,王先谦补:《释名疏证补》卷4,中华书局2008年版,第135页。

④ (汉)崔寔著,石声汉校注:《四民月令校注》,中华书局1965年版,第44页。

⑤ 《汉书》卷19上《百官公卿表》,中华书局1962年版,第731、732页。

⑥ 《晋书》卷33《何曾传》,中华书局1974年版,第998页。

⑦ (唐)李德裕著:《次柳氏旧闻》,载《开元天宝遗事十种》,上海古籍出版社1985年版,第7页。

是煮和蒸,而是用炉子烤熟的。贾思勰《齐民要术》中记载作髓饼法:"以髓脂、蜜,合和面。厚四五分,广六七寸。便著胡饼炉中,令熟。"①说明汉地髓饼的制法借鉴了胡饼的经验。《太平御览》引《续汉书》云:"灵帝好胡饼,京师皆食胡饼。"又引《魏志》云:"汉末赵歧避难逃至河间,不姓字。又转诣北海,著絮巾袴,常于市中贩胡饼。"②可见汉代已有"胡饼",此后成为常用的食品。王隐《晋书》记载:"王羲之幼有风操,郗虞卿闻王氏诸子皆俊,令使选婿。诸子皆饰容以待客,羲之独坦腹东床,食胡饼,神色自若。"③《晋书·王长文传》:"州辟别驾,乃微服窃出,举州莫知所之。后于成都市中蹲踞啮胡饼。"④正是因为胡饼以胡麻为配料,故后来石勒才改称麻饼。《太平御览》引崔鸿《十六国春秋·赵录》:"石勒讳胡,胡物皆改名。胡饼曰'抟炉',石虎改曰'麻饼'。"⑤《艺文类聚》引《邺中记》:"石勒讳胡,胡物皆改名。胡饼曰'麻饼',胡绥曰'香绥',胡豆曰'国豆'。"⑥

在唐代开放的社会里,生活方式胡化之风甚盛。饮食方面更加流行胡食。《旧唐书·舆服志》记载,开元以后,"贵人御馔,尽供胡食"⑦。唐代慧琳《一切经音义》卷三十七云:"胡食者,即饆饠、烧饼、胡饼、搭纳等是。"胡饼不完全是馕,还有一种煮食油炸的酥饼,俗称为"餲飳"。颜之推《证俗音》、中古小学书《字镜》、韵书《考声》、祝氏《切韵》都提到这种食品,《一切经音义》引顾公云:"今内国餲飳以油酥煮之。"慧琳说:"油饼本是胡食,中国效之,微有改变,所以近代方有此名。"⑧唐人皇甫枚小说《三水小牍》卷下写陆存"为贼所房,其酋问曰:'汝何等人也?'存给之曰:'某庖人也。'乃令溲面煎油,作餲飳者,移时不成。"⑨唐代街市上往往有专营胡食的商铺,其中胡饼最为常见。《资治

① (北魏)贾思勰著,石声汉校释:《齐民要术今释》卷9,中华书局2009年版,第921页。
② (宋)李昉等撰:《太平御览》(第8册)卷860,上海古籍出版社2008年版,第570—571页。
③ (宋)李昉等撰:《太平御览》(第8册)卷860,上海古籍出版社2008年版,第571页。
④ 《晋书》卷82《王文长传》,中华书局1974年版,第2138页。
⑤ (宋)李昉等撰:《太平御览》(第8册)卷860,上海古籍出版社2008年版,第572页。
⑥ (唐)欧阳询撰:《艺文类聚》卷85,上海古籍出版社1982年版,第1453页。
⑦ 《旧唐书》卷45《舆服志》,中华书局1975年版,第1958页。
⑧ (唐)慧琳等撰,徐时仪校注:《〈一切经音义〉三种校本合刊》,上海古籍出版社2008年版,第1154页。
⑨ 上海古籍出版社编:《唐五代笔记小说大观》,上海古籍出版社2000年版,第1188页。

通鉴·玄宗纪》记载,安史之乱中,唐玄宗出逃至咸阳集贤宫,正值中午,"上犹未食,杨国忠自市胡饼以献"①。白居易《寄胡饼与杨万州》云:"胡麻饼样学京都,面脆油香新出炉。寄与饥馋杨大使,尝看得似辅兴无。"②说明胡饼制法从长安传至外地。日本僧人圆仁《入唐求法巡礼行记》记载,开成六年(840年)正月"六日,立春节。赐胡饼、寺粥。时行胡饼,俗家皆然"③。说明胡饼在唐代十分流行。前蜀杜光庭小说《虬髯客传》写李靖遇虬髯客,"客曰:'饥甚。'靖出市胡饼"④。这是现实生活的反映。宋代人们仍习惯食用胡饼。北宋黄朝英《湘素杂记》记载:"有鬻胡饼者,不晓名之所谓,易其名曰炉饼。"⑤南宋洪迈《夷坚丁志·鸡子梦》中董某任泽州凌川县令,"县素荒寂,市中唯有卖胡饼一家,每以饮馔萧索为苦"⑥。孟元老《东京梦华录》记载北宋都城汴京食店出售的食品有胡饼:"大凡食店,大者谓之分茶,则有头羹、石髓羹、白肉胡饼……。"⑦也有专营烧饼的饼店:"有油饼店,有胡饼店",出售油饼、胡饼、糖饼、髓饼等,其中胡饼和髓饼入炉烤制,有的饼店烧饼炉多达50多炉。⑧周密《武林旧事》记载南宋临安(今杭州)"市食"即市面上出售的食品有猪胰胡饼、羊脂韭饼、七色烧饼。⑨灌园耐得翁《都城纪胜》记载临安(今浙江杭州)食店有猪胰胡饼。

　　大概在与南宋对峙的北方金代和元代以后的文献中,便较少见到有关胡饼的记载,只有个别史料偶尔提及,如清人王士禛《池北偶谈》记载:"李沧溟(攀龙)先生身后最为寥落。其宠姬蔡,万历癸卯年,七十余矣,在济南西郊卖胡饼自给。"⑩这并不是说胡饼不存在了,金人、蒙古人皆属"胡"族,大都忌讳"胡"字,故文献和口语中避之。《资治通鉴》"肃宗至德元载"条,胡三省注

---

①　(宋)司马光等撰:《资治通鉴》卷218,中华书局1956年版,第6972页。

②　(唐)白居易著:《白居易集》卷18,中华书局1979年版,第382页。

③　[日]圆仁撰:《入唐求法巡礼行记》卷3,上海古籍出版社1986年版,第146页。

④　(宋)李昉等编:《太平广记》卷193,中华书局1961年版,第1446页。

⑤　(宋)司马光等撰:《资治通鉴》卷218,胡三省注引,中华书局1956年版,第6972页。

⑥　(宋)洪迈撰:《夷坚志》,中华书局1981年版,第673页。

⑦　(宋)孟元老著,邓之诚注:《东京梦华录注》卷4,中华书局1982年版,第127页。

⑧　(宋)孟元老著,邓之诚注:《东京梦华录注》卷4,中华书局1982年版,第129页。

⑨　(宋)四水潜夫(周密)辑:《武林旧事》卷6,西湖书社1981年版,第97页。

⑩　(清)王士禛著:《池北偶谈》卷12,齐鲁书社2007年版,第222页。

云:"胡饼,今之蒸饼。"①《武林旧事》和《都城纪胜》的作者都由南宋入元,他们的著作中除猪胰胡饼外,其他都只称饼、油酥饼、炊饼等。吴自牧的《梦粱录》中连猪胰胡饼也不提了。而猪胰胡饼店是从东京迁至临安,仅此一家。②作为店名,无法避讳。如此下去,作为一种常用食物,称"麻饼""蒸饼"习以为常,其外来色彩和观念日渐淡薄,明清便几乎不见胡饼之称,可能只在民间沿袭旧称,就如"洋火"后来通常被称为"火柴","番茄"通常被称作"西红柿"一样。

另外,胡麻还被用来制作胡麻羹。贾思勰《齐民要术》记载了"作胡麻羹法":"用胡麻一斗,捣,煮令熟,研取汁三升。葱头两升,米两合,著火上。葱头米熟,得两升半在。"③用胡麻一斗,将胡麻捣烂煮熟。研取汁三升。葱头二升、米二合,煮火上。直到葱头和米煮熟,最后煮得还剩二升半,胡麻羹就成了。葛洪书中介绍了用胡麻制蜜饯的方法,把胡麻"用蜜水和作饼如糖状,炙食一饼"④。胡麻的食用价值还表现在胡麻叶、花可以食用。胡麻(巨胜)叶叫做青蘘,在古代医书中本来放在草部上品中,后来通常置于胡麻条下。苏颂《图经本草》云:"苗梗如麻,而叶圆锐光泽,嫩时可作蔬,道家多食之。"⑤《唐本草注》云"堪食"⑥。李时珍说:"按服食家有种青蘘作菜食法,云:秋间取巨胜子种畦中,如生菜之法。候苗出采食,滑美不减于葵。则本草所著者,亦茹蔬之功,非入丸散也。"关于胡麻花的食法,《本草纲目》引孙思邈云:"七月采最上标头者,阴干用之";又引陈藏器说:"阴干渍汁,溲面食,至韧滑。"⑦中国

---

① (宋)司马光等撰:《资治通鉴》卷218,中华书局1956年版,第6972页。

② (宋)耐得翁《都城纪胜》:"其余店铺夜市不可细数,如猪胰胡饼,自中兴以来只东京脏三家一分,每夜在太平坊巷口,近来又或有效之者。"《文津阁四库全书》第195册《史部·地理类》,商务印书馆2005年版,第746页。

③ (北魏)贾思勰著,石声汉校释:《齐民要术今释》卷8,中华书局2009年版,第837—838页。

④ (宋)李昉等撰:《太平御览》(第9册)卷989,上海古籍出版社2008年版,第695页。

⑤ (宋)寇宗奭撰:《图经衍义本草》卷37引,《道藏》第17册,文物出版社等1988年版,第735页。

⑥ (宋)寇宗奭撰:《图经衍义本草》卷37引,《道藏》第17册,文物出版社等1988年版,第737页。

⑦ (明)李时珍著:《本草纲目》卷22,中医古籍出版社1994年版,第615页。

本来就是饮食文化发达的国家,胡麻籽、叶和花的食用,丰富了中国饮食文化的内容。

（三） 胡麻药用价值的发掘及其道家文化意蕴的生成

胡麻传入中国后,其医药价值也为中国医家发现。在中国医学传统中,中药主要由植物药(根、茎、叶、果)、动物药(内脏、皮、骨、器官等)和矿物药组成,但植物药占中药的大多数,所以中药也称中草药,"药"便是带草头的字。在中国医家观念里,百草皆有药性,因此从域外传入的胡麻自然引起他们的关注和探讨。医家重视胡麻之医药价值,历代医药学著作皆著录胡麻,并论述其药性。在中国医药学著作中,最早著录胡麻的是《神农本草经》:"胡麻,味甘,平,主治伤中虚羸,补五内,益气力,长肌肉,填髓脑。久服轻身,不老。一名巨胜,叶名青蘘,生上党川泽。"①南朝陶弘景的医学著作中也著录胡麻,并论其服食方法和功效,他说:"服食胡麻,取乌色者,当九蒸九曝,熬捣饵之。断谷,长生,充饥。虽易得,而学者未能常服,况余药耶? 蒸不熟,令人发落。其性与茯苓相宜。俗方用之甚少,时以合汤丸耳。"②陶弘景是道士,他的著作既讲治病,又讲养生和长生。关于胡麻的功用,在他这里已经神秘化了,其"九蒸九曝"的加工方法包含着某种数字崇拜的意义,"断谷,长生"的目的体现着道教成仙信仰。

北宋科学家沈括在《梦溪笔谈·药议》中云:"胡麻直是今油麻,更无别论,予已于《灵苑方》论之。"③沈括撰《灵苑方》乃古代医方著作,二十卷,惜原书已佚,佚文散见于《证类本草》《幼幼新书》等后世医药著作中,其中关于胡麻的论述应该是从医药价值探讨的。苏轼对胡麻的养生医药价值也有论述,在《与程正辅书》中介绍了治痣之方:"以九蒸胡麻(即黑脂麻),同去皮茯苓,入少白蜜为炒食之。日久气力不衰而百病自去,而痣渐退。"④李时珍的《本草纲目》中综合诸家之说,关于胡麻的医药性能有这样的概括:"气味:甘,平,无

① （汉）佚名撰,尚志钧辑校:《神农本草经辑校》卷2,学苑出版社2014年版,第73页。
② （明）李时珍著:《本草纲目》卷22,中医古籍出版社1994年版,第613页。
③ （宋）沈括著,胡道静校注:《新校正梦溪笔谈》卷26,中华书局1957年版,第267页。
④ （明）李时珍著:《本草纲目》卷22,中医古籍出版社1994年版,第613页。

毒。""主治:伤中虚羸,补五内,益气力,长肌肉,填髓脑。久服,轻身不老(《本经》)。坚筋骨,明耳目,耐饥渴,延年。疗金疮,止痛,及伤寒温疟大吐后,虚热羸困(《别录》)。补中益气,润养五脏,补肺气,止心惊,利大小肠,耐寒暑,逐风湿气、游风、头风,治劳气,产后羸困,催生落胞。细研涂发令长。白蜜蒸饵,治百病(日华)。炒食,不生风。病风人久食,则步履端正,语言不蹇(李廷飞)。生嚼涂小儿头疮,煎汤浴恶疮,妇人阴疮,大效(苏恭)。"①这是对中国医家长期医药学经验的总结。胡麻的药用价值,还体现在胡麻油的功效。按照陶弘景的说法,作为药用,胡麻油"生榨者良,若蒸炒者,止可供食及燃灯耳,不入药用"。根据诸医家的经验,胡麻油主治:"利大肠,产妇胞衣不落。生油摩肿,生秃发。""主喑哑,杀五黄,下三焦热毒气,通大小肠,治蛔心痛。傅一切恶疮疥癣,杀一切虫。"②胡麻叶(青蘘)、花和茎(麻秸)皆有药用价值,古代医家皆有探讨。③ 寇宗奭《图经本草衍义》云:"食甚甘,当丸蒸曝熬捣之,可以断谷。又以白蜜合丸,曰静神丸,服之益肺润五脏;压取油,主大热秘肠结,服一合则通利。"④胡麻叶青蘘亦有医用价值,胡麻叶汁有润发之功效,且可用于兽医。陶弘景说:"胡麻叶也,甚肥滑,亦可以沐头。"如作药用,其用法是"阴干,捣为丸散",但如果服食胡麻籽实,这种胡麻叶制品是不必食用的,所以说"既服其实,故不复假苗"。《药性论》云:"叶捣汁沐浴,甚良;又牛伤热,捣汁灌之,立差。"⑤其沐头之法,日华子(李日华)云:"叶作汤沐,润毛发,乃是今人所取胡麻叶,以汤浸之良久,涎出,汤遂稠,黄色。妇人用之梳发。"⑥其药性,《图经衍义本草》云:"味甘,寒,无毒;主五脏邪气、风寒、湿痹;

① (明)李时珍著:《本草纲目》卷22,中医古籍出版社1994年版,第613页。
② (明)李时珍著:《本草纲目》卷22,中医古籍出版社1994年版,第614页。
③ (明)李时珍著:《本草纲目》卷22,中医古籍出版社1994年版,第615页。
④ (宋)寇宗奭撰:《图经衍义本草》卷37引,《道藏》第17册,文物出版社等1988年版,第735页。
⑤ (宋)寇宗奭撰:《图经衍义本草》卷37引,《道藏》第17册,文物出版社等1988年版,第735页。
⑥ (宋)寇宗奭撰:《图经衍义本草》卷37,《道藏》第17册,文物出版社等1988年版,第737页。

益气,补脑髓,坚筋骨。"①

中医自古重视食疗养生,"药食同源"是中国传统医学中对人类最有价值的贡献之一。中国医家很早就认识到食物不仅有营养,而且还能疗疾祛病。在中医观念里,食品和药品没有截然分开的界线。胡麻是食品,其医药价值也为人所认识,故成为医家食疗的原料之一种。古代医书中记载不少胡麻食疗之方。《图经本草衍义》引《新注》云:"胡麻、白大豆、枣三物,同九蒸九曝,作团,良,令人不饥,延年,断谷;又合苍耳为散,服之治风。"又引《食疗》云,胡麻"润五脏,主火。灼山田,种为四棱,土地有异功,力同休粮,人重之,填骨又补虚气。"《圣惠方》云:"治五脏虚损羸瘦,益气力,坚筋骨。巨胜蒸曝各九遍,每取二合,用汤浸布里,挼去皮,再研水滤取汁,煎,和粳米煮粥食之。"《外台秘要》认为胡麻"治手脚酸疼兼微肿:乌麻五升,碎之。酒一升,浸一宿,随多少饮"。《千金方》:"常服明目洞视:胡麻一石,蒸之三十遍,末酒服,每日一升。又方治腰脚疼痛,胡麻一升,新者熬,冷,香杵筛,日服一大升许,一升即永差,酒饮、羹汁、蜜汤,皆可服之。"《经验后方》:"治暑毒救生散:新胡麻一升,内炒令黑色取出,摊冷碾末,新汲水,调三钱匕,或丸如弹子,新水化下。凡著热,外不得以冷逼,外得冷即死。"②

胡麻是富有营养的健康食品,又有医药价值,其强身治病的功效被道家过分夸大,便成为延年益寿,甚至食之可以得道长生的仙药,所谓"巨胜者,仙经所重"③。在汉代谶纬迷信和神仙信仰流行的时代,胡麻已经被赋予神奇色彩。汉代纬书《孝经援神契》云:"巨胜延年。"④道教在东汉时形成,胡麻被道家当作保健长生食品。魏伯阳《周易参同契》云:"巨胜尚延年,丹药可入口。"⑤大约成书地汉魏间的《列仙传》编撰了老子、尹喜西适流沙,"服苣胜

① (宋)寇宗奭撰:《图经衍义本草》卷37,《道藏》第17册,文物出版社等1988年版,第736页。
② (宋)寇宗奭撰:《图经衍义本草》卷37引,《道藏》第17册,文物出版社等1988年版,第736页。
③ (宋)寇宗奭撰:《图经衍义本草》卷37引,《道藏》第17册,文物出版社等1988年版,第735页。
④ (晋)葛洪著,王明校释:《抱朴子内篇校释》卷11,中华书局1980年版,第177页。
⑤ (汉)魏伯阳撰:《周易参同契》卷上,《道藏》第20册,文物出版社等1988年版,第76页。

实,莫知所终"的故事。① 晋郭义恭《广志》云:"胡麻一名方茎,服之不老。"②以胡麻做成的食物被称为"胡麻饭"。南朝宋刘敬叔撰《异苑》记载,刘晨、阮肇共入天台山,迷不得返,在山中持杯取水,"忽一杯流出,有胡麻饭"。他们在山中遇到仙女,相邀至其家,仙女亦以胡麻饭招待。③ 胡麻被方士们和道门人士视为长生食物。在中国古代流传下来的各种神话传说中,胡麻成为神奇的食物,普通人食用胡麻可以得道成仙,而神仙都好以胡麻为饭食。《汉武帝内传》云:"鲁女生,长乐人,初饵胡麻,乃永绝谷,八十余年,少壮色如桃花。一日与亲知故人别,入华山。后五十年,先识者逢女于庙前,乘白鹿,从王母,人因识之,谢其乡里而去。"④东晋葛洪《抱朴子·仙药篇》云:"巨胜一名胡麻,饵服之不老,耐风湿,补衰老也。"⑤他说胡麻制丸可以令人延年益寿,长生不老。他介绍胡麻丸制法:"用上党胡麻三斗,淘净甑蒸,令气遍。日干,以水淘去沫再蒸。如此九度,以汤脱去皮,簸净,炒香为末,白蜜或枣膏丸弹子大。每温酒化下一丸,日三服。忌毒鱼、狗肉、生菜。服至百日,能除一切痼疾,一年身面光泽不饥,二年白发返黑,三年齿落更生;四年水火不能害;五年行及奔马。久服长生。"⑥《修真秘旨》记载了仙家另一种服食之法:"神仙服胡麻法,服之能除一切痼病,至一年面光泽不饥,三年水火不能害,行及奔马,久服长生。上党者尤佳,胡麻二斗,净淘上甑蒸,令气遍出,日干,以水淘去沫,即蒸。如此九度,以汤脱去皮,簸令净,炒令香,杵为末,蜜丸如弹子大,每温酒化下一丸,忌毒物生菜等。"⑦按照道家的说法,胡麻的叶子青蘘也具有增寿长生的功效:"久服耳目聪明,不饥,不老,增寿。巨胜苗也,生中原川谷。"⑧相信道家食之长生的神话,古代不少人从事修炼时服食胡麻。《南齐书·刘虬传》记载:

① (宋)李昉等撰:《太平御览》(第9册)卷989,上海古籍出版社2008年版,第695页。

② (宋)李昉等撰:《太平御览》(第9册)卷989,上海古籍出版社2008年版,第695页。

③ (宋)李昉等撰:《太平御览》(第1册)卷41,上海古籍出版社2008年版,第476页。

④ (汉)佚名著,何清谷校注:《三辅黄图校注》卷3,三秦出版社1995年版,第189页。

⑤ (晋)葛洪著,王明校释:《抱朴子内篇校释》卷11,中华书局1980年版,第186页。

⑥ (明)李时珍著:《本草纲目》卷22,中医古籍出版社1994年版,第613页。

⑦ (宋)寇宗奭撰:《图经衍义本草》卷37引,《道藏》第17册,文物出版社等1988年版,第736页。

⑧ (宋)寇宗奭撰:《图经衍义本草》卷37,《道藏》第17册,文物出版社等1988年版,第736页。

"虬少而抗节好学,须得禄便隐。宋泰始中,仕至晋平王骠骑记室、当阳令。罢官归家,静处断谷,饵术及胡麻。"①唐代冯贽《云仙杂记·胡麻啖犬》引《好事集》云:"以胡麻麨啖犬,则光黑而骏,使猎,必大获狐兔。又可得三十岁。"②

道家过分夸大胡麻的神奇作用,年深日久,其夸张成分便被人们逐渐识破。胡麻叶久食可以成仙之说,连道士陶弘景也予以否定:"不知云何服之成仙也,并无用此法。"③苏轼《服胡麻赋》云:"世间人闻服脂麻以致神仙,必大笑。"④至明代食之可以延年长生的神话已经没有多少人相信了。李时珍对其食用和医用价值进行了总结:"胡麻取油以白者为胜,服食以黑者为良,胡地者尤妙。取其黑色入通肾,而能润燥也。赤者状如老茄子,壳厚油少,但可食尔,不堪服食。唯钱乙治小儿痘疮变黑归肾百祥丸,用赤脂麻煎汤送下,盖亦取其解毒耳。"⑤这是对胡麻食用和医用价值的客观认知。所谓"可食"即指食用,而"服食"则指仙家养生长生之用。对于胡麻食之成仙的说法,他基本上予以否定:"《五符经》有巨胜丸,云即胡麻,本生大宛,五谷之长也。服之不息,可以知万物,通神明,与世常存。《参同契》亦云,巨胜可延年,还丹入口中。古以胡麻为仙药,而近世罕用,或者未必有此神验,但久服有益而已耶?"⑥虽然肯定了其于健康"有益",却没有认为它具有长生不死的效用。

(四) 胡麻成为诗歌中的植物和道教意象

胡麻的新奇和神奇使它成为诗人喜欢吟咏的对象,因此成为古代诗歌中的常见意象。跟胡麻在社会生活中扮演的角色相同,它首先是作为一种食物进入诗歌领域的。唐代诗人王绩《食后》写自己的晚饭:"田家无所有,晚食遂

① 《南齐书》卷54《高逸传》,中华书局1972年版,第939页。

② (唐)冯贽撰:《云仙杂记》,《龙威秘书》(第3集),世德堂重刊本,第16页。

③ (宋)寇宗奭撰:《图经衍义本草》卷37引,《道藏》第17册,文物出版社等1988年版,第736页。

④ (宋)苏轼著:《苏东坡集》(4),商务印书馆1958年版,第111页。

⑤ (明)李时珍著:《本草纲目》卷22,中医古籍出版社1994年版,第613页。按:钱乙,北宋仁宗至徽宗年间(1032—1117年)人。翰林医学士,儿科医家。《四库全书总目提要》云:"钱乙幼科冠绝一代。"著有《伤寒论发微》《婴孺论》《钱氏小儿方》《小儿药证直诀》等。现存《小儿药证直诀》。

⑥ (明)李时珍著:《本草纲目》卷22,中医古籍出版社1994年版,第613页。

为常。菜剪三秋绿,飧炊百日黄。胡麻山麨样,楚豆野粫方。"①王绩《送孙秀才》写招待朋友的饮食:"帝城风日好,况复建平家。玉枕双纹簟,金盘五色瓜。山中无鲁酒,松下饭胡麻。莫厌田家苦,归期远复赊。"②秦系《山中奉寄钱起员外兼简苗发员外》写自己的穷困:"空山岁计是胡麻,穷海无梁泛一槎。稚子唯能觅梨栗,逸妻相共老烟霞。高吟丽句惊巢鹤,闲闭春风看落花。借问省中何水部,今人几个属诗家。"③牟融卷《题道院壁》云:"山中旧宅四无邻,草净云和迥绝尘。神枣胡麻能饭客,桃花流水荫通津。"④皮日休《太湖诗·雨中游包山精舍》写游山受到山中道人的招待:"道人摘芝菌,为予备午馔。渴兴石榴羹,饥惬胡麻饭。如何事于役,兹游急于传。却将尘土衣,一任瀑丝溅。"⑤有粮食时胡麻并不用来作为主食,用胡麻为饭时往往是不得已而为之。这些诗中写到用胡麻为饭,都是在强调生活的穷困或简朴,胡麻成为珍馐佳肴的对应物,乃隐者、贫穷之家聊以度日和待客的食材。胡麻是养生良品,因此道侣间互赠胡麻或胡麻饭。陆龟蒙《秋日遣怀十六韵寄道侣》:"胡麻如重寄,从诮我无厌。"⑥张贲《以青饲饭分送袭美鲁望因成一绝》:"谁屑琼瑶事青饲,旧传名品出华阳。应宜仙子胡麻拌,因送刘郎与阮郎。"⑦

因为在道家修道理论中服食胡麻可以长生,修道者往往服食胡麻,胡麻成为道教意象。李白诗残句有云:"举袖露条脱,招我饭胡麻。"⑧招食者显然乃修道之士。在诗人笔下那些修道者往往服食胡麻。王维《奉和圣制幸玉真公主山庄因题石壁十韵之作应制》写玉真公主:"碧落风烟外,瑶台道路赊。如何连帝苑,别自有仙家。此地回鸾驾,缘谿转翠华。洞中开日月,窗里发云霞。庭养冲天鹤,溪流上汉查。种田生白玉,泥灶化丹砂。谷静泉逾响,山深日易斜。御羹和石髓,香饭进胡麻。大道今无外,长生讵有涯。还瞻九霄上,来往

---

① (唐)王绩著,王国安注:《王绩诗注》,上海古籍出版社1981年版,第45页。
② (清)彭定求等编:《全唐诗》卷129,中华书局1960年版,第1311页。
③ (清)彭定求等编:《全唐诗》卷260,中华书局1960年版,第2898页。
④ (清)彭定求等编:《全唐诗》卷467,中华书局1960年版,第5312页。
⑤ (清)彭定求等编:《全唐诗》卷610,中华书局1960年版,第7036页。
⑥ (清)彭定求等编:《全唐诗》卷623,中华书局1960年版,第7166页。
⑦ (清)彭定求等编:《全唐诗》卷631,中华书局1960年版,第7237页。
⑧ (清)彭定求等编:《全唐诗》卷185,中华书局1960年版,第1893页。

五云车。"①王昌龄《题朱炼师山房》："叩齿焚香出世尘,斋坛鸣磬步虚人。百花仙酝能留客,一饭胡麻度几春。"②姚合《过张云举院宿》："不食胡麻饭,杯中自得仙。隔篱招好客,扫室置芳筵。家酝香醪嫩,时新异果鲜。夜深唯畏晓,坐稳岂思眠。棋罢嫌无敌,诗成贵在前。明朝题壁上,谁得众人传。"③意谓服食胡麻饭可以成仙,而逍遥自在的生活其实可比神仙,所以说自己不食胡麻饭也可成仙。这里包含着服食胡麻可以成仙的意思。钱起《柏崖老人号无名先生男削发女黄冠自以云泉独乐命予赋诗》："古也忧婚嫁,君能乐性肠。长男栖月宇,少女炫霓裳。问尔餐霞处,春山芝桂旁。鹤前飞九转,壶里驻三光。与我开龙峤,披云静药堂。胡麻兼藻绿,石髓隔花香。"④李端《杂歌呈郑锡司空文明》："昨宵梦到亡何乡,忽见一人山之阳。高冠长剑立石堂,鬓眉飒爽瞳子方。胡麻作饭琼作浆,素书一帙在柏床。啖我还丹拍我背,令我延年在人代。"⑤王建《隐者居》诗云："山人住处高,看日上蟠桃。雪缕青山脉,云生白鹤毛。朱书护身咒,水噀断邪刀。何物中(一作堪)长食,胡麻慢火熬。"⑥宋代诗人胡则《题紫霄观》："绮霞重叠武陵溪,溪岭相逢路不迷。白石洞天人不到,碧桃花下马频嘶。深倾玉液琴声细,旋煮胡麻月色底。犹恨此身闲未得,好同刘阮灌芝畦。"⑦表现出对神仙生活的钦羡与向往。从这些诗里可以知道,食胡麻是古代修道者的重要饮食内容,在诗人笔下成为对道家中人的赞美和称颂,胡麻已然包蕴着浓厚的宗教观念和意趣。

诗是现实生活的写照,既然胡麻可以食用,又有药用价值,又是道家必备饮食,因此种胡麻也进入诗歌的吟咏。张籍《太白老人》云："日观东峰幽客住,竹巾藤带亦逢迎。暗修黄箓无人见,深种胡麻共犬行。洞里仙家常独往,

---

① (唐)王维撰,(清)赵殿成笺注:《王右丞集笺注》卷11,上海古籍出版社1984年版,第196页。

② (唐)王昌龄著,胡问涛、罗琴校注:《王昌龄集编年校注》卷4,巴蜀书社2000年版,第217页。

③ (唐)姚合著,吴河清校注:《姚合诗集校注》卷8,上海古籍出版社2012年版,第401页。

④ (唐)钱起著,王定璋校注:《钱起诗集校注》卷7,浙江古籍出版社1992年版,第241页。

⑤ (清)彭定求等编:《全唐诗》卷284,中华书局1960年版,第3239页。

⑥ (唐)王建著,王宗堂校注:《王建诗集校注》卷5,中州古籍出版社2006年版,第272页。

⑦ 北京大学古文献研究所编:《全宋诗》卷96,北京大学出版社1991年版,第1082页。

壶中灵药自为名。春泉四面绕茅屋,日日唯闻杵臼声。"①戴叔伦《题招隐寺》云:"昨日临川谢病还,求田问舍独相关。宋时有井如今在,却种胡麻不买山。"②唐代朱滔时有河北士人某氏《代妻作答诗》云:"蓬鬓荆钗世所稀,布裙犹是嫁时衣。胡麻好种无人种,正是归时底不归?"③张祜《题赠崔权处士》:"读尽儒书鬓皓然,身游城市意林泉。已因骏马成三径,犹恨胡麻欠一廛。真玉比来曾不磷,直钩从此更谁怜? 遗民莫恨无高蹈,陶令而今亦甚贤。"④廛,古代城市平民的房地,意谓遗憾的是未有一廛之地可种胡麻。宋代诗人梅尧臣《种胡麻》:"悲哀易衰老,鬓忽见二毛。苟生亦何乐,慈母年且高。勉力向药物,曲畦聊自薅。胡麻养气血,种以督儿曹。傍枝延扶疏,修筴繁橐韬。霜前未坚好,霜后可炮熬。诚非腾云术,顾此实以劳。"⑤明知食胡麻非成仙之术,种之只是作为药用。

　　胡麻的传播是中外文化交流的成果之一,其食用价值为世界各地各民族所共享。胡麻在国外只是植物、油料和食品之一种,只有到了中国,其功用才得到进一步的认识和发挥,被赋予新的文化意义。胡麻的食用价值在汉地得到传播和发扬,而其药用价值、道家文化色彩和文学作品中的道教意象则只有在中国文化土壤里才可能生成。

(本文原载《中国高校社会科学》2016 年第 2 期)

---

　　① (清)彭定求等编:《全唐诗》卷 385,中华书局 1960 年版,第 4338 页。

　　② (清)彭定求等编:《全唐诗》卷 274,中华书局 1960 年版,第 3107 页。

　　③ (清)彭定求等编:《全唐诗》卷 784,中华书局 1960 年版,第 8848 页。此诗一作葛鸦儿作,见《全唐诗》卷 801,第 9014 页,题曰《怀良人》。

　　④ 孙望辑录:《全唐诗补逸》卷 9,见陈尚君辑校《全唐诗补编》,中华书局 1992 年版,第194 页。

　　⑤ (宋)梅尧臣著,朱东润编年校注:《梅尧臣集编年校注》卷 19,上海古籍出版社 1980 年版,第 519 页。

汉代远来的珍珠

通常说的珍珠指蚌珠,蚌珠是一种古老的有机宝石,主要产在珍珠贝类和珠母贝类软体动物体内。由于其内分泌作用而生成的含碳酸钙的矿物珠粒,由大量微小的文石晶体集合而成,非常美观。关于珍珠的出处,古时曾有神奇的传说。汉代杨孚《异物志》云:"鲸鱼长者有数十里,雄曰鲸,雌曰鲵。或死于沙上,得之者皆无目,俗言其目明月珠。"①西晋张华《博物志》云:"南海外有鲛人,水居如鱼,不废织绩,其眠能泣珠。"②这些都是传说,但认为珍珠出于大海却是真实的。至迟汉末人们就知道珍珠的真实来源。东汉蔡邕《汉津赋》云:"明珠胎于灵蚌兮,夜光潜乎玄洲。"③《青衣赋》又云:"金生砂砾,珠出蚌泥。叹兹窈窕,产于卑微。"④牟子《理惑论》云:"剖三寸之蚌,求明月之珠。"⑤徐幹《齐都赋》云:"其宝玩则玄蛤抱玑,驳蚌含珰。"⑥珍珠因珠光晶莹似月光,故名明月珠。人们用它比喻心爱的人或美好贵重的事物,汉语中有"掌上明珠"的成语。在古代的中外交往中,珠宝是帝王和贵族们孜孜以求的域外物品。丝绸是古代中国主要的输出产品,统治者用丝绸换取的往往是域外奇珍异宝。

① (汉)杨孚撰,(清)曾钊辑:《异物志》,《丛书集成初编》,中华书局1985年版,第8页。
② (晋)张华撰,范宁校证:《博物志校证》卷2,中华书局1980年版,第24页。
③ 费振刚等辑校:《全汉赋》,北京大学出版社1993年版,第571页。
④ 费振刚等辑校:《全汉赋》,北京大学出版社1993年版,第573页。
⑤ (南朝梁)释僧祐撰:《弘明集》卷1,《中华大藏经》第62册,中华书局1993年版,第710页。
⑥ 费振刚等辑校:《全汉赋》,北京大学出版社1993年版,第623页。

一、汉代珍珠的来源

中国出珍珠,广西合浦、海南岛都以出产珍珠闻名。汉武帝平南越,在今海南岛置珠崖郡,取名即因其地盛产珍珠。但如汉元帝时贾捐之所说:"又非独珠厓有珠犀瑇瑁也。"①《汉书·贡禹传》记载,西汉时置有"采珠玉金银铸钱之官"②。秦时合浦已经开始以珠入贡中原朝廷,汉代合浦采珠业非常兴盛。康熙二十五年修《合浦县志》云:"合浦南部地瘠人贫,不种粮食,耕海采珠,以珠易米。"③古代合浦是壮族先民聚居之地,沿海土地贫瘠,无有田农,在王命和生计的双重逼迫下,百姓以采珠为业,"年十余岁使教入水"的乌浒人、珠儿、珠户、珠民不顾安危采来的珍珠,一是作为贡赋上交官府;一是以珠易米赖以生存。西汉时内地有人至合浦以采珠致富,例如王章的妻子。④ "合浦珠还"是产生于东汉时的著名故事。⑤ 东南沿海地区皆出珍珠。王粲《游海赋》写大海出"赟蛟大贝,明月夜光"⑥。

汉代中国也从域外输入珍珠。《汉书·西域传赞》描述西汉所获异域物产云:"明珠、文甲、通犀、翠羽之珍,盈于后宫;蒲梢、龙文、鱼目、汗血(四种骏马名)之马充于黄门;巨象、师子、猛犬、大雀之群,食于外囿。殊方异物,四面而至。"⑦《西京杂记》记载:"武帝为七宝床、杂宝案、厕宝屏风、列宝帐,设于

---

① 《汉书》卷64《贾捐之传》,中华书局1962年版,第2834页。

② 《汉书》卷72《贡禹传》,中华书局1962年版,第3076页。

③ 司晋丽、廖大海:《北海:还君明珠终有时》,《重走丝绸之路》(广西篇)二,《人民政协报》2014年11月第10期第3版。

④ 《汉书》卷76《王章传》记载,王章受诬陷被杀,妻子皆徙合浦。后王章平反,"其家属皆完具,采珠致产数百万"。中华书局1962年版,第3239页。

⑤ 《后汉书》卷76《孟尝传》记载,东汉时合浦百姓以采珠为生,以此向交趾郡换取粮食。地方官吏贪赃枉法,强迫珠民连年滥采。导致合浦沿海珠苗灭绝,珍珠贝逐渐迁移到邻近的交趾郡海边,在合浦能捕捞到的越来越少,故称"珠逃交趾"。顺帝时孟尝任合浦太守,改革前弊,废除盘剥苛法,禁止滥捕乱采。珍珠贝很快又回到合浦沿海,合浦又成为盛产珍珠的地方。

⑥ (唐)欧阳询撰:《艺文类聚》卷8,上海古籍出版社1982年版,第152页。

⑦ 《汉书》卷96下《西域传赞》,中华书局1962年版,第3928页。

桂宫,时人谓之四宝宫。"①桂宫里都是装饰珠宝的器物。汉代域外和国内皆有经营珠宝的商人活动。珍珠产生在合浦,或经海上丝路传至南方沿海地区,先运至广州再转售岭北各地。《史记·货殖列传》介绍汉朝统一后各地的商埠:"番禺亦其一都会也,珠玑、犀、玳瑁、果、布之凑。"②说明广州是以上各种商品的集散地。晁错《论贵粟疏》说汉文帝令民入粟受爵:"夫珠玉金银,饥不可食,寒不可衣,然而众贵之者,以上用之故也。其为物轻微易藏,在于把握,可以周海内,而亡饥寒之患。此令臣轻背其主,而民易去其乡,盗贼有所劝,亡逃者得轻资也。"③可见汉代各地都有经营珠玉的店铺,起码大城市已有这种商号,"珠玉金银"可以在全国各地流通。《后汉书·朱晖传》记载,东汉章帝时,尚书张林上言:"宜因交趾、益州上计吏往来,市珍宝,收采其利。"④建议借上计吏往来之便经营珠宝生意,以弥补财政经费之不足。焦延寿《易林》中卜辞有云:"范公陶夷,善贾俙资,东之管丘,易字子皮。把珠载金,多福利归。"⑤同卷《讼》"大壮"条云:"处高不伤,虽危不亡。握珠怀玉,还归其乡。"⑥同卷《泰》"升"条云:"日中为市,各抱所有,交易货甏,含珠怀宝,心悦欢喜。"⑦《大有》"履"条云:"商人行旅,资无所有,贪贝利珠,留连王市。还家内顾,公子何咎!"⑧显然这些都是对商贾活动的一种预言。

汉代中原地区的珍珠有的来自西域。丝绸之路的开拓让汉代中国人大开眼界,中国人知道大秦多珍珠,大秦即罗马,古代罗马出产的珍珠被汉朝人称为"大秦珠"。自古以来,大秦以珠宝众多而著称。三国时吴国康泰撰《吴时

---

① (晋)葛洪集:《西京杂记》卷2,《汉魏丛书》本,吉林大学出版社1992年影印本,第305页。

② 《史记》卷129《货殖列传》,中华书局1982年版,第3268页。

③ 《汉书》卷24《食货志》,中华书局1962年版,第1131页。

④ 《后汉书》卷43《朱晖传》,中华书局1965年版,第1460页。

⑤ (汉)焦延寿撰:《易林》卷1《蒙》"需"条,中国国家图书馆编《国立原北平图书馆甲库善本丛书》,国家图书馆出版社2013年影印本,第956页。

⑥ (汉)焦延寿撰:《易林》卷1《讼》"大壮"条,中国国家图书馆编《国立原北平图书馆甲库善本丛书》,国家图书馆出版社2013年影印本,第962页。

⑦ (汉)焦延寿撰:《易林》卷1《讼》"大壮"条,中国国家图书馆编《国立原北平图书馆甲库善本丛书》,国家图书馆出版社2013年影印本,第974页。

⑧ (汉)焦延寿撰:《易林》卷1《大有》"履"条,中国国家图书馆编《国立原北平图书馆甲库善本丛书》,国家图书馆出版社2013年影印本,第974页。

外国传》云:"外国称天下有三众:中国人众,大秦宝众,月氏马众。"①魏晋时鱼豢《魏略·西戎传》记载大秦物产,有"明月珠、夜光珠、真白珠"②。随着丝绸之路的开辟,大秦珍珠西汉时已经传入中国。汉乐府诗《日出东南隅行》写罗敷首饰:"头上倭堕髻,耳中明月珠。"③"明月珠"应该就是大秦。东汉末年辛延年《羽林郎》诗写当垆卖酒的胡姬:"头上蓝田玉,耳后大秦珠。"④说明至迟辛延年的时代,已有胡人在中国开酒店,店里服务员胡姬的首饰有"大秦珠"。

汉武帝之前,中原地区就从南方沿海地区获得珠宝。刘邦为汉王,赐张良"金百溢,珠二斗"⑤。汉朝建立。公元前196年,汉高祖刘邦派遣大夫陆贾出使南越,劝赵佗归汉。在陆贾劝说下,赵佗接受了汉高祖赐给的南越王印绶,臣服汉朝。⑥ 此后,南越国和汉朝互派使者往来,并通互市。惠帝时赵佗仍"称臣奉贡"⑦。吕后时汉朝与南越国交恶,但公元前179年汉文帝派陆贾第二次出使南越国,赵佗再次去帝号,归附汉朝。这段臣属期维持时间非常长,共经历了四代南越王。直到汉景帝时,南越都向汉朝称臣,每年春秋两季派人到长安朝贡。在这样的往来中,南越国贡献汉朝的主要是包括珍珠在内的南方特产。吕太后死,郦寄劝说吕禄放弃兵权,吕禄接受了这一建议。吕禄的姑母吕嬃听说此事,大怒,"悉出珠玉宝器散堂下,曰:'无为它人守也!'"⑧除了通过西北陆上交通与西域各地交往外,汉武帝还遣使出南海,交通东南亚、南亚诸沿海国家和地区,远至黄支国(在今印度)、已程不国(今斯里兰卡)。《汉书·地理志》提到汉朝商使出海至黄支国,"赍黄金、杂缯而往",目的是"市明珠、璧琉璃、奇石、异物"。汉朝人特别欣赏南海各国的大珠,从其地得"大珠至围二寸以下"。⑨ 东方朔《化民有道对》批评当时奢侈之风,云:"木土衣绮

---

① 《史记》卷123《大宛列传》,司马贞《史记索隐》引,中华书局1982年版,第3160页。

② 《三国志》卷30《魏书·乌丸鲜卑东夷传》,裴松之注引,中华书局1959年版,第861页。

③ (南朝陈)徐陵编,(清)吴兆宜注:《玉台新咏笺注》卷1,中华书局1985年版,第6页。

④ 逯钦立辑校:《先秦汉魏晋南北朝诗》,中华书局1983年版,第198页。

⑤ 《汉书》卷40《张良传》,中华书局1962年版,第2027页。

⑥ 《汉书》卷1《高帝纪》,中华书局1962年版,第73页。

⑦ 《汉书》卷2《惠帝纪》,中华书局1962年版,第89页。

⑧ 《汉书》卷3《高后纪》,中华书局1962年版,第101页。

⑨ 《汉书》卷28下《地理志》"粤地",中华书局1962年版,第1671页。

绣,狗马被缋罽,宫人簪玳瑁,垂珠玑。"①颜师古注云:"玑,珠之不圆者。"②

汉武帝以后汉朝人从交阯得到各种珠宝,更多的南海珠玑不断传入内地,进入皇宫和达官贵人之手。东汉初公孙述称帝蜀中,建武十一年(35年)汉廷遣兵征讨,公孙述破时,"珍宝珠玉,委积无数";"珍宝山积,卷握之物,足富十世"。③ 章帝时朝廷还以"均输"的名义,让交阯、益州市珍宝输纳,朝廷转手"收采其利"。④ 在南方沿海地区任职的官员贪腐,珍珠成为其蓄意收藏的对象。汉章帝时交阯太守张恢"坐赃千金,征还伏法",朝廷"以资物簿入大司农,诏班赐群臣",钟离意"得珠玑,悉以委地而不拜赐",以为"此赃秽之宝,诚不敢拜"。⑤ 和熹皇后时,"宫中亡大珠一箧"⑥。安帝时"至有走卒奴婢被绮縠,著珠玑"⑦。汉末王允设计诛杀董卓,"长安士女卖其珠玉衣装市酒肉相庆者,填满街肆"⑧。说明当时从海外传入珍珠之多。东汉安帝时,桂阳太守文砻向皇帝进献大珠,受到朝廷的批评。《后汉书·顺帝纪》记载永建四年(129年)五月壬辰诏曰:"海内颇有灾异,朝廷修政,太官减膳,珍玩不御。而桂阳太守文砻,不惟竭忠,宣畅本朝,而远献大珠,以求幸媚,今封以还之。"⑨桂阳在今湖南省郴州市,位于湖南省东南部,地属岭南,毗邻南方沿海地区,文砻的大珠应该来自南海地区。

汉朝还从周边民族和东北亚民族获得珍珠。西汉宣帝甘露二年(公元前52年),匈奴呼韩邪单于款五原塞,愿奉国珍朝三年正月,大臣称颂:"匈奴单于向风慕义,举国同心,奉珍朝贺,自古未之有也。"⑩东汉时,匈奴分为南北二部,南匈奴降汉,南单于给汉朝的贡物有珠宝。《后汉书·南匈奴列传》记载,

① 《汉书》卷65《东方朔传》,中华书局1962年版,第2858页。
② 《汉书》卷65《东方朔传》,中华书局1962年版,第2859页。
③ (东汉)刘珍等撰,吴树平校注:《东观汉记校注》卷14,中华书局2008年版,第587页。
④ 《后汉书》卷43《朱晖传》,中华书局1965年版,第1460页。
⑤ 《后汉书》卷41《钟离意传》,中华书局1965年版,第1407页。
⑥ (东汉)刘珍等撰,吴树平校注:《东观汉记校注》卷6,中华书局2008年版,第204页。
⑦ 《后汉书》卷5《安帝纪》,中华书局1965年版,第228页。
⑧ 《后汉书》卷72《董卓传》,中华书局1965年版,第2332页。
⑨ 《后汉书》卷6《顺帝纪》,中华书局1965年版,第256页。
⑩ 《汉书》卷8《宣帝纪》,中华书局1962年版,第270页。

建武二十五年(49 年)"南单于复遣使诣阙,奉藩称臣,献国珍宝"①。汉朝从西南夷哀牢国获得珠宝。扬雄《蜀都赋》写西南所出有"玉石江珠"②。《后汉书·西南夷列传》记载哀牢国:"出铜、铁、铅、锡、金、银、光珠、虎魄、水精、瑠璃、轲虫、蚌珠、孔雀、翡翠、犀、象、猩猩、貊兽。"③"西部都尉广汉郑纯为政清洁,化行夷貊,君长感慕,皆献土珍,颂德美。"④其君长所献土珍应有光珠和蚌珠。李贤注引《华阳国志》云:"兰沧水有金沙,洗取融为金。有光珠穴"。又引《博物志》云:"光珠即江珠也。"⑤"哀牢"是达光王国国王的名字,因哀牢是最早与汉朝有接触的达光王,达光王国也就被汉史称作"哀牢夷"或"哀牢国"。达光王国是濮人(傣族先民)在怒江—澜沧江流域建立的部落联盟国家,前期被汉史称作"哀牢国"或"滇越乘象国",后期被汉史称作"掸国"。《后汉书·西南夷列传》记载,永元九年"徼外蛮及掸国王雍由调遣重译奉国珍宝,和帝赐金印紫绶,小君长皆加印绶、钱帛"⑥。汉朝在从东北亚地区的入贡中也获得大珠。《后汉书·东夷传》记载,夫馀"出名马、赤玉、貂豽、大珠如酸枣"⑦。建武二十五年"夫馀王遣使奉贡,光武厚答报之",此后"使命岁通"。安帝、顺帝、桓帝和灵帝时都"诣阙贡献"。⑧ 夫馀人的贡献中少不了如上物产。

二、珍珠与汉代社会生活

珍珠是皇室贵族之家富贵的陈设和华丽的装饰。传说中刘邦的斩蛇剑是

---

① 《后汉书》卷 89《南匈奴列传》,中华书局 1965 年版,第 2943 页。
② 费振刚等辑校:《全汉赋》,北京大学出版社 1993 年版,第 160 页。
③ 《后汉书》卷 86《西南夷列传》,中华书局 1965 年版,第 2849 页。
④ 《后汉书》卷 86《西南夷列传》,中华书局 1965 年版,第 2851 页。
⑤ 《后汉书》卷 86《西南夷列传》,中华书局 1965 年版,第 2850 页。
⑥ 《后汉书》卷 86《西南夷列传》,中华书局 1965 年版,第 2851 页。
⑦ 《后汉书》卷 85《东夷列传》,中华书局 1965 年版,第 2811 页。
⑧ 《后汉书》卷 85《东夷列传》,中华书局 1965 年版,第 2812 页。

汉朝诸帝传家之宝,被历朝珍藏,"剑上有七采珠、九华玉以为饰"①。刘邦起兵时不可能如此阔气,应当出于后来的加工。西汉时文帝、景帝都崇尚节俭,汉武帝时开始追求奢侈,宫殿装饰趋向豪华。东汉辛氏《三秦记》记载西汉"未央宫渐台,西有桂宫,中有明光殿,皆金玉珠玑为帘箔,处处明月珠。金陛玉阶,昼夜光明"②。葛洪《西京杂记》记载:"武帝为七宝床、杂宝案、厕宝屏风、列宝帐,设于桂宫,时人谓为四宝宫。"③何清谷解释以为:七宝床,用多种宝物装饰的床;杂宝案,用杂宝装饰的几案;厕宝屏风,厕所里装有屏风。④ 屏风上饰以各种珍宝;列宝帐,用一排一排的宝物装饰的帐幔。⑤ 未央宫之北宫"珠帘玉户如桂宫"⑥。《西京杂记》卷一记载,汉成帝宠幸赵飞燕姐妹,其居昭阳殿,"壁带往往为黄金釭,含蓝田璧,明珠翠羽饰之"⑦。同书记载:"昭阳殿织珠为帘,风至则鸣,如珩佩之声。"⑧后世托名汉人小说《赵飞燕外传》写赵飞燕和妹妹赵合德都受到成帝宠幸,"真腊夷献万年蛤、不夜珠,光彩皆若月,照人亡妍丑,皆美艳。帝以蛤赐后,以珠赐婕妤"。后赵合德又以"枕前不夜珠"赠姐姐。⑨ 大概是由此生发的想象。东汉刘梁《七举》写汉宫之装饰:"镂以金碧,杂以夜光";"随珠明月,照耀其陂"。⑩

汉代女性常用明珠作为佩饰。汉乐府中《陌上桑》写罗敷:"头上倭堕髻,耳中明月珠。"⑪司马彪《续汉书》记载:"太皇太后花胜上为金凤,以翡翠为毛

① (晋)葛洪集:《西京杂记》卷1,《汉魏丛书》,吉林大学出版社1992年影印本,第303页。
② 佚名撰,何清谷校注:《三辅黄图校注》卷2《汉宫》,三秦出版社1995年影印本,第127页。
③ (晋)葛洪集:《西京杂记》卷2,《汉魏丛书》,吉林大学出版社1992年影印本,第305页。
④ "厕宝屏风"之"厕"字,有参与、掺杂之意,意思是镶嵌有珠宝的屏风。何清谷解释为"厕所里装有屏风",有误。见《三辅黄图校注》卷2,第128页。葛洪集《西京杂记》卷1云:刘邦的斩蛇剑被汉朝诸帝作为传家之宝收藏,"杂厕五色琉璃为剑匣",意思是剑匣上镶嵌有五色琉璃。见《汉魏丛书》,吉林大学出版社1992年影印本,第303页。
⑤ 佚名撰,何清谷校注:《三辅黄图校注》卷2《汉宫》,三秦出版社1995年版,第128页。
⑥ 佚名撰,何清谷校注:《三辅黄图校注》卷2《汉宫》,三秦出版社1995年版,第128页。
⑦ (晋)葛洪集:《西京杂记》卷1,《汉魏丛书》,吉林大学出版社1992年影印本,第303页。
⑧ (晋)葛洪集:《西京杂记》卷2,《汉魏丛书》,吉林大学出版社1992年影印本,第305页。
⑨ (汉)伶玄撰:《赵飞燕外传》,《汉魏丛书》,吉林大学出版社1992年影印本,第745页。
⑩ 费振刚等辑校:《全汉赋》,北京大学出版社1993年版,第542页。
⑪ (宋)郭茂倩编:《乐府诗集》卷28,中华书局1979年版,第411页。

羽，步摇贯白珠。"①东汉傅毅《舞赋》写舞女之美："珠翠的砾而炤燿兮，华袿飞髾而杂纤罗。"②张衡《舞赋》写舞女："粉黛施兮玉质粲，珠簪挺兮缁发乱。"③刘桢《鲁都赋》写舞女："插曜日之珍笄，珥明月之珠珰。"④刘骓骏《玄根赋》有"戴金翠，珥珠玑"的句子。⑤杜笃《祓禊赋》写三月三日上巳王侯公主富贾大商的郊外宴饮，其娇妻美妾亮相郊外水滨："若乃窈窕淑女，美媵艳姝，戴翡翠，珥明珠，曳离袿，立水涯。"⑥汉末乐府长诗《焦仲卿妻》中，刘兰芝自言其美："腰若流纨素，耳著明月珰。"⑦曹植《美女篇》诗写盛年未嫁的美女云："攘袖见素手，皓腕约金环；头上金爵钗，腰佩翠琅玕。明珠交玉体，珊瑚间木难。"⑧曹植《洛神赋》写女神宓妃："戴金翠之首饰，缀明珠以耀躯。"⑨王粲《神女赋》写神女："戴金羽之首饰，珥昭夜之珠珰。"⑩汉代郊庙典礼上娱神乐舞中那些舞女衣着亦装饰珠玉，《郊祀乐·练时日》写众灵下降，人间以乐舞娱之："众嫭并，绰奇丽；颜如荼，兆逐靡；被华文，侧雾縠；曳阿锡，佩珠玉。"⑪男性喜用明珠装饰佩剑。曹植《乐府》云："所赍千金剑，通犀间碧玕。翡翠饰鸡璧，标首明月珠。"⑫珍珠代表美好而珍贵的东西。汉末赵壹《刺世嫉邪赋》讽刺社会上的是非颠倒云："势家多所宜，咳唾自成珠。"⑬

珍珠是奢侈品，是豪华财富的象征。扬雄《校猎赋》写天子苑囿中的珠宝："方椎夜光之流离，剖明月之珠胎。"颜师古注云："珠在蛤中若怀妊然，故

---

① （南朝梁）萧统编：《文选》卷19，李善注引，上海书店1988年版，第255页。
② （唐）欧阳询撰：《艺文类聚》卷43《乐部》，上海古籍出版社1982年版，第769页。
③ （唐）欧阳询撰：《艺文类聚》卷43《乐部》，上海古籍出版社1982年版，第770页。
④ 费振刚等辑校：《全汉赋》，北京大学出版社1993年版，第711页。
⑤ （南朝梁）萧统编：《文选》卷19，李善注引，上海书店1988年版，第255页。
⑥ 费振刚等辑校：《全汉赋》，北京大学出版社1993年版，第274页。
⑦ （宋）郭茂倩编：《乐府诗集》卷73，中华书局1979年版，第1035页。
⑧ （南朝梁）萧统编：《文选》卷27，上海书店1988年版，第381页。
⑨ （南朝梁）萧统编：《文选》卷19，上海书店1988年版，第255页。
⑩ （唐）欧阳询撰：《艺文类聚》卷79，上海古籍出版社1982年版，第1352页。
⑪ （宋）郭茂倩编：《乐府诗集》卷1，中华书局1979年版，第3页。
⑫ （唐）虞世南撰：《北堂书钞》(2)卷122《剑》作傅玄《九思》，学苑出版社1998年影印本，第275页。钱氏校云："此是陈思王《乐府》，今案本篇下文引陈思王《乐府》同，惟璧作必，考璧必同音，戈壁即郭必，可通借也。"
⑬ 《后汉书》卷80下《赵壹传》，中华书局1965年版，第2631页。

谓之胎也。"①《汉书·梁孝王传》言梁王之富："府库金钱且百巨万,珠玉宝器多于京师。"②同书《田蚡传》云："后房妇女以百数,诸奏珍物狗马玩好,不可胜数。"③西汉时昌邑王被立为帝,无道,大将军霍光欲废之。皇太后下诏召昌邑王,《汉书·霍光传》记载："太后被珠襦,盛服坐武帐中。"颜师古注引如淳曰："以珠饰襦也。"又引晋灼曰："贯珠以为襦,形若今革襦矣。"颜师古同意晋说。④ 贯珠为饰的短衣,称为珠襦,乃皇帝、皇后在正式场合所服。汉成帝时赵飞燕被立为皇后,姐妹受到宠幸,《汉书·孝成赵皇后传》记载："皇后(赵飞燕)既立,后宠少衰,而弟绝幸,为昭仪,居昭阳舍。其中庭彤朱,而殿上髤漆,切皆铜沓(冒)黄金涂;白玉阶,壁带往往为黄金釭,函蓝田璧,明珠、翠羽饰之。"⑤王莽时天下大乱,但朝廷仍颇有资财,"时省中黄金万斤为一匮,尚有六十匮,黄门、钩盾、臧府、中尚方处处各有数匮。长乐御府、中御府及都内、平准帑藏钱帛珠玉财物甚众"⑥。梁冀与其妻孙寿大起第舍,对街为宅,其中"金玉珠玑,异方珍怪,充积臧室"。⑦ 汉末黄琼批评梁氏:"羽毛、齿革、明珠、南金之宝,殷满其室。"⑧珠玉珍贵,正如牟子《理惑论》云:"珠玉少而贵,瓦砾多而贱。"⑨但珠玉毕竟不实用,因此任昉《述异记》引汉代古谚云:"虽有神药,不如少年;虽有珠玉,不如金钱。"⑩

贱珠玉被认为是帝王的良好品德。扬雄《长杨赋》赞美汉文帝:"建至圣文,随风乘流,方垂意于至宁,躬服节俭,绨衣不敝,革鞜不穿,大厦不居,木器无文。于是后宫贱瑇瑁而疏珠玑,却翡翠之饰,除彫瑑之巧,恶丽靡而不近,斥

① 《汉书》卷87上《扬雄传》,中华书局1962年版,第3552页。
② 《汉书》卷47《梁孝王传》,中华书局1962年版,第2208页。
③ 《汉书》卷52《田蚡传》,中华书局1962年版,第2380页。
④ 《汉书》卷68《霍光传》,中华书局1962年版,第2939页。
⑤ 《汉书》卷97下《外戚传》,中华书局1962年版,第3989页。
⑥ 《汉书》卷99下《王莽传》,中华书局1962年版,第4188页。
⑦ 《后汉书》卷34《梁冀传》,中华书局1965年版,第1182页。
⑧ 《后汉书》卷61《黄琼传》,中华书局1965年版,第2037页。
⑨ (南朝梁)释僧祐编:《弘明集》卷1,《中华大藏经》第62册,中华书局1993年版,第710页。
⑩ (宋)李昉等撰:《太平御览》(第9册)卷984,上海古籍出版社2008年版,第665页。

芬芳而不御,抑止丝竹晏衍之乐,憎闻郑卫幼眇之声,是以玉衡正而太阶平也。"①《后汉书·和帝邓皇后传》记载邓皇后提倡节俭,"御府、尚方、织室锦绣、冰纨、绮縠、金银、珠玉、犀象、瑇瑁、彫镂翫弄之物,皆绝不作"②。邓皇后的行为正说明在汉室宫廷中一直是以这些珍贵的东西制作器物的,汉文帝和邓皇后的节俭特别得到社会的赞扬,恰恰反映了汉代皇室贵族及整个社会上的奢靡风气。张衡《东京赋》颂扬朝廷的节俭之风:"改奢即俭,则合美乎斯干。登封降禅,则齐德乎黄轩。为无为,事无事,永有民以孔安。遵节俭,尚素朴。思仲尼之克己,履老氏之常足。将使心不乱其所在,目不见其可欲。贱犀象,简珠玉。藏金于山,抵璧于谷。翡翠不裂,玳瑁不蔟所贵惟贤,所宝惟谷。"③汉末王符批评当时的社会风气:"昔孝文皇帝躬衣弋绨,革舄韦带。而今京师贵戚,衣服饮食,车舆庐第,奢过王制,固亦甚矣。且其徒御仆妾,皆服文组彩牒,锦绣绮纨,葛子升越,筩中女布。犀象珠玉,虎魄玳瑁,石山隐饰,金银错镂,穷极丽靡,转相夸咤。其嫁娶者,车骈数里,缇帷竟道,骑奴侍童,夹毂并引。富者竞欲相过,贫者耻其不逮,一飨之所费,破终身之业。古者必有命然后乃得衣缯丝而乘车马,今虽不能复古,宜令细民略用孝文之制。"④

珍珠贵重,成为赐赠的礼品,也成为官场贪赃枉法行贿受贿的赃品。汉乐府诗《有所思》云:"有所思,乃在大海南。何用问遗君,双珠玳瑁簪。"⑤《汉书·江都王建传》记载刘建:"遣人通越繇王、闽侯,遗以锦帛奇珍,繇王、闽侯亦遗建荃、葛、珠玑、犀甲、翠羽、蝯熊奇兽,数通使往来,约有急相助。"⑥江都和越地的繇王、闽侯都地近南方沿海地区,故能获得大量珠宝。《汉书·佞幸传》记载,董贤受到哀帝的宠幸,哀帝"诏将作大匠为贤起大第北阙下,重殿洞开,木土之功穷极技巧,柱槛衣以绨锦。下至贤家僮仆皆受上赐,及武库禁兵、上方珍宝,其选物上第尽在董氏,而乘舆所服乃其副也。及至东园秘器、珠襦

① 《汉书》卷 87 下《扬雄传》,中华书局 1962 年版,第 3560 页。

② 《后汉书》卷 10《邓皇后传》,中华书局 1965 年版,第 422 页。

③ (南朝梁)萧统编:《文选》卷 3,上海书店 1988 年影印本,第 46 页。

④ 《后汉书》卷 49《王符传》,中华书局 1965 年版,第 1635 页。

⑤ (宋)李昉等撰:《太平御览》(第 7 册)卷 688,上海古籍出版社 2008 年版,第 235 页。

⑥ 《汉书》卷 53《江都王建传》,中华书局 1962 年版,第 2417 页。

玉柙,豫以赐贤,无不备具。"①汉末繁钦《定情诗》云:"何以致区区,耳中双月珠。"②《汉书·元后传》记载,王太后专权,其兄弟五人皆封侯,王凤秉政,"五侯群弟,争为奢侈,赂遗珍宝,四面而至"③。《后汉书·乌桓鲜卑列传》记载,光武帝建武二十二年(46年),"是时四夷朝贺,络绎而至,天子乃命大会劳飨,赐以珍宝"④。《后汉书·马援传》记载:"初,援在交趾,常饵薏苡实,用能轻身省欲,以胜瘴气。南方薏苡实大,援欲以为种。军还,载之一车。时人以为南土珍怪,权贵皆望之。援时方有宠,故莫以闻。及卒后,有上书谮之者,以为前所载还,皆明珠、文犀。"⑤因而坐罪,葬不归墓,妻子亦株连,史称薏苡之谤。"这个事例说明东汉时往南方沿海地区任职的官员,常常带明珠、文犀归来。马援"载之以车",如果是明珠、文犀,数量巨大,才成为"上书谮之者"诬陷的口实。内地至交阯任职的官员往往含赃纳贿获得南海的珠宝,携之以归。他们又用这种珠宝贿赂权贵,以求升迁。进入中原地区的珠宝也被用于施贿。《后汉书·宦者列传》记载,宦官张让擅权,人们以为扶风富豪孟佗与之友善,贿赂孟佗,"皆争以珍玩赂之"⑥。孟佗又分与张让,获得凉州刺史之职。

汉代盛行厚葬,"送死过度"⑦。贵族帝王不仅生前享用珠玉,也幻想死后跟生前一样,所以珠玉成为陪葬物。"汉帝送死,皆珠襦玉匣"⑧。汉代人相信,口含手握珠玉,裹以金缕玉衣,尸身不腐。故丧礼中以珠、玉、贝、米等物纳于死者之口,称为饭唅。饭唅珠玉是帝王贵族之礼。《后汉书》志第六《礼仪》下"大丧"云:"登遐,……守宫令兼东园匠将女执事,黄绵、缇缯、金缕玉柙如故事。饭唅珠玉如礼。"李贤注引《礼稽命徵》曰:"天子饭以珠,唅以玉;诸侯饭以珠,唅以(珠)[璧];卿大夫、士饭以珠,唅以贝。"⑨西汉大将军霍光死,朝

---

① 《汉书》卷93《佞幸传》,中华书局1962年版,第3734页。
② (南朝陈)徐陵编,(清)吴兆宜注:《玉台新咏笺注》卷1,中华书局1985年版,第40页。
③ 《汉书》卷98《元后传》,中华书局1962年版,第4023页。
④ 《后汉书》卷90《乌桓鲜卑列传》,中华书局1965年版,第2982页。
⑤ 《后汉书》卷24《马援传》,中华书局1965年版,第846页。
⑥ 《后汉书》卷78《宦者列传》,中华书局1965年版,第2534页。
⑦ 佚名撰,何清谷校注:《三辅黄图校注》卷1,三秦出版社1995年版,第64页。
⑧ (晋)葛洪集:《西京杂记》卷1,《汉魏丛书》,吉林大学出版社1992年影印本,第303页。
⑨ 《后汉书》志第六《礼仪志下》,中华书局1965年版,第3142页。

廷"赐金钱、缯絮,绣被百领,衣五十箧,璧珠玑,玉衣"①。《汉书·佞幸传》记载:"董贤自杀伏辜,死后父恭等不悔过,乃复以砂画棺四时之色,左苍龙,右白虎,上著金银日月,玉衣珠璧以棺,至尊无以加。"玉衣珠璧,其中有"珠"。颜师古注云:"以此物棺敛也。"②《东观汉记·梁商传》记载,梁商病笃,遗嘱薄葬,他说:"吾以不德,享受多福,生无以辅益朝庭,死必耗费帑藏,衣衾饭唅玉匣珠贝之属,何益朽骨?百僚劳攘,纷华道路,祇增尘垢。虽云礼制,亦有权时。今边郡不宁,盗贼未息,岂宜重为国损!"③据此可知,按照当时的礼制,达官贵族是以珠贝之类陪葬的。

汉末王符《潜夫论·浮侈篇》批评当时的厚葬之风:"今京师贵戚,郡县豪家,生不极养,死乃崇丧。或至金缕玉匣,檽、梓、梗、楠,多埋珍宝偶人车马,造起大冢,广种松柏,庐舍祠堂,务崇华侈。"④《后汉书·顺帝纪》记载,东汉顺帝崩,"遗诏无起寝庙,敛以故服,珠玉玩好皆不得下"⑤。这种特殊规定正说明,一般情况下帝王陵墓中往往以珠玉玩好陪葬。西汉前期,贵族官僚大都事死如生,将生人所用的车马、金银珠玉佩饰、丝织衣物、铜漆器皿、食品、钱币等葬入墓中。考古发现证明了这一点。尽管汉墓大多被盗,而盗者往往盗取珠宝,但在北京市石景山区老山汉墓发掘中发现了一片玉片残片,并在女尸尸骨下清理出一支新疆和田羊脂玉质的螭首带钩及一串珍珠胸饰。南越王墓发现一枚珍珠枕头。在墓主玉衣头套下的丝囊内装了 470 颗珍珠,珍珠直径 0.1—0.4 厘米,是未经加工的天然珍珠,专家们认为是一个丝囊珍珠枕头。用珍珠做成枕头,在考古发掘中尚属首次发现。在主棺室"头箱"中,原盛于一个大漆盒内,有重量为 4117 克的珍珠,出土时漆盒已朽,珍珠散落满地。珍珠直径 0.3—1.1 厘米。考虑到南越国海外贸易的兴盛,这批珍珠有来自域外的可能。

---

① 《汉书》卷 68《霍光传》,中华书局 1962 年版,第 2948 页。
② 《汉书》卷 93《董贤传》,中华书局 1962 年版,第 3740 页。
③ (东汉)刘珍等撰,吴树平校注:《东观汉记校注》卷 15,中华书局 2008 年版,第 613 页。
④ (东汉)王符著,(清)汪继培笺,彭铎校正:《潜夫论笺校正》卷 3,中华书局 1985 年版,第 137 页。
⑤ 《后汉书》卷 6《顺帝纪》,中华书局 1965 年版,第 274 页。

厚葬引起盗墓。死葬而含珠握玉,恰是招惹盗墓者的诱饵。焦延寿卜筮书《易林》卜辞云:"把珠入口,为我畜宝,得吾所有,欣然嘉喜"①;"把珠入口,蓄为玉宝。得吾所有,欣然嘉喜"②。说的正是贪恋财货却为别人所有的结局。西汉末年,天下大乱,出现大规模盗墓的情况。赤眉军"发掘诸陵,取其宝货"③。东汉末年再次出现盗墓之风,规模空前。《后汉书·董卓传》记载,何皇后入葬,开汉灵帝文陵,董卓把"藏中珍物"悉数盗取。董卓迁都长安,"又使吕布发诸帝陵,及公卿以下冢墓,收其珍宝"。④《后汉书·袁绍传》记载,袁绍指斥曹操:"梁孝王先帝母弟,坟陵尊显。松柏桑梓,犹宜恭肃。操率将吏士,亲临发掘,破棺裸尸,掠取金宝,至令圣朝流涕,士民伤怀。又署发丘中郎将、摸金校尉,所过毁突,无骸不露。"⑤这可以说都是珠宝惹的祸。

(本文原载《汉学研究》(总第十九集)2015 年秋冬卷,学苑出版社 2015年10月版)

---

① (汉)焦延寿撰:《易林》卷 1《同人》"复"条,中国国家图书馆编《国立原北平图书馆甲库善本丛书》,国家图书馆出版社 2013 年影印本,第 978 页。
② (汉)焦延寿撰:《易林》卷 2《复》"损"条,中国国家图书馆编《国立原北平图书馆甲库善本丛书》,国家图书馆出版社 2013 年影印本,第 1003 页。
③ 《后汉书》卷 11《刘盆子传》,中华书局 1965 年版,第 483 页。
④ 《后汉书》卷 72《董卓传》,中华书局 1965 年版,第 2325、2327—2328 页。
⑤ 《后汉书》卷 74 上《袁绍传》,中华书局 1965 年版,第 2396 页。

汉代异域和边疆医药与医术的传入

疾病是人类共同面临的问题,解除病痛的需要使世界各地都产生了各具特色的医药学和医疗技术。中国有源远流长的传统医学,但在对抗疾病的侵袭中也吸收和借鉴其他国家和地区的医药学成果和医疗经验。丝绸之路为不同地区的人群传播了疾病,也传播了世界各地的医学成果。随着丝绸之路的开辟,汉代异域和边疆地区医药和医术传入中原。异域医药与医术的传入是丝绸之路与中外交流的重要内容。本文对此略加探讨,从而说明中外文化交流对促进中医药学的发展所发生的重要作用。

一、伴随佛教传入的印度医术和药物

印度有古老的医学传统,印度古典医学主流体系生命吠陀以及佛教医学的理论和实践对于中亚和中国产生过重要影响。佛教于两汉之际传入中国,汉末桓帝时一批西域高僧入华,佛教开始在社会上广泛流行,印度医药和医术伴随佛教的东传而传入。

东汉时入华西域僧人有借医传道者。安世高于东汉桓帝时至洛阳传教,他通晓印度医术,可能是最早将印度医术传入中国的僧人。康僧会《安般守意经序》说他:"针脉诸术,睹色知病,鸟兽鸣啼,无音不照。"①释僧祐《出三藏

---

① （南朝梁）释僧祐撰:《出三藏记集》卷13,中华书局1995年版,第244页。

记集·安世高传》记载:"兼洞晓医术,妙善针脉,睹色知病,投药必济。"①释慧皎《高僧传·安清传》亦称他"外国典籍及七曜五行医方异术,乃至鸟兽之声,无不综达"②。汤用彤先生据此指出,汉代"西域来人有传针药者。后汉时针脉诸术盛行,如郭玉著《针经》《诊脉法》传于世。又传华陀善针脉术,又见严昕而谓其有急病(《后汉书·方技传》《三国志·华陀传》),则系睹色知病也。《黄帝素问》依阴阳五行叙针脉诸术,颇疑其为汉时所作(《古今伪书考》)。牟子曰:'黄帝稽首受针于歧伯。'即出于《素问》。此又西域沙门与中夏道术可以相通之又一事也"③。汉地针脉之法可能借鉴了印度医学,与天竺、西域僧人东来传播有关。

东汉末年早期汉译佛典有与医学关系密切的著作。安清译《佛说奈女祇域因缘经》记载了天竺名医祇域的神奇医术。经云瓶沙王与奈女生一男儿,儿生则手持针药囊,梵志预言此子未来必为医王,取名祇域。祇域从名医阿提梨学医七年后行医,"所治辄愈,国内知名"。又获药王树,可以洞见人体内疾病。此后归本国婆迦陀城行医。城中有大长者,其妇十二年中常患头痛;拘睒弥国有长者子,肠结腹内,食饮不消;迦罗越家女年十五,临当嫁日头痛而死;迦罗越家男儿骑马落地而死;罗阅只国王病疾,积年不差。皆被祇域一一治愈或医活。④ 此经让我们了解到古代印度学医、行医和一些常见病及其常用医药等方面的知识。此经借祇域行医的经历,宣扬了医治外疾佛治内病的道理。所谓内病即佛教说的业障,一切病理论上都有药可治,但业障病却是医术不能治的,只有佛法才能克服业障。据智升《开元释教录》记载,安清译有《人身四百四病经》《人病医不能治经》⑤,显然都是佛理与医学兼具的著作。据法经等撰《众经目录》,此二经皆出于《修行道地经》,此经略称《道地经》,或《修行经》,西晋竺法护译。⑥ 在法护译出之前,众护曾"目其次序,以为一部二十七

① (南朝梁)释僧祐撰:《出三藏记集》卷13,中华书局1995年版,第508页。
② (南朝梁)释慧皎撰:《高僧传》卷1,中华书局1992年版,第4页。
③ 汤用彤著:《汉魏两晋南北朝佛教史》,北京大学出版社1997年版,第38—39页。
④ 任继愈主编:《中华大藏经》第34册,中华书局1988年版,第595—602页。
⑤ (唐)智升撰:《开元释教录》卷1,《中华大藏经》第55册,中华书局1992年版,第8页。
⑥ (隋)法经等撰:《众经目录》卷4,《中华大藏经》第54册,中华书局1992年版,第118页。

章"。安清据众护本已经出节译本。史载安清"析（众）护所集者七章译为汉文"。① 安清之节译本即《道地经》，其中包括《人身四百四病经》《人病医不能治经》。

东汉末年来华的印度僧竺律炎和大月氏僧支越译有《佛说佛医经》一卷②，此经以印度哲学"四大"观念为依据，把人体疾病概括为四病，论述诸病源起，其中论述了疾病与自然环境的关系，疾病与不同月份和季节的关系，不同季节饮食宜食不宜食的问题。③ 显然是具有某种科学意义的，与中国人从五行观念出发研究疾病缘起有相通之处。此经又从宣扬佛法的目的出发，论述"人得病有十因缘"："一者、久坐不饭；二者、食无贷；三者、忧愁；四者、疲极；五者、淫泆；六者、瞋恚；七者、忍大便；八者、忍小便；九者、制上风；十者、制下风。从是十因缘生病。佛言：有九因缘，命未当尽为横尽：一、不应饭为饭，二、为不量饭，三、为不习饭，四、为不出生，五、为止熟，六、为不持戒，七、为近恶知识，八、为入里不时不如法行，九、为可避不避。如是九因缘，人命为横尽。"④其中当然充满佛教说教，但也论证了人的疾病与生活方式和习惯有关，还说明人的疾病与精神因素有关。这些对于中国医家来说，都具有借鉴和启发意义。

东汉末年名医华佗的事迹反映了印度医学对中国的影响。陈寅恪先生考证华佗的姓名来自梵语，开启中国与域外医学交流史研究之先声。《三国志·华佗传》云："华佗字元化，沛国谯人也，一名旉。"⑤陈寅恪指出天竺语有"agada"一词，乃药之义，旧译为"阿伽佗"或"阿羯佗"，为内典中所习见之语。华佗即"阿伽佗"省去"阿"字后之读音，"元化固华氏子，其本名为旉而非佗，当时民间比附印度神话故事，因称为'华佗'，实以'药神'目之"。安清译《佛说奈女祇域因缘经》记载祇域诸奇术与华佗治病奇效不异，或相类似，有递相

① （南朝梁）释僧祐撰：《出三藏记集》卷10，中华书局1995年版，第367页。
② 吕澂《新编汉文大藏经目录》将此经编入《经藏·阿含部》，齐鲁书社1980年版，第53页。
③ 《佛说佛医经》，《中华大藏经》第51册，中华书局1992年版，第630页。
④ 《佛说佛医经》，《中华大藏经》第51册，中华书局1992年版，第631页。
⑤ 《三国志》卷29《魏书·方技传·华佗传》，中华书局1959年版，第799页。

因袭之迹,说明华佗故事中有将外来故事附会于本国人物的迹象。① 华佗观色知病也与安清的事迹相仿佛,华佗的医术有的来自印度。

印度药物有的在汉代时已传入中国。《后汉书·西域传》记载天竺国物产和两国关系,"有细布、诸香、石蜜、胡椒、姜、黑盐,和帝时数遣使贡献。至桓帝延熹二年、四年,频从日南徼外来献"②。印度诸香、石蜜、胡椒、姜、黑盐等皆有医药价值,其使节入汉,必然成为其入贡的物品。"石蜜"一词最早见于汉代文献,并明言来自域外。东汉张衡《七辩》云:"沙饴石蜜,远国储珍。"③季羡林考证,石蜜又称为"西极石密""西国石密",来自古代印度。他举出西方各国表示"糖"和"蔗糖"的单词都是外来词,来自梵文的śarkarā,还有 khandaka,巴利文 sakkharā,说明欧洲的糖或蔗糖是从印度传入的。④ 原产于印度的糖通过丝绸之路传入中国和世界各地。印度制蔗糖的方法,是将甘蔗榨出甘蔗水晒成糖浆,用火煮练成为蔗糖块(śarkarā)。正是《凉州异物志》所谓"实乃甘蔗汁煎而曝之"制成法。梵文又有"石"的含义。印度的"石"糖在汉代传入中国,汉代文献中的"石蜜""西极石蜜""西国石蜜"指由西域传入的"石"糖;其中"西国""西极"正是梵文śarkarā 的对音,"石蜜"是梵文的意译。石蜜既是美食,也有药性。对此汉代时中国人已经有所认识。东汉时成书的《神农本草经》把石蜜列为药之上品:"石蜜,一名石饴。味甘,平,无毒。治心腹邪气,诸惊,痫,痉,安五藏,诸不足,益气补中,止痛,解毒,除众病,和百药。久服强志,轻身,不饥,不老。"⑤汉朝最早通过南方沿海地区得到印度石蜜。《西京杂记》记载闽越王曾献汉高帝"石蜜五斛"⑥,应当是南越国经海路获得的印度产品,后来又直接从天竺国贡献中获得石蜜。天竺自汉武帝时即遣使"朝贡",至和帝时又多次贡献,"后汉桓帝世,大秦、天竺皆由此道(海道)遣使贡献。"⑦其所献物应当有石蜜。以蜜和蔗糖入药是印度医学传统。古代

---

① 陈寅恪:《三国志曹冲华佗传与佛教故事》,《清华学报》第 6 卷第 1 期,1930 年。

② 《后汉书》卷 88《西域传》,中华书局 1965 年版,第 2921 页。

③ (唐)欧阳询撰:《艺文类聚》卷 57,上海古籍出版社 1982 年版,第 1026 页。

④ 季羡林著:《文化交流的轨迹——中华蔗糖史》引言,经济日报出版社 1997 年版,第 2 页。

⑤ 马继兴主编:《神农本草经辑注》卷 2,人民卫生出版社 1995 年版,第 186 页。

⑥ (晋)葛洪集:《西京杂记》卷 4,《汉魏丛书》,吉林大学出版社 1992 年版,第 308 页。

⑦ 《南史》卷 78《夷貊传上》,中华书局 1975 年版,第 1947、1962 页。

印度人所谓"药"（bhaisajya）由四种成分组成，即酥、油、蜜和石蜜。① 吉敦谕指出，蔗糖的制造开始于汉代。② 季羡林指出，认为大约从公元 2—3 世纪东汉后期"西极石蜜"传入中国，可能估计偏晚。③ 林梅村指出，古代中草药方剂称"汤"或"散"，丸药在我国出现较晚，蜜和蔗糖是制作丸药必不可少的原料，石蜜来自印度，中国制作丸药的技术无疑学自印度。④《东观汉记·朱祐传》记载："上（光武帝）在长安时，尝与祐共买蜜合药。上追念之，赐祐白蜜一石，问：'何如在长安时共买蜜乎？'其亲厚如此。"⑤ 刘秀与朱祐合药所用蜜当来自域外，其合药时尚在西汉末，这也说明以蜜合药并不是从东汉才开始的。

黑盐出于天竺，汉代可能获得黑盐。在中国古代医书中，黑盐被视为域外传入的药物之一种。南朝梁陶弘景说："史书言房中盐有九种：白盐、食盐，常食者；黑盐，主腹胀气满；胡盐，主耳聋目痛；柔盐，主马脊疮；又有赤盐、驳盐、臭盐、马齿盐四种，并不入食。马齿即大盐，黑盐疑是卤盐，柔盐疑是戎盐，而此戎盐又名胡盐。"⑥ 大概黑盐在汉代偶有传入，此后中国人久不见黑盐，故不知其为何物了。陶弘景不能肯定黑盐是不是卤盐，实际上也不是。苏恭《唐本草》指出："卤碱生河东，盐不釜煎，明非凝滓。又疑是黑盐，皆不然也。"⑦ 唐代又从域外传入黑盐，并知道在其本地用为药物。玄奘《大唐西域记》记载，信度国"多出赤盐，色如赤石，白盐、黑盐及白石盐等，异域远方以之为药"⑧。彦悰、慧立《大慈恩寺三藏法师传》亦云信度国"出赤、白、黑盐"⑨。信度国方位其说不一，康宁哈姆考证，在今巴基斯坦信德省北部上信德（Upper

① ［日］荻原云来：《汉译对照梵和大辞典》（下），（台北）新文丰出版公司 1979 年版，第 977 页。

② 吉敦谕：《糖和蔗糖的制造在中国起于何时》，《江汉学报》1962 年第 9 期。

③ 季羡林著：《文化交流的轨迹——中华蔗糖史》，经济日报出版社 1997 年版，第 50 页。

④ 林梅村：《麻沸散与汉代方术之外来因素》，原载《学术集林》第 10 卷，远东出版社 1997 年版；收入氏著《汉唐西域与中国文明》，文物出版社 1998 年版，第 322—342 页。

⑤ （东汉）刘珍撰，吴树平校注：《东观汉记》卷 11，中华书局 2008 年版，第 403 页。

⑥ （明）李时珍著：《本草纲目》卷 11，中医古籍出版社 1994 年版，第 275—276 页。

⑦ （明）李时珍著：《本草纲目》卷 11，中医古籍出版社 1994 年版，第 277 页。

⑧ （唐）玄奘、辩机原著，季羡林等校注：《大唐西域记校注》卷 11，中华书局 2000 年版，第 928 页。

⑨ （唐）惠立、彦悰著：《大慈恩寺三藏法师传》卷 4，中华书局 2000 年版，第 85 页。

Sindh）以苏库尔为中心的地带。海格认为玄奘记载的信度应包括 Salt Range 在内，其国都应求之于德拉贾特（Derajāt）附近。瓦特斯则认为在现今巴基斯坦的旁遮普省南部。① 各家说法不同，但都在今巴基斯坦境内。美国汉学家谢弗说："746 年（天宝五载）突骑施、石国、史国、米国以及罽宾的联合使团向唐朝贡献了黑盐——同时贡献的还有红盐。751 年（天宝十载）、753 年（天宝十二载）位于乌浒水以南，以'国有车牛，商贾乘以行诸国'著称的火寻国，也向唐朝贡献了黑盐。"②如果唐时的黑盐与汉代的黑盐是同一种矿物的话，黑盐出自域外更无疑问。但几个国家组成联合使团进贡某一种物品的说法则不近情理。查其原始出处，天宝五载的贡献依据《册府元龟·外臣部·朝贡四》记载："闰十月……突骑施、石国、史国、米国、罽宾各遣使来朝，献绣舞筵、毾㲪、红盐、黑盐、白戎盐、馀耳子、质汗、千金藤、琉璃、金、银等物。"③显然这是把入贡国家及其贡物相提并论的说法，这些国家这一次贡献的方物这么多，并不是几个国家共同贡献了黑盐等。火寻国天宝十载献黑盐，据《新唐书·西域传下》记载："天宝十载，君稍施芬遣使者朝，献黑盐。"④火寻国与石国、史国、米国皆属粟特人昭武九姓国，其地皆近今巴基斯坦，因此向唐朝入贡黑盐的应该是这几个中亚小王国。火寻国方位在"乌浒水之阳"，按照山之南、水之北为阳，⑤其地在乌浒水（今阿姆河）之北，谢弗理解为"乌浒水以南"有误。不管是汉代，还是唐代，这种得之入贡的黑盐数量极少，因此并没有普遍应用，提到黑盐，诸医家都言之不确。

河梨勒，或诃黎勒，落叶乔木。叶长椭圆形，叶里呈粉白色，开秋结果，果实为青黄色，为五六棱形之卵状，简称诃子，意译为"帝释天持来的妙药"，具有很好的药用价值，可治眼疾、风邪，有通便之效。法云《翻译名义集》云："诃

① （唐）玄奘、辩机原著，季羡林等校注：《大唐西域记校注》卷11，中华书局2000年版，第929页。

② ［美］谢弗著：《唐代的外来文明》，吴玉贵译，中国社会科学出版社1995年版，第474页。

③ （宋）王钦若等撰：《册府元龟》卷971《外臣部·朝贡四》，中华书局1960年版，第11412页。

④ 《新唐书》卷221《西域传下》，中华书局1975年版，第6247页。

⑤ （晋）范宁集解，（唐）杨士勋疏：《春秋谷梁传注疏》卷9，《十三经注疏》本，中华书局1980年版，第2402页。

梨勒,新云诃梨怛鸡,此云天主持来。此果为药,功用至多,无所不入。"①汉文医籍中最早把"诃梨勒"当作药物记录的文献是汉末张仲景《金匮要略》:"气利(痢),诃梨勒散主之。"②书中又有"诃梨勒散方":"诃梨勒十枚,煨。右一方为散,粥饮和顿服。"③其"杂疗方"又记载"长服诃梨勒丸方",主治腹胀。其配方:"诃梨勒、厚朴、陈皮各三两,右三味,末之,炼蜜丸如桐子大,酒饮服二十丸,加至三十丸。"④诃梨勒果实汉代传入中国,作为药用。后来也移植中国,经过海路而来,所以先见于南方沿海地区。晋嵇含《南方草木状》云:"诃梨勒树,似木梡,花白,子形如橄榄、六路,皮肉相著,可作饮,变白髭发令黑,出九真。"⑤九真郡在今越南境内,说明原来生长于印度的诃梨勒是经过东南亚而来。雷云飞指出:"诃子原产波斯、印度、缅甸,马来西亚亦产。……到汉代时,诃子沿着丝绸之路传入我国,并开始栽于云南西部和广东南部。唐代鉴真和尚东渡日本时,广州乾明寺(今光孝寺)就栽有诃子数株。"⑥但这种栽种数量极少,唐代仍从域外传入,并非常珍贵。诃梨勒不仅果实具有药用及饮用价值,树叶也具有药效,可以祛除久治不愈的疾病。唐代诗人包佶《抱疾谢李吏部赠诃黎勒叶》诗云:"一叶生西徼,赍来上海查(槎)。岁时经水府,根本别天涯。方士真难见,商胡辄自夸。此香同异域,看色胜仙家。茗饮暂调气,梧丸喜伐邪。幸蒙祛老疾,深愿驻韶华。"⑦说明他获得的诃梨叶是经海上丝路传来,并认为诃梨叶有"调气""伐邪"和"祛老疾"之功效。明胡震亨《唐音癸签·诂笺五》引遁叟语:"包佶《诃梨勒叶》诗:'茗饮暂调气,梧丸喜伐邪。'按《本草》:'诃梨勒树似木梡,花白,子似栀子,主消痰下气等疾。来自南海舶

---

① (宋)法云撰:《翻译名义集》卷8,《中华大藏经》第84册,中华书局1994年版,第377页。

② (东汉)张仲景著,(清)高学山注:《高注金匮要略》,上海卫生出版社1956年版,第251页。张仲景的《伤寒杂病论》是中医四大经典著作之一,此书失传,宋代王洙等人发现该书残简,将关于杂病的部分加以整理成书,更名为《金匮要略》,其中记录有来自域外的药材。

③ (东汉)张仲景著,(清)高学山注:《高注金匮要略》,上海卫生出版社1956年版,第252页。

④ (东汉)张仲景著,(清)高学山注:《高注金匮要略》,上海卫生出版社1956年版,第301页。

⑤ (晋)嵇含撰:《南方草木状》卷中,广陵书局2003年版,第5页。

⑥ 雷云飞等:《佛教圣树诃子及其开发利用展望》,《广东林业科技》2010年第4期。

⑦ (清)彭定求等编:《全唐诗》卷205,中华书局1960年版,第2140页。

上,广州亦有之。'茗亦能下气,此言其功胜茗。梧丸,谓入用丸如梧子也。今医家所用诃梨勒,是其子,不闻用叶者,应是本草失收耳。"①佛教经典中非常强调诃梨勒的医药价值,自然引起中国医家对诃梨勒的重视,其医药价值应该是随着佛经的翻译为汉地所认识的。

佛教对于人的心理和精神方面的卫生和健康十分关注,这方面的成果对我们也有重要启发作用。疾病并非只是肉体上的,还有精神方面的。精神因素对于肉体疾病的防治有重要影响,而精神方面的疾病不能完全用药物治疗。这种认识在佛教传入之初,便被中国人所接受。佛教肯定人皆会生病,认为医能治身之病,不能治心之疾。汉末牟融《理惑论》记载,当时有人质疑佛教,修道的人是不会生病,生病不需要针药也会痊愈,为什么"佛家有病而进针药"呢? 牟子回答:"圣人皆有病矣,未睹其无病也。"②上述佛经早期译著《佛说佛医经》宣扬佛教治心之疾,以此强调信仰佛教的重要性,其信仰疗法正是我们精神疾病心理疗法的一种实践,其中包含着某种合理因素。

二、汉代医药学中的东南亚、中亚和西亚元素

张骞通西域后,汉朝与中亚、西亚地区的经济文化交流得到大规模的开展。域外各种特产源源不断地输入中国中原地区。传入中国的各种动物、植物、矿物等往往皆具某种医药价值,其医药学知识随着这些物品的传入逐渐为中国医家所认知,在汉地都被视为中药药材。汉代平南越和通西南夷后,与东南亚各国的联系日益加强,文化交流频繁,其地各种物产传入中国,其医药价值也被医家所重视。

从东南亚输入的物品中也有不少具有医药价值。薏苡仁是禾本科植物薏苡的种仁,来自今越南之地的薏苡仁品质最好。《后汉书·马援传》记载:"援

---

① (明)胡震亨撰:《唐音癸籤》卷20,上海古籍出版社1981年版,第218页。
② (东汉)牟融撰:《理惑论》,《中华大藏经》第62册,中华书局1993年版,第716页。

在交趾,常饵薏苡,食用能轻身省欲,以胜瘴气。南方薏苡实大,援欲以为种,军还载之一车。"① 薏苡仁有健脾渗湿、除痹止泻之功效,中医用于治疗水肿、脚气、小便不利、湿痹拘挛、脾虚泄泻等。《神农本草经》把薏苡仁列为上品,云:"气味甘,微寒,无毒。主筋急拘挛,不可屈伸,久风湿痹,下气。久服轻身益气。"薏苡根茎也有药效,"其根下三虫,一名解蠹"。② 张仲景《金匮要略》中有治风湿之"麻黄杏仁薏苡甘草汤方",此方以薏苡半两入药,主治风湿。"病者一身尽疼,发热,日晡所剧者,名风湿。此病伤于汗出当风,或久伤取冷所致也。"③又有"千金苇茎汤",以薏苡仁半升入药,治疗肺痈。又有"薏苡附子散方",以薏苡仁十五两入药,治疗胸痹缓急者,即胸痹各种症状。④ 以"薏苡附子败酱散"治疗肠痈,小便不畅,"右三味,杵为散,取方寸匕,以水二升,煎减半,顿服,小便当下"。⑤

槟榔树原产马来西亚,从马来半岛移植中国南方时间不可考。汉武帝时曾从南方沿海地区移植中原。《三辅黄图·甘泉宫》记载:"扶荔宫,在上林苑中。汉武帝元鼎六年,破南越起扶荔宫(宫以荔枝得名),以植所得奇草异木",其中有槟榔。但由于南北方气候差异太大,移植未获成功,从南方移植而来的多种植物"岁时多枯瘁",经过反复试植,终于失败,"遂不复莳矣,其实则岁贡焉"。⑥ 北方还是通过入贡直接获取南方的果实。槟榔树的果和皮既可食用,又皆具药性。东汉张仲景《金匮要略》记载"退五脏虚热"之"四时加减柴胡饮子方",配方有柴胡、白术、大腹槟榔(四枚,并皮可用)、桔梗、陈皮、生姜(冬三月方),春三月加枳实,减白术;夏三月仍减白术,加枳实,外

---

① 《后汉书》卷24《马援传》,中华书局1965年版,第846页。
② 肖钦朗校注:《神农本草经读》卷1,福建科学技术出版社1982年版,第27页;张登本注译:《神农本草经》卷1,新世界出版社2009年版,第26页。
③ (东汉)张仲景著,(清)高学山注:《高注金匮要略》,上海人民卫生出版社1956年版,第28页。
④ (东汉)张仲景著,(清)高学山注:《高注金匮要略》,上海人民卫生出版社1956年版,第111页。
⑤ (东汉)张仲景著,(清)高学山注:《高注金匮要略》,上海人民卫生出版社1956年版,第254页。
⑥ 佚名撰,黄清谷校注:《三辅黄图校注》卷3,三秦出版社1995年版,第195—196页。

加生姜、甘草;秋三月加陈皮。① 东汉杨孚《交州异物志》记载了槟榔的特性和药用价值:"槟榔若笋竹生竿,种之精硬。引茎直上,不生枝叶,其状如柱。其颠近上末五六尺间,洪洪肿起若瘣木焉。因拆裂,出若黍穗,无花而为实,大如桃李。又棘针重累其下,所以卫其实也。剖其上皮,煮其肤,熟而贯之,硬如干棘。以扶留、古贲灰并食,下气及宿食、白虫、消谷。饮啖设为口实。"②

龙眼、荔枝、犀角等来自东南亚地区,其药用价值为中国医家所认识。汉代医家发现龙眼的医药价值。《神农本草经》云:"龙眼,一名益智,味甘,平,无毒。治五脏邪气,安志、厌食。久服强魂魄,聪明,轻身,不老,通神明。"③王逸《荔枝赋》极写荔枝之有益身心:"仰叹丽表,俯尝嘉味。口含甘液,心受芳气。兼五滋而无常主,不知百和之所出。卓绝类而无俦,超众果而独贵。"④《神农本草经》称犀角"味苦,寒,无毒。治百毒、虫注、邪鬼、障气,杀钩吻、鸩羽、蛇毒,除邪,不迷惑,厌寐。久服轻身"⑤。张仲景《金匮要略·果实菜谷禁忌并治》认为犀牛角可以鉴别食物是否有毒:"犀角筋搅饮食沫出,及浇地坟起者,食之杀人。"他开列的治疗饮食中毒烦满之方,云:"犀角汤亦佳。"⑥

西亚是文明最早发达地区之一,其医药学随着丝绸之路的开辟也通过不同途径传入中国。南越王墓出土一件波斯银盒,盒内有十盒药丸,是产于阿拉伯地区的乳香。波斯银盒和阿拉伯乳香的发现,说明南越国与古代西亚地区已经有医药学方面的交流。1990 年 10 月至 1992 年 12 月,在甘肃敦煌汉代悬泉置遗址中发掘出西汉武帝、昭帝时期的纸文书,其中有 3 件包裹药物的纸,纸面分别写有所包药物的名称,其字体为隶书,其中 T0212④:2 标明为"薰

① (东汉)张仲景著,(清)高学山注:《高注金匮要略》,上海人民卫生出版社 1956 年版,第301 页。

② (北魏)贾思勰著,石声汉校释:《齐民要术今释》卷 10,中华书局 2009 年版,第 1055 页。

③ 佚名撰,马继兴主编:《神农本草经辑注》卷 3,人民卫生出版社 1995 年版,第 277—278 页。

④ 费振刚等辑校:《全汉赋》,北京大学出版社 1993 年版,第 517 页。

⑤ 马继兴主编:《神农本草经辑注》卷 4,人民卫生出版社 1995 年版,第 425 页。

⑥ (东汉)张仲景撰,(清)高学山注:《高注金匮要略》,上海人民卫生出版社 1956 年版,第354 页。

力"。1993 年 2 月在江苏连云港尹湾村汉墓中发掘出的尹湾汉代简牍,其第六号木牍是《武库永始四年兵车器集簿》,木牍反面第四栏第三行记载了一种物品,整理小组的释文为"薰毒八斗"。张显成根据音韵学知识,将"薰力""薰毒"训释为"薰陆",即乳香。① 说明早在西汉武帝、昭帝时期(公元前 140—前 74 年)乳香即通过西北丝路输入我国。

胡麻是油用性亚麻,具有医药价值,汉代传入中国。《神农本草经》把胡麻列为药之上品,云:"上药一百二十种,为君,主养命,以应天,无毒。多服、久服不伤人。欲轻身益气,不老延年者,本上经。"②关于其药性,《神农本草经》云:"味甘平,主伤中虚赢,补五内,益气力,长肌肉,填髓脑。久服轻身,不老。一名巨胜。叶名青蘘,生川泽。"③后世医家都注意到胡麻的医药价值。胡麻在伊朗有着古老的历史。据希罗多德《历史》记载,花刺子模人、赫尔卡尼亚人、帕提亚人、沙伦几亚人和塔门尼亚人都种植胡麻。在波斯,胡麻油至少从阿克门王朝的第一代起就已为人们所知道。美国汉学家劳费尔说,胡麻肯定是由伊朗地区传到中国的。④ 在西亚医药学著作中并不见以胡麻入药的记载。在印度古典和佛典中也常提到胡麻,一般作为食用之物,或灵祭时用物。在印度文化和佛教中,是富足的象征,或用来比喻诸佛无量无数。可见,胡麻之药用价值是进入中国后,在以植物本草类为主的中医医药学中受到重视的。

红蓝花,即红花。晋张华《博物志》云:"张骞得红蓝花种于西域。"⑤此说并不可靠,但汉代医家已经发现其药用价值。张仲景《金匮要略》记载有"红蓝花酒方",治妇人六十二种风,及腹中血气刺痛。⑥《史记·货殖列传》云:"千亩卮茜、千畦姜韭,此其皆与千户侯等。"东晋末徐广注云:"'茜',音

---

① 张显成:《西汉遗址发掘所见"薰毒"、"薰力"考释》,《中华医史杂志》2001 年第 4 期。
② 马继兴主编:《神农本草经辑注》卷 1,人民卫生出版社 1995 年版,第 2 页。
③ (清)黄奭辑:《神农本草经》,中医古籍出版社 1982 年版,第 140 页。
④ [美]劳费尔著:《伊朗中国编》,林筠因译,商务印书馆 1964 年版,第 117 页。关于胡麻的输入和医药价值,请参看石云涛《胡麻的引种及其文化意义》,《中国高校社会科学》2016 年第 2 期。
⑤ (明)李时珍著:《本草纲目》卷 15,中医古籍出版社 1994 年版,第 421 页。
⑥ (东汉)张仲景著,(清)高学山注:《高注金匮要略》,上海人民卫生出版社 1956 年版,第 296 页。

'倩',一名红蓝。其花染缯黄赤也。"①说明汉晋时已经种植红蓝花。劳费尔推测这种植物是从伊朗传入的。②

胡桐泪又称胡桐律,胡桐树的树脂。胡桐是胡杨的别名,又名"异叶杨""野梧桐"。《汉书·西域传》上记载,鄯善"出玉,多葭苇、柽柳、胡桐、白草。"颜师古注:"胡桐亦似桐,不类桑也。虫食其树而沫出下流者,俗名为胡桐泪,言似眼泪也。可以汗(焊)金银也,今工匠皆用之。流俗语讹呼泪为律。"③胡桐的习性是能吸收大量盐分,在含盐量达2%的土壤内仍能茂盛生长,故塔里木盆地绕塔克拉玛干大沙漠的边缘盐碱地带大量存在,西汉时罗布泊地区亦多有这种植物。胡桐通过其庞大的根系大量吸收含盐的水分,为了保持体内液态的平衡,将多余的盐分排到体外。这种带盐液体干后初为白色盐结晶,久之变为米黄色,被称为胡桐泪。④ 波斯人最早认识到胡桐泪的药性价值,这种医学知识传入中国。唐刘恂《岭表录异》云:"胡桐泪,出波斯国,是胡桐树脂也,名胡桐泪。"⑤劳费尔指出:"从它的名字就显然可以看出它非中国产"。他推测"是伊朗人发现了这种树液的药性"。⑥ 李时珍《本草纲目·木部》"胡桐泪"条集解引苏恭曰:"胡桐泪,出肃州以西平泽及山谷中,形似黄矾而坚实。有夹烂木者,云是胡桐树脂沦入土石碝卤地者。"李时珍说它"主治大毒热,心腹烦满,水和服之,取吐。牛马急黄黑汗,水研三二两灌之,立瘥。"又引《唐本草》云:"主风虫牙齿痛,杀火毒,面毒。"⑦现代医学研究证明,胡桐树脂有清热解毒、制酸止痛之功能,用于咽喉肿痛,牙痛,淋巴结结核,胃、十二指肠溃疡,胃痛,胃酸过多;外用治中耳炎,痔疮等。胡杨系古地中海物种,是第三纪残余的古老树种,在6000多万年前就在地球上生存。在古地中海沿岸地区陆续出现,成为山地河谷小叶林的重要组成。在第四纪早、中期,胡杨逐渐演

① 《史记》卷129《货殖列传》,中华书局1982年版,第3272、3273页。
② [美]劳费尔著:《中国伊朗编》,林筠茵译,商务印书馆1964年版,第150、153页。
③ 《汉书》卷96《西域传上》,中华书局1962年版,第3876页。
④ 雪犁等主编:《中国丝绸之路辞典》,新疆人民出版社1994年版,第581—582页。
⑤ (唐)刘恂著,商璧、潘博校补:《岭表录异校补》卷中,广西民族出版社1988年版,第121页。
⑥ [美]劳费尔著:《中国伊朗编》,林筠因译,商务印书馆1964年版,第164、167页。
⑦ (明)李时珍著:《本草纲目》卷34,中医古籍出版社1994年版,第840页。

变成荒漠河岸林最主要的建群种,主要分布在新疆南部、柴达木盆地西部和河西走廊等地。新疆库车千佛洞、甘肃敦煌铁匠沟、山西平隆等地都曾发现胡杨化石,证明它是第三纪残遗植物,距今已有6500万年以上的历史。《后汉书·西域传》和郦道元《水经注》都记载着塔里木盆地有胡桐。

华佗的医术可能也受到波斯影响。《三国志·华佗传》记载华佗的医术:"若病结积在内,针药所不能及,当须刳割者,便饮其麻沸散,须臾便醉如死无所知,因破取。病若在肠中,便断肠湔洗,缝腹膏摩,四五日差。不痛,人亦不自寤,一月之间,既平复矣。"①其中提到的麻沸散显然是一种用于全身的麻醉剂。南宋周密认为华佗的麻沸散就是押不卢,其《癸辛杂识续集》下"押不卢"条云:"回回国之西数千里地,产一物极毒,全类人形,若人参之状,其酋名之曰'押不卢'。生土中,深数丈。人或误触之,著其毒气必死。取之法,先于其旁开大坎,可容人,然后以皮络之,皮条之系则系之犬之足。既而以杖击逐犬,犬逸而根拔起,犬感毒气遂毙。然后就埋土坎中,经岁,然后取出曝干,别用它药制之。每以少许磨酒饮人,则通身麻痹而死。虽加以刀斧亦不知也。至三日后,别以少药投之即活,盖古华佗能刳肠涤胃以治疾者,必用此药也。今闻御药院中亦储之。"②回回国即阿拉伯地区,《一千零一夜》中哈里发用的麻醉药可能就是这种押不卢。李时珍《本草纲目》引周密之说,也认为华佗的麻醉药是押不卢,"昔华佗能刳肠涤胃,岂不有此等药耶?"③美国汉学家劳费尔考证,周密书中记载的传说来自回教国家,押不卢即曼陀罗果,中世纪阿拉伯波斯作家阿布·曼苏尔(Abu Mansur)最早将押不卢著录于他的药书《药物原理》(约成书于975年)。④ 林梅村《麻沸散与汉代方术之外来因素》一文认为,押不卢即洋金花,麻沸散中有洋金花的配方。因为从中医学界所做实验和临床研究看,洋金花是目前所知唯一和麻沸散性能相符的草药。⑤ 洋金花所制胡药可能被汉代来华的中亚或印度僧人带入中国。后世医家所用麻醉药多

---

① 《三国志》卷29《魏书·方技传·华佗传》,中华书局1959年版,第799页。

② (南宋)周密撰:《癸辛杂识续集》(下),中华书局1988年版,第158页。

③ (明)李时珍著:《本草纲目》卷17,中医古籍出版社1994年版,第522页。

④ [美]劳费尔:《押不卢》,冯承钧译,载《西域南海史地考证译丛》卷1,商务印书馆1962年版,第84—109页。

⑤ 林梅村著:《汉唐西域与中国文明》,文物出版社1998年版,第322—342页。

以洋金花为主要配方。中国古代不产洋金花，宋代高僧法云编《翻译名义集》提到印度有此植物，梵名"曼陀罗"（mandāra）。① 曼陀罗植物至迟宋代在我国南方广西已有栽培，周去非《岭南代答》一书中有所记载。"麻沸"二字难以在汉语中得到解释，可能来自梵语。古希腊人对曼陀罗的麻醉性能也非常了解，亚里士多德等古希腊哲学家的著作中常常提到曼陀罗。古希腊的曼陀罗可能也是印度传去的。

胡粉是指外来的用于化妆的粉，亦可作药用，此种化妆品可能来自中亚地区。汉灵帝喜欢西域胡人的生活方式，京师洛阳贵族之家纷纷效仿，造成一时的胡化气氛。喜欢以胡粉化妆便是这种生活方式的表现之一。东汉末年男女都喜欢用胡粉化妆，《后汉书·李固传》记载，顺帝时，诸所奏官多不以次，李固奏免100多名。顺帝死，这些人一方面怨恨李固，另一方面又想讨梁冀欢心，乃飞章诬奏李固，说他"大行在殡，路人掩涕，固独胡粉饰貌，搔头弄姿"②。张衡《舞赋》中有"粉黛施兮玉瑱粲，珠簪挺兮缁发乱"的句子。③《魏略》记载，何晏"动静粉白不去手，行步顾影"④。曹植"初得邯郸淳，甚喜。延入座，不先与谈，时天暑热，植因呼常从取水自澡讫，傅粉"⑤。胡粉应该具有香气，因此又是一种香料，汉代还被官署用来涂壁。应劭《汉官仪》记载："尚书郎奏事明光殿，省中皆胡粉涂壁，其边以丹漆地，故曰丹墀。"胡粉还用作绘画的颜料，尚书省"皆胡粉涂画古贤人烈女"。⑥ 或作为壁画打底的颜料，"省中皆胡粉涂壁，画古烈士"⑦。东汉末年至魏初，洛阳市场上胡粉买卖极盛。《北堂书钞》引《魏名臣奏》中有刘放《奏停卖胡粉》云："今官贩粉卖胡粉，与百姓争锥刀之末利，宜乞停之。"⑧说明百姓卖胡粉早已成为一种洛阳市场上的生意，由于有利可图，政府也开始从事经营。可见当时从境外运销至中原地区的胡粉

① （宋）法云编：《翻译名义集》卷8，《中华大藏经》第84册，中华书局1994年版，第378页。
② 《后汉书》卷63《李固传》，中华书局1965年版，第2084页。
③ （唐）徐坚等著：《初学记》卷15，中华书局1962年版，第382页。
④ 《三国志》卷9《何晏传》，裴松之注引，中华书局1959年版，第292页。
⑤ 《三国志》卷21《王粲传》，裴松之注引，中华书局1959年版，第603页。
⑥ （清）孙星衍等辑：《汉官六种》，中华书局1990年版，第143页。
⑦ （清）孙星衍等辑：《汉官六种》，中华书局1990年版，第115页。
⑧ （唐）虞世南撰：《北堂书钞》（2）卷135，学苑出版社1998年版，第391页。

数量之多。西晋张华《博物志》记载一则以胡粉作原料的染发配方:"胡粉、白石灰等,以水和之,涂鬓须不白。"①汉代传入的化妆品还有一种燕支粉,《古今注》云:"燕支,叶似蓟,花似捕公(蒲公,一作菖蒲),出西方,土人以染,名为燕支。中国亦谓为红蓝。以染粉为妇人色,谓之燕支粉。"②

中亚地区的葡萄汉代传入中国,其药用价值也被认识。《史记·大宛列传》记载,大宛国"俗嗜酒(葡萄酒),马嗜苜蓿。汉使取其实来,于是天子始种苜蓿、蒲陶(葡萄)肥饶地。及天马多,外国使来众,则离宫别馆旁尽种蒲萄、苜蓿极望"③。汉代医书已经列入葡萄,并论述其药性。《神农本草经》列入上品云:"葡萄,味甘,平,无毒。治筋骨湿痹,益气,倍力,强志,令人肥健,耐饥,忍风寒。久食轻身,不老,延年。可作酒(逐水,利小便),生山谷。"④与之相关是的葡萄酒及酿制方法,汉末也从中亚和西域传入。

三、边疆民族地区疗疾养生的医药和偏方

汉朝时周边少数民族地区往往有疗疾养生的医药和偏方,在汉朝与周边民族交往中,彼此间都获得不少对方的药材和医药医学方面的知识,丰富了中原地区中医学的内容。

南方沿海地区产的药材传入中原地区。《汉书·南粤王传》记载,南越王赵佗曾遣使向汉文帝入贡,其贡物中有"桂蠹一器"。颜师古注云:"应劭曰:'桂树中蝎虫也。'苏林曰:'汉旧常以献陵庙,载以赤毂小车。'师古曰:'此虫食桂,故味辛,而渍之以蜜食之也。'"⑤此种桂蠹显然是医药保健类食品。《汉书·西域传》记载,鄯善"多葭苇、柽柳、胡桐、白草"⑥;乌秅"有白草"⑦;

---

① (晋)张华著,范宁校证:《博物志校证》卷4,中华书局1980年版,第49—50页。
② (晋)崔豹撰:《古今注》卷下,辽宁教育出版社1998年版,第15页。
③ 《史记》卷123《大宛列传》,中华书局1982年版,第3173页。
④ 马继兴主编:《神农本草经辑注》卷2,人民卫生出版社1995年版,第137—138页。
⑤ 《汉书》卷95《南粤王传》,中华书局1962年版,第3853页。
⑥ 《汉书》卷96《西域传上》,中华书局1962年版,第3876页。
⑦ 《汉书》卷96《西域传上》,中华书局1962年版,第3882页。

大宛"汉使采蒲萄、目蓿种归。天子以天马多，又外国使来众，益种蒲萄、目蓿离宫馆旁，极望焉"①；姑墨"出铜、铁、雌黄"②。这里提到的西域地区的物产，大多为当地出产的药材。《后汉书·西域传》记载了西夜国对白草的加工利用："地生白草，有毒，国人煎以为药，傅箭矢，所中即死。"③经过西夜国人的加工，白草可以作为制作毒箭的药物。《后汉书·西南夷列传》记载："冉駹夷者，武帝所开，元鼎六年，以为汶山郡。……出名马。有灵羊，可疗毒。又有食药鹿，鹿麑有胎者，其肠中粪亦疗毒疾。又有五角羊、麝香、轻毛毦鸡、牲牲。其人能作旄毡、班罽、青顿、毲毢、羊羧之属。特多杂药。地有咸土，煮以为盐。麢羊牛马，食之皆肥。"灵羊，一作零羊，即羚羊。李贤注引《本草经》云："零羊角味咸无毒，主疗青盲、虫毒，去恶鬼，安心气，彊筋骨。"④在冉駹夷人那里，怀胎之鹿麑肠中粪也有医药价值，有解毒作用。"特多杂药"，说明中原地区的人们从其地学到不少医药知识。

肉苁蓉是寄生在沙漠树木梭梭根部的寄生植物，从梭梭寄主中吸取养分及水分，素有"沙漠人参"之美誉，具有极高的药用价值，是中国传统的名贵中药材。肉苁蓉在历史上是西域各地入贡中原朝廷的珍品，也是历代补肾壮阳类处方中使用频度较高的滋补药物。《神农本草经》云："肉苁蓉，气味甘，微温，无毒。主五劳七伤，补中，除茎中寒热痛，养五脏，强阴，益精气，多子，妇人症瘕。久服轻身。生山谷中。"⑤可见至迟东汉时中原地区已经获得这种药材，并掌握了它的药性，甚至已经有移植。北宋人苏颂《本草图经》曰："今陕西州郡多有之，然不及西羌界中来者，肉浓而力紧。旧说是野马遗沥所生，今西人云大木间及土堑垣中多生，乃知自有种类尔。或疑其初生于马沥，后乃滋殖，如茜根生于人血之类是也。五月采取，恐老不堪，故多三月采之。"⑥

西域多琅玕。敦煌汉简反映昆仑山下之精绝国，往往以琅玕作为信物和

① 《汉书》卷96《西域传上》，中华书局1962年版，第3894页。

② 《汉书》卷96《西域传上》，中华书局1962年版，第3910页。

③ 《后汉书》卷88《西域传》，中华书局1965年版，第2917页。

④ 《后汉书》卷86《西南夷列传》，中华书局1965年版，第2858页。

⑤ （清）黄奭辑：《神农本草经》，中医古籍出版社1982年版，第72页；肖钦朗校注：《神农本草经读》卷1，福建科学技术出版社1982年版，第14页。

⑥ （明）李时珍著：《本草纲目》卷12，中医古籍出版社1994年版，第316页。

贵重礼品相赠。罗振玉、王国维编著《流沙坠简》第 28、30、31、32、33、34、35 号简都是出于尼雅遗址的木简书信,皆以琅玕随书信相赠:"王母谨以琅玕一致问"(第二十八简);"休乌谨以琅玕一致问"(第三十简);"君华谨以琅玕一致问"(第三十一简);"苏且谨以琅玕一致问"(第三十三简);"苏且谨以黄琅玕一致问"(第三十四简);"奉谨以琅玕一致问"(第三十五简)。英国考古学家斯坦因判断这些木简出土之地当为精绝国,精绝国是西汉时期西域一个较小的城邦国家,位于昆仑山北麓尼雅河畔一处绿洲上,容易得到琅玕。琅玕也产于地中海、红海等地。《后汉书·西域传》记载大秦国"土多金银奇宝,有夜光璧、明月珠、骇鸡犀、珊瑚、虎魄、琉璃、琅玕、朱丹、青碧"①。《神农本草经》把青琅玕列入药之下品,云:"味辛,平。主身痒,火创,痈伤,疥搔,死肌。一名石珠。生平泽。"②说明琅玕已经受到汉代医家关注。

戎盐,从其名称看当是来自西北边疆地区的一种矿物,在古代文献中主要用于医疗。戎盐有解毒消炎作用。《神农本草经》云:"药种有五物,一曰狼毒,占斯解之;二曰巴头,藿汁解之;三曰黎,卢汤解之;四曰天雄乌头,大豆解之;五曰班茅,戎盐解之。毒菜害小儿,乳汁解,先食饮二升。"③《神农本草经》把戎盐列入"下品"云:"一名胡盐,味咸、寒、无毒,主明目,目痛,益气,坚肌骨,去毒蛊(心腹痛、溺血、吐血、齿舌血出),生北地。"④张仲景《金匮要略》记载有"茯苓戎盐汤",取茯苓半斤、白术二两、戎盐弹丸大一枚,右三味,以水六升,煎取三升,分温三服。治小便不利。⑤ 苏恭把沙州和廓州作为戎盐的产地:"戎盐即胡盐也,沙州名'秃登盐',廓州名为'阴土盐'。生河岸山坡阴土石间,故名。"⑥1972 年,从甘肃武威汉墓中出土 78 枚医药汉简,其中记载着"驼苏"(酥油)"戎盐""白羊粪"等西北边地常用药品。⑦ 日本奈良正仓院收

---

①　《后汉书》卷 88《西域传》,中华书局 1965 年版,第 2919 页。

②　(清)黄奭辑:《神农本草经》,中医古籍出版社 1982 年版,第 260 页。

③　(晋)张华著,范宁校证:《博物志校证》卷 4,中华书局 1980 年版,第 49 页。

④　马继兴主编:《神农本草经辑注》卷 1,人民卫生出版社 1995 年版,第 416 页。

⑤　(东汉)张仲景著,(清)高学山注:《高注金匮要略》,上海人民卫生出版社 1956 年版,第179 页。

⑥　(明)李时珍著:《本草纲目》卷 11,中医古籍出版社 1994 年版,第 275 页。

⑦　王孝先著:《丝绸之路医药学交流研究》,新疆人民出版社 1994 年版,第 73 页。

藏的一个无釉陶罐中有戎盐的样品,根据对这些样品的分析,可以辨认出其混合物中含有多种成分。研究这些混合物的日本学者朝日奈泰彦和益富寿之助称其是"中国盐湖中采集的一种泥土"。① 根据日本学者的鉴定,美国汉学家谢弗认为:"戎盐实际上是一种混合盐,除了钾和氯化钠之外,它还包括含有镁、钙、钠等成分的水合硫酸盐,由于所含杂质的多少不同,其颜色也就各不相同。戎盐是从甘肃、青海等西北干旱地区的碱土中采集来的。"②汉代从域外输入各种禽兽动物,随之也传入医治这些禽兽动物伤病的医药医学知识,例如"戎盐"的使用。居延汉简中有一简云:"治马头涕出方,取戎盐三指挟三□□。"③李时珍《本草纲目·石部》"戎盐"条引大明曰:"西番所食者,故号戎盐、羌盐。"又引陶弘景曰:"史书言房中盐有九种:白盐、食盐,常食者;黑盐,主腹胀气满;胡盐,主耳聋目痛;柔盐,主马脊疮;又有赤盐、驳盐、臭盐、马齿盐四种,并不入食。……柔盐,疑是戎盐,而此戎盐又名胡盐,二三相乱。今戎盐房中多有,从凉州来,亦从敦煌来。其形作块片,或如鸡鸭卵,或如菱米,色紫白,味不甚咸,口常气臭正如虾鸡子臭者乃真。又河南盐池泥中,自有凝盐如石片,打破皆青黑色,善疗马脊疮,又疑此是戎盐。"④居延汉简中之"戎盐"当即治疗马脊疮的胡盐,"马头涕"应该是一种与马脊疮相类的炎症。

羚羊角,羚羊是对哺乳纲偶蹄目牛科羚羊亚科动物的统称。羚羊类动物总计86种,分属于11个族、32个属。从分类学上看,羚羊并没有特定的专指哪个科或属。其特征是长有空心而结实的角,区别于牛、羊这一类的反刍动物。《山海经·西山经》提到的"麢"就是羚羊。跳羚羊主要分布在非洲,小羚羊分布在非洲和亚洲。阿拉伯半岛是阿拉伯大羚羊和小鹿瞪羚的栖息地。印度是印度大羚羊、印度瞪羚和的印度黑羚的栖息地。俄国和东南亚则是四角羚、藏羚羊和高鼻羚羊的栖息地。产于中国的有原羚、鹅喉羚、藏羚和斑羚等,藏羚羊主要分布在中国青海、西藏、新疆三省区。中国新疆所产赛加羚羊的角

① [日]朝比奈泰彦编:《正仓院药物》,植物文献刊行会发行,大阪:便利堂株式会社,昭和三十年(1955年),第496—497页;[日]益富寿之助:《正仓院药物を中心とする古代石药の研究》,《正仓院の矿物》1,京都:日本地学研究会馆,1973年,第46,48页。

② [美]谢弗著:《唐代的外来文明》,吴玉贵译,中国社会科学出版社1995年版,第473页。

③ 中国社会科学院考古研究所编:《居延汉简甲乙编》(下),中华书局1993年版,第108页。

④ (明)李时珍著:《本草纲目》卷11,中医古籍出版社1994年版,第275—276页。

可供做药材,羚羊角常用做平肝熄风药。据研究,东汉时安息国入贡的符拔,就是羚羊之一种。羚羊角在汉代已经被医家用于医药。《神农本草经》云:"羚羊角,味咸,寒,无毒。主明目,益气,起阴;去恶血,注下,辟蛊毒、恶鬼、不祥,安心气,常不魇寐。久服强筋骨,轻身,生川谷。"①《尔雅》云:"羱,如羊。"郭璞云:"羱羊,似吴羊而大角,角椭,出西方。"②

汉代丝绸之路的开拓为中国人吸收和借鉴域外医学成果提供了条件,外来文明丰富了中国古代医学宝库。从上述考查可知,汉代获得的域外医学成果是相当丰富的。在中国医家眼里,各种动物、植物和矿物都有药性,汉代输入的各种外来物品往往都有医药价值,但对这些外来物品的医药价值有一个认识的过程。有的本来就是作为药物传入的,有的其医药价值是传入后为汉代人所认识的,有些则是传入中国后其医药价值为后来的中国人逐渐认识的。汉代时从域外传入的各种香料和花果植物,往往具有药用价值。其药性有的可能在其原产地已经认识,有的则可能进入汉地后为中国医家所认知,其药性是在后来的医学实践中逐步摸索获知。从《神农本草经》《金匮要略》等汉代文献来看,当时能够入药的品种主要是如上所述。可以推测,其药性价值和药物学知识可能有的是经中国医家试验所得,有的则是伴随其传入一并为中国医家所了解,并记入本草书中。

(本文原载《汉学研究》(总第二十一集)2016年秋冬卷,学苑出版社2016年10月版)

---

① 马继兴主编:《神农本草经辑注》卷3,人民卫生出版社1995年版,第315页。
② 《尔雅注疏》卷10,《十三经注疏》本,中华书局1980年版,第2651页。

魏晋南北朝时期良马输入的途径

　　我国古代东北、北方和西北游牧民族地区都出良马,尤其西域的马最为优良,因此中原地区很早就从游牧民族那里输入良马。马在古代社会生活中有重要地位,既是重要的交通驮载工具,又是重要的军事装备。秦汉时在对匈奴用兵的过程中,需要大量战马和驮马,因此十分重视养马和引进良马。大量获取周边地区的良马,从汉武帝开始。汉朝从匈奴得到北方和西北地区的良马,从乌孙得乌孙马,从大宛得汗血马。东汉时月氏马传入中国,①汉末还得到鲜卑民族的良马。魏晋南北朝时中原地区和南方政权获取游牧民族和域外良马的范围更加扩大,其方式主要有互市、献赠和战争等途径。

一、互市交易

　　互市是古代中原王朝与周边各族及中国与外国之间的贸易往来,亦称交市或通市。东汉末年中原政权便与鲜卑存在互市关系。《三国志·乌丸鲜卑东夷传》记载:"(鲜卑)素利、弥加、厥机皆为大人,在辽西、右北平、渔阳塞外,道远初不为边患,然其种众多于比能。建安中,因阎柔上贡献,通市,太祖皆表

---

　　①　(三国吴)康泰《外国传》云:"外国称天下有三众,中国人众,大秦宝众,月氏马众。"《史记》卷123《大宛列传》,司马贞《索隐》引,中华书局1982年版,第3160页。班固曾请身在西域的弟弟班超为他买月氏马,在他给班超的信中写道:"今赍白素三百匹,欲以市月支马、苏合香、毦𣰆。"(唐)欧阳询《艺文类聚》卷85,上海古籍出版社1982年版,第1456页。

宠以为王。"①鲜卑人自称是"常马背中领上生活"的民族，②与鲜卑人的这种互市贸易是马输入的正常途径，马的输入对增强中原政权的军事力量发挥了不小的作用，曹魏时引起鲜卑诸部的警惕，因此共约不与曹魏进行马的交易。《三国志·田豫传》记载：

> 文帝初，北狄强盛，侵扰边塞，乃使豫持节护乌丸校尉，牵招、解俊并护鲜卑。自高柳以东，濊貊以西，鲜卑数十部，比能、弥加、素利割地统御，各有分界。乃共要誓，皆不得以马与中国市。③

这段记载说明在此之前，鲜卑数十部存在与中原地区的贸易和交换，而马是重要内容。④ 当他们意识到良马对中原政权军事实力增长的重要性时，便共约不以马与中原交易，魏将田豫便设计离间之，"豫以戎狄为一，非中国之利，乃先构离之，使自为仇敌，互相攻伐。素利违盟，出马千匹与官，为比能所攻，求救于豫"。⑤ 结果导致鲜卑酋长失和，从而保证了互市的进行和马的输入。据鱼豢《魏略》记载："鲜卑素利等数来客见，多以牛马遗豫，豫转送官。"⑥曹魏时也通过互市获得西域的良马。《三国志·徐邈传》记载："明帝以凉州绝远，南接蜀寇，以邈为凉州刺史，使持节领护羌校尉。……河右少雨，常苦乏谷，邈上修武威、酒泉盐池以收虏谷，又广开水田，募贫民佃之，家家丰足，他库盈溢。乃支度州界军用之余，以市金帛犬马，通供中国之费。……西域流通，荒戎入贡，皆邈勋也。"⑦

三国时孙吴与辽东公孙渊政权保持交好，以共同牵制曹魏。孙吴交好辽东，还有一个重要原因，即辽东"多马"，可以从辽东获取良马。陆瑁谏阻孙权伐辽东，正是此意。他说："今渊东夷小丑，屏在海隅，虽托人面，与禽兽无

① 《三国志》卷30《魏书·乌丸鲜卑东夷传》，中华书局1959年版，第840页。
② 《宋书》卷95《索虏传》，中华书局1974年版，第2348页。
③ 《三国志》卷26《魏书·田豫传》，中华书局1975年版，第727页。
④ 《三国志》卷30《魏书·乌丸鲜卑东夷传》记载："延康初，比能遣使献马，文帝亦立比能为附义王。黄初二年，比能出诸魏人在鲜卑者五百余家，还居代郡。明年，比能帅部落大人小于代郡乌丸修武卢等三千余骑，驱牛马七万余口交市，遣魏人千余家居上谷。"中华书局1959年版，第838—839页。
⑤ 《三国志》卷26《魏书·田豫传》，中华书局1975年版，第727页。
⑥ 《三国志》卷26《魏书·田豫传》，裴松之注引，中华书局1959年版，第727、729页。
⑦ 《三国志》卷27《魏书·徐邈传》，中华书局1959年版，第740页。

异。国家所为不爱货宝远以加之者,非嘉其德义也,诚欲诱纳愚弄,以规其马耳。……夫所以越海求马,曲意于渊者,为赴目前之急,除心腹之疾也。"①辽东之地"民习鞍马",孙吴与辽东建立了互市贸易关系,从辽东购买大批良马。嘉禾元年(232年)吴国周贺出使辽东时,"浮舟百艘,沈滞津岸,贸迁有无,既不疑拒,赍以名马"②。嘉禾二年(233年)孙权派张弥、许晏率使团出使辽东,他们"将兵万人",携大量"金宝珍货"。船队停泊在沓津后,一面派人以"文书命服什物"授渊,一面在沓津进行贸易,"别赍致遣货物,欲因市马"。③孙吴从辽东购马的行为引起曹魏方面的警觉,辛毗上书魏文帝说:"诸葛亮讲武治兵,孙权市马辽东,量其意指,似欲相左右。"④

东晋五胡十六国与南北朝时,北方诸政权统治阶级大多出身所谓"五胡"游牧民族,骑乘以马为主。当北方游牧民族进入中原地区时,北方草原良马进入中原地区自不待言。进入中原建立政权后,他们继续从北方草原民族那里获得良马。南方的东晋则与北方五胡政权进行互市,购取其良马。《晋书·祖逖传》记载,祖逖与石勒进行边境互市,"收利十倍","公私丰瞻,士马日滋"。⑤ 说明祖逖曾从互市中获得不少良马。立国中原地区的北魏与其东北、北方和西北地区的各政权有互市交往。北魏与库莫奚有交市贸易。宣武帝《监库莫奚国交市诏》云:"库莫奚去太和二十一年以前,与安、营二州边民参居,交易往来,并无疑贰。至二十二年叛逆以来,遂尔远窜。今欲款附,犹在塞表,每请入塞与民交易。"⑥

北魏与北方柔然游牧民族政权也存在互市关系,他们从柔然那里获得良马。元孚《陈赈恤阿那瓌便宜表》谈到北魏与柔然的关系:"贸迁起于上古,交易行于中世,汉与胡通,亦立关市。北人阻饥,命悬沟壑,公给之外,必求市易,彼若愿求,宜见听许。"⑦说明在中原地区与北方游牧民族之间长期保持着互

---

① 《三国志》卷57《吴书·陆瑁传》,中华书局1959年版,第1337—1338页。
② 《三国志》卷8《魏书·公孙渊传》,裴注引《魏略》,中华书局1959年版,第255页。
③ 《三国志》卷8《魏书·公孙渊传》,裴松之注引《魏略》,中华书局1959年版,第256页。
④ 《三国志》卷25《魏书·辛毗传》,中华书局1959年版,第698页。
⑤ 《晋书》卷62《祖逖传》,中华书局1974年版,第1697页。
⑥ 《魏书》卷100《库莫奚国传》,中华书局1974年版,第2223页。
⑦ 《魏书》卷18《元孚传》,中华书局1974年版,第425页。

市关系。《魏书·契丹国传》记载:"真君以来,求朝献,岁贡名马。显祖时,使莫弗纥何辰奉献,得班飨于诸国之末。……悉万丹部、何大何部、伏弗郁部、羽陵部、日连部、匹洁部、黎部、吐六于部等,各以其名马文皮入献天府,遂求为常。皆得交市于和龙、密云之间,贡献不绝。"①说明东北各部族与中原政权间一边朝贡不断,一边保持着互市贸易。北魏时私人通过交易购取域外名马,甚至远至波斯国。北魏杨衒之《洛阳伽蓝记》卷四记载,元琛任秦州刺史,"遣使向西域求名马,远至波斯国,得千里马,号曰'追风赤骥'。次有七百里者十余匹,皆有名字。以银为槽,金为锁环,诸王服其豪富"②。

北朝与南朝间一直保持着互市关系,在南北方之间互市中北方的马输入南方。《宋书·颜竣传》记载:

> (元嘉)二十八年,虏自彭城北归,复求互市,竣议曰:"……若言互市,则复开曩敝之萌。议者不过言互市之利在得马,今弃此所重,得彼下驷,千匹以上,尚不足言,况所得之数,裁不十百邪。"③

北魏拓跋焘率军南侵刘宋,于元嘉二十八年北归,"复求互市",说明南北朝之间一直存在互市,只是因为这次南北方战事而暂时中断。但这种互市是于双方都有利的事情,拓跋焘回军途中便迫不及待地要求恢复双方的互市关系。从这个记载还可以知道,南朝"互市之利在得马"。在这种贸易中,北朝输往南朝的主要是马。《宋书·索虏传》记载:

> 世祖即位,索虏求互市,江夏王义恭、竟陵王诞、建平王宏、何尚之、何偃以为宜许;柳元景、王玄谟、颜竣、谢庄、檀和之、褚湛之以为不宜许。时遂通之。④

尽管在南朝有不少人反对互市,朝廷最终还是决定对北朝开放互市,因为对于南朝来说,北方的良马是必不可缺的。在这种互市中,南朝从北朝得到多少马匹,实难估计。作为敌对方的北朝当然不愿意看到南朝军力超过自己,在

---

① 《魏书》卷100《契丹传》,中华书局1974年版,第2223页。
② (北魏)杨衒之撰,范祥雍校注:《洛阳伽蓝记校注》卷4,上海古籍出版社1978年版,第207页。
③ 《宋书》卷75《颜竣传》,中华书局1974年版,第1959页。
④ 《宋书》卷95《索虏传》,中华书局1974年版,第2354页。

对南方贸易中必定限制良马的出口。

突厥崛起之初,便与中原北朝政权进行互市贸易。六世纪中叶土门可汗时,部落逐渐强盛,开始与中原地区进行贸易活动,"始至塞上市缯絮,愿通中国"①。在突厥与中原政权的互市贸易中,中原地区获得突厥大量的马。《北齐书·卢潜传》记载:"敕送突厥马数千匹于扬州管内,令土豪贵买之。钱直始入,便出敕括江、淮间马,并送官厩。由是百姓骚扰,切齿嗟怨。"②当时朝廷一次便送突厥马数千匹至扬州贩卖,可见当时从突厥那里购取马匹之多。

二、馈赠贡献

自汉以来,西域各地便以良马入贡中原。张骞第一次出使西域,归来曾向武帝报告,大宛"多善马"③。他第二次出使乌孙归来,随行而来的乌孙使节以马数十匹献汉报谢。乌孙与汉结盟,"使使献马,愿得尚汉女翁主为昆弟"④,以马千匹为聘礼献汉。此后乌孙马仍源源不断地输送汉地。魏晋南北朝时中国先后出现过三十多个政权,这些政权之间以及这些政权与周边和域外民族之间有时发生军事冲突,但大多数时间则存在着友好往来。拥有良马的民族和国家往往以马作为馈赠和贡献的礼物。在这种交往中,周边民族赠送或入贡中原地区统治者的往往是马和骆驼。

曹魏时鲜卑人成为北方草原的主人,在与中原政权的交往中,鲜卑人以其良马进献。《三国志·乌丸鲜卑东夷传》记载:"厥机死,又立其子沙末汗为亲汉王。延康初,又各遣使献马。文帝立素利、弥加为归义王。"⑤"文帝践阼,田豫为乌丸校尉,持节并护鲜卑,屯昌平;步度根遣使献马,帝拜为王。"⑥魏明帝时轲比能及丁零人献名马。《三国志·明帝纪》记载,太和五年"夏四月,鲜卑

---

① 《周书》卷50《异域传下》,中华书局1971年版,第908页。
② 《北齐书》卷42《卢潜传》,中华书局1972年版,第556页。
③ 《史记》卷123《大宛列传》,中华书局1982年版,第3160页。
④ 《史记》卷123《大宛列传》,中华书局1982年版,第3170页。
⑤ 《三国志》卷30《魏书·乌丸鲜卑东夷传》,中华书局1959年版,第840页。
⑥ 《三国志》卷30《魏书·乌丸鲜卑东夷传》,中华书局1959年版,第836页。

附义王轲比能率其种人及丁零大人儿禅诣幽州贡名马"。①

曹魏置西域长史,西域诸地向曹魏政权朝贡,曹魏也得到西域名马。大宛以汗血马著称,这种大宛马终两汉之世,一直源源不断地输入中原。东汉末年曹操的几个儿子还得此种好马,曹植《献文帝马表》云:"臣于先武皇帝世,得大宛紫骍马一匹,形法应图,善持头尾,教令习拜,今辄已能。又能行与鼓节相应。"②《三国志·任城王彰传》记载:"太祖尝抑之曰:'汝不念读书慕圣道,而好乘汗马击剑,此一夫之用,何足贵也!'"③西域于阗也献马给曹魏政权,《梁书·诸夷传》记载:"于阗国,西域之属也。……魏文帝时,王山习献名马。"④大宛良马往往通过入贡方式进入中原。《三国志·三少帝纪》:"(咸熙二年九月)闰月庚辰,康居、大宛献名马,归于相国府,以显怀万国致远之勋。"⑤此时曹魏大权旁落,司马氏执政,来自康居和大宛的好马以皇帝赏赐的方式落入司马氏府上。

东北亚之濊族也向中原地区进献良马。东汉时乌桓大人向东汉光武帝献马。建武二十五年"辽西乌桓大人赦且等九百二十二人率众向化,诣阙朝贡,献奴婢、牛马及弓、虎、豹、貂"⑥。他们有一种小马称果下马,汉时就入贡中国。《三国志·乌丸鲜卑东夷传》记载:"濊南与辰韩,北与高句丽、沃沮接,东穷大海,今朝鲜之东皆其地也。……其海出班鱼皮,土地饶文豹,又出果下马,汉桓时献之。"裴松之注云:"果下马高三尺,乘之可于果树下行,故谓之果下。"⑦这种果下马后来仍不断输入中原地区。《魏书·高句丽传》提到高句丽"出三尺马,云本朱蒙所乘,马种即果下也"。⑧《北齐书·尉景传》记载:"景有果下马,文襄求之,景不与。"⑨尉景的果下马应该来自朝鲜半岛。梁元

---

① 《三国志》卷3《魏书·明帝纪》,中华书局1959年版,第98页。
② (三国魏)曹植撰,赵幼文校注:《曹植集校注》,人民文学出版社1984年版,第310页。
③ 《三国志》卷19《魏书·任城王彰传》,中华书局1959年版,第555页。
④ 《梁书》卷54《诸夷传》,中华书局1973年版,第814页。
⑤ 《三国志》卷4《魏书·三少帝纪》,中华书局1959年版,第154页。
⑥ (宋)王钦若等撰:《册府元龟》卷968,中华书局1960年版,第11377页。
⑦ 《三国志》卷30《魏书·乌丸鲜卑东夷传》,中华书局1959年版,第848—849页。
⑧ 《魏书》卷100《高句丽传》,中华书局1974年版,第2215页。
⑨ 《北齐书》卷15《尉景传》,中华书局1972年版,第195页。

帝《曽名诗》中提到果下马："豹韬求秘术,虎略选良臣。水涉黄牛浦,山过白马津。摧锋上狐塞,画像入麒麟。果下新花落,桃枝芳树春。王孙及公子。熊席复横陈。"①这首诗每句都提到一个动物名,前六句都明写,第七八句暗写,"果下"即指果下马。梁元帝的诗说明朝鲜半岛的果下马可能也传入南朝。

三国时,南方沿海地区向孙吴进献名马。《三国志·士燮传》记载:

> 建安末年,燮遣子廞入质,(孙)权以为武昌太守,……燮每遣使诣权,致杂香细葛,辄以千数,……(士)壹时贡马凡数百匹。权辄为书,厚加宠赐,以答慰之。②

士燮的弟弟士壹入贡孙权良马达"数百匹"之多。

西晋时,鲜卑人继续向中原政权献马。《晋书·孝愍帝纪》记载,建兴二年九月,"单于代公猗卢遣使献马"。③《晋书·刘琨传》记载:"(永嘉)三年,……及是,遵与箕澹等帅卢众三万人,马牛羊十万,悉来归琨,琨由是复振,率数百骑自平城抚纳之。"④北方有良马曰騊駼,这种出自北方的良马晋时传入中原地区,当来自鲜卑人。晋郭璞有《騊駼赞》云:"騊駼野骏,产自北域。交颈相摩,分背翘陆。虽有孙阳,终不在服。"⑤

西晋时仍置西域长史,负责西域事务。《晋书·武帝纪》记载:"(泰始六年)九月,大宛献汗血马。"⑥《晋书》卷九十七《四夷传·西戎》"大宛国"条记载:"太康六年,武帝遣使杨颢拜其王蓝庾为大宛王。蓝庾卒,其子摩之立,遣使贡汗血马。"同卷"康居国"条记载:"多牛羊,出好马。泰始中,其王那鼻遣使上封事,并献善马。"⑦

西晋政权也从东北亚获得善马。《晋书·四夷传》记载:"夫余国,在玄菟北千余里,南接鲜卑,北有弱水,地方二千里,户八万,有城邑宫室,地宜五

---

① (唐)欧阳询撰:《艺文类聚》卷56,上海古籍出版社1982年版,第1011页。
② 《三国志》卷49《吴书·士燮传》,中华书局1959年版,第1192—1193页。
③ 《晋书》卷5《孝愍帝纪》,中华书局1974年版,第128页。
④ 《晋书》卷62《刘琨传》,中华书局1974年版,第1684页。
⑤ (唐)欧阳询撰:《艺文类聚》卷93,上海古籍出版社1982年版,第1624页。
⑥ 《晋书》卷3《武帝纪》,中华书局1974年版,第60页。
⑦ 《晋书》卷97《四夷传》,中华书局1974年版,第2544页。

谷。……出善马及貂豽、美珠,珠大如酸枣。……武帝时,频来朝贡。"①夫余既然"出善马",自晋武帝时便"频来朝贡",其贡物中便当有善马。崔鸿《十六国春秋》记载:"太康四年,高丽使至,献美女十人,千里马一匹。"②

五胡十六国时,凉州政权从西域和鲜卑得到良马,又转送中原。《晋书·张骏传》记载,前凉张骏接受"西域诸国献汗血马、火浣布、犎牛、孔雀、巨象及诸珍异二百余品"。③《晋书·郭黁传》记载:"张天锡末年,苻氏每有西伐之间,太守赵凝使黁筮之,……鲜卑折掘送马于凝,凝怒其非骏,幽之内厩。"④凉州大马为中原地区所闻,《晋书·张轨传》记载,张轨永宁初为凉州刺史,"王弥寇洛阳,轨遣北宫纯、张纂、马鲂、阴濬等率州军击破之。又败刘聪于河东,京师歌之曰:'凉州大马,横行天下。……'"⑤张氏曾将所获良马转送中原地区。《晋书·张寔传》记载,张寔"遣督护王该送诸郡贡计,献名马方珍、经史图籍于京师"。⑥《晋书·刘曜载记》记载,凉州张茂惧刘曜军威,"遣使称藩,献马一千五百匹……及诸珍宝珠玉、方域美货不可胜纪"。⑦《晋书·苻坚载记》记载,西域大宛曾向前秦苻坚贡献"天马千里驹,皆汗血、朱鬣、五色、凤膺、麟身"。⑧

五胡十六国时,出身游牧民族的北方诸政权统治阶级相互之间以马赠遗贡献。《晋书·冯跋载记》记载:"蠕蠕勇斛律遣使求跋女伪乐浪公主,献马三千匹,……遣其游击秦都率骑二千,送其女妲于蠕蠕。库莫奚虞出库真率三千余落请交市,献马千匹,许之,处之于营丘。"⑨冯跋是北燕开国皇帝,柔然人与之和亲,以马为聘礼,娶其乐浪公主。库莫奚人与之交市,又献马为礼。库莫奚后来被称为"奚",北魏时分布在弱洛水(今西拉木伦河)南,和龙(今辽宁朝

---

① 《晋书》卷97《四夷传》,中华书局1974年版,第2532页。
② (宋)李昉等撰:《太平御览》(第9册)卷895,上海古籍出版社2008年版,第60页。
③ 《晋书》卷86《张骏传》,中华书局1974年版,第2235页。
④ 《晋书》卷95《郭黁传》,中华书局1974年版,第2497页。
⑤ 《晋书》卷86《张轨传》,中华书局1974年版,第2223页。
⑥ 《晋书》卷86《张寔传》,中华书局1974年版,第2227页。
⑦ 《晋书》卷103《刘曜载记》,中华书局1974年版,第2695页。
⑧ 《晋书》卷113《苻坚载记上》,中华书局1974年版,第2900页。
⑨ 《晋书》卷125《冯跋载记》,中华书局1974年版,第3130页。

阳)北的今老哈河流域,过着"善射猎""随逐水草"的狩猎、游牧生活。

鲜卑马、大宛马等各种良马在这种互赠和进献中互相转送。《晋书·石勒载记》记载:"时高句丽、肃慎致其楛矢,宇文屋孤并献名马于勒。凉州牧张骏遣长史马诜奉图送高昌、于阗、鄯善、大宛使,献其方物。"①凉州能得到西域良马,张骏献其方物中当有良马。而他送大宛使节至石勒后赵,大宛的礼物向来便是汗血马。《晋书·苻健载记》:"杜洪遣其将张先要健于潼关,健逆击破之。健虽战胜,犹修笺于洪,并送名马珍宝,请至长安上尊号。"②《晋书·姚弋仲载记》记载:"弋仲性狷直,俗无尊卑皆汝之,季龙恕而不责,于坐授使持节、侍中、征西大将军,赐以铠马。"③《晋书·姚苌载记》记载:"二城胡曹寅、王达献马三千匹。"④《晋书·姚兴载记上》记载:"秃发辱檀献兴马三千匹,羊三万头。"⑤《晋书·姚兴载记下》记载:"魏主拓跋圭送马千匹,求婚于兴,兴许之。"⑥《晋书·秃发傉檀载记》记载:"傉檀遣其将文支讨南羌、西虏,大破之。上表姚兴,求凉州,不许,加傉檀散骑常侍,增邑二千户。傉檀于是率师伐沮渠蒙逊,次于氐池。蒙逊婴城固守,芟其禾苗,至于赤泉而还。献兴马三千匹,羊三万头。"⑦《晋书·赫连勃勃载记》记载:"时河西鲜卑杜崘献马八千匹于姚兴,济河,至大城,勃勃留之。"⑧建立政权于今青海一带的吐谷浑盛产良马,《北史·吐谷浑传》记载:"青海周回千余里,海内有小山。每冬冰合后,以良牝马置此山,至来春收之,马皆有孕,所生得驹,号为龙种,必多骏异。吐谷浑尝得波斯草马,放入海,因生骢驹,能日行千里,世传青海骢者也。"⑨这条记载说明吐谷浑的良马是与波斯良马交配生成。《晋书·西戎传》"吐谷浑"记载:"辟奚性仁厚慈惠。初闻苻坚之盛,遣使献马五十匹,金银五百斤。"⑩前秦苻

① 《晋书》卷105《石勒载记下》,中华书局1974年版,第2747页。
② 《晋书》卷112《苻健载记》,中华书局1974年版,第2869页。
③ 《晋书》卷116《姚弋仲载记》,中华书局1974年版,第2960—2961页。
④ 《晋书》卷116《姚苌载记》,中华书局1974年版,第2970页。
⑤ 《晋书》卷117《姚兴载记上》,中华书局1974年版,第2986页。
⑥ 《晋书》卷118《姚兴载记下》,中华书局1974年版,第2991页。
⑦ 《晋书》卷126《秃发傉檀传》,中华书局1974年版,第3149页。
⑧ 《晋书》卷130《赫连勃勃载记》,中华书局1974年版,第3202页。
⑨ 《北史》卷96《吐谷浑传》,中华书局1974年版,第3186页。
⑩ 《晋书》卷97《吐谷浑传》,中华书局1974年版,第2539页。

坚平定北方和西域,获得北方和西域良马。《晋书·苻坚载记》记载:"吐谷浑碎奚以杨纂既降,惧而遣使送马五千匹、金银五百斤。"①"梁熙遣使西域,称扬坚之威德,并以缯彩赐诸国王,于是朝献者十有余国。大宛献天马千里驹,皆汗血、朱鬣、五色、凤膺、麟身,及诸珍异五百余种。"②"鄯善王、车师前部王来朝,大宛献汗血马,肃慎贡楛矢,天竺献火浣布,康居、于阗及海东诸国,凡六十有二王,皆遣使贡其方物"。③

　　南北朝时中原地区和南朝始终存在马的需求。北魏统治者出身鲜卑拓跋部,本是北方游牧民族,是良马来源地。但进入中原后,逐渐感到良马的不足。在与北方草原民族柔然的交往中,从柔然获取良马。北魏太武帝延和三年(434 年),"二月丁卯,蠕蠕吴提奉其妹,并遣其异母兄秃鹿傀及左右数百人朝贡,献马二千匹"④。这可能是柔然向北魏献马的开始,此后岁以为常。《魏书·蠕蠕传》云:"车鹿会既为部帅,岁贡马畜。"⑤北魏迁都洛阳以后,柔然仍以良马为礼物相赠。同书同传记载,孝文帝"太和元年四月,(柔然)遣莫何去汾比拔等来献良马、貂裘"。⑥ 东魏时,柔然走向衰弱,在与突厥的对抗中仰赖东魏的支持。其主阿那瓌与东魏建立和亲关系,马是柔然娉礼的主要内容。《魏书·蠕蠕传》记载:"阿那瓌遣使朝贡,求婚。献武王方招四远,以常山王妹乐安公主许之,改为兰陵公主。瓌遣奉马千匹为娉礼,迎公主,诏宗正元寿送公主往北。自是朝贡相寻。"⑦

　　北朝后期,北齐与北周对峙,北方草原崛起新的游牧民族突厥。突厥献赠中原地区的礼物主要是马,北齐和北周都从突厥那里获取良马。《北齐书·傅伏传》记载:"后主失并州,使开府纥奚永安告急于突厥他钵略可汗。……他钵嘉其壮烈,赠马七十匹而归。"⑧北周与突厥交好,并建立和亲关系,从突

---

① 《晋书》卷 113《苻坚载记上》,中华书局 1974 年版,第 2894 页。碎奚当即辟奚。
② 《晋书》卷 113《苻坚载记上》,中华书局 1974 年版,第 2900 页。
③ 《晋书》卷 113《苻坚载记上》,中华书局 1974 年版,第 2904 页。
④ 《魏书》卷 4《世祖纪上》,中华书局 1974 年版,第 83 页。
⑤ 《魏书》卷 103《蠕蠕传》,中华书局 1974 年版,第 2289 页。
⑥ 《魏书》卷 103《蠕蠕传》,中华书局 1974 年版,第 2296 页。
⑦ 《魏书》卷 103《蠕蠕传》,中华书局 1974 年版,第 2303 页。
⑧ 《北齐书》卷 41《傅伏传》,中华书局 1972 年版,第 547 页。

厥那里得到大量的马。《周书·武帝纪》记载,天和四年(569 年)七月丁巳"突厥遣使献马"。建德三年(574 年)正月"庚午,突厥遣使献马"。① 突厥向北周献马数量巨大。《周书·异域传下》"突厥"记载:"土门死,子科罗立。科罗号乙息记可汗。又破叔子于沃野北木赖山。二年三月,科罗遣使献马五万匹。"②北周"时与齐人交争,戎车岁动,故每连结之,以为外援"。"天和二年,俟斤又遣使来献。……四年,俟斤又遣使献马。俟斤死,弟他钵可汗立。……建德二年,他钵遣使献马"。③ 突厥不仅向北周朝廷献马,还向北周有关人士赠送马。《周书·史宁传》记载,史宁与突厥联手进攻吐谷浑,史宁连战皆捷,"与木汗会,木汗握宁手,叹其勇决,并遗所乘良马,令宁于帐前乘之,木汗亲自步送。……及将班师,木汗又遗宁奴婢一百口、马五百匹、羊一万口"。④

北朝也得到西南地区和东北地区的良马。《魏书·高宗纪》记载,兴光元年"九月庚申,库莫奚国献名马,有一角,状如麟"。⑤《魏书·高祖纪》记载,延兴二年八月辛酉"地豆于、库莫奚国遣使朝贡,昌亭国遣使献蜀马"。延兴五年"五月丁酉,契丹、库莫奚国各遣使献名马"。⑥《魏书·库莫奚传》记载:"高宗、显祖世,库莫奚岁致名马、文皮。"⑦《魏书·勿吉传》记载,勿吉国"延兴中,遣使乙力支朝献。太和初,又贡马五百匹"。⑧ 勿吉,东北亚古民族名,即古时肃慎,汉时称挹娄,南北朝时称勿吉,隋唐时称靺鞨。《魏书·地豆于国传》记载:"地豆于国,在失韦西千余里。多牛羊,出名马,皮为衣服,无五谷,惟食肉酪。延兴二年八月,遣使朝贡,至于太和六年,贡使不绝。十四年,频来犯塞,高祖诏征西大将军、阳平王颐击走之。自后时朝京师,迄武定末,贡使不绝。"⑨地豆于向北魏进贡的物产应有其"名马"。同书《契丹国传》记载:"真君以来,求朝献,岁贡名马。显祖时,使莫弗纥何辰奉献,得班飨于诸国之

---

① 《周书》卷 5《武帝纪上》,中华书局 1971 年版,第 77、83 页。
② 《周书》卷 50《异域传下》,中华书局 1971 年版,第 909 页。
③ 《周书》卷 50《异域传下》,中华书局 1971 年版,第 911、912 页。
④ 《周书》卷 28《史宁传》,中华书局 1971 年版,第 468 页。
⑤ 《魏书》卷 5《高宗纪》,中华书局 1974 年版,第 113 页。
⑥ 《魏书》卷 7《高祖纪上》,中华书局 1974 年版,第 137、141 页。
⑦ 《魏书》卷 100《库莫奚传》,中华书局 1974 年版,第 2223 页。
⑧ 《魏书》卷 100《勿吉传》,中华书局 1974 年版,第 2220 页。
⑨ 《魏书》卷 100《地豆干传》,中华书局 1974 年版,第 2222 页。

末。……悉万丹部、何大何部、伏弗郁部、羽陵部、日连部、匹洁部、黎部、吐六于部等,各以其名马、文皮入献天府,遂求为常。皆得交市于和龙、密云之间,贡献不绝。"①西南地区有著名的"蜀马",经吐谷浑的转手贡献,输入北魏。《魏书·吐谷浑传》记载:"终世宗世至于正光,牦牛、蜀马及西南之珍无岁不至。"②

西北地区和西域地区往往以名马,特别是大宛汗血马作为礼品向中原政权进献。南北朝时南北双方都获其贡献良马。《魏书·高祖纪》记载,太和二年九月,"龟兹国遣使献大马、名驼、珍宝甚众"。③《宋书·索虏传》记载:"粟特大明中遣使献生狮子、火浣布、汗血马。"④此粟特,据张星烺先生考证为古之奄蔡国,又称阿兰,古代游牧民族,在康居西北。⑤《魏书·世祖纪》记载,太延三年十一月"甲申,破洛那、者舌国各遣使朝献,奉汗血马"。⑥《魏书·西域传》记载:"洛那国,故大宛国也。……太和三年。遣使献汗血马,自此每使朝贡。"⑦洛那国即破洛那国,古西域国家,即古大宛国。者舌国,中亚古国,即粟特人昭武九姓国之石国。《魏书·世祖纪上》记载,太延五年五月"癸未,遮逸国献汗血马"。⑧ 遮逸国即者舌国。北魏宣武帝时中西交通进入全盛局面,北魏获得更多西域良马。《魏书·高宗纪》记载,和平六年四月,"破洛那国献汗血马"⑨。《魏书·任城王澄传》记载:"西域嚈哒、波斯诸国各因公使,并遗澄骏马一匹,澄请付太仆,以充国闲。"⑩《魏书·西域传》记载吐呼罗国"有好马、驼、骡,其王曾遣使朝贡"。副货国"宜五谷、萄桃,唯有马、驼、骡。国王有黄金殿,殿下金驼七头,各高三尺。其王遣使朝贡"。南天竺国"世宗时,其国

① 《魏书》卷100《契丹国传》,中华书局1974年版,第2223页。
② 《魏书》卷101《吐谷浑传》,中华书局1974年版,第2240页。
③ 《魏书》卷7《高祖纪上》,中华书局1974年版,第146页。
④ 《宋书》卷95《索虏传》,中华书局1974年版,第2357—2358页。
⑤ 张星烺:《中西交通史料汇编》第5册《古代中国与西部土耳其斯坦之交通》,辅仁大学丛书1930年版,第65页。
⑥ 《魏书》卷4《世祖纪上》,中华书局1974年版,第88页。
⑦ 《魏书》卷102《西域传》,中华书局1974年版,第2270页。
⑧ 《魏书》卷4《世祖纪上》,中华书局1974年版,第89页。
⑨ 《魏书》卷5《高宗纪》,中华书局1974年版,第123页。
⑩ 《魏书》卷19中《任城王澄传》,中华书局1974年版,第477页。

王婆罗化遣使献骏马、金、银,自此每使朝贡"。康国"出马、驼、驴、犎牛……太延中,始遣使贡方物"。① 从这些记载可知,这些出产良马的西域、中亚、西亚和南亚国家在与北魏交往中,都曾以良马做为礼物献贡。其远者如南天竺国、波斯国也曾遣使献骏马。据唐丘悦《三国典略》记载,西魏孝武帝曾有波斯骝马。②

西域焉耆盛产良马,其马称"焉耆马"。焉耆马适于农耕和运输,骑乘速力亦佳,尤以走马著称。焉耆马善游泳,能游二三十公里,号称"海马龙驹"。③《魏书·西域传》记载,焉耆"畜有驼马"。④ 焉耆向中原政权表示臣服,也以焉耆马奉献。《周书·武帝纪上》记载,(保定)四年七月戊寅"焉耆遣使献名马"。⑤ 北周时还得到西域于阗名马,建德三年(574年)十一月"于阗遣使献名马"⑥。吐谷浑在与北朝政权的交往中往往也以马作献礼。《周书·异域传》"吐谷浑"记载:"大统中,夸吕再遣使献马及羊、牛等。"⑦

南北朝之间也存在友好交往,南朝经常从北朝得到良马,北朝往往以北方的良马作礼物赠送南朝。《宋书·张畅传》记载,北魏太武帝拓跋焘与南朝刘宋世祖刘骏交战,双方之间曾有一次礼赠。元嘉二十七年(450年)拓跋焘南侵,刘宋太尉江夏王刘义恭总统诸军,出镇彭、泗。拓跋焘亲率大众,至彭城。拓跋焘派刘宋降将蒯应到彭城向南朝守将索甘蔗及酒,刘骏答应送酒二器、甘蔗百挺,但向拓跋焘索要马与骆驼等。拓跋焘送骆驼、骡、马及貂裘、杂饮食。《宋书·索虏传》记载:"焘西定陇右,东灭黄龙,海东诸国,并遣朝贡。"⑧刘宋

---

① 《魏书》卷102《西域传》,中华书局1974年版,第2277、2278、2281页。
② (宋)李昉等撰:《太平御览》(第9册)卷895引《三国典略》云:"西魏孝武将为齐太祖所杀,孝武索所乘波斯骝马,命太宰南阳王跃之。将举其鞍,马蹶而死。"上海古籍出版社2008年版,第61页。
③ 今新疆焉耆县仍流传有"海马龙驹"传说:博斯腾湖古称西海,西海龙王有三位太子。有一年久旱不雨,牧草枯萎,三太子瞒着龙王引西海之水,给草原普降甘露,因冒犯神规,被贬为马,从此繁衍了"海马龙驹",即焉耆马。
④ 《魏书》卷102《西域传》,中华书局1974年版,第2265页。
⑤ 《周书》卷5《武帝纪上》,中华书局1971年版,第70页。
⑥ 《周书》卷5《武帝纪上》,中华书局1971年版,第86页。
⑦ 《周书》卷50《异域传下》,中华书局1971年版,第913页。
⑧ 《宋书》卷95《索虏传》,中华书局1974年版,第2331页。

欲北伐,拓跋焘复求通和,与宋太祖书云:"更无余物可以相与,今送猎白鹿、马十二匹并毡药等物。彼来马力不足,可乘之。道里来远,或不服水土,药自可疗。"①

南齐也得到北魏馈赠的良马。北朝作为礼物送给南朝的马有时并不是好马,因此引起南朝的不快,此事曾引起南齐外交官员与北朝使节的一次舌战。《南齐书·王融传》记载:

> 上以融才辩,十一年,使兼主客,接虏使房景高、宋弁。……上以虏献马不称,使融问曰:"秦西冀北,实多骏骥,而魏主所献良马,乃驽骀之不若。求名检事,殊为未孚。将旦旦信誓,有时而爽,驷驷之牧,不能复嗣?"宋弁曰:"不容虚伪之名,当是不习土地。"融曰:"周穆马迹遍于天下,若骐骥之性,因地而迁,则造父之策,有时而踬。"弁曰:"王主客何为勤勤于千里?"融曰:"卿国既异其优劣,聊复相访。若千里日至,圣上当驾鼓车。"弁曰:"向意既须,必不能驾鼓车也。"融曰:"买死马之骨,亦以郭隗之故。"弁不能答。②

从这个记载可知,北朝向南朝馈赠良马,是经常性的事情。

在南朝与北朝的对抗中,南朝联合北方草原民族夹击北魏,因此北方的柔然与南朝交好。于是南朝有时直接得到北方草原民族的良马。《梁书·诸夷传》记载:

> 芮芮国,盖匈奴别种。……天监中,始破丁零,复其旧土。始筑城郭,名曰木末城。十四年,遣使献乌貂裘。普通元年,又遣使献方物。是后数岁一至焉。大同七年,又献马一匹、金一斤。③

西北地区各地处丝绸之路要道,往往能获得西域良马,西域良马通过西域诸地转送南朝。例如,南朝曾通过高昌获得西域良马。《梁书·诸夷传》记载,高昌"出良马、蒲陶酒、石盐。……大同中,子坚遣使献鸣盐枕、蒲陶、良马、氍毹等物"。④ 邓至国也曾遣使向南朝献马,同书同传记载:"邓至国,居西

---

① 《宋书》卷95《索虏传》,中华书局1974年版,第2348页。
② 《南齐书》卷47《王融传》,中华书局1972年版,第821—822页。
③ 《梁书》卷54《诸夷传》,中华书局1973年版,第817页。
④ 《梁书》卷54《诸夷传》,中华书局1973年版,第811—812页。

凉州界,羌别种也。世号持节、平北将军、西凉州刺史。宋文帝时,王象屈眈遣使献马。大监元年,诏以邓至王象舒彭为督西凉州诸军事,号安北将军。五年,舒彭遣使献黄耆四百斤、马四匹。"①邓至国,又称邓至羌、白水羌,是南北朝时的羌族建立的政权,其疆域大致相当于今蜀陇间白水江上游南北以及岷江上游诸地。

南朝还得到吐谷浑的良马。南朝从吐谷浑的贡献中获取良马。《宋书·鲜卑吐谷浑传》记载:"世祖大明五年,拾寅遣使献善舞马、四角羊。"②《魏书·吐谷浑传》记载:"拾寅奉修贡职,受朝廷正朔,又受刘义隆封爵,号河南王。世祖遣使拜为镇西大将军、沙州刺史、西平王。后拾寅自恃险远,颇不恭命,通使于刘彧,献善马、四角羊,彧加之官号。"③刘彧即宋世祖,吐谷浑主拾寅向刘彧献良马,称臣,而接受刘宋的官号,此事引起北魏的不满。

齐梁时吐谷浑沿袭刘宋时的传统,继续向南朝称臣,并遣使贡献。从南齐太祖诏书中可知,吐谷浑所献礼物以马为主。④《梁书·武帝纪》记载,大同六年五月己卯,"河南王遣使献马及方物"。⑤ 同书《诸夷传》记载吐谷浑向梁朝的进献:"天监……十五年,又遣使献赤舞龙驹及方物。其使或岁再三至,或再岁一至。其地与益州邻,常通商贾,民慕其利,多往从之,教其书记,为之辞译,稍桀黠矣。……大通三年,诏以为宁西将军、护羌校尉、西秦、河二州刺史。真死,子佛辅袭爵位,其世子又遣使献白龙驹于皇太子。"⑥吐谷浑青海骢马号称"龙种",所以又因毛色分别称为"赤舞龙驹"和"白龙驹"。梁刘孝威《和王竟陵爱妾换马》诗云:"骢马出楼兰,一步九盘桓。小史赎金络,良工送玉鞍。龙媒来甚易,乌孙去实难。骥胶妾犹有,请为急弦弹。"⑦庾肩吾也有《以妾换马》诗:"渥水出腾驹,湘川实应图。来从西北道,去逐东南隅。"⑧他们都说换

① 《梁书》卷54《诸夷传》,中华书局1973年版,第815—816页。
② 《宋书》卷96《鲜卑吐谷浑传》,中华书局1974年版,第2373页。
③ 《魏书》卷101《吐谷浑传》,中华书局1974年版,第2237页。
④ 《南齐书》卷59《河南传》,中华书局1972年版,第1026页。
⑤ 《梁书》卷3《武帝纪下》,中华书局1973年版,第84页。
⑥ 《梁书》卷54《诸夷传》,中华书局1973年版,第810—811页。
⑦ 逯钦立辑校:《先秦汉魏晋南北朝诗》,中华书局1983年版,第1872页。
⑧ 逯钦立辑校:《先秦汉魏晋南北朝诗》,中华书局1983年版,第1983页。

妾的马来自西北,应该是写实之笔,所谓骢马即青海骢。

吐谷浑还有一种名马称为紫骝马。《南史·羊侃传》记载:"帝因赐侃河南国紫骝,令试之。侃执稍上马,左右击刺,特尽其妙。"①河南国即吐谷浑,吐谷浑紫骝马传入南朝,在南朝陈朝曾被诗人反复吟咏,诗人陈暄、张正见、徐陵、江总、苏子卿、独孤嗣宗、李爽、陈后主等人皆有以《紫骝马》为题的诗传世。陈朝一下子出现这么多以《紫骝马》为题的诗,可能与吐谷浑贡献紫骝马有关。

东晋、南朝还得到东北亚高句丽政权的良马。《宋书·夷蛮传》记载:"高句骊王高琏,晋安帝义熙九年,遣长史高翼奉表献赭白马。……琏每岁遣使。十六年,太祖欲北讨,诏琏送马,琏献马八百匹。"②赭白马是毛色赤白相间的骏马。五胡十六国时前燕的创立者慕容廆有赭白马,③可能也来自高句丽之地,前燕地近朝鲜半岛。

三、战争获取

在古代战争中,骑兵越来越成为战争的主力,战争胜败造成大量战马、驮马的转移。魏晋南北朝时期的战争中,马是重要战利品之一。通过战争获得良马,史书上有许多记载。中原地区往往通过战争获取北方草原民族的良马。

三国时地处北方的曹魏面临着鲜卑游牧民族的侵扰,在对鲜卑的战争中获其良马。《三国志·田豫传》记载田豫击破鲜卑:"单将锐卒,深入虏庭,胡人众多,钞军前后,断截归路。豫乃进军,去虏十余里结屯营,多聚牛马粪燃之,从他道引去。胡见烟火不绝,以为尚在,去,行数十里乃知之。追豫到马城,围之十重。豫密严,使司马建旌旗,鸣鼓吹,将步骑从南门出,胡人皆属目往赴之。豫将精锐自北门出,鼓噪而起,两头俱发,出虏不意,虏众散乱,皆弃

---

① 《南史》卷63《羊侃传》,中华书局1975年版,第1544页。
② 《宋书》卷97《高句骊传》,中华书局1974年版,第2393页。
③ (宋)李昉等撰:《太平御览》(第9册)卷895,上海古籍出版社2008年版,第58页。

弓马步走,迫讨二十余里,僵尸蔽地。"①

　　五胡十六国诸政权也通过战争手段从周边民族那里获得良马。《晋书·石勒载记》记载:"使石季龙击托候部掘咄哪于岍北,大破之,俘获牛马二十余万。"②《晋书·慕容廆载记》记载:"段末波初统其国,而不修备,廆遣皝袭之,入令支,收其名马宝物而还。"吕光奉苻坚之命伐西域,获大量战马。《晋书·吕光载记》记载:"光既平龟兹,有留焉之志。……于是大飨文武,博议进止,众咸请还,光从之,以驼二万余头致外国珍宝及奇伎异戏、殊禽怪兽千有余品,骏马万余匹。"③据《十六国春秋》记载,吕光率大军攻克焉耆、龟兹后凯旋,其《封西域还上疏》云:"唯龟兹据三十六国之中,制彼王侯之命,入其国城,天骥龙麟,腰袅丹髦,万计盈厩,虽伯益再生,卫赐复出,不能辨也。"④夏国赫连勃勃曾强盛一时,与河西南凉、关中后秦间发生不少战争,从战争中获得良马。《晋书·赫连勃勃载记》记载:"勃勃初借号,求婚于秃发傉檀,傉檀弗许。勃勃怒,率骑二万伐之,自杨非至于支阳三百余里,杀伤万余人,驱掠二万七千口、牛马羊数十万而还。"⑤"勃勃与姚兴将张佛生战于青石原,又败之,俘斩五千七百人。兴遣将齐难率众二万来伐,勃勃退如河曲。难以去勃勃既远,纵兵掠野,勃勃潜军覆之,俘获七千余人,收其戎马兵杖。难引军而退,勃勃复追击于木城,拔之,擒难,俘其将士万有三千,戎马万匹"。⑥

　　北魏在与北方、西北方各游牧民族的战争中往往获得大量马匹。鲜卑人南下之后,北方草原兴起新的游牧民族柔然,柔然多良马。北魏与柔然进行了长期的军事斗争,从对柔然的战争中获得大量良马。《魏书·太祖纪》记载:"(天兴)五年春正月……戊子,材官将军和突破黜弗、素古延等诸部,获马三千余匹,牛羊七万余头。辛卯,蠕蠕祖仑遣骑救素古延等,和突逆击破之于山南河曲,获铠马二千余匹。……二月癸丑,征西大将军、常山王遵等至安定之

①　《三国志》卷 26《魏书·田豫传》,中华书局 1959 年版,第 727 页。
②　《晋书》卷 105《石勒载记下》,中华书局 1974 年版,第 2737 页。
③　《晋书》卷 122《吕光载记》,中华书局 1974 年版,第 3056 页。
④　(宋)李昉等撰:《太平御览》(第 9 册)卷 895,上海古籍出版社 2008 年版,第 60 页。
⑤　《晋书》卷 130《赫连勃勃载记》,中华书局 1974 年版,第 3203 页。
⑥　《晋书》卷 130《赫连勃勃载记》,中华书局 1974 年版,第 3204 页。

高平,木易于率数千骑与卫辰、屈丐弃国遁走,追至陇西瓦亭,不及而还。获其辎重库藏,马四万余匹。"①《魏书·太宗纪》记载:"(泰常)三年春正月丁酉朔,帝自长川诏护高车中郎将薛繁率高车丁零十二部大众北略,至弱水,降者二千余人,获牛马二万余头。"②《魏书·高宗纪》记载,兴光元年"冬十有一月,北镇将房杖击蠕蠕,虏其将豆浑与句等,获马千余匹"。③《魏书·蠕蠕传》记载:"皇兴四年,予成犯塞,车驾北讨。……虏众奔溃,逐北三十余里,斩首五万级,降者万余人,戎马器械不可称计。"④在北魏与柔然的长期军事斗争中互有胜负,北魏从这种战争中获取柔然良马不少。

高车是北朝人对漠北一部分游牧部落的泛称,魏晋南北朝时活跃于中国北部和西北部。北魏从对高车的战争中获得大量良马。《魏书·太祖纪》记载天兴二年"二月丁亥朔,诸军同会,破高车杂种三十余部,获七万余口,马三十余万匹,牛羊百四十余万。骠骑大将军、卫王仪督三万骑别从西北绝漠千余里,破其遗迸七部,获二万余口,马五万余匹,牛羊二十余万头"。⑤《魏书·高车传》记载:"每侵盗于国家,太祖亲袭之,大破其诸部。后太祖复度弱洛水,西行至鹿浑海,停驾简轻骑,西北行百余里,袭破之,虏获生口马牛羊二十余万。"⑥北魏征服高车的战争,让北魏在马的输入方面大获其利。《魏书·高车传》记载:"后世祖征蠕蠕,破之而还,至漠南,闻高车东部在已尼陂,人畜甚众,去官军千余里,将遣左仆射安原等讨之。司徒长孙翰、尚书令刘洁等谏,世祖不听,乃遣原等并发新附高车合万骑,至于已尼陂,高车诸部望军而降者数十万落,获马牛羊亦百余万,皆徙置漠南千里之地。乘高车,逐水草,畜牧蕃息,数年之后,渐知粒食,岁致献贡,由是国家马及牛羊遂至于贱,毡皮委积。"⑦北魏太祖道武帝拓跋珪和太武帝拓跋焘两次大规模地征讨高车,都获得大批牛马羊。而经太武帝征服之后,高车每年贡献的马及牛羊之多,造成北

---

① 《魏书》卷2《太祖纪》,中华书局1974年版,第39页。
② 《魏书》卷3《太宗纪》,中华书局1974年版,第58页。
③ 《魏书》卷5《高宗纪》,中华书局1974年版,第114页。
④ 《魏书》卷103《蠕蠕传》,中华书局1974年版,第2295页。
⑤ 《魏书》卷2《太祖纪》,中华书局1974年版,第34页。
⑥ 《魏书》卷103《高车传》,中华书局1974年版,第2308页。
⑦ 《魏书》卷103《高车传》,中华书局1974年版,第2309页。

魏这些牲畜的价格下降。

西域焉耆"畜有驼马""恃地多险,颇剽劫中国使"。①《魏书·西域传》记载,北魏太武帝命成周公万度归讨之,"获其珍奇异玩殊方谲诡不识之物,橐驼、马、牛杂畜巨万"。② 龟兹出"良马",万度归击破焉耆后,又率骑一千击龟兹,斩二百余级,"大获驼马而还"。③

北齐对东北地区奚族的战争,也获得良马。《北齐书·綦连猛传》记载:"乾明初,加车骑大将军。皇建元年,封石城郡开国伯,寻进爵为君。二年,除领左右大将军,从肃宗讨奚贼,大捷,获马二千匹,牛羊三万头。"④

在当时的战争中,良马不仅成为战利品,还是战争中交换的条件和表示休战结好的礼物。《宋书·杜骥传》记载:"耸夫,吴兴武康人。勇果有气力,宋世偏裨小将莫及。始随到彦之北伐,与虏遇,耸夫手斩托跋焘叔父英文特勤首,焘以马百匹赎之。"⑤《南齐书·张欣泰传》记载:"虏既为徐州军所挫,更欲于邵阳洲筑城。慧景虑为大患。欣泰曰:'虏所以筑城者,外示矜大,实惧我蹑其后耳。今若说之以彼此各愿罢兵,则其患自息。'慧景从之,遣欣泰至虏城下具述此意。及虏引退,而洲上余兵万人,求输五百匹马假道。"⑥西魏被梁军所败,"西魏相宇文黑泰致马二千匹,请结邻好"⑦。梁敬帝太平元年(556年),北齐攻梁,陈霸先与战,"大破之,虏萧轨、东方老等。齐人请割地并入马牛以赎之"⑧。天和二年(567年)北周将军韦冲随元定渡江伐陈,"为陈人所虏,周武帝以币赎还之。帝复令冲以马千匹使陈,赎开府贺拔华等五十人及元定之柩而还"⑨。在这种交换和交好中,北朝总是以马为交换订盟的条件。

周边拥有良马的民族归附中原政权,往往伴随着战马的输入,这种归附往

---

① 《魏书》卷102《西域传》,中华书局1974年版,第2265页。
② 《魏书》卷102《西域传》,中华书局1974年版,第2266页。
③ 《魏书》卷102《西域传》,中华书局1974年版,第2267页。
④ 《北齐书》卷41《綦连猛传》,中华书局1972年版,第541页。
⑤ 《宋书》卷65《杜骥传》,中华书局1974年版,第1722页。
⑥ 《南齐书》卷51《张欣泰传》,中华书局1972年版,第883页。
⑦ 《梁书》卷32《兰钦传》,中华书局1973年版,第466页。
⑧ 《陈书》卷14《陈昙朗传》,中华书局1972年版,第211页。
⑨ 《北史》卷64《韦冲传》,中华书局1974年版,第2274页。

往是战争征服的结果。汉末袁绍和曹操都先后征乌丸,增强了自己的骑兵。《三国志·乌丸鲜卑东夷传》记载:"袁绍兼河北,乃抚有三郡乌丸,宠其名王而收其精骑。"①同传又记载:"太祖(曹操)平河北,柔帅鲜卑、乌丸归附,遂因以柔为校尉,犹持汉使节,治广宁如旧。建安十一年,太祖自征蹋顿于柳城,潜军诡道,未至百余里,虏乃觉。尚与蹋顿将众逆战于凡城,兵马甚盛。太祖登高望虏陈,柳军未进,观其小动,乃击破其众,临陈斩蹋顿首,死者被野。速附丸、楼班、乌延等走辽东,辽东悉斩,传送其首。其余遗迸皆降。及幽州、并州柔所统乌丸万余落,悉徙其族居中国,帅从其侯王大人种众与征伐。由是三郡乌丸为天下名骑。"②西晋末年,凉州张轨军中有胡人胡骑。③ 所谓胡骑,包括胡人和胡马。这些胡骑应当是降附张轨的西北游牧民族。

在魏晋南北朝时期,北方政权通过战争从周边游牧民族那里获得良马,而南方政权则通过对北方的战争获得良马。东晋时通过战争获得北方诸政权的战马,康帝建元元年(343年),庾翼追击石赵军,"获马百匹"④。桓石虔击苻坚将王鉴,"获马五百匹"。又败苻坚荆州刺史都贵等,"俘获万人,马数百匹"。⑤ 前秦苻坚在淝水之战中败于东晋,大量战马为东晋所得。《晋书·谢玄传》记载:"获坚乘舆云母车,仪服、器械、军资、珍宝山积,牛马驴骡骆驼十万余。"⑥义熙六年(410年)刘裕灭南燕,"纳口万余,马二千匹"⑦。《宋书·索虏传》记载,元嘉二十七年(450年)"历城建武府司马申元吉率马步口余人向确磝,取泗渎口。虏确磝戍主、济州刺史王买德凭城拒战,元吉破之。买德弃城走,获奴婢一百四十口,马二百余匹"⑧。南齐周盘龙击北魏军,"杀伤数万人,获牛马辎重"⑨。梁天监五年韦叡攻北魏合肥守军,"俘获万余级,牛马

① 《三国志》卷30《魏书·乌丸鲜卑东夷传》,中华书局1959年版,第831页。
② 《三国志》卷30《魏书·乌丸鲜卑东夷传》,中华书局1959年版,第835页。
③ 《晋书》卷86《张轨传》,中华书局1974年版,第2225页。
④ 《晋书》卷73《庾翼传》,中华书局1974年版,第1935页。
⑤ 《晋书》卷74《桓石虔传》,中华书局1974年版,第1943、1944页。
⑥ 《晋书》卷79《谢玄传》,中华书局1974年版,第2082页。
⑦ 《魏书》卷97《岛夷刘裕传》,中华书局1974年版,第2131页。
⑧ 《宋书》卷95《索虏传》,中华书局1974年版,第2350页。
⑨ 《南齐书》卷29《周盘龙传》,中华书局1972年版,第544页。

万数"①。天监六年，梁军击败北魏，"收其军粮器械，积如山岳；牛马驴骡，不可胜计"②。战后仅从梁军士卒中就搜出私藏战马千匹之多。天监十年，梁将马仙琕破北魏军，"收其兵粮牛马器械，不可胜数"③。大通元年，梁将兰钦攻北魏笼城，"获马千余匹"④。陈庆之攻陷荥阳，"收荥阳储实，牛马谷帛不可胜计"⑤。陈文帝太建五年（573 年），陈将周炅大败北齐陆骞，"虏获器械马驴，不可胜数"⑥。光大元年（576 年），陈败北周及投靠后梁的华皎军，"俘获万余人，马四千余匹，送于京师"⑦。

四、余论

在魏晋南北朝这个动乱的时代，马为各割据政权孜孜以求而具有极重要的意义，一个政权的生存与发展很大程度上仰赖于骑兵的作战能力。故当时有云："马，国之武用。"⑧在古人观念中，马又是祥瑞。《艺文类聚·祥瑞部》就记载了玉马、腾黄、乘黄、飞兔、龙马等被视为祥兆的马⑨，其中龙马便与吐谷浑良马名称相合，可以想见当中原和南朝政权得此龙马时其心理上的满足和自豪。马通过各种方式互相传播和转移，这种转移主要有互市、赐赠、贡献、战争等方式，其中通过互市与战争的手段造成良马的迁转流动数量巨大，而赐赠的数量相对有限。正如黎虎先生所指出的："这种礼仪性的馈赠，只具有象征性意义，其数量是微不足道的。"⑩但不管什么方式，总的趋向是造成了域外和周边良马向中原地区的汇聚和向南方的转移。

---

① 《梁书》卷 12《韦叡传》，中华书局 1973 年版，第 222 页。
② 《梁书》卷 9《曹景宗传》，中华书局 1973 年版，第 180—181 页。
③ 《梁书》卷 17《马仙琕传》，中华书局 1973 年版，第 280 页。
④ 《梁书》卷 32《兰钦传》，中华书局 1973 年版，第 466 页。
⑤ 《梁书》卷 32《陈庆之传》，中华书局 1973 年版，第 462 页。
⑥ 《陈书》卷 13《周炅传》，中华书局 1972 年版，第 204 页。
⑦ 《陈书》卷 20《华皎传》，中华书局 1972 年版，第 273 页。
⑧ （晋）干宝撰：《搜神记》卷 6，中华书局 1979 年版，第 80 页。
⑨ （唐）欧阳询撰：《艺文类聚》卷 99，上海古籍出版社 1965 年版，第 1714 页。
⑩ 黎虎：《六朝时期江左政权的马匹来源》，《中国史研究》1991 年第 1 期。

魏晋南北朝时期获得周边和域外民族的马,可以分为名马和良马两类,良马或称骏马。《北齐书·王紘传》记载:"紘少好弓马,善骑射,颇爱文学。……年十五,随父在北豫州,行台侯景与人论掩衣法为当左为当右。尚书敬显俊曰:'孔子云:"微管仲,吾其被发左衽矣"以此言之,右衽为是。'紘进曰:'国家龙飞朔野,雄步中原,五帝异仪,三王殊制,掩衣左右,何足是非。'景奇其早慧,赐以名马。兴和中,世宗召为库直,除奉朝请。世宗暴崩,紘冒刃捍御,以忠节赐爵平春县男,赍帛七百段、绫锦五十匹、钱三万并金带骏马,仍除晋阳令。"①这一段中提到名马,又提到骏马,说明在人们观念中这两者是有区别的。互市交易和战利品大多为良马,因为这种马是大批量的输入,一般的劣马在交易中不能成交,而战马往往都是优良的骏马,所以《木兰诗》中就说"东市买骏马"。贡献礼赠和个人远途购取的马往往为名马,诸如大宛汗血马、波斯追风赤骥、吐谷浑青海骢、紫骝马、焉耆海马龙驹、蜀马、高句丽果下马等。当然战争中有时也得到对方的名马,使如前秦吕光供龟兹、北魏时万度归征西域,所获焉耆和龟兹的名马。

从这一时期马的流动可以看出,北方政权便于获得东北、北方和西北地区以及西域良马,南方始终在良马的拥有方面处于劣势,立国南方的政权"舟楫虽盛,寡于良驷"②,总是从周边输入良马,而西北和北方地区一直是其良马的主要来源,这成为人们的共识。"龙门、碣石北多马"③,自古而然。"秦西冀北,实多骏骥"④,而并州则"是劲弓良马勇士精锐之所出也"⑤。西域不仅是良马之渊薮,骑兵的装备也非常优良。吕光率军至西域,所见"胡便弓马,善矛槊,铠如连锁,射不可入,以革索为羂,策马掷人,多有中者。众甚惮之"⑥。在这种情况下,北方骑兵的数量和规模之大常见于史书记载,北魏时河西牧地"马至二百万匹","河阳常畜戎马十万匹"⑦。对这种优劣形势的对比,当时

① 《北齐书》卷25《王紘传》,中华书局1972年版,第365页。
② 《宋书》卷95《索虏传》,中华书局1974年版,第2350页。
③ 《史记》卷129《货殖列传》,中华书局1982年版,第3254页。
④ 《南齐书》卷47《王融传》,中华书局1972年版,第822页。
⑤ 《晋书》卷62《刘琨传》,中华书局1974年版,第1681页。
⑥ 《晋书》卷122《吕光载记》,中华书局1974年版,第3055页。
⑦ (元)马端临撰:《文献通考》卷159,中华书局1986年版,第1386页。

的人有明确认识,《宋书·周朗传》记载:"时普责百官谠言",周朗上书分析南北方军事上强弱形势,云:"且夫战守之法,当恃人之不敢攻。顷年兵之所以败,皆反此也。今人知不以羊追狼,蟹捕鼠,而令重车弱卒,与肥马悍胡相逐,其不能济固宜矣。汉之中年能事胡者,以马多也。胡之后服汉者,亦以马少也。既兵不可去,车骑应蓄。今宜募天下使养马一匹者,蠲一人役;三匹者,除一人为吏。自此以进,阶赏有差,边亭徼驿,一无发动。"①周朗总结自汉以来对北方民族战争的经验,认为南朝军事上不及北朝,一个重要原因是马少,因此建议养马备战。在军事上不占优势的情况下,暂缓军事上的进攻。南齐时孔稚珪《上和虏表》论对付北方游牧民族的策略,云:"匈奴为患,自古而然,虽三代智勇,两汉权奇,筹略之要,二途而已。一则铁马风驰,奋威沙漠;二则轻车出使,通驿虏廷。……近至元嘉,多年无事,末路不量,复挑强敌,遂乃连城覆徙,虏马饮江。"②他认为战胜北方强敌的重要手段之一是发展骑兵,进行军事上的征服。拥有大量战马是北朝军事上占据优势,南北朝最终统一于北方的原因之一。

(本文原载《西域研究》2014 年第 1 期)

---

① 《宋书》卷 82《周朗传》,中华书局 1974 年版,第 2096 页。
② 《南齐书》卷 48《孔稚珪传》,中华书局 1972 年版,第 838 页。

外来器物的输入与中古社会

魏晋南北朝时更多外来器物传入,这是中外交流和胡汉交融在社会生活中的重要反映。有关古代外来器物的研究成果已经相当丰富,尤其是考古学界对于中国境内发现的外来器物多所考证。但过去研究者多关注这些器物的原产地、质地、器型、纹饰图案和传播路径等的考证,见仁见智,对外来器物对中古社会的影响较少深入系统的探讨。关于外来器物传入的途径更多关注丝绸之路沿线考古发现,而忽略古代文献中的丰富记载。研究社会生活史的著作对于外来器物对中古社会的影响关注也不够,我们拟把外来器物与中古社会生活联系起来,揭示外来文明对中古社会生活的影响。

一、魏晋南北朝时期的外来器物

这些外来器物在某种程度上反映了魏晋南北朝时期文化交流的盛况。这一时期通过丝绸之路和中外交流获得大量外来器物,其中影响最大的是胡床、玻璃器和金银器,另外还有不少其他珍贵奇异的器物。

胡床起源于埃及文明,东汉时已经传入中国。山东长清孝堂山石祠画像石上有胡床图像,孝堂山石祠是东汉章帝、和帝时的建筑物。汉末灵帝"好胡床"引领了京师洛阳的胡化风气。魏晋南北朝时胡床在社会上普遍流行。胡床之所以流行,因其轻便灵活,垂坐舒适;又可开可合,携带方便,可佩带马鞍,可挂于车辕,可挂于墙壁或廊柱。朱大渭先生详考汉魏南北朝时社会上风行胡床的情况,发现胡床的使用人群和使用范围非常普遍,从使用胡床的人群来看:"有皇帝、权臣、官僚、将帅、讲学者、反叛者、行劫者、村妇等,其中包括汉人和少数民族在内;从胡床的使用范围来说,指挥战争,观察敌情,皇帝宫室,官府公堂,舟车行旅携带备用,庭院休息,接客,狩猎,竞射,聚会,讲学,吹笛,弹琴,行劫等等,都有使用胡床的。胡床使用的地域,几乎遍布南北各地,可见胡床为人们进行各种活动的常用坐具。"①

玻璃在中国古代早期文献中写作"颇黎""颇梨",为梵语音。在佛典中玻璃是"七宝"之一,"颇黎"一词伴随佛经翻译传入中土。古代印度和中国不明其制成原理,视其为天然的玉石水晶,又常与琉璃相混。② 世界最早的玻璃制造者为古埃及人,在4000年前的埃及和两河流域遗址有小玻璃珠的出土,后传入波斯、罗马。外来玻璃器汉代时已传入中国,因为数量较少而极其珍贵。玻璃器有的来自西域。潘尼《琉璃碗赋》:"览方贡之彼珍,玮兹碗之独奇。济流沙之绝险,越葱岭之峻危。其由来也阻远,其所托也幽深。"③中古时的西方玻璃器主要是从波斯萨珊王朝输入。《周书·异域传》《北史·西域传》中都说波斯出"颇黎"④,或"颇梨"⑤。《梁书·诸夷传》:"于阗国,西域之属也。……天监九年,遣使献方物。……十八年,又献琉璃罂。"⑥于阗所献玻璃器并非本地所产,来自更远的西方。南朝刘敬叔《异苑》曰:"月支国有佛发,盛以琉璃罂。"⑦罂本来是陶制容器,当相同功能且形状相似的玻璃器传入,便被称为"琉璃罂"。玻璃器皿也通过海上丝路传入。三国时交阯太守士燮"每遣使诣(孙)权,致杂香细葛,辄以千数,明珠、大贝、流离、翡翠、玳瑁、犀、象之珍……无岁不至"⑧。薛综上疏孙权言日南郡"县官羁縻,示令威服……贵致远珍名珠、香药、象牙、犀角、玳瑁、珊瑚、琉璃、鹦鹉、翡翠、孔雀、奇物、充备宝玩"⑨。其中的"琉璃"即玻璃器。晋刘欣期《交州杂事》云:"太康四年,刺史

---

① 朱大渭:《中古汉人由跪坐到垂脚高坐》,《中国史研究》1994年第4期。
② (晋)葛洪撰,王明校释:《抱朴子内篇校释》卷2,中华书局1980年版,第21页。
③ (唐)欧阳询撰:《艺文类聚》卷73,上海古籍出版社1982年版,第1262页。
④ 《周书》卷50《异域传》,中华书局1971年版,第920页。
⑤ 《北史》卷97《西域传》,中华书局1974年版,第3222页。
⑥ 《梁书》卷54《诸夷传》,中华书局1973年版,第814页。
⑦ (宋)李昉等撰:《太平御览》(第7册)卷758,上海古籍出版社2008年版,第696页。
⑧ 《三国志》卷49《吴书·士燮传》,中华书局1959年版,第1192、1193页。
⑨ 《三国志》卷53《吴书·薛综传》,中华书局1959年版,第1252页。

陶璜表送林邑王范熊所献缥绀、水精盘各一枚。"①又曰:"太康四年,刺史陶璜表送林邑王范熊所献青白石盌一口、白水精盌二口。"②中国古代文献中往往水晶、玻璃、琉璃不分,这里的水精盘、水精碗乃玻璃器。成书于东晋安帝义熙年间之后的《林邑记》一书记载:"林邑王范明达献琉璃苏钲二口。"(苏钲,音立,吕静云:"胡食器也。")③《梁书·诸夷传》记载婆利国"普通三年,其王频伽复遣使珠贝智贡白鹦鹉、青虫、兜鍪、琉璃器、吉贝、螺杯、杂香、药等数十种"④。《南齐书·东南夷传》记载永明二年(484 年)扶南王遣天竺道人释那迦仙上表,"献金镂龙王坐像一躯、白檀像一躯、牙塔二躯、古贝二双、琉璃苏钲二口、琕瑁槟榔柈一枚"⑤。《梁书·诸夷传》记载丹丹国"大同元年,复遣使献金、银、琉璃、杂宝、香、药等物"⑥。中天竺国"天监初,其王屈多遣长史竺罗达奉表……奉献琉璃唾壶、杂香、吉贝等物"⑦。说明玻璃器从东南亚、南亚国家经海路输入,但这种玻璃器也是来自更远的西方,东南亚和南亚都是其中转之地。东罗马和波斯萨珊王朝是其主要来源。

　　广义的金银器包括金银饰品、金币和金银器皿,本文专论金银器皿。考古发现最早的黄金制品出现在公元前 5000 年的埃及,最早的银器出现在公元前4000 年左右的两河流域,其后希腊、罗马、波斯等地都广泛使用金银器皿。中国金银器皿出现较晚,汉代以后逐渐盛行。金银器皿战国时虽有制造,仅见于楚地。湖北随县战国早期大墓出土了金制杯、勺、盏、器盖等⑧,故宫博物院收藏有传世的楚国银匜⑨,长沙附近出土楚怀王二十九年题铭的银器⑩。至迟战国秦汉时已有外来金银器皿传入,如广州南越王墓主棺室出土的波斯银盒,"与中国的汉代及其以前的金属器皿的风格迥异,但在西亚波斯帝国时代的

① (宋)李昉等撰:《太平御览》(第 7 册)卷 758,上海古籍出版社 2008 年版,第 699 页。
② (宋)李昉等撰:《太平御览》(第 7 册)卷 760,上海古籍出版社 2008 年版,第 710 页。
③ (宋)李昉等撰:《太平御览》(第 7 册)卷 760,上海古籍出版社 2008 年版,第 711 页。
④ 《梁书》卷 54《诸夷传》,中华书局 1973 年版,第 797 页。
⑤ 《南齐书》卷 58《东南夷传》,中华书局 1972 年版,第 1016 页。
⑥ 《梁书》卷 54《诸夷传》,中华书局 1973 年版,第 794 页。
⑦ 《梁书》卷 54《诸夷传》,中华书局 1973 年版,第 799 页。
⑧ 随县擂鼓墩一号墓考古发掘队:《湖北随县曾侯乙墓发掘简报》,《文物》1979 年第 7 期。
⑨ 郑珉中:《朱碧山龙槎记》,《故宫博物院院刊》1960 年总第 2 期。
⑩ 李学勤:《战国题铭概述(下)》,《文物》1959 年第 9 期。

金、银器中却不难找到与之相类似的标本"①,因此被认为可能是海外的舶来品。山东临淄大武窝托村西汉齐王刘襄墓 1 号陪葬坑出土裂瓣纹银盒,与南越王墓出土银盒属同一类型,埋葬的年代为公元前 179 年。刘襄墓还出土鎏金花纹银盘一枚。山东青州西辛村战国齐王墓出土两件裂瓣纹银盒,也与南越王墓银盒属同一类型。汉代已有来自外乡的胡商在中国经商,他们带来了家乡当地的金银器。汉末诗人辛延年《羽林郎》诗写酒家胡:"金盘脍鲤鱼。"②这家胡人开设的酒肆里使用的金盘应是其故乡的产品。

魏晋南北朝时期更多的金银器传入。东南亚、南亚各国盛产金银,并以金银为器,这一时期的金银和金银器有的经海上丝路由东南亚、南亚国家传入中国。朝廷从外夷入贡中获得金银器。西晋时林邑国"上疏贡金盘、椀及金钲等物"。扶南国"食器多以银为之,贡赋以金银珠香。……武帝泰始初,遣使贡献。太康中,又频来"。③刘宋"大明二年,林邑王范神成又遣长史范流奉表献金银器及香布诸物"④。《义熙起居注》:"诏林邑王范明达献金盌一副,盖百副。"⑤萧梁时丹丹国"大同元年,复遣使献金银、琉璃、杂宝、香药等物"⑥。干陁利国"宋孝武世,王释婆罗那怜陁遣长史竺留陁献金银宝器"⑦。婆利国日常用具中多金银器,梁天监十六年遣使奉表:"山海阻远,无缘自达,今故遣使献金席等表此丹诚。"⑧《交州杂事》:"太康四年,刺史陶璜表林邑王范熊所献银钵一口、白水精钵一口。"⑨从东南亚输入的金银器有时通过贸易获得。梁荆州刺史庐陵威王萧续"素贪婪,临终,有启遣中录事参军谢宣融献金银器千余件"⑩。萧续任荆州刺史,荆州是南朝与西域交通的要道,西域各地使节胡商往来此地,萧续的金银器既然不是朝廷赏赐,应当是从贸易获得,或得自

① 广州市文物管理委员会等编著:《西汉南越王墓》,文物出版社 1991 年版,第 210 页。
② (南朝陈)徐陵编,吴兆宜注:《玉台新咏笺注》卷 1,中华书局 1985 年版,第 25 页。
③ 《晋书》卷 97《四夷传》,中华书局 1974 年版,第 2547 页。
④ 《宋书》卷 97《夷蛮传》,中华书局 1974 年版,第 2379 页。
⑤ (宋)李昉等撰:《太平御览》(第 7 册)卷 760,上海古籍出版社 2008 年版,第 710 页。
⑥ 《梁书》卷 54《诸夷传》,中华书局 1973 年版,第 794 页。
⑦ 《梁书》卷 54《诸夷传》,中华书局 1973 年版,第 794 页。
⑧ 《梁书》卷 54《诸夷传》,中华书局 1973 年版,第 796、797 页。
⑨ (宋)李昉等撰:《太平御览》(第 7 册)卷 758,上海古籍出版社 2008 年版,第 699 页。
⑩ (宋)司马光等撰:《资治通鉴》卷 160,中华书局 1956 年版,第 4947 页。

胡商的贿赂。1984 年,广东湛江遂溪县邹姓村民建房时挖出一个带盖的陶罐,盛有金银器。最珍贵的一件是十二瓣状银碗。银碗呈圆形,口沿刻有阿拉美铭文。这种文字在粟特和花剌子模地区使用。窖藏文物中还有 20 枚波斯萨珊王朝的银币,还有金银镯、金指环等。这是南朝时期的舶来品,关于其来历有三种推测:一是当地人劫掠商船所得;二是当地酋长或豪强与波斯商人交换获得;三是当地商人从波斯人手里获得并收藏起来。这些虽属推断,但此地有经海上丝路与异域存在商业联系是可以肯定的。①

金银器也经西北陆上丝路传入,主要来自入贡和贸易。《西域记》记载:"疏勒王致魏文帝金水瓶瓯。"②《前凉录》记载:"张轨时,西胡致金胡缾(瓶),皆拂菻作,奇状,并人高,二枚。"③拂菻即东罗马,罗马金瓶通过"西胡"之手输入地处丝绸之路要道的前凉政权。《宋书·鲜卑吐谷浑传》记载吐谷浑曾向刘宋遣使"献乌丸帽、女国金酒器、胡王金钏等物"④。吐谷浑之"金酒器"来自女国,而女国之金酒器可能来自更远的西域地区。北朝从西北民族和西域地区获得金银器。北魏时河间王元琛为秦州刺史,"遣使向西域求名马,远至波斯国,……琛常会宗室,陈诸宝器,金瓶银瓮百余口,瓯檠盘盒称是。自余酒器有水晶钵、玛瑙(杯)、琉璃碗、赤玉巵数十枚,作工奇妙,中土所无,皆从西域而来"⑤。在汉文文献中波斯金杯音译为"叵罗"或"颇罗"。《北齐书·祖珽传》记载:"神武宴僚属,于坐失金叵罗,窦泰令饮酒者皆脱帽,于珽髻上得之。"⑥罗马以珠宝众多而闻名于世,包括金银珠玉。江淹《遂古篇》:"人迹所极,至大秦兮;珊瑚明珠,铜金银兮;琉璃马脑,来杂陈兮。"⑦《晋书·四夷传》:"大秦国……多出金玉宝物、明珠、大贝,有夜光璧、骇鸡犀及火浣布……武帝太康中,其王遣使贡献。"⑧在大秦人的贡献中当有"金玉宝物"。1997 年,新疆昭

---

① 梁二平:《东去西来,遂溪的波斯金碗银钱》,《丝绸之路》2017 年第 7 期。
② (宋)李昉等撰:《太平御览》(第 7 册)卷 758,上海古籍出版社 2008 年版,第 697 页。
③ (宋)李昉等撰:《太平御览》(第 7 册)卷 758,上海古籍出版社 2008 年版,第 3365 页。
④ 《宋书》卷 96《鲜卑吐谷浑传》,中华书局 1974 年版,第 2372 页。
⑤ (北魏)杨衒之撰,范祥雍校注:《洛阳伽蓝记校注》,上海古籍出版社 1982 年版,第 207 页。
⑥ 《北齐书》卷 39《祖珽传》,中华书局 1972 年版,第 514 页。
⑦ (唐)道宣撰:《广弘明集》卷 3,见《中华大藏经》第 62 册,中华书局 1993 年版,第 962 页。
⑧ 《晋书》卷 97《四夷传》,中华书局 1974 年版,第 2544、2545 页。

苏县波马农场发现一座古墓,出土一批金银器,有金杯、金罐、金戒指、金面具、单耳银瓶等。其年代大致在3至7世纪间,为欧亚草原民族遗物。金银器出于西方,其葬俗近于西亚,而金银器型及纹饰又带有希腊罗马文化的痕迹。①

除了胡床、玻璃器和金银器外,魏晋南北朝时还获得其他各种珍奇器物。有的属饮食器,如玳瑁碗。潘尼《瑇瑁碗赋》云:"有瑇瑁之奇宝,……尔乃遐夷效珍,越裳贡职,横海万里,逾岭千亿。挺璞荒蛮,摘藻辰极。"②又如螺杯。《晋太康起居注》:"齐王出蕃,诏赐螺杯盘各有差。"③《陶侃故事》:"侃上杂物疏,有螺杯一枚。"④宋孝武帝曾赠送北魏太武帝"螺杯杂物"⑤。这种螺杯来自东南亚。《梁书·诸夷传》记载:"婆利国,在广州东南海中洲上……普通三年,其王频伽复遣使珠贝智贡白鹦鹉、青虫、兜鍪、琉璃器、吉贝、螺杯、杂香、药等数十种。"⑥又如车渠盌,崔豹《古今注》记载:"魏帝以车渠石为酒盌。"⑦《凉州异物志》曰:"方外珍球、车渠、玛瑙,器无常形,为时之宝(随其大小以作盂椀杯盘也),视之目眩,希世之巧,罗刹所作,非人所作。"⑧有的属日常用具,南朝梁陶弘景《授陆敬游十赉文》云:"赉尔鍮石罐,手巾为副,可以登斋朝拜,出入盥漱。"⑨释慧远《澡罐铭序》:"得靡罗鍮石澡罐一枚,故以此铭答之。"⑩澡罐乃盛盥漱用水的器皿,来自中亚。《西域诸国志》云:"月氏国有佛澡灌,受二升许,青石名罗勒。"⑪鸠摩罗什《答慧远书》:"今往常所用鍮石双口澡罐,可备法物之数也。"⑫被称为大秦鲸鱼灯的罗马灯具传入中国。西晋殷巨

①　安英新(伊犁州文管所):《新疆伊犁昭苏县古墓葬出土金银器等珍贵文物》,《文物》1999年第9期;《伊犁出土的金银器》,《东南文化》2000年第4期。王炳华:《新疆波马金银器》,见《西域考古历史论集》,中国人民大学出版社2008年版,第679—694页。
②　(唐)欧阳询撰:《艺文类聚》卷84,上海古籍出版社1982年版,第1443页。
③　(宋)李昉等撰:《太平御览》(第7册)卷759,上海古籍出版社2008年版,第703页。
④　(宋)李昉等撰:《太平御览》(第7册)卷759,上海古籍出版社2008年版,第707页。
⑤　《宋书》卷46《张畅传》,中华书局1974年版,第1398页。
⑥　《梁书》卷54《诸夷传》,中华书局1973年版,第797页。
⑦　(宋)李昉等撰:《太平御览》(第7册)卷760,上海古籍出版社2008年版,第710页。
⑧　(宋)李昉等撰:《太平御览》(第7册)卷756,上海古籍出版社2008年版,第682页。
⑨　(清)严可均校辑:《全上古三代秦汉三国六朝文》,中华书局1958年版,第3214页。
⑩　(唐)虞世南撰:《北堂书钞》(2)卷135,学苑出版社1998年版,第386页。
⑪　(唐)虞世南撰:《北堂书钞》(2)卷135,学苑出版社1998年版,第386页。
⑫　(南朝梁)释慧皎撰:《高僧传》卷6《释慧远传》,中华书局1992年版,第217页。

《鲸鱼灯赋》进行了生动的描写:"横海之鱼,厥号惟鲸。普彼鳞族,莫之与京。大秦美焉,乃观乃详,写载其形,托于金灯,隆脊矜尾,鬐甲舒张。垂首挽视,蟠于华房。"①

中原政权也从西北割据政权或周边民族获得器物。《梁书·诸夷传》记载于阗在天监十三年(514年)"献波罗婆步鄣"②。步障是用来遮蔽风尘或视线的屏幕,从其名称看似是南亚产品。高昌"大同中,子坚遣使献鸣盐枕、蒲陶、良马、氍毹等物"③。《晋书·吕光载记》记载胡安据盗发张骏墓"得真珠簾、琉璃榼、白玉樽、赤玉箫、紫玉笛、珊瑚鞭、马脑钟,水陆奇珍不可胜纪"④。《北齐书·元韶传》记载:"齐神武帝以孝武后配之,魏室奇宝多随后入韶家,有二玉钵相盛,可转而不可出;玛瑙榼容三升,玉缝之。皆称西域鬼作也。"⑤榼乃古代盛酒器,原为木制或陶制,琉璃榼、玛瑙榼则是外来器物。又有琥珀盂瓶,《凉州异物志》曰:"琥珀作盂瓶。"⑥这些来自边疆民族政权的器物有的是其本地所产,有的则是从异域传入,通过边疆民族政权又传入内地。

二、中古时外来器物的使用

从史书记载来看,"据胡床"已然为中古社会日常生活内容。曹操与马超交战,"将过河,前队适渡,超等奄至,公犹坐胡床不起"⑦。三国时"裴潜为兖州刺史,常作一胡床,及去官,留以挂柱"⑧。魏文帝曹丕行猎失鹿,"踞胡床拔刀,悉收都吏将斩之"⑨。西晋时年轻的戴渊在江淮间攻掠商旅,"据胡床,指

① (唐)欧阳询撰:《艺文类聚》卷80,上海古籍出版社1982年版,第1369页。
② 《梁书》卷54《诸夷传》,中华书局1973年版,第814页。
③ 《梁书》卷54《诸夷传》,中华书局1973年版,第812页。
④ 《晋书》卷122《吕光载记》,中华书局1974年版,第3067页。
⑤ 《北齐书》卷28《元韶传》,中华书局1972年版,第388页。
⑥ (宋)李昉等撰:《太平御览》(第7册)卷760,上海古籍出版社2008年版,第711页。
⑦ 《三国志》卷1《魏书·武帝纪》,裴注引《曹瞒传》,中华书局1959年版,第35页。
⑧ 《三国志》卷23《魏书·裴潜传》,裴注引《魏略》,中华书局1959年版,第673页。
⑨ 《三国志》卷16《魏书·苏则传》,中华书局1959年版,第493页。

麾左右,皆得其宜"①。王君夫与王武子比射获胜,"却据胡床,叱左右速探牛心来"②。东晋谢尚"着紫罗襦,据胡床,在大市佛图门楼上弹琵琶"③。晋军追叛将张健,张健部下韩晃"独出,带两步靫箭,却据胡床,弯弓射之,伤杀甚众"④。王导之子王恬简傲,遇客不礼,"据胡床,在中庭晒头"⑤。大臣庾亮"据胡床与浩等谈咏竟坐"⑥。名将桓尹善吹笛,"踞胡床,为作三调"⑦。十六国时前秦王猛,少贫贱,鬻畚为事,入山取钱,"见一公据胡床"⑧。前凉时谢艾"下车踞胡床,指挥处分"⑨。南凉秃发辱檀与后凉吕纂交战,"下马据胡床而坐,士众心乃始安"⑩。南朝刘宋时南涧寺僧释道冏中夜受邀乘车出京,"见一人在路坐胡床"⑪。刘宋末年沈攸之反叛,"乘轻舸从数百人,先大军下住白螺洲,坐胡床以望其军"⑫。南齐张景真受到齐武帝宠幸,"所赐什物,皆御所服用","白服乘画舴艋,坐胡床,观者咸疑是太子"。⑬ 颜延之心服张镜,张镜兄弟与友人交谈,延之"取胡床坐听"⑭。儒者刘𤩽出游,有小童子持胡床随行。⑮ 南齐末年萧衍率军攻建康,部将杨公则"登楼望战,城中遥见麾盖,纵神锋弩射之,矢贯胡床,左右皆失色"⑯。南朝梁将韦放与北魏军作战,"免胄下马,据胡床处分"⑰。王僧辩平陆纳,面对敌人的反攻,"据胡床,不为之动"⑱。

---

① (南朝宋)刘义庆撰,李天华校:《世说新语新校》,岳麓书社 2004 年版,第 36 页。
② (南朝宋)刘义庆撰,李天华校:《世说新语新校》,岳麓书社 2004 年版,第 499 页。
③ (唐)欧阳询撰:《艺文类聚》卷 70,上海古籍出版社 1982 年版,第 1221 页。
④ 《晋书》卷 100《苏峻传》,中华书局 1974 年版,第 2631 页。
⑤ (南朝宋)刘义庆撰,李天华校:《世说新语新校》,岳麓书社 2004 年版,第 435 页。
⑥ 《晋书》卷 73《庾亮传》,中华书局 1974 年版,第 1924 页。
⑦ (南朝宋)刘义庆撰,李天华校:《世说新语新校》,岳麓书社 2004 年版,第 427 页。
⑧ (唐)欧阳询撰:《艺文类聚》卷 70,上海古籍出版社 1982 年版,第 1221 页。
⑨ 《晋书》卷 86《张重华传》,中华书局 1974 年版,第 2242 页。
⑩ 《晋书》卷 126《秃发利鹿孤载记》,中华书局 1974 年版,第 3144 页。
⑪ (南朝梁)释慧皎撰:《高僧传》卷 12,中华书局 1992 年版,第 462 页。
⑫ 《南齐书》卷 24《柳世隆传》,中华书局 1972 年版,第 446 页。
⑬ 《南齐书》卷 31《荀伯玉传》,中华书局 1972 年版,第 573 页。
⑭ 《南齐书》卷 32《张岱传》,中华书局 1972 年版,第 580 页。
⑮ 《南齐书》卷 39《刘𤩽传》,中华书局 1972 年版,第 679 页。
⑯ 《梁书》卷 10《杨公则传》,中华书局 1973 年版,第 196 页。
⑰ 《梁书》卷 28《韦放传》,中华书局 1973 年版,第 423 页。
⑱ 《梁书》卷 45《王僧辩传》,中华书局 1973 年版,第 630 页。

侯景"床上常设胡床及筌蹄,著靴垂脚坐"①。北魏末年尔朱敞被高欢追杀,"遂入一村,见长孙氏媪踞胡床而坐"②。东魏孝静帝与大臣议事发怒,"据胡床,拔剑作色"③。北齐武成皇后胡氏"自武成崩后,数出诣佛寺,又与沙门昙献通,布金钱于席下,又挂宝装胡床于献屋壁,武成平生所御也"④。

　　再看玻璃器的使用。外来贡物本为皇家所有,玻璃器的使用首先在宫廷范围内。朝廷往往将之赏赐达官贵人或功劳卓著者。晋元帝《诏答诸葛恢》云:"今致琉璃碗一枚。"⑤又云:"今致琉璃枕一。"⑥元帝赐诸葛恢玻璃器物当是经海路传入中国南方沿海地区的产品。刘滔母《与从祖虞光禄书》曰:"赐琉璃盌。"⑦达官贵人之家以玻璃器招待客人,能够显示其身份、地位和豪富荣耀。《晋书·崔洪传》记载:"汝南王亮常宴公卿,以琉璃钟行酒。"⑧被崔洪视为奢侈违礼。上引潘尼《琉璃碗赋》中的玻璃碗来自西域的入贡,但他所咏却是在同事之家。晋人张隐《文士传》中记载这篇赋的写作缘起:"潘尼与同僚饮,主人有玻璃碗,使客赋之,尼与坐立成。"⑨可见潘尼的同僚是从朝廷的赏赐中获得外来入贡的玻璃器。《世说新语·排调篇》记载:"王公(王导)与朝士共饮酒,举琉璃碗谓伯仁曰:'此碗腹殊空,谓之宝器何邪?'"⑩同书《纰漏篇》云:"王敦初尚主,如厕,见漆箱盛干枣,本以塞鼻,王谓厕上亦下果,食遂至尽。既还,婢擎金澡盘盛水,琉璃盌盛澡豆,因倒著水中而饮之,谓是干饭。群婢莫不掩口而笑之。"⑪王敦因成为驸马而接触到皇室生活,生活器具中有玻璃器。《世说新语·汰侈》记载:"武帝尝降王武子家,武子供馔并用琉璃

---

① 《南史》卷 80《侯景传》,中华书局 1975 年版,第 2015 页。
② 《隋书》卷 55《尔朱敞传》,中华书局 1973 年版,第 1375 页。
③ 《北史》卷 2《神武帝纪下》,中华书局 1974 年版,第 14 页。
④ 《北史》卷 14《后妃传下·武成皇后胡氏》,中华书局 1974 年版,第 522 页。
⑤ (宋)李昉等撰:《太平御览》(第 7 册)卷 760,上海古籍出版社 2008 年版,第 710 页。
⑥ (宋)李昉等撰:《太平御览》(第 8 册)卷 808,上海古籍出版社 2008 年版,第 220 页。
⑦ (宋)李昉等撰:《太平御览》(第 7 册)卷 760,上海古籍出版社 2008 年版,第 710 页。
⑧ 《晋书》卷 45《崔洪传》,中华书局 1974 年版,第 1288 页。
⑨ (宋)李昉等撰:《太平御览》(第 7 册)卷 760,上海古籍出版社 2008 年版,第 710 页。
⑩ (南朝宋)刘义庆撰,李天华校:《世说新语新校》,岳麓书社 2004 年版,第 444 页。
⑪ (南朝宋)刘义庆撰,李天华校:《世说新语新校》,岳麓书社 2004 年版,第 516 页。

器。"①可知王武子家中玻璃器之多。王济字武子,晋武帝司马炎的女婿,娶常山公主。王武子极度豪奢,使用琉璃器是其豪奢生活的重要内容。他的玻璃器可能来自晋武帝嫁女的陪嫁和平日的赏赐。朝廷还以外来琉璃盌赐使臣,《晋咸康起居注》记载:"诏赐辽东段遼等琉璃盌。"②因此西方玻璃器还通过中国传入东北亚地区。在南北朝分裂对峙时期,北朝的贵族们更有条件与西域进行交通,在对外贸易中获得外来珍品。《南齐书·魏虏传》写北魏统治者"坐设氍毹褥,前施金香炉、琉璃钵、金椀、盛杂食器。设客长盘一尺,御馔圆盘广一丈"③。《洛阳伽蓝记》记载北魏时上层贵族的豪奢生活,河间王元琛最为豪首,"常会宗室,陈诸宝器,金瓶银瓮百余口,瓯檠盘盒称是。自余酒器,有水晶钵、玛瑙琉璃碗、赤玉厄数十枚,作工奇妙,中土所无,皆从西域而来"④。元琛之所以有这么多西域奇器,因为他曾任秦州刺史,秦州地处丝绸之路要道,有条件在丝路贸易中获得外来器物。他曾遣人远至波斯购求名马,"遣使向西域求名马,远至波斯国"⑤。元琛遣人远至波斯,所购求的一定不仅仅是名马,波斯玻璃器、金银器皆在其享乐生活的追求中,其宴会上大量的玻璃器来源于此。

这些外来的贵重器物,拥有者临终时有人奉还或奉送朝廷。《陶侃故事》记载:"侃上成帝水精盌一枚。"⑥陶侃是东晋初期高官,仕至侍中、太尉,荆、江二州刺史、都督八州诸军事,封长沙郡公。他一生平杜弢、张昌起义,定陈敏、苏峻之乱;治下荆州太平安定。又曾为广州刺史、平越中郎将,太兴元年(318年),进号平南将军,又加都督交州军事。⑦ 从其经历来看,他的水晶碗既有可能来自朝廷赏赐,也有可能从战争中获得,或在担任荆州、江州、广州等州刺史和都督交州诸军事时在对外贸易中获得。他以"忠顺勤劳"著称,临终把最珍贵的物品奉献朝廷,以表达最后的一份忠心。有的遗命陪葬,因为获得朝廷的

---

① (南朝宋)刘义庆撰,李天华校:《世说新语新校》,岳麓书社 2004 年版,第 497 页。
② (宋)李昉等撰:《太平御览》(第 7 册)卷 760,上海古籍出版社 2008 年版,第 710 页。
③ 《南齐书》卷 57《魏虏传》,中华书局 1972 年版,第 986 页。
④ (北魏)杨衒之撰,周祖谟校释:《洛阳伽蓝记校释》卷 4,中华书局 1963 年版,第 165 页。
⑤ (北魏)杨衒之撰,周祖谟校释:《洛阳伽蓝记校释》卷 4,中华书局 1963 年版,第 164 页。
⑥ (宋)李昉等撰:《太平御览》(第 7 册)卷 760,上海古籍出版社 2008 年版,第 710 页。
⑦ 《晋书》卷 66《陶侃传》,中华书局 1974 年版,第 1768—1778 页。

赏赐是其一生中最荣耀的事情，值得纪念；或玻璃器贵重，舍不得遗落人间。玻璃易碎，因此当时玻璃器流传下来的并不多。考古发现这一时期贵族墓中有不少外来的玻璃器。

  这种考古发现在南北方都有丰富出土文物。1955年，南京光华门外石门坎附近的红毛山东晋早期墓，出土多片玻璃残片。① 1972年，南京象山王氏家族墓7号墓出土一对玻璃杯，其主要成分与古罗马玻璃化学成分接近，与当时中国本土产的铅钡玻璃完全不同。1973年，南京大学北园东晋墓出土刻纹玻璃杯及其碎片，墓主是东晋元、明、成三帝之一。与王氏墓出土玻璃杯器型工艺相同。② 1978年，湖北鄂城五里墩西晋墓出土萨珊玻璃器残片，复原应为圜底钵。③ 1981年，在南京中央门外一座东晋大墓中发现一些彩色玻璃碎片。④ 1985年，江苏镇江句容东晋南朝宋元嘉十六年墓出土一件完整的玻璃碗。⑤ 1986年，在广州市下塘狮带岗广州大学校园南部东晋早期墓 M5 后室内出土一件玻璃器残片。⑥ 1991年，湖北鄂州市西山南麓鄂钢饮料厂施工发现一座孙吴时期大墓，墓葬后室东南角出土一件玻璃残片。⑦ 1997年南京富贵山六朝墓地出土一件玻璃碗，承托在一件圜底银碗中。⑧ 1998年南京东郊仙鹤观东晋高崧家族墓出土一件玻璃碗，碗底有漆托痕迹。⑨ 这两件玻璃碗与象山王氏墓所出古罗马玻璃杯风格不同，具有萨珊玻璃风格。在制造工艺上是用吹制法成型，可以断定这两件出土于东晋早期墓葬中的玻璃碗属舶来品。2001年，广东肇庆市郊黄岗镇大路田村北岭南坡坪石岗工地发现一座东晋太宁三年（325年）砖室墓，出土一件完整的玻璃碗，据出土砖铭推测墓主可能是

① 李鉴昭等：《南京石门坎乡六朝墓清理记》，《考古通讯》1958年第9期。
② 南京大学历史系考古组：《南京大学北园东晋墓》，《文物》1973年第4期。
③ 安家瑶：《北周李贤墓出土的玻璃碗》，《考古》1986年第6期；南京大学历史系考古专业等：《鄂城六朝墓》，科学出版社2007年版，第303—304页。
④ 南京市博物馆：《南京北郊东晋墓发掘简报》，《考古》1983年第4期。
⑤ 镇江博物馆、句容市博物馆：《江苏句容春城南朝宋元嘉十六年墓》，《东南文化》2010年第3期。
⑥ 广州市文物管理委员会：《广州市下塘狮带岗晋墓发掘简报》，《考古》1996年第1期。
⑦ 鄂州博物馆等：《湖北鄂州鄂钢饮料厂一号墓发掘报告》，《考古学报》1988年第1期。
⑧ 南京市博物馆等：《江苏南京市富贵山六朝墓地发掘简报》，《考古》1998年第8期。
⑨ 南京市博物馆：《江苏南京仙鹤观东晋墓》，《文物》2001年第3期。

苍梧广信侯。① 2001 年,南京北郊郭家山发现东晋温峤家族墓地,编号为 M13
的东晋晚期墓出土数十件玻璃残片。② 2005 年,安徽当涂新市镇来陇村发现
一座东晋早期墓,在后室出土 4 枚玻璃残片。③ 2007 年,南京东南郊上坊李村
岩山南麓东晋早期墓,发现不少极碎的玻璃器残片。残片皆为蓝色,应属同一
件玻璃容器。④ 以上发现有的是罗马玻璃,有的是萨珊玻璃。

在北方使用外来输入的玻璃器皿,同样是皇室和达官贵人之家豪富的表
现。五世纪波斯所出网纹玻璃杯见于中国北方。1948 年,河北景县北魏祖氏
墓出土一件侈口翻唇、杯侧下部有菱形网格的玻璃杯,形制和同一时期即 5—
7 世纪萨珊波斯制造的口广底窄的菱形网格凸纹玻璃杯相仿。⑤ 1965 年,在
北京八宝山西晋重臣王浚妻华芳墓出土萨珊玻璃器碎片,经拼接复原成为一
件饰以乳突纹的圜底钵,符合萨珊前期的形制。⑥ 1965 年,在辽宁北票北燕贵
族冯素弗墓发现 5 件玻璃器皿,皆属舶来品。⑦ 其中的鸭形玻璃器引起世人
格外关注。这批玻璃器以吹塑法成型,成分更接近罗马玻璃器,其产地在罗马
东北行省,其传来当经过草原之路。⑧ 1988 年,山西大同张女坟 107 号北魏
墓出土以直接磨出的凹面为饰之萨珊玻璃圜底钵一件,外壁磨出 35 个长椭
圆形凹面,分四行间错排列,圜底上又磨出七个较大的圆凹面。⑨ 1988 年,
大同南郊北魏墓群 M107 出土一件磨花玻璃碗。⑩ 这种类型的玻璃碗是波
斯萨珊王朝的典型产品。2014 年,内蒙古一座北魏墓出土蓝玻璃碗,为萨

---

① 广东文物考古研究所等:《广东肇庆市坪石岗东晋墓》,载广东省文物局等编:《广东文物考古三十年》,暨南大学出版社 2009 年版。

② 南京市博物馆:《南京市郭家山东晋温氏家族墓》,《考古》2008 年第 6 期。

③ 当涂县文物事业管理所:《安徽当涂来陇东晋墓发掘简报》,《东南文化》2006 年第 2 期。

④ 王志高:《六朝墓葬出土玻璃器漫谈》,《六朝历史文化与镇江地域发展学术研讨会论文集》,2010 年。

⑤ [日]东京国立博物馆:《东洋古代ガラス》,1980 年 3 月号。

⑥ 孙机:《建国以来西方古器物在我国的发现与研究》,《文物》1999 年第 10 期。

⑦ 黎瑶渤:《辽宁北票县西官营子北燕冯素弗墓》,《文物》1973 年第 3 期。

⑧ 安家瑶:《中国的早期玻璃器皿》,《考古学报》1984 年第 4 期;《冯素弗出土的玻璃器》,载辽宁省博物馆:《北燕冯素弗墓》,文物出版社 2015 年版,第 224—237 页。

⑨ 山西省考古研究所等:《大同南郊北魏墓群发掘简报》,《文物》1992 年第 8 期。

⑩ 山西大学历史文化学院等:《大同南郊北魏墓群》,科学出版社 2005 年版。

珊植物灰玻璃。① 1983 年,在位于宁夏固原县西郊乡深沟村南的北周李贤墓出土充满西亚风格捶刻有人物故事的鎏金银瓶、玻璃碗、银装铁刀和镶青金石指环。② 李贤是北魏、北周时重臣,皇帝亲信,北周武帝宇文邕兄弟小时寄养于李贤家。③ 李贤一直在原州、瓜州、河州等西北边塞任职,地处丝绸之路要道。他既有条件获得朝廷的奖赐,也有可能通过丝路贸易获得外来产品。

外来传入的玻璃器除常见的杯、盘、碗之外,还有一些罕见的器物。陆云《与兄平原书》提到曹操的器物有"琉璃笔一枚,所希闻"④。汉代以前有一种盛酒容器叫"卮",通常玉质。三国后出现了琉璃卮。魏文帝《答杨修书》:"重惠琉璃卮昭厚意。"⑤这种琉璃卮是外来器物。傅咸《污卮赋》序云:"人有遗余琉璃卮者,小儿窃弄,堕之不洁。意既惜之,又有感(宝)物之污辱,乃丧其所以为宝,况君子行身,而可以有玷乎!"⑥其文曰:"有金商之玮宝,禀乾刚之淳精。叹春晖之定色,越冬冰之至清。爰甄陶以成器,逞异域之殊形。"⑦所谓"金商之玮宝"即来自西域的珍器。在他笔下琉璃卮虽然也属酒杯,但其器形实与传统的玉卮有别,带有异域色彩。

汉以前中国上层社会很少使用金银器皿,至魏晋南北朝时受了西方的影响,使用这类器物渐成风尚,这些珍贵的金银器主要应用于贵族生活中。外来的金银器主要为皇室使用。《宋书·吴喜传》记载:"喜将死之日,上召入内殿与共言谑,酬接甚款。既出,赐以名馔,并金银御器,敕将命者勿使食器宿喜家。上素多忌讳,不欲令食器停凶祸之室故也。"⑧皇帝以"名馔"赐吴喜,而盛"名馔"之食器因为是"金银御器"却要收回,这种珍贵的金银器皿当属外来器物。《南齐书·萧颖胄传》记载,齐明帝曾"欲铸坏太官元日上寿银酒鎗"以

---

① 马丽娅·艾海提等:《内蒙古北魏墓出土萨珊玻璃器及其相关问题》,《文博》2017 年第4 期。

② 韩兆民:《宁夏固原北周李贤夫妇墓发掘简报》,《文物》1985 年第 11 期。

③ 《北周书》卷 25《李贤传》,中华书局 1971 年版,第 413—418 页。

④ (晋)陆云著,刘运好校注:《陆士龙文集校注》卷 8,凤凰出版社 2010 年版,第 1034 页。

⑤ (宋)李昉等撰:《太平御览》(第 7 册)卷 761,上海古籍出版社 2008 年版,第 719 页。

⑥ (宋)李昉等撰:《太平御览》(第 7 册)卷 761,上海古籍出版社 2008 年版,第 719 页。

⑦ (唐)欧阳询撰:《艺文类聚》卷 73《杂器物部》,上海古籍出版社 1982 年版,第 1259、1260 页。

⑧ 《宋书》卷 83《吴喜传》,中华书局 1974 年版,第 2116 页。

示节俭,可是在他的宴会上"银器满席",因而遭到萧颖胄的讽刺。① 《南齐书·魏虏传》写北魏统治者"坐施氍毹褥,前施金香炉、琉璃钵、金椀、盛杂食器。设客长盘一尺,御馔圆盘广一丈"②。晋陆翽《邺中记》:"石虎大会,上御食,游盘两重,皆金银,参带百二十盏,彫饰并同。其参带之间,茱萸画微如破发,近看乃得见,游盘则圆转也。"③金银器乃皇家库藏之物。《北齐书·孙腾传》:"餁藏银器,盗为家物。"④"餁藏"指餁藏署,此银器当指御用食器。皇帝王室用金银器赏赐臣下。《宋书·庐江王袆传》记载柳欣慰、杜幼文谋反,欲立刘袆,刘袆"以金合一枚赏幼文"⑤。刘义恭《启事》:"恩旨以犀镂金错酒杯垂赐。"⑥王融有《谢安陆王赐银钵启》。⑦ 金银器成为贵族间互相馈赠的贵重礼物,其中当有舶来品。《晋阳秋》记载:"王敦许周访邢州,又授梁州,访怒。敦书喻之,遗以盌,访投盌于地。"⑧王敦馈赠周访之盌一定不是普通的碗,应该是金银物。《宋书》记载:"萧思话常从太祖登钟山,道着盘石清泉。上使于石上弹琴,因赐以银钟酒。"⑨《周书·文帝纪》:"太祖入上邽,收(侯莫陈)悦府库,财物山积,皆以赏士卒,毫厘无所取。左右窃一银镂瓮以归,太祖知而罪之,即割赐将士,众大悦。"⑩《北齐书·慕容俨传》记载慕容俨因军功受"赐金银酒钟各一枚、胡马一匹"⑪。这些用以赏赐的金银器有的可能是本土所产,但也不排除有的来自异域。

达官贵人之家往往拥有金银器皿。《三国志》卷五《武宣卞皇后传》注引《魏书》:"后以国用不足,减损御食,诸金银器物皆去之。"⑫同卷《文昭甄皇后

① 《南齐书》卷38《萧颖胄传》,中华书局1972年版,第666页。
② 《南齐书》卷57《魏虏传》,中华书局1972年版,第986页。
③ (晋)陆翽撰:《邺中记》,《丛书集成初编》,商务印书馆1937年版,第6页。
④ 《北齐书》卷18《孙腾传》,中华书局1972年版,第235页。
⑤ 《宋书》卷79《五王传》,中华书局1974年版,第2039页。
⑥ (宋)李昉等撰:《太平御览》(第7册)卷758,上海古籍出版社2008年版,第700页。
⑦ (宋)李昉等撰:《太平御览》(第7册)卷759,上海古籍出版社2008年版,第704页。
⑧ (宋)李昉等撰:《太平御览》(第7册)卷760,上海古籍出版社2008年版,第710页。
⑨ (宋)李昉等撰:《太平御览》(第7册)卷761,上海古籍出版社2008年版,第719页。
⑩ 《周书》卷1《文帝纪》,中华书局1971年版,第9页。
⑪ 《南齐书》卷20《慕容俨传》,中华书局1972年版,第282页。
⑫ 《三国志》卷5《魏书·武宣卞皇后传》,中华书局1959年版,第157页。

传》:"后天下兵乱,加以饥馑,百姓皆卖金银珠玉宝物。"①《三国志·甘宁传》
记载甘宁"受救出斫敌前营。(孙)权特赐米酒众殽,宁乃料赐手下百余人食。
食毕,宁先以银盌酌酒,自饮两盌,乃酌与其都督"②。这种银盌应该是海上丝
路舶来品。跟玻璃器一样,考古发现的金银器皿往往出于达官贵族墓葬中。
金银器是贵族陪葬物品,其原因可能一是他们幻想在另一个世界仍能像生前
一样享受荣华富贵,金银器是生前豪华生活的象征;二是由于金银器常被朝廷
作为奖品奖赏有功之人,死者常以此作为陪葬品,因为这可能是其一生荣耀,
具有纪念意义;三是金银器是其一生珍爱,舍不得留于世间。1959 年,在呼和
浩特市西郊土默特左旗毕克齐镇发现一具人骨架,伴出的有镶嵌宝石的金戒
指、两件高足银杯以及东罗马金币等遗物。③ 1975 年,河北省赞皇县南邢郭村
魏、北齐李希宗及其妻崔氏墓出土曲水纹银碗一件。李希宗属皇亲国戚,其金
银器应该得自皇帝所赐。1981 年,大同市博物馆发掘大同西郊小站村花圪塔
台北魏封和突墓,出土狩猎纹鎏金银盘、素面高足银杯、舟形银耳杯各 1 件。④
1973 年夏,铁路部门在固原县西郊公社雷祖庙村勘探时发现北魏漆棺墓。固
原县文物工作站进行清理,出土了棺板漆画、波斯银币、舟形银杯及铜器、陶器
等文物。⑤ 1983 年,固原南郊乡深沟村北周李贤夫妇合葬墓出土鎏金银壶、凸
钉装饰玻璃碗、镶嵌青金石金戒指、带刀鞘的环首铁刀等。⑥ 鎏金银壶是一件
具有萨珊贵金属工艺风格的巴克特利亚制品。⑦ 1988 年,大同南郊电焊厂新
厂区北魏墓群 M107 出土鎏金錾花银碗和素面银罐各 1 件,M109 出土鎏金錾
花高足银杯和素面银碗各 1 件。⑧ 2011 年,大同市考古研究所在大同市恒安

① 《三国志》卷 5《魏书·文昭甄皇后传》,中华书局 1959 年版,第 159 页。
② 《三国志》卷 55《吴书·甘宁传》,中华书局 1959 年版,第 1294 页。
③ 内蒙古文物工作队、内蒙古博物馆:《呼和浩特市附近出土的外国金银币》,《考古》1975 年第 3 期。
④ 大同市博物馆:《大同市小站村花圪塔台北魏墓清理简报》,《文物》1983 年第 8 期。
⑤ 固原县文物工作站:《宁夏固原北魏墓清理简报》,《文物》1984 年第 6 期。
⑥ 宁夏回族自治区博物馆、宁夏固原博物馆:《宁夏固原北周李贤夫妇墓发掘简报》,《文物》1985 年第 11 期;吴焯:《北周李贤墓出土的鎏金银壶考》,《文物》1987 年第 5 期。
⑦ 罗丰著:《胡汉之间——"丝绸之路"与西北历史考古》,文物出版社 2004 年版,第 44 页。
⑧ 山西省考古研究所、大同市博物馆:《大同南郊北魏墓群发掘简报》,《文物》1992 年第 8 期。

街南侧发现 3 座北魏时期墓葬,随葬器物有金银器。① 2014 年,内蒙古伊和淖尔一座北魏墓出土一批精美的金银器和古玻璃。②

这个时期其他遗址也发现金银器。1964 年,在河北定县城内东北隅华塔塔基下石制舍利函中发现北魏时代的金银器、铜器、琉璃器、波斯银币。③ 1970 年,山西大同南郊工农路(后称迎宾大道东路)北侧轴承厂厂区,在相当于北魏平城南郭范围内的一座北魏建筑遗址发现一处窖藏,出土一批金银器,④其中有鎏金錾花银碗 1 件、鎏金高足铜杯 3 件、海兽纹八曲银洗 1 件。1988 年,在兰州东北靖远县北滩乡一所农舍房基下出土一件鎏金银盘,⑤银盘呈圆形,圈足上用虚点鎏金写出一行文字,系大夏文,⑥乃带有萨珊波斯风格的中亚产品。

三、外来器物在中古社会的影响

中古社会外来器物的流行和使用,推动了人们生活方式和思想观念的变化。首先,外来器物刺激了皇室贵族和社会上层的"崇洋"与奢靡之风。皇室和达官贵族之家开始出现琳琅满目的外来器物。西晋干宝《搜神记》云:"胡床貊槃,翟之器也;羌煮貊炙,翟之食也。自太始以来,中国尚之,贵人富室必畜其器,吉享嘉宾皆以为先。"⑦如上所述,大量外来珍贵器物的使用进入达官贵人之家。上文提到的西晋王济、北魏河间王元琛都是典型的事例。魏晋南

---

① 大同市考古研究所:《山西大同恒安街北魏墓(11DHAM13)发掘简报》,《文物》2015 年第 1 期。

② 张景明:《北方草原地区鲜卑金银器造型艺术研究》,《民族艺术》2008 年第 1 期。

③ 夏鼐:《河北定县塔基舍利函中波斯萨珊朝银币》,《考古》1966 年第 5 期。

④ 孙培良:《略谈大同市南郊出土的几件银器和铜器》,《文物》1977 年第 9 期;林梅村:《中国境内出土带铭文的波斯和中亚银器》,《文物》1997 年第 7 期;大同市考古研究所:《山西大同迎宾大道北魏墓群》,《文物》2016 年第 10 期。

⑤ 初仕宾:《甘肃靖远新出东罗马鎏金银盘略考》,《文物》1989 年第 5 期。

⑥ [日]石渡美江:《甘肃靖远出土鎏金银盘の图像と年代》,载《古代东方博物馆》卷 13,1992 年,第 157 页。

⑦ (晋)干宝撰:《搜神记》卷 7,中华书局 1979 年版,第 94 页。

北朝上层人士炫富,往往以外来的金银器、玻璃器显其华贵。① 外来的金银器皿在当时贵族阶层生活中占有相当重要的地位,拥有萨珊朝这类金属器皿成为当时一种流行的时尚。萨珊波斯朝皇室的宴饮之风,也随着饮酒器的传入而影响到中国,祖珽在皇家宴会上盗窃金叵罗的细节透露出北朝宴饮中弥漫的胡化风气。其次,外来器物的输入与使用打破了许多传统观念和固有习俗。正是因为不符合中国传统习俗,因此享受外来器物在当时是受到批评和诟病的。汉灵帝"好胡床"被视为董卓入京之应,西晋时贵人之家普遍使用"胡床""貊盘"等外来的器物被视为"戎翟侵中国之前兆"。② 贵重器物的使用和陪葬,一向被视为奢侈豪华生活的表现和违礼之举,屡被朝廷禁止。但在魏晋南北朝时期这些外来的器物却被皇室贵族和达官贵人汲汲追求,贵重器物的使用成为贵族之家炫富的资本,玻璃器、金银器等因为是外来器物而不在禁止之列。精神和肉体的享受突破了传统观念的束缚。胡床的引进造成汉人坐姿的变化,这是由席地跪坐转变为垂脚高坐的开始。汉人由跪坐改为垂脚高坐,推动中国传统礼教文化在行为举止和居室起居方面发生变化,反映了人们在思想观念方面对某种禁锢的突破。据胡床这种违礼的坐姿在时人眼中往往是从容潇洒的表现,很少有人认为是轻慢无礼。汉末曹操曾禁止厚葬,倡导薄葬,遗令不得以"金珥珠玉铜铁之物"入葬,③这种倡导没有持续很久,随葬金银器的风气在魏晋南北朝时期相当盛行,外来的玻璃器、金银器屡在这一时期贵族墓葬中发现。

外来器物的输入促进了中国日常用具的革新和发展。胡床制作简易,因此传入中国后很快便大量仿制,中古时上至皇室下至平民都使用胡床。由于社会上需求量大,胡床还出现在市场交易中。北魏贾思勰《齐民要术》记载制作胡床的材料和市值:"十年柘木,中四破为杖,一根值二十文,任为马鞭、胡床。马鞭一枚直十文,胡床一具直百文。"④随着时间的推移,胡床的形制在中国不断改进,并产生出新的坐具。金银器的输入对中国金银器皿制作起了启

---

① 李强:《近年出土的玻璃器》,《中国科技史杂志》1991 年第 1 期。
② (晋)干宝撰:《搜神记》卷 7,中华书局 1979 年版,第 94 页。
③ 《宋书》卷 15《礼志》,中华书局 1974 年版,第 404、406 页。
④ (北魏)贾思勰著,石声汉校释:《齐民要术今释》卷 5,中华书局 2009 年版,第 402 页。

示作用。魏晋南北朝时期,西方玻璃器大量输入中国,连带也传进了玻璃制造的技术。东晋葛洪《抱朴子》记载:"外国作水精椀,实是合五种灰以作之。今交广多有得其法而铸作之者。"①《魏书·西域传》记载大月氏国"世祖时,其国人商贩京师,自云能铸石为五色琉璃,于是采矿山中,于京师铸之。既成,光泽乃美于西方来者。乃诏为行殿,容百余人,光色映彻,观者见之,莫不惊骇,以为神明所作。自此中国琉璃遂贱"②。山西大同七里村 M6 出土的玻璃碗器表晶莹光滑,天青色,透明度高,反映北魏时玻璃制作在西方工艺影响下的新水平。河北定县北魏塔基出土玻璃器皿七件,③采用了西方的玻璃制作技术,但工艺和质量逊于西亚产品,应该是国产玻璃器。

外来的金银器推动了中国金银器制作的发展。自汉代开始皇室和达官贵人制作和使用金银器,一方面受方士迷信思想影响,李少君曾向汉武帝进言,使用黄金制成的饮食器延年益寿,汉武帝便"事化丹沙诸药齐为黄金"④。东晋葛洪《抱朴子》云:"以此丹金为盘碗,饮食其中,令人长生。"⑤另一方面受北方游牧民族或西方金银器文化启发。西汉时有官办铸造金银器之手工业,如"蜀广汉主金银器,岁各用五百万"⑥。西汉时金银器的使用限于宫廷皇室,并出现以金银器陪葬,河北满城中山靖王刘胜墓中发现一件纯银质的单流银盒。⑦东汉时光武皇后弟郭况"累金数亿,家僮四百人,以金为器皿,铸造冶之声,彻于都鄙"⑧。汉末已有较多的纯金纯银器皿。"桓帝祠老子于濯龙,用淳金缸器。"⑨曹操《上献帝器物表》和《上杂物疏》列举了较多纯金银器物。⑩ 长

① 王明著:《抱朴子内篇校释》卷 2,中华书局 1980 年版,第 710 页。
② 《魏书》卷 102《西域传》,中华书局 1974 年版,第 2275 页。
③ 赵永:《论魏晋至宋元时期佛教遗存中的玻璃器》,《中国国家博物馆馆刊》2014 年第 10 期。
④ 《史记》卷 12《武帝纪》,中华书局 1982 年版,第 455 页。
⑤ 王明著:《抱朴子内篇校释》卷 4,中华书局 1980 年版,第 74 页。
⑥ 《汉书》卷 72《贡禹传》,中华书局 1962 年版,第 3070 页。
⑦ 韩伟编著:《海内外唐代金银器萃编》,三秦出版社 1989 年版,第 4 页。
⑧ (宋)李昉等编:《太平广记》卷 236,中华书局 1961 年版,第 1811 页。
⑨ (宋)李昉等撰:《太平御览》(第 7 册)卷 756,上海古籍出版社 2008 年版,第 681 页。
⑩ (汉)曹操撰:《曹操集》,中华书局 2008 年版,第 24—25 页。

沙五里牌东汉墓 M009、长沙五一街 M007 出土银碗、银调羹等。① 曹操《内诚令》云:"孤有逆气病,常贮水卧头。以铜器盛臭恶,前以银作小方器,人不解,谓孤喜银物,令以木作。"②魏晋南北朝时金银器皿制作技术受到外来的影响而更加娴熟,器形图案不断创新。《后魏书》记载:"太武帝作黄金盘十二,具镂以白银错,以致瑰珠玉。"③《南齐书·刘悛传》:"在蜀作金浴盆,余金物称是,罢任以本号还都,欲献之而世祖晏驾。"④

外来器物以其新奇成为文学和艺术意象。当时的诗赋小说和造型艺术中常见外来器物形象,在本文论述中已有不少引用。又如胡床的应用受到诗人的关注,南朝梁庾肩吾《咏胡床应教》诗:"传名乃外域,入用信中京。足攲形已正,文斜体自平。临堂对远客,命旅誓初征。何如淄馆下,淹留奉盛明。"⑤生动地道出了胡床的形体特点,反映了人们对胡床的喜爱。在考古资料和图像资料中发现魏晋南北朝时期胡床的图像。东魏石刻有一貌似菩萨坐于胡床之上,胡床足斜向相交,足端施有横木。⑥ 河北磁县东陈村东魏赵胡仁墓出土女侍俑,手持一敛折起来的胡床,下葬年代为武定五年(547 年)。⑦ 北齐《法界人中残像》北面局部刻有一人坐胡床图像。⑧ 北齐杨子华《校书图》中一人右手握笔,坐胡床上。胡床足斜向交叉,足端施有横木,图像清晰。⑨ 山西太原北齐徐显秀墓西壁壁画侍从手中持一胡床。敦煌莫高窟第 257 窟北魏窟西壁北段壁画《须摩提女因缘图》表现须摩提女远嫁异国,画面上汉式阙下有一两梵志垂足连坐的胡床。⑩ 北周第 296 窟覆斗顶西披和南披壁画《贤愚经变·善友太子入海品》中相师所坐也是胡床,内容似与河南沁阳东魏武定元

① 高至喜:《湖南早期墓葬概况》,《文物》1960 年第 3 期。
② (宋)李昉等撰:《太平御览》(第 7 册)卷 756,上海古籍出版社 2008 年版,第 682 页。
③ (宋)李昉等撰:《太平御览(第 7 册)》卷 758,上海古籍出版社 2008 年版,第 698 页。
④ 《南齐书》卷 37《刘悛传》,中华书局 1972 年版,第 653 页。
⑤ (唐)欧阳询撰:《艺文类聚》卷 70,上海古籍出版社 1982 年版,第 1221 页。
⑥ 胡文彦著:《中国家具鉴定与欣赏》,上海古籍出版社 1995 年版,第 40 页。
⑦ 磁县文化馆:《河北磁县东陈村东魏墓》,《考古》1977 年第 6 期。
⑧ "台湾故宫博物院":《雕塑别藏》"宗教编特展图录",1977 年版,第 114 页,图 29-7。
⑨ 北齐画家杨子华《校书图》,宋摹本残卷藏美国波士顿美术馆。
⑩ 杨森著:《敦煌壁画家具图像研究》,民族出版社 2010 年版,第 76 页。

年(543年)造像碑《佛传》上的相师为太子占相相似。① 2000年，西安北周安伽墓出土床屏石刻画中有胡床形象。从西域传入的玻璃碗令赋家赏心悦目，潘尼《琉璃碗赋》是一篇吟咏这一外来器皿的佳作。② 在魏晋南北朝志怪小说中往往以外来器物渲染神仙世界的豪华与不同凡世。《神异经》云："西北荒有金楼，上有银盘，广五十丈。"③《列异传》云："济北神女来游，车上有壶榼青白琉璃五具。"④《续齐谐记》云："赵文诏为东宫扶持，廨在青溪中桥，夜与神女谯寝，脱金簪与扶持，亦赠以银碗及琉璃匕。"⑤《幽明录》云："清河崔茂伯女结婚裴氏，刻期未至，女暮天提一金罂，受二升许，径到裴床前立，以罂赠裴。"⑥这是贵族生活在文学情节中的反映。《梁四公子传》记载："扶南大舶从西天竺国来，卖碧颇黎镜，面广一尺五寸，重四十斤，内外皎洁。置五色物于其上，向明视之，不其其质。问其价，约钱百万贯。文帝令有司算之，倾府库当之不足。其商人言此色界天王有福乐事天，漱大雨，雨众宝山，纳之山藏，取之难得。以大兽肉投之藏中，肉烂，类宝，一鸟衔出而得此宝焉。举国不识，无敢酬其价者。"⑦小说的志怪情节反映了玻璃的神奇色彩。

魏晋南北朝时期传入的外来器物可以分为日用器物、艺术器材、马具兵器、宗教圣物等，本文主要探讨日用器物中舶来品在中古社会中的使用情况。综上所论，从文化交流与互动的角度看，外来器物的传入有着丰富的文化意义。除了上述影响之外，外来器物也刺激了中国人对远方的好奇心和对异域探索的动力，从而推动了古代中国对远方世界的认知。过去学术界提到这些外来器物，一味批判上层贵族阶级生活腐化，忽略了客观上的积极意义。毋庸讳言，外来器物除胡床制作简便，在中古社会迅速普及外，其他通常都是珍贵奇异之物，只有达官贵人之家才能享用，但其社会影响并不全是消极意义的。

---

① 暨远志：《胡床杂考—敦煌壁画家具研究之三》，《考古与文物》2004年第4期。

② (唐)欧阳询撰：《艺文类聚》卷73《杂器物部》，上海古籍出版社1982年版，第1262、1263页；又卷84《宝玉部》下，上海古籍出版社1982年版，第1442页。

③ (宋)李昉等撰：《太平御览》(第7册)卷758，上海古籍出版社2008年版，第699页。

④ (宋)李昉等撰：《太平御览》(第7册)卷761，上海古籍出版社2008年版，第723页。

⑤ (宋)李昉等撰：《太平御览》(第7册)卷760，上海古籍出版社2008年版，第712页。

⑥ (宋)李昉等撰：《太平御览》(第7册)卷758，上海古籍出版社2008年版，第696页。

⑦ (宋)李昉等撰：《太平御览》(第8册)卷808，上海古籍出版社2008年版，第221页。

外来器物直接参与了中古丰富多彩的社会生活,探讨这一时期外来器物的使用情况,有助于我们认识中古社会的生活和习尚,有助于认识外来文明如何改变了中古时期中国社会生活面貌。

(本文原载《中国高校社会科学》2018 年第 6 期,《高等学校文科学术文摘》2019 年第 1 期转载)

丝绸之路与唐诗

唐诗中流寓和出入长安之外族人

　　唐代长安外族人很多,包括外族进入长安侨居以及经常出入长安的使节、商旅等。向达先生曾考证流寓长安之西域人,有突厥人、中亚昭武九姓国人。他把唐代流寓长安之西域人分为四类,一是北魏、北周以来入中夏者,二是逐利东来之商胡,三是宗教僧侣,四是入充侍卫的诸国侍子久居长安入籍为民者。分国述及中亚、西亚诸国。① 当时侨居或出入长安者不仅西域人,来自南亚、东南亚、东亚者亦复不少,尤其近邻朝鲜半岛、日本入唐游历和学习的人为数更多。严耕望估计新罗国人同时在唐学习者多至一二百人。②

　　据统计在长安城一百万左右人口中,各国、各族侨民和外籍居民占总数约百分之二。在长安活动的外族人身份各异,有使节,有商旅,有僧侣,有通过战功升迁的将军,有乐舞艺人,还有入唐学习的留学生,学成留唐做官者,有各国王室贵族等。有长期定居的,也有临时出入者。波斯贵族由于阿拉伯势力入侵而流浪天涯,国王卑路斯和他的儿子泥涅师入华而客死长安。勃律国王苏失利芝、护密国王罗真檀、陀拔王子、新罗国王子都入华留居。长安的侨民来自不同的地区,各有自己的生活风尚和特长。

　　唐代长安的外族人为这个国际化大都市添加了色彩和活力,"移民是一个城市的活力所在,唐长安是中国历史上外来移民最多最活跃的国都城市"③。长安大量外族人成为长安一道风景,构成长安胡化风气和异域风情的重要内容,因为其辉煌成就、才华技艺、奇特相貌或与唐人的深厚友情等不同

---

① 向达著:《唐代长安与西域文明》,生活·读书·新知三联书店 1957 年版,第 4—6 页。
② 严耕望著:《严耕望史学论文集》,上海古籍出版社 2009 年版,第 937 页。
③ 葛承雍:《唐韵胡音与外来文明》,《西域研究》2005 年第 3 期。

的缘由,成为唐诗吟咏的对象。关于长安移民虽有不少学者已经有所探讨,但在唐诗中的表现还缺乏系统和深入,本文在前人研究的基础上略加探讨,以就正方家。

一、唐诗中长安的"蕃将"

外族人入唐,有的投身军事冒险事业,立功为将,当时称为"蕃将"。那些在战争中立功的将军入朝做官,或退居京师,在长安有府邸。他们活跃在长安,为长安平添异域风情和尚武之风。那些英勇善战建立了辉煌战功的将军往往引起诗人的景仰,形诸歌咏。

名将高仙芝是高丽人,唐诗中有写到高仙芝的诗。当高仙芝奋战西域时,岑参曾入其幕府,其《武威送刘单判官赴安西行营便呈高开府》的高开府便是高仙芝。[①] 高仙芝从西域回到长安,久不得志。杜甫《高都护骢马行》便有替他鸣不平之意:"安西都护胡青骢,声价欻然来向东。此马临阵久无敌,与人一心成大功。功成惠养随所致,飘飘远自流沙至。雄姿未受伏枥恩,猛气犹思战场利。腕促蹄高如踣铁,交河几蹴曾冰裂。五花散作云满身,万里方看汗流血。长安壮儿不敢骑,走过掣电倾城知。青丝络头为君老,何由却出横门道。"这首诗自注:"高仙芝开元末为安西副都护。"[②]诗字面上咏马,实是写人。马的命运随主人的遭遇而变化,写马曲折地写出了高仙芝的境遇。诗末四句从骢马老于马厩之中,再赴边庭而不可得,映射高仙芝长期困守长安而不能重返边疆的处境。这首诗应当写在天宝十载(751 年)秋之后到十四载(754年)之间高仙芝困守长安之时。

哥舒翰是西突厥别部突骑施首领哥舒部落人,任河西陇右节度使,在对吐蕃的战争中战功显赫,后病废长安。杜甫《投赠哥舒开府翰二十韵》盛赞哥舒翰的武功盖世:"当代麒麟阁,何人第一功?"又写他归来加封之荣耀:"受命边

---

① (唐)岑参著,陈铁民、侯忠义校注:《岑参集校注》卷 2,上海古籍出版社 1981 年版,第 91 页。

② (唐)杜甫著,(清)仇兆鳌注:《杜诗详注》卷 2,中华书局 1979 年版,第 86—88 页。

沙远,归来御席同。轩墀曾宠鹤,畋猎旧非熊。茅土加名数,山河誓始终。策行遗战伐,契合动昭融。勋业青冥上,交亲气概中。"①《喜闻盗贼总退口号五首》之二则替哥舒翰晚年的失志抱不平:"朝廷忽用哥舒将,杀伐虚悲公主亲。"②为朝廷不重用哥舒翰这样的名将而导致边境不宁感到惋惜。王建《送阿史那将军安西迎旧使灵榇(一作送史将军)》:"汉家都护边头没,旧将麻衣万里迎。阴地背行山下火,风天错到碛西城。单于送葬还垂泪,部曲招魂亦道名。却入杜陵秋巷里,路人来去读铭旌。"③阿史那是突厥人姓,这位出身突厥的将军奉朝廷之命赴安西,迎回战没西域的将军灵榇入长安,阿史那氏系将军之旧部。

二、唐诗中出入长安的外族使节

世界上许多国家和地区与唐朝建立友好关系,使节频繁入唐交往,经丝绸之路来到长安的外族使节人数众多。《新唐书·王锷传》记载:"天宝末,西域朝贡酋长及安西、北庭校吏岁集京师者数千人,陇右既陷,不得归,皆仰禀鸿胪礼宾,月四万缗,凡四十年,名田养子孙如编民。至是,锷悉藉名王以下无虑四千人。"④可见当时来到唐朝的使节人数之众。外族使节入唐的终点大多是长安。张说《奉和圣制春中兴庆宫酺宴应制》诗云:"千龄逢启圣,万域共来威。"⑤张祜在《大唐圣功诗》中歌颂唐太宗的功业:"甲子上即位,南郊赦宪瀛。八蛮与四夷,朝贡路交争。"⑥晚唐诗人王贞白《长安道》云:"晓鼓人已行,暮鼓人未息。梯航万国来,争先贡金帛。"⑦他们来到长安入贡,完成使命后返回。

---

① (唐)杜甫著,(清)仇兆鳌注:《杜诗详注》卷3,中华书局1979年版,第188—191页。
② (唐)杜甫著,(清)仇兆鳌注:《杜诗详注》卷21,中华书局1979年版,第1858页。
③ (清)彭定求等编:《全唐诗》卷300,中华书局1960年版,第3411页。
④ 《新唐书》卷170《王锷传》,中华书局1975年版,第5169页。
⑤ (清)彭定求等编:《全唐诗》卷88,中华书局1960年版,第966页。
⑥ 陈尚君辑校:《全唐诗补编》,中华书局1992年版,第216页。
⑦ (清)彭定求等编:《全唐诗》卷701,中华书局1960年版,第8058页。

外族使节返回之际,唐代诗人往往写诗送行,特别是汉字文化圈的东亚国家,如朝鲜半岛的新罗国和日本。唐朝与统一新罗时期的使节往还十分频繁。据统计,从 618 年唐朝建立至 907 年唐朝灭亡,289 年间,新罗曾向唐朝派遣使团 126 次,唐朝也向新罗派遣使团 34 次。两国之间外交往来的频率,远远超过唐朝与其他任何国家之间的往来。新罗国使节往往通汉文,归国时唐朝君臣朋友往往写诗相赠。陶翰《送金卿归新罗》:"奉义朝中国,殊恩及远臣。乡心遥渡海,客路再经春。落日谁同望,孤舟独可亲。拂波衔木鸟,偶宿泣珠人。礼乐夷风变,衣冠汉制新。青云已干吕,知汝重来宾。"①孟郊《奉同朝贤送新罗使》:"森森望远国,一萍秋海中。恩传日月外,梦在波涛东。浪兴豁胸臆,泛程舟虚空。既兹吟仗信,亦以难私躬。实怪赏不足,异鲜悦多丛。安危所系重,征役谁能穷。彼俗媚文史,圣朝富才雄。送行数百首,各以铿奇工。冗隶窃抽韵,孤属思将同。"②送行的诗多达"数百首",可见送行者之众。张乔《送朴充侍御归海东》:"天涯离二纪,阙下历三朝。涨海虽然阔,归帆不觉遥。惊波时失侣,举火夜相招。来往寻遗事,秦皇有断桥。"③"海东"即新罗国。这位朴氏从新罗来,在唐朝两年,被授予侍御职务,返回新罗。由于唐罗关系密切,在人们的心理上两国间的海上距离也缩短了,故云涨海虽阔,不觉路遥。

日本遣唐使多次入唐,他们到长安访问,留唐学习,有的学成返回日本,有的留在长安做官,唐诗中对他们的活动多所反映。晁衡跟中国诗人建立深厚友谊,彼此间诗歌唱和自不待说,他离开长安回日本,王维、包佶皆有诗送行。唐玄宗也有一首《送日本使》诗,据日本《高僧传》记载,天平胜宝四年(752 年,唐天宝十一载),藤原清河为遣唐大使,至长安见玄宗。玄宗曰:"闻彼国有贤君,今观使者趋揖有异,乃号日本为礼义君子国。"命晁衡导清河等视府库及三教殿,又图清河貌纳于蕃藏中。及归赐诗:"日下非殊俗,天中嘉会朝。念余怀义远,矜尔畏途遥。涨海宽秋月,归帆驶夕飙。因惊彼君子,王化远昭

---

① (清)彭定求等编:《全唐诗》卷 146,中华书局 1960 年版,第 1476 页。
② (清)彭定求等编:《全唐诗》卷 379,中华书局 1960 年版,第 4252 页。
③ (清)彭定求等编:《全唐诗》卷 638,中华书局 1960 年版,第 7320 页。

昭。"①日本僧人空海(774—835 年),俗名佐伯真鱼,灌顶名号遍照金刚,于桓武天皇延历廿三年(唐德宗贞元二十年,公元 804 年),作为学问僧与最澄等随第十七次遣唐使入唐求法,805 年到达长安。806 年携带佛典经疏、法物等回国。空海此行肩负求法与奉使双重职任,当他回国时,中国诗人纷纷写诗送行。朱千乘有《送日本国三藏空海上人朝宗我唐兼贡方物而归海东诗并序》,序云:"沧溟无垠,极不可究。海外僧侣,朝宗我唐,即日本三藏空海上人也。解梵书,工八体,缮俱舍,精三乘。去秋而来,今春而往。反掌云水,扶桑梦中。他方异人,故国罗汉,盖乎凡圣不可以测识,亦不可知智。勾践相遇,对江问程,那堪此情。离思增远,愿珍重珍重! 元和元年春姑沽洗之月聊序。当时,少留诗云。"其诗云:"古貌宛休公,谈真说苦空。应传六祖后,远化岛夷中。去岁朝秦阙,今春赴海东。威仪易旧体,文字冠儒宗。留学幽微旨,云关护法崇。凌波无际碍,振锡路何穷。水宿鸣金磬,云行侍玉童。承恩见明主,偏沐僧家风。"此外,朱少端有《送空海上人朝谒后归日本》,鸿渐、郑壬有《奉送日本国使空海上人橘秀才朝献后却还》同题之作,胡伯崇有《赠释空海歌》。②

使节入贡唐朝,是大唐王朝皇威远被的表现,他们给唐王朝进贡了远方珍奇,这是唐人津津乐道的,唐诗中对此多所反映。周存《西戎献马》:"天马从东道,皇威被远戎。来骖八骏列,不假二师功。"③意谓唐王朝不是靠武力,而是凭皇威而令蛮夷臣服,远贡名马。鲍防《杂感》:"汉家海内承平久,万国戎王皆稽首。天马常衔苜蓿花,胡人岁献葡萄酒。五月荔枝被破颜,朝离象郡夕函关。雁飞不到桂阳岭,马走先到林邑山。甘泉御果垂仙阁,日暮无人香自落。远物皆重近皆轻,鸡虽有德不如鹤。"④虽然包含着讽谏意味,却客观上反映了四方入贡的盛况。元稹《和李校书新题乐府十二首·西凉伎》:"狮子摇光毛彩竖,胡腾醉舞筋骨柔。大宛来献赤汗马,赞普亦奉翠茸裘。"⑤从以上诗

---

① [日]河世宁纂辑:《全唐诗逸》卷上,《全唐诗》附,中华书局 1960 年版,第 10173 页。
② 陈尚君辑校:《全唐诗补编》,中华书局 1992 年版,第 977—980 页。
③ (清)彭定求等编:《全唐诗》卷 288,中华书局 1960 年版,第 3289 页。
④ (清)彭定求等编:《全唐诗》卷 307,中华书局 1960 年版,第 3485 页。
⑤ (唐)元稹著:《元稹集》卷 24,中华书局 1982 年版,第 281 页。

句可知西域各地进献的物品主要有名马、异兽和苜蓿、葡萄酒、皮裘等特产。使者的到来除了朝拜和进贡的目的,还带来了外族人士对大唐帝国的向往之情。正如储光羲《送人随大夫和蕃》诗云:"西方有六国,国国愿来宾。"①沈亚之有《西蕃请谒庙》一诗曰:"肃肃层城里,巍巍祖庙清。圣恩覃布濩,异域献精诚。冠盖分行列,戎夷辨姓名。礼终齐百拜,心洁表忠贞。瑞气千重色,箫韶九奏声。仗移迎日转,旌动逐风轻。休运威仪正,年推俎豆盈。不才惭圣泽,空此望华缨。"②他的这首诗见证了外族人入朝拜谒皇庙的情形,国礼的肃穆庄严、外臣的虔诚恭谨显现无遗。

三、唐诗中长安的外族艺人

唐代中亚昭武九姓国人大量进入中国内地,从事战争、经商、艺术等活动。昭武九姓国人都以国为姓,有康、安、曹、石、米、何、史、穆等,他们多为武将、富商和艺人。他们把中亚宗教、乐舞带入唐朝内地,带到长安。康国人、石国人多信仰摩尼教,安国人多信仰火祆教,曹国人多乐工、画师,石国人有的善舞,有的能翻译回鹘语。米国人以善乐著称,米、何、史诸国也多属祆教徒。他们为唐代长安的宗教、艺术活动带来了新鲜内容。其中有些活跃在长安的艺人,红极一时,成为诗人笔下常常歌咏的对象。以康、安两国人最多,李白《上云乐》中的"康老胡雏"是一位来自康国的艺人,其特长就是滑稽表演。诗写康老胡雏向天子祝寿,则其活动在长安,李白此诗亦作于长安无疑。人们注意到此诗中以道教词汇指称基督教教义的内容,其中有云:"大道是文康之严父,元气乃文康之老亲。"③所谓"大道""元气"则是指胡人创造万物的先祖"天父",隐约表现出唐时入华的景教的某种观念。

活跃在长安的来自中亚诸国的艺人往往各有所长。刘禹锡《与歌者米嘉

---

① (清)彭定求等编:《全唐诗》卷139,中华书局1960年版,第1414页。

② 肖占鹏、李勃洋校注:《沈下贤集校注》卷1,南开大学出版社2003年版,第17页。

③ (唐)李白著,瞿蜕园、朱金城校注:《李白集校注》卷3,上海古籍出版社1980年版,第258页。

荣》写来自米国的歌手:"唱得凉州意外声,旧人唯数米嘉荣。近来时世轻先辈,好染髭须事后生。"①李颀《听安万善吹觱篥歌》的安万善,诗中称为"凉州胡人",②其实是来自昭武九姓国之安国人。③ 唐代的琵琶名手多姓曹,如曹保、曹善才、曹纲三代都以琵琶而著称。白居易《琵琶行》"曲罢曾教善才服"中提到的长安琵琶师曹善才,来自中亚曹国。元稹《琵琶歌》也提及昆仑、善才,从他的诗里我们还知道曹善才弹琵琶是"指拨"。④ 曹善才死,还引起诗人的哀悼,李绅有《悲善才》一诗,说他"紫髯供奉前屈膝,尽弹妙曲当春日"⑤。薛逢《听曹刚弹琵琶》云:"禁曲新翻下玉都,四弦振触五音殊。不知天上弹多少,金凤衔花尾半无。"⑥白居易《听曹刚弹琵琶兼示重莲诗》云:"拨拨弦弦意不同,胡啼番语两玲珑。谁能截得曹刚手,插向重莲衣袖中。"⑦曹刚与曹善才都同样是从中亚曹国来长安的琵琶师。白居易还有《代琵琶弟子谢女师曹供奉寄新调弄谱》诗⑧,向达先生说:"此善琵琶之女师曹供奉,疑亦是曹刚一家。"⑨李端《赠康洽》、戴叔伦《赠康老人洽》诗中的康洽来自中亚康国⑩,戴诗说他是"酒泉布衣旧才子,少小知名帝城里"⑪。

外族歌舞艺人有的通过西方使臣入贡,中亚地区诸国胡旋舞非常流行,他们的使节入唐,常常向唐朝进贡胡旋舞女。例如,康国"开元初,贡锁子铠、水精杯、玛瑙瓶、驼鸟卵及越诺、朱儒、胡旋女子"⑫。米国"开元时,献璧、舞筵、

---

① (唐)刘禹锡著:《刘禹锡集》卷25,上海人民出版社1975年版,第232页。
② (唐)李颀著,王锡九校注:《李颀诗歌校注》卷2,中华书局2018年版,第416页。
③ 向达先生说:"既云凉州胡人,则安万善当为姑臧安氏,出于安国,与安难陀、安延、安神俨同属一族。上林云云,或指安万善之流寓长安而言耳。"前揭《唐代长安与西域文明》,生活·读书·新知三联书店1957年版,第19页。
④ (唐)元稹著:《元稹集》卷26,中华书局1982年版,第304页。
⑤ (清)彭定求等编:《全唐诗》卷480,中华书局1960年版,第5466页。
⑥ (清)彭定求等编:《全唐诗》卷548,中华书局1960年版,第6334页。
⑦ (唐)白居易著:《白居易集》卷26,中华书局1979年版,第588页。
⑧ (唐)白居易著:《白居易集》卷32,中华书局1979年版,第721页。
⑨ 向达著:《唐代长安与西域文明》,生活·读书·新知三联书店1957年版,第20页。
⑩ 向达著:《唐代长安与西域文明》,生活·读书·新知三联书店1957年版,第17页;第32页注[41]。
⑪ (清)彭定求等编:《全唐诗》卷274,中华书局1960年版,第3112页。
⑫ 《新唐书》卷221《西域传下》,中华书局1975年版,第6244页。

师子、胡旋女"①。史国"开元十五年,君忽必多献舞女、文豹"②。"俱蜜者,治山中。在吐火罗东北,……开元中,献胡旋舞女"。③ 开元、天宝年间胡旋舞女被入贡唐朝,唐诗中也有反映。元稹《胡旋女》云:"天宝欲末胡欲乱,胡人献女能胡旋。旋得明王不觉迷,妖胡奄到长生殿。"④白居易也有《胡旋女》一诗,并云:"天宝末,康居国献之。"诗曰:"胡旋女,胡旋女。心应弦,手应鼓。弦鼓一声双袖举,回雪飘飖转蓬舞。左旋右转不知疲,千匝万周无已时。人间物类无可比,奔车轮缓旋风迟。曲终再拜谢天子,天子为之微启齿。胡旋女,出康居,徒劳东来万里余。"⑤此康居即中亚康国。

四、唐诗中长安的胡商和胡姬

唐代入华外商多集中在长安、洛阳、扬州、广州等地。外族人在长安经商的不少,昭武九姓国粟特胡人也以经商著名,长期操纵丝路贸易。波斯人多以经商致富,操纵长安珠宝、香药市场。安史之乱后,回鹘留长安者常千人。那些在长安开酒店的外族胡人被称为"酒家胡"或"贾胡"。初唐诗人王绩《过酒家》云:"有钱须教饮,无钱可别沽。来时常道贳,惭愧酒家胡。"⑥王维《过崔驸马山池》诗写豪门宴云:"画楼吹笛妓,金碗酒家胡。"⑦刘禹锡《马嵬行》诗写马嵬驿兵乱后,杨贵妃遗物流入长安市场:"指环照骨明,首饰敌连城。将入咸阳市,犹得贾胡惊。"⑧

在长安酒肆里往往有年轻貌美的胡人女性做招待,唐诗中写到的胡姬,

---

① 《新唐书》卷221《西域传下》,中华书局1975年版,第6247页。

② 《新唐书》卷221《西域传下》,中华书局1975年版,第6248页。

③ 《新唐书》卷221《西域传下》,中华书局1975年版,第6255页。

④ (唐)元稹著:《元稹集》卷24,中华书局1982年版,第286—287页。

⑤ (唐)白居易著:《白居易集》卷3,中华书局1979年版,第60页。

⑥ (清)彭定求等编:《全唐诗》卷37,中华书局1960年版,第484页。

⑦ (唐)王维著,(清)赵殿成笺注:《王右丞集笺注》卷7,上海古籍出版社1984年版,第132页。

⑧ (唐)刘禹锡著:《刘禹锡集》卷26,上海人民出版社1975年版,第236页。

就是从远方来到长安从事这种职业的女性。唐朝长安城里有许多当垆卖酒的胡姬，她们个个深目高鼻，美貌如花，身体健美，充满异域风情，成为酒肆的门面，成为唐朝开放社会的象征，成为诗人喜欢歌咏的对象。长安的胡姬给人印象深刻，岑参《青门歌送东台张判官》送张判官从洛阳赴长安，想象着他到达长安的情景，其中便写到长安的胡姬："青门金锁平旦开，城头日出使车回。青门柳枝正堪折，路傍一日几人别。东出青门路不穷，驿楼官树灞陵东。花扑征衣看似绣，云随去马色疑骢。胡姬酒垆日未午，丝绳玉缸酒如乳。灞头落花没马蹄，昨夜微雨花成泥。黄鹂翅湿飞转低，关东尺书醉懒题。须臾望君不可见，扬鞭飞鞚疾如箭。借问使乎何时来，莫作东飞伯劳西飞燕。"①在诗人笔下，胡姬善于招揽顾客。李白《送裴十八图南归嵩山》云："何处可为别？长安青绮门。胡姬招素手，延客醉金樽。"②其《前有樽酒行》其二云："胡姬貌如花，当炉笑春风。笑春风，舞罗衣，君今不醉欲安归？"③酒席上她们唱歌助兴，举杯劝酒，李白《醉后赠王历阳》写酒宴上："双歌二胡姬，更奏远清朝。举酒挑朔雪，从君不相饶。"④岑参《送宇文南金放后归太原寓居因呈太原郝主簿》云："送君系马青门口，胡姬垆头劝君酒。"⑤诗人和贵公子们喜欢有胡姬的酒肆聚饮。李白《少年行二首》其二云："五陵年少金市东，银鞍白马度春风。落花踏尽游何处，笑入胡姬酒肆中。"⑥在《白鼻騧》中又写道："银鞍白鼻騧，绿地障泥锦。细雨春风花落时，挥鞭直就胡姬饮。"⑦张祐

① （唐）岑参著，陈铁民、侯忠义校注：《岑参集校注》卷2，上海古籍出版社1981年版，第121、122页。
② （唐）李白著，瞿蜕园、朱金城校注：《李白集校注》卷17，上海古籍出版社1980年版，第1015页。
③ （唐）李白著，瞿蜕园、朱金城校注：《李白集校注》卷3，上海古籍出版社1980年版，第252页。
④ （唐）李白著，瞿蜕园、朱金城校注：《李白集校注》卷12，上海古籍出版社1980年版，第773页。
⑤ （唐）岑参著，陈铁民、侯忠义校注：《岑参集校注》卷1，上海古籍出版社1981年版，第67页。
⑥ （唐）李白著，瞿蜕园、朱金城校注：《李白集校注》卷6，上海古籍出版社1980年版，第436页。
⑦ （唐）李白著，瞿蜕园、朱金城校注：《李白集校注》卷6，上海古籍出版社1980年版，第438页。

《白鼻騧》诗云:"为底胡姬酒,长来白鼻騧。摘莲抛水上,郎意在浮花。"①贺朝有《赠酒店胡姬》诗:"胡姬春酒店,弦管夜锵锵。红氍铺新月,貂裘坐薄霜。玉盘初鲙鲤,金鼎正烹羊。上客无劳散,听歌乐世娘。"②五陵年少和那些风流的诗人醉翁之意不在酒,好像是奔着美貌的胡姬才进入酒肆畅饮的。在饮酒听歌之余,诗人与胡姬还结下友谊,写诗相赠。

长安胡店多设在繁华热闹的地段。杨巨源《胡姬词》:"妍艳照江头,春风好客留。当垆知妾惯,送酒为郎羞。香度传蕉扇,妆成上竹楼。数钱怜皓腕,非是不能愁。"③所谓"江头",向达先生疑即曲江头,曲江是唐人游赏之处。李白诗中的"青绮门",即霸城门,日本学者石田干之助认为即春明门。"长安城东春明门至曲江一带,其间当有卖酒之胡家在也。"④唐代长安城内的西市和东市两大贸易中心,内地商人和西域商胡多在此经商。其中西市更加发达,根据考古发现,这里街道两旁发掘出 4 万多家商铺,220 多个行业。主干道上发现重重叠叠的车辙印。西市考古发现西域舶来品,如蓝宝石、紫水晶等。因此考古学者认为西市称得上是丝绸之路贸易路的起点。⑤ 西市聚集不少外族商人,也有不少胡人开设的酒店,唐代诗人写到长安的胡姬,有的就是在西市从业的。李白诗中的"金市",石田干之助认为即长安之西市,向达先生也同意此说。⑥

五、唐诗中长安的"胡僧"

佛教产生于南亚,自两汉以来,印度、西域僧人纷至沓来,译经传教。"唐代有大量的胡僧入华。胡僧奇特的形貌、怪异的打扮和生活习惯、苦修传道的

---

① (清)彭定求等编:《全唐诗》卷 511,中华书局 1960 年版,第 5833 页。
② (清)彭定求等编:《全唐诗》卷 117,中华书局 1960 年版,第 1181 页。
③ (清)彭定求等编:《全唐诗》卷 333,中华书局 1960 年版,第 3718 页。
④ 向达著:《唐代长安与西域文明》,生活·读书·新知三联书店 1957 年版,第 39 页。
⑤ 张燕著:《长安与丝绸之路》,西安出版社 2010 年版,第 146 页。
⑥ 向达著:《唐代长安与西域文明》,生活·读书·新知三联书店 1957 年版,第 39 页。

行为、对故土的思念等等,都形诸于唐人笔下。唐代佛教发展进入黄金时代,大量的印度僧人来到中国。天竺国曾派遣僧人出使唐朝入贡:"(开元)十七年六月,北天竺国藏沙门僧密多献质汗等药。十九年十月,中天竺国王伊沙伏摩遣其大德僧来朝贡。"①杜光庭《贺西域胡僧朝见表》云:"臣某伏以西域天竺僧到阙朝觐者。天慈遐被,异域怀归,致万里之番僧,朝千年之圣主,华夷率化,亿兆同欢。"②据《高僧传》和《续高僧传》的记载统计,唐代外来僧人共42人,除3人国籍不明外,天竺有30人,吐火罗2人,何国1人,康居1人。天竺僧占了88%。③ 可见当时称胡僧者,主要是天竺僧人。实际人数远远不止于此。

唐诗中反映了来自天竺的僧人为多,如沈佺期《九真山净居寺谒无碍上人》:"大士生天竺,分身化日南。"④李白《僧伽歌》:"此僧本住南天竺,为法头陀来此国。"⑤权德舆《锡杖歌送明楚上人归佛川》:"上人远自西天竺,头陀行遍国朝寺。"⑥无名氏《天竺国胡僧水晶念珠》:"天竺胡僧踏云立,红精素贯鲛人泣。"⑦刘言史《代胡僧留别》:"此地缘疏语未通,归时老病去无穷。定知不彻南天竺,死在条支阴碛中。"⑧杜甫《海棕行》:"移栽北辰不可得,时有西域胡僧识。"⑨有的诗写出胡僧的相貌特征,如贯休《山居诗二十四首》之十八:"白衣居士深深说,青眼胡僧远远传。"⑩那些胡僧礼佛虔诚、佛理甚精,成为人们钦仰请教的对象,唐诗中多所赞美:"药囊亲道士,灰劫问胡僧"⑪;"年华若

---

① 《旧唐书》卷198《西戎传》,中华书局1975年版,第5309页。

② (清)董诰等编:《全唐文》卷930,上海古籍出版社1990年版,第4297页。

③ 李斌城主编:《唐代文化》(下),中国社会科学出版社2002年版,第1831页。

④ (唐)沈佺期、宋之问撰,陶敏等校注:《沈佺期宋之问集校注》,中华书局2001年版,第93页。

⑤ (唐)李白著,瞿蜕园、朱金城校注:《李白集校注》卷7,上海古籍出版社1980年版,第523页。

⑥ (唐)权德舆撰,郭广伟校点:《权德舆诗文集》卷8,上海古籍出版社2008年版,第139页。

⑦ (清)彭定求等编:《全唐诗》卷785,中华书局1960年版,第8860页。

⑧ (清)彭定求等编:《全唐诗》卷468,中华书局1960年版,第5331页。

⑨ (唐)杜甫著,(清)仇兆鳌注:《杜诗详注》卷11,中华书局1979年版,第922页。

⑩ (唐)贯休著,胡大浚笺注:《贯休歌诗系年笺注》卷23,中华书局2011年版,第993页。

⑪ (唐)杜甫著,(清)仇兆鳌注:《杜诗详注》卷19,中华书局1979年版,第1721页。

到经风雨,便是胡僧话劫灰"①;"胡僧论的旨,物物唱圆成"②。还有的诗写胡僧的佛法之神奇,如岑参《太白胡僧歌》写一位"不知几百岁"的胡僧:"闻有胡僧在太白,兰若去天三百尺。一持楞伽入中峰,世人难见但闻钟。窗边锡杖解两虎,床下钵盂藏一龙。草衣不针复不线,两耳垂肩眉覆面。此僧年几那得知,手种青松今十围。心将流水同清净,身与浮云无是非。商山老人已曾识,愿一见之何由得。山中有僧人不知,城里看山空黛色。"③对胡僧的描写流露出对佛教的敬仰。

唐代长安已成为世界佛教中心之一,那些东来传法和奉使入华的僧人往往落脚长安。唐朝对外国僧侣入唐求法,持鼓励态度,提供生活便利。按照唐朝官方规定,外国僧侣入唐求法,每年赠绢二十五匹,四季给时服。当时众多僧人入华传教和留学僧入华学习佛教。耿湋《赠海明上人》诗云:"来自西天竺,持经奉紫薇。年深梵语变,行苦俗流归。"④可知海明上人是来自天竺奉事朝廷的僧人。杜光庭贺天竺僧来献,写诗进呈朝廷,曾著《宣进天竺僧二十韵诗表》。⑤ 唐代长安活跃着不少天竺、中亚僧人,成为长安诗人吟咏的对象。唐明皇《题梵书》写看到梵文"唵"字的感受云:"鹤立蛇形势未休,五天文字鬼神愁。龙盘梵质层峰峭,凤展翔仪乙卷收。正觉印同真圣道,邪魔交秘绝踪由。儒门弟子应难识,碧眼胡僧笑点头。"⑥在欣赏梵书时有胡僧在场,别人茫然不得其解时,只有他微笑着表示理解。李贺《听颖师琴歌》写颖师:"竺僧前

---

① (唐)李商隐著,(清)冯浩笺注:《玉溪生诗集笺注》卷1,上海古籍出版社1979年版,第83页。

② (清)彭定求等编:《全唐诗》卷823,中华书局1960年版,第9281页。

③ (唐)岑参著,陈铁民、侯忠义校注:《岑参集校注》卷5,上海古籍出版社1981年版,第393页。

④ (清)彭定求等编:《全唐诗》卷268,中华书局1960年版,第2979页。

⑤ (清)董诰等编:《全唐文》卷930,上海古籍出版社1990年版,第4297页。

⑥ 这首诗见河南登封刻石,又见敦煌写本伯三九八六号文书:"毫(鹤)立蛇形势未休,五天文字鬼神愁。支那弟子无言语,穿耳胡僧笑点头。"王重民先生说:"这首诗虽不见《全唐诗》和《全唐诗逸》,在敦煌本没有出现以前,是曾广泛流传的。依余所知,最早的是一○七七年陕西咸宁县卧龙寺的石刻本,但题太宗,不作玄宗。一三○八年河南登封县的刻石,又题玄宗,不作太宗。敦煌本标题作《玄宗题梵书》,证明这首诗在唐末已经流传,而且证明在唐末是题玄宗作的。石刻资料见于王昶的《金石萃编》卷一三七,附录于后。"见陈尚君辑校:《全唐诗补编》,中华书局1992年版,第5页。

立当吾门,梵宫真相眉棱尊。古琴大轸长八尺,峄阳老树非桐孙。凉馆闻弦惊病客,药囊暂别龙须席。请歌直请卿相歌,奉礼官卑复何益。"①这是李贺在长安任奉礼郎时写的诗,他称颖师为"竺僧",又说他"梵宫真相眉棱尊",说明颖师来自天竺,在长安表演弹琴。李洞《送三藏归西天国》云:"十万里程多少碛,沙中弹舌授降龙。五天到日应头白,月落长安半夜钟。"②他笔下的这位三藏法师应该是从长安启程回印度的,所以才把他归国的时间跟长安对照,说自己身在长安,深夜难眠,思念归国远行的僧友。崔涂《送僧归天竺》云:"忽忆曾栖处,千峰近沃州。别来秦树老,归去海门秋。汲带寒汀月,禅邻贾客舟。遥思清兴惬,不厌石林幽。"③这位来自天竺的僧人经南方海路入华,此沃州当指沃洲山,在今浙江新昌县东南三十六里处,他入华曾在此修行。诗人与其在长安相别,故云"别来秦树老";归天竺仍经海路,故云"归去海门秋"。在这样的诗中,常常表现出诗人对这些来自异域者性情学养的欣赏和赞美。

唐时从天竺来到中国可以选择陆路和海路,从唐诗中提到天竺僧人(或胡僧)的入唐路线,可以知道多是选择沿陆上丝绸之路而来。刘言史《病僧二首》:"竺国乡程算不回,病中衣锡遍浮埃。如今汉地诸经本,自过流沙远背来"。"空林衰病卧多时,白发从成数寸丝。西行却过流沙日,枕上寥寥心独知。"④说明这位病僧昔年度流沙而来,如今又将西过流沙而归。贯休《遇五天僧入五台五首》其一:"十万里到此,辛勤讵可论。唯云吾上祖,见买给孤园。一月行沙碛,三更到铁门。白头乡思在,回首一销魂。"其二云:"雪岭顶危坐,乾坤四顾低。河横于阗北,日落月支西。"⑤诗里提到的地名都是西北丝路道上的地名。刘言史《送婆罗门归本国》不但记述婆罗门僧沿陆上丝路而来,还反映了他又经海路游历各国,然后再经陆上丝路回国的经过:"刹利王孙字迦摄,竹锥横写叱萝叶。遥知汉地未有经,手牵白马绕天行。龟兹碛西胡雪黑,大师冻死来不得。地尽年深始到船,海里更行三十国。行多耳断金环落,冉冉

---

① (唐)李贺著,王琦等评注:《三家评注李长吉歌诗》,中华书局1964年版,第185、186页。
② (清)彭定求等编:《全唐诗》卷723,中华书局1960年版,第8300页。
③ (清)彭定求等编:《全唐诗》卷679,中华书局1960年版,第7776页。
④ (清)彭定求等编:《全唐诗》卷468,中华书局1960年版,第5327、5328页。
⑤ (清)彭定求等编:《全唐诗》卷832,中华书局1960年版,第9380页。

悠悠不停脚。马死经留却去时,往来应尽一生期。出漠独行人绝处,碛西天漏雨丝丝。"①入唐僧人游化汉地,不辞辛劳。周贺《赠胡僧》:"瘦形无血色,草屦着行穿。闲话似持咒,不眠同坐禅。背经来汉地,袒膊过冬天。情性人难会,游方应信缘。"②生动刻画了一个辛苦奔波的胡僧形象。

长安那些外族僧人,在长安传译佛经。他们受到诗人的敬仰,往往有诗赞美其为人和学养;他们与诗人唱和,丰富了长安诗坛。新罗入唐求法僧侣人数最多,遥居外国入唐求法僧侣之首。很多人湮没无闻,但有法号可考者多达130多人。入唐新罗僧人在中国拜唐朝高僧为师,与唐朝僧人一起同窗结缘。当新罗国僧人学成归国时,诗人们喜欢以诗相送,唐诗中有一些送新罗国僧人归国的诗。张乔《送僧雅觉归海东》:"山川心地内,一念即千重。老别关中寺,禅归海外峰。鸟行来有路,帆影去无踪。几夜波涛息,先闻本国钟。"③姚鹄《送僧归新罗》:"森森万余里,扁舟发落晖。沧溟何岁别,白首此时归。寒暑途中变,人烟岭外稀。惊天巨鳌斗,蔽日大鹏飞。雪入行砂屦,云生坐石衣。汉风深习得,休恨本心违。"④孙逖《送新罗法师还国》:"异域今无外,高僧代所稀。苦心归寂灭,宴坐得精微。持钵何年至,传灯是日归。上卿挥别藻,中禁下禅衣。海阔杯还度,云遥锡更飞。此行迷处所,何以慰虔祈。"⑤这些诗大多赞美新罗僧人的不畏艰险入华求法,赞扬他们的佛学修养,表达对他们行程的关切,祝愿他们回国后有所成就。诗人们喜欢与这些外族僧人交游和唱和,形成长安诗坛一种风气。李白《僧伽歌》:"真僧法号号僧伽,有时与我论三车。问言诵咒几千遍,口道恒河沙复沙。此僧本住南天竺,为法头陀来此国。戒得长天秋月明,心如世上青莲色。意清净,貌棱棱。亦不减,亦不增。瓶里千年舍利骨,手中万岁胡孙藤。嗟予落魄江淮久,罕遇真僧说空有。一言譬尽波罗夷,再礼浑除犯轻垢。"⑥这位僧伽大师乃西域人,姓何氏,曾被唐中宗尊

① (清)彭定求等编:《全唐诗》卷468,中华书局1960年版,第5322页。
② (清)彭定求等编:《全唐诗》卷503,中华书局1960年版,第5719页。
③ (清)彭定求等编:《全唐诗》卷638,中华书局1960年版,第7312页。
④ (清)彭定求等编:《全唐诗》卷553,中华书局1960年版,第6406页。
⑤ (清)彭定求等编:《全唐诗》卷118,中华书局1960年版,第1196页。
⑥ (唐)李白著,瞿蜕园、朱金城校注:《李白集校注》卷7,上海古籍出版社1980年版,第523页。

为国师,应该来自中亚何国。① 这显然是李白赠诗,其中多赞美之词。

六、唐代长安外族人的诗歌活动

唐代外族人有的在长安学习,参加科举考试,有的留在唐朝做官,有的返回故乡效命。他们精通汉文,擅长吟诗,在唐期间与汉族朋友赠答酬唱,赋诗咏怀。因此这些人的诗歌活动可以分为诗歌创作和唐诗传播两个方面。

唐诗中存在一部分此类人的作品,使这些外族人成为唐诗创作的参与者,这些外族人的创作成为唐代诗坛一道亮丽风景。当时入华学习的以新罗人和日本人最多,也以他们汉化最深,他们的诗歌创作丰富了长安诗苑。金云卿是新罗最早以宾贡身份中举的。崔瀣《送奉使李仲父还朝序》云:"进士取人本盛于唐。长庆初,有金云卿者始以新罗宾贡,题名杜师礼榜,由此以至天佑终,凡登宾贡科者五十有八人。"②金云卿仕唐任兖州司马。③《全唐诗逸》卷中录其《秦楼仙》诗残句:"秋月夜间闻案曲,金风吹落玉箫声。"④从诗题看当是在长安所作。金立之,新罗人,敬宗宝历元年(825 年),随新罗王子金昕入唐,曾至长安青龙寺、清远峡山寺。回国后曾任新罗秋城郡太守。⑤《全唐诗逸》卷中存其残句 7 联,皆录自日本大江维时编《千载佳句》:"烟破树头惊宿鸟,露凝苔上暗流萤。"(《秋夜望月》)"山人见月宁思寝,更掬寒泉满手霜。"(《峡山寺玩月》)"绀殿雨晴松色冷,禅林风起竹声余。"(《赠青龙寺僧》)"风过古殿香烟散,月到前林竹露清。"(《宿丰德寺》)"更有闲宵清净境,曲江澄月对心虚。"(《赠僧》)"寒露已催鸿北去,火云渐散月西流。"(《秋夕》)"园梅坼甲迎春笑,庭草抽心待节芳。"(《早春》)⑥金可纪(一作记),新罗人,唐开成、会昌、

---

① (宋)李昉等编:《太平广记》卷 96,中华书局 1961 年版,第 638—639 页。
② [韩]徐居正编:《东文选》卷 84,(汉城)民族文化刊行社 1994 年版。
③ [韩]安鼎福:《东史纲目》第 5、9 卷,(汉城)景仁文化社 1970 年版。
④ [日]河世宁纂辑:《全唐诗逸》卷中,《丛书集成初编》本,商务印书馆 1936 年版,第 32 页。
⑤ 金立之事迹,据《旧唐书·东夷传》《全唐诗逸》卷中,商务印书馆 1936 年版,第 23 页。
⑥ [日]河世宁纂辑:《全唐诗逸》卷中,《丛书集成初编》本,商务印书馆 1936 年版,第 23 页。

大中间留学长安,约大中年间及第,为"宾贡进士",隐居子午谷中修道,受道教仙祖钟离权传授内丹术。①《全唐诗逸》录其《题游仙寺》诗残句:"波冲乱石长如雨,风激疏松镇似秋。"②

　　来长安的日本人在诗歌创作方面也取得不小成就。晁衡(一作朝衡),日本人,原名阿部仲麻吕。十六岁留学长安,在唐朝历任校书、左补阙、秘书监等职,与李白、王维、储光羲等为友。其《思归》诗云:"慕义名空在,输忠孝不全。报恩(一作报国)无有日,归国定何年?"③他一直在长安为官,这首诗作于长安无疑。晁衡还有《衔命还国作》诗:"衔命将辞国,非才忝侍臣。天中恋明主,海外忆慈亲。伏奏违金阙,骈骖去玉津。蓬莱乡路远,若木故园林。西望怀恩日,东归感义辰。平生一宝剑,留赠结交人。"④道慈,俗姓额田,日本漆下郡人。少小出家,聪敏好学。长安元年入唐留学,学业颖秀,妙通三藏,曾入宫讲经。开元六年归日本,拜僧纲律师。晚年受命造成大安寺。存诗一首,《在唐奉本国皇太子》云:"三宝持圣德,百灵扶仙寿。寿共日月长,德与天地久。"⑤辨正,日本人,少年出家,长安间入唐,学三论宗。曾以善棋入临淄王李隆基藩邸,后客死于唐,存诗二首。其《在唐忆本乡》诗云:"日边瞻日本,云里望云端。远游劳远国,长恨苦长安。"《与朝主人》云:"钟鼓沸城闉,戎蕃预国亲。神明今汉主,柔远静胡尘。琴歌马上怨,杨柳曲中春。唯有关山月,偏迎北塞人。"⑥空海在唐学法期间,有多首题寺和与唐僧赠答之作。如《青龙寺留别义操阇梨》:"同法同门喜遇深,空随白雾忽归岑。一生一别难再见,非梦思中数数寻。"表达了与中国同学依依惜别之情。他还有《过金山寺》《在唐日观昶法和尚小山》《在唐日赠剑南僧惟上离合诗》等诗。⑦

　　从印度、西域入华的僧人也有从事诗歌创作的。白居易《秋日怀杓直》诗就写到一位能诗的胡僧:"西寺老胡僧,南园乱松树。携持小酒榼,吟咏新诗

---

①　(宋)李昉等编:《太平广记》卷53"金可记",中华书局1961年版,第330页。
②　[日]河世宁纂辑:《全唐诗逸》卷中,《丛书集成初编》本,商务印书馆1936年版,第23页。
③　陈尚君辑校:《全唐诗补编》,中华书局1992年版,第558页。
④　(清)彭定求等编:《全唐诗》卷732,中华书局1960年版,第8375页。
⑤　陈尚君辑校:《全唐诗补编》,中华书局1992年版,第789页。
⑥　陈尚君辑校:《全唐诗补编》,中华书局1992年版,第789、790页。
⑦　陈尚君辑校:《全唐诗补编》,中华书局1992年版,第1051、1052页。

句。同出复同归,从早直至暮。"①这位善诗的老胡僧与诗人白居易朝朝暮暮同归同出,当有不少诗歌作品。但当时胡僧作品传世者较少。唐志怪小说《东阳夜怪录》刻画了一位生在碛西,来诣中国的善诗的胡僧智高(骆驼为妖)②,正是胡僧善诗在小说中的反映。正像有学者指出的那样,"唐代的印度入华诗僧、西域入华诗僧和出身移民后裔的胡僧,都有人从事过诗歌创作,只是由于作品散佚,我们今天只能从散存的吉光片羽和文献记载中来追寻他们的创作情况及成因。"③玄宗时的西域僧人利涉能诗,有《涉集》十卷,已佚,当有诗作。《宋高僧传·利涉传》记载,他与韦玎辩难,将韦字为韵,揭调长吟,偈词云:"我之佛法是无为,何故今朝得有为?无韦始得三数载,不知此复是何韦!"④由此可知利涉颇具诗才。唐末时来中国巡礼的一位梵僧曾作《长安词》四首:"天长地阔杳难分,中国众生不可闻。长安帝德承恩报,万国归投拜圣君。""汉家法用令章新,四方取则玉华吟。文章绎络如流水,白马驮经即自临。""故来行险远寻求,谁谓明君不暂留。修身不避关山苦,学问乃须度百秋。""谁知此地却回还,泪下沾衣不觉斑。愿身死作中华鬼,来生得见五台山。"⑤从题目和诗中"长安帝德""拜圣君""谁谓明君不暂留"云云,可知这位僧人是入长安后回国的,他没有在中国待太多时间就匆匆西返,不免伤感。他的心愿是到五台山拜佛参谒,但此行未果,故云"来生得见五台山"。

丝绸之路既是商贸之路,也是文化交流之路。作为丝绸之路的起点,从长安输出的不仅有物质文明,也有精神文明。唐诗作为唐人最重要的精神文明成果也从长安走向异域。在这个过程中,外族各色人等发挥了重要作用。王

---

① (唐)白居易著:《白居易集》卷7,中华书局1981年版,第143页。
② (宋)李昉等编:《太平广记》卷490,中华书局1961年版,第4023—4029页。
③ 查明昊:《唐人笔下的胡僧形象及胡僧的诗歌创作》,《中国典籍与文化》2008年第2期。
④ (宋)赞宁撰:《宋高僧传》卷17《利涉传》,中华书局1987年版,第420页。
⑤ 任中敏编著:《敦煌歌辞总编》卷3,凤凰出版社2014年版,第563页。原载敦煌文书斯五五四〇·苏一三六九·伯三六四四。《敦煌歌辞总编》卷三云:"题尾既缀有词字,乃歌辞之标志,说明并非徒诗"。按:此词题名伯三六四四作《礼五台山偈一百十二字》,字句与含义皆有不同:"天长地阔杳难分,中国中天不可闻。长安帝德谁恩报,万国归朝拜圣君。汉字法度礼将深,四方取则慕华钦。文章浩浩如流水,白马驮经无自临。故来发意寻远求,谁为明君不暂留。将身岂惮千山路,学法宁辞度百秋。何期此地却回还,泪下沾衣不觉斑。愿身长在中华里,生生得见五台山。"

建《寄杨十二秘书》云:"新诗欲写中朝满,旧卷常抄外国将。闲出天门醉骑马,可怜蓬阁秘书郎。"①这里的"将"就是带去之意,意思说杨氏的诗集常常被入华外国人抄写携出国外。白居易《元稹墓志》说元稹的诗"自六宫两都至南蛮东夷,皆写传之,每一章一句出,无胫而走,疾于珠玉"②。白居易的诗浅切易晓,流播域外最广。元稹《白氏长庆集序》说白居易的诗受到异域的欣赏和珍重,"鸡林贾人求市颇切,自云:本国宰相以百金换一篇,其甚伪者,宰相辄能辨别之。自篇章以来未有流传如是之广者"③。鸡林国,唐时朝鲜别称,即今朝鲜,其经商者至唐朝购求白居易的诗携回朝鲜。岑参诗"每一篇绝笔,则人人传写,虽闾里士庶,戎夷蛮貊,莫不讽诵吟习焉"④。贾岛《哭孟郊》说孟郊:"身死声名在,多应万古传。……家近登山道,诗随过海船。"⑤他的诗流传到新罗和日本。

唐朝以其繁荣的经济、强大的国力以及独步海内外的诗歌艺术,吸引了世界上许多国家和地区的人来华学习。仅以日本为例,有唐一代,其遣唐使团达十三次之多,每次少则二三百人,多则五六百人。另有非官派自行入唐者,其人数亦复不少。这些遣唐使,固非为专习中国诗歌艺术而来,但他们在入唐学习和求"法"的同时,学习中国诗歌技能、并将大量诗歌带回本土。日本僧人圆仁入唐求法,归国时携回其在长安等处得到的佛教经论、章疏、传记、诗文集近六百部,其中包括诗集和诗歌理论和创作的著作,如《开元诗格》一卷、《祝无膺诗集》一卷、《杭越唱合诗集》一卷、《杜员外集》二卷、《百家诗集》六卷、《王昌龄诗集》二卷、《朱书诗》一卷等。日本僧人空海回国后,根据在中国的学习及所携中国诗文,撰成《文镜秘府论》一书。日本、新罗国遣唐使和留学生、留学僧中许多人掌握了中国传统诗文技巧,诗写得很好,如日本人晁衡、新罗人崔致远、越南人姜公辅等。当其归国之时便把诗艺也带回了故国。唐诗传播域外,长安是一个传播的中心,那些来到长安的域外人回国之际,有意无

---

① (唐)王建著,王宗堂校注:《王建诗集校注》卷8,中州古籍出版社2006年版,第397页。
② (唐)白居易著,朱金城笺校:《白居易集笺校》,上海古籍出版社2003年版,第3736页。
③ (唐)元稹著:《元稹集》卷51,中华书局1981年版,第555页。
④ (唐)杜确:《岑嘉州诗集序》,见陈铁民、侯忠义《岑参集校注》附录,上海古籍出版社1981年版,第463页。
⑤ (唐)贾岛著,李嘉言校:《长江集新校》卷3,上海古籍出版社1983年版,第24页。

意地把唐诗这一中国文学的辉煌成果传播到海外。

通过以上论述,我们看到,唐朝的强大和繁荣使当时的中国像一个巨大的磁石,吸引了无数外族人,而长安是外族人入唐的首选之地和最大聚集之地。唐代是诗歌的黄金时代,诗歌成为全社会普遍爱好的文学形式和交际工具,也是令外族人仰慕中华文化的重要因素。中外文化交流是唐诗繁荣的原因之一,外来文明为唐诗提供了新鲜素材,从唐诗与长安移民的关系可以看出移民为长安带来了怎样的活力。唐诗成为外族人喜爱的中华文化内容,唐代长安是唐王朝最大的文化中心和诗歌中心,生活在长安的外族人在外来文明与唐诗繁荣的互动中发挥了重要的中介作用。外族人及其在长安的活动不仅成为唐诗的重要素材,他们的异域特征和别样风情也是激发诗人诗兴的重要媒介;活跃在长安的诗人才子是外族人喜欢交往的朋友,优美的诗歌成为外族人仰慕和学习中华文化的动因之一,他们不仅学习唐诗写作,还把唐诗作品带到中国以外的世界,为世人所共享。唐诗走向世界,成为世界文化遗产宝库的组成部分,他们功不可没。

(本文原载《社会科学战线》2016 年第 12 期,《新华文摘》2017 年第 6 期转载)

唐诗见证的唐朝与东南亚诸国关系

　　唐朝对海外贸易采取开放和鼓励政策。经过海路入华的外国商人可以在中国自由贸易,政府允许他们把商品自由运进口岸,可以往来各地市易或开铺经营。唐代广州、交州是中外通商的要地,海外贸易进入鼎盛时期。当时南海诸国与唐朝通好的约有二十多个国家和地区,其中东南亚地区关系最为密切的有林邑、真腊、丹丹、盘盘、堕和罗、赤土、骠国、室利佛逝、堕婆登、诃陵、婆利等,这些国家与广州、交州都有贸易往来。唐代海上交通和贸易的情况史书上有所记载,同时也反映在唐诗的描写中,唐诗中有所反映的是林邑、真腊和诃陵。

一、唐诗中的林邑

　　由于海上交通的发展,唐朝与东南亚许多国家和地区的商业、外交往来都更加频繁和密切起来。这些国家和地区在中西海上交通方面不仅是重要的对象国,而且又是中介国。

　　在东南亚国家中,林邑国乃唐朝近邻。林邑故地在今越南中南部,秦时为象郡象林县地,西汉时为日南郡象林县地。《汉书·地理志》记载,西汉时日南郡下有五县,象林是其一。① 汉末象林功曹之子区连自立为王,中国史籍最初称之为"象林邑",简称"林邑",意即"象林之邑"。8 世纪下半叶,即唐朝至

_____

① 《汉书》卷28《地理志八》,中华书局1962年版,第1630页。

德年间以后改称环王国。9 世纪后期,五代时又改称占城国,即占婆补罗(Champa Kingdom)。"补罗"梵语意为"城",简译占婆、占波、瞻波。林邑位于中南半岛东南部,北起今越南河静省横山关,南至平顺省潘郎、潘里地区。王都为因陀罗补罗(今越南茶荞)。林邑是古代中国经海路西行与域外交通的首经之地,因此是海上丝绸之路要道。贾耽《入四夷之路》之"广州入海夷道"云:"广州东南海行,二百里至屯门山,乃帆风西行,二日至九州石。又南二日至象石。又西南三日行,至占不劳山,山在环王国东二百里海中。"①在历代正史中记载中国与东南亚诸国的关系时往往首叙林邑。

唐朝初年便与林邑国建立起友好关系,林邑不断入贡方物。高祖武德六年(623 年)、武德八年(625 年),林邑王范梵志两次遣使与唐通好,高祖李渊举行盛宴招待其使,奏九部乐,赐其王绵彩等珍品。唐太宗时林邑三次遣使入贡,献驯犀、驯象、火珠、五色鹦鹉、白鹦鹉、镠锁、五色带、朝霞布、通天犀、杂宝等。唐太宗去世,"诏于陵所刊石图(林邑王)头黎之形,列于玄阙之前"②。从高宗至玄宗时林邑国一直不断遣使入贡。③ 安史之乱后唐朝盛世不再,德宗时林邑政局发生变化,改称环王国,林邑与唐朝的关系便不比过去密切,唐后期林邑入贡仅见贞元九年(793 年)十月一次,"环王国献犀牛,帝令见于太庙"④。宪宗元和年间环王国未向唐朝入贡,唐安南都护张舟曾对林邑用兵,

---

① 《新唐书》卷 43《地理志七》,中华书局 1975 年版,第 1153 页。

② 《旧唐书》卷 197《南蛮传》,中华书局 1975 年版,第 5270 页;《新唐书》卷 222《南蛮传》,中华书局 1975 年版,第 6298 页。

③ 《新唐书》卷 222 下《南蛮传》云林邑国"永徽至天宝,凡三入献",不确。据《册府元龟》卷九七〇《外臣部·朝贡》记载,高宗永徽四年四月、永徽五年五月、显庆二年二月、显庆二年六月,则天垂拱二年三月、天授二年十月、证圣元年正月、证圣元年四月、圣历二年六月、长安元年十二月、三年十月,中宗神龙二年七月、三年八月、景龙三年十一月,玄宗开元二年六月、十九年十月、二十二年六月、二十三年八月、九月、天宝七载六月、八载九月、九载三月(北邑当为林邑之误),皆有林邑入唐朝贡的记录。据《旧唐书·南蛮传》,林邑在高祖时入贡两次,唐太宗时入贡三次,安史之乱后唐德宗贞元九年一次,合计终唐至少 28 次。通常所谓"终唐之世,林邑使臣来唐达十五次之多"(见朱绍侯主编《中国古代史》中册,福建人民出版社 1982 年版,第 256 页),不确;王仲荦《唐朝与南海各国的经济文化交流》统计为 26 次(见《唐史论丛》第 2 辑,陕西人民出版社 1987 年版,第 278—298 页),李斌城主编《唐代文化》(中国社会科学出版社 2002 年版,第 1772 页)从之,亦不确。

④ (宋)王钦若等编:《册府元龟》卷 970《外臣部》,中华书局 1960 年版,第 11416 页。

执其伪驩州、爱州都统,斩三万级,虏王子 59 人,获战象、舠、铠等物。①

从文化交流角度看,唐朝从林邑得到的主要是土特产,而林邑从唐朝输入的是政治制度、宗教文化和艺术等。唐朝的典章制度不少传入林邑,林邑采用唐朝以诗文取士的科举制度,林邑佛教也从唐朝传入。林邑国使臣及所进贡的物产,为唐代诗人所乐于吟咏。"白雉""翡翠""明珠"是林邑入贡物品,这些在唐诗中都有描写。中国古代文献中的越裳国在今越南境内,因此唐诗中往往以"越裳"代指林邑。西周时越裳国曾向周成王进贡白雉,成为西周政治清明的象征,诗人们喜用这一典故,用来歌颂唐朝。丁仙芝《越裳贡白雉》:"圣哲承休运,伊夔列上台。覃恩丹徼远,入贡素翚来。北阙欣初见,南枝顾未回。敛容残雪净,矫翼片云开。驯扰将无惧,翻飞幸不猜。甘从上林里,饮啄自徘徊。"②王若岩《试越裳贡白雉》云:"素翟宛昭彰,遥遥自越裳。冰晴朝映日,玉羽夜含霜。岁月三年远,山川九泽长。来从碧海路,入见白云乡。作瑞兴周后,登歌美汉皇。朝天资孝理,惠化且无疆。"③李沛《海水不扬波》:"明朝崇大道,寰海免波扬。既合千年圣,能安百谷王。天心随泽广,水德共灵长。不挠鱼弥乐,无澜苇可航。化流沾率土,恩浸及殊方。岂只朝宗国,惟闻有越裳。"④以上几首皆省试诗,字面上写周朝,实际上借周颂扬唐朝,这种颂扬以唐前期林邑国屡屡入贡为背景。李白《放后遇恩不沾》诗云:"天作云与雷,霈然德泽开。东风日本至,白雉越裳来。"⑤高适《和贺兰判官望北海作》:"圣代务平典,辀轩推上才。迢遥溟海际,旷望沧波开。……风行越裳贡,水遏天吴灾。揽辔隼将击,忘机鸥复来。"⑥都是用"越裳"代指林邑。

安史之乱发生后,林邑停止了对唐朝的入贡,在唐诗中有所反映。杜甫《有感五首》其二:"幽蓟余蛇(一作封)豕,乾坤尚虎狼。诸侯春不贡,使者日

---

① 《新唐书》卷 222《南蛮传》,中华书局 1975 年版,第 6298 页。

② (清)彭定求等编:《全唐诗》卷 114,中华书局 1960 年版,第 1157 页。

③ (清)彭定求等编:《全唐诗》卷 782,中华书局 1960 年版,第 8838 页。

④ (清)彭定求等编:《全唐诗》卷 780,中华书局 1960 年版,第 8820 页。

⑤ (唐)李白著,瞿蜕园、朱金城校注:《李白集校注》卷 25,上海古籍出版社 1980 年版,第 1461 页。

⑥ (唐)高适著,孙钦善校注:《高适集校注》,上海古籍出版社 1984 年版,第 2192、2193 页。

相望。慎勿吞青海,无劳问越裳。人君先息战,归马华山阳。"①"无劳"句意谓不要再希望像林邑那样远方的属国"能勤远略",助朝廷平叛乱。杜甫《诸将五首》其四:"回首扶桑铜柱标,冥冥氛祲未(一作不)全销。越裳翡翠无消息,南海明珠久寂寥。"②东汉马援率兵至林邑平乱,战后立铜柱作为界碑,故后世用"铜柱"代指林邑之地。由于战乱,昔日一直入贡的林邑不再进献翡翠、明珠,杜诗描写与上述唐朝与林邑关系的史实是一致的。杜甫《江阁对雨有怀行营裴二端公》诗:"雨来铜柱北,应洗伏波军。"③德宗时林邑又有入贡之事,韩愈《越裳操》应当歌咏其事:"自周之先,其艰其勤,以有疆宇,私我后人。我祖在上,四方在下,厥临孔威,敢戏以侮。孰荒于门,孰治于田,四海既均,越裳是臣。"④借周事歌颂唐朝。

按照古代越南传说,越人始祖为雄王,因此林邑又有雄王国之称。雄王的传说出自越南古籍《岭南摭怪》"鸿庞氏传"条记载,炎帝神农氏后裔貉龙君与妪姬生百子:"龙君曰:'我是龙种,水族之长,尔是仙种,虽阴阳之气合而有子,然水火相克,种类不同,难以久居。今相分别,吾将五十男归水府,分治各处;五十男从汝居土上,分国而治,登山入水,有事相闻,无得相废。'每男听从,然后辞去。妪姬与五十男居峰州,自相推服,尊其雄长者为主,号曰雄王,国号文郎国。"⑤这是雄王被越南人尊为祖先的文字记载,唐诗中的雄王国即林邑国。韩翃《别李明府》:

> 宠光五世腰青组,出入珠宫引箫鼓。醉舞雄王玳瑁床,娇嘶骏马珊瑚柱。胡儿夹鼓越婢随,行捧玉盘尝荔枝。罗山道士请人送,林邑使臣调象骑。爱君一身游上国,阙下名公如旧识。万里初怀印绶归,湘江过尽岭花飞。五侯焦石烹江笋,千户沉香染客衣。别后想君难可见,苍梧云里空山县。汉苑芳菲入夏阑,待君障日蒲葵扇。⑥

① (唐)杜甫著,(清)仇兆鳌注:《杜诗详注》卷11,中华书局1979年版,第972页。
② (唐)杜甫著,(清)仇兆鳌注:《杜诗详注》卷16,中华书局1979年版,第1368页。
③ (唐)杜甫著,(清)仇兆鳌注:《杜诗详注》卷23,中华书局1979年版,第2078页。
④ (唐)韩愈著,钱仲联集释:《韩昌黎诗系年集释》卷11,上海古籍出版社1984年版,第1155页。
⑤ [越南]佚名:《岭南摭怪》卷1,中州古籍出版社1991年版,第10页。
⑥ (清)彭定求等编:《全唐诗》卷243,中华书局1960年版,第731页。

　　唐代称县令为明府,诗人笔下的李明府当是林邑人,而且出身贵族,他来到"上国",被任命为今湖南某地县令后赴任,诗人韩翃写此诗送行。诗中所写皆林邑国物产,如"雄王玳瑁床""珊瑚柱""胡儿夹鼓""越婢""林邑使臣""调象"等。

　　林邑国曾向唐朝进献鹦鹉,唐太宗命李百药作《鹦鹉赋》,李百药借此大颂唐朝和太宗的盛德,赋写鹦鹉之远从林邑进贡而来:

　　　　嘉灵禽之擢秀,资品物以呈祥。含金精于兑域,体耀质于炎方。候风海而作贡,备黼黻以成章。绣领绮翼,红衿翠裳。饰以朱紫,间以玄黄。碧鸡仰而寝色,金鹅对以韬光。亘万里之重阻,随四夷而来王。既逾岭以自致,亦凌江而远翔。开神情之聪辨,发枢机而柳(当作抑)扬。①

　　接着长篇赞美此鸟。这是一篇咏物小赋,也是一篇唐王朝的颂歌。赋是介于诗与散文之间的文体,咏物抒情小赋更接近诗,李百药的这篇作品便是一篇诗情浓郁的赋,在赞美鹦鹉的同时,歌颂了唐太宗仁德泽被万物;借鹦鹉的命运赞叹君子之风和乘机遇时,表达了个人的志趣和感恩戴德之情。林邑曾向唐朝进贡白鹦鹉,盛唐诗人王维《白鹦鹉赋》说它"名依西域,族本南海"②,应当歌咏林邑之贡物。诗人还借来自域外的鹦鹉表达身世之感。胡皓《同蔡孚起居咏鹦鹉》:"鹦鹉殊姿致,鸾皇得比肩。常寻金殿里,每话玉阶前。贾谊才方达,扬雄老未迁。能言既有地,何惜为闻天。"③此诗借咏宫中鹦鹉,寄托对蔡孚能在皇帝面前替自己美言的希望。李义府贬谪中《咏鹦鹉》,表达了与鹦鹉同病相邻之意:"牵弋辞重海,触网去层峦。戢翼雕笼际,延思彩霞端。慕侣朝声切,离群夜影寒。能言殊可贵,相助忆长安。"④白居易《红鹦鹉》:"安南远进红鹦鹉,色似桃花语似人。文章辩慧皆如此,笼槛何年出得身。"这首诗题注云:"商山路逢。"⑤是他于商山道上路逢安南都护府赴京上贡红鹦鹉,写下这首讽喻诗。林邑国的方物通过安南都护府进贡,安南都护府送到京

① (宋)李昉等编:《文苑英华》卷135,中华书局1966年版,第620页。
② (唐)王维撰,(清)赵殿成笺注:《王右丞集笺注》卷16,上海古籍出版社1984年版,第283页。
③ (清)彭定求等编:《全唐诗》卷108,中华书局1960年版,第1123页。
④ (清)彭定求等编:《全唐诗》卷35,中华书局1960年版,第469页。
⑤ (唐)白居易著:《白居易集》卷15,中华书局1979年版,第313页。

城里的红鹦鹉可能来自林邑的入贡。

林邑入贡驯象、驯犀等出现在唐诗的描写中。封演《封氏闻见记》云:"异方禽兽,象出南越,驼出北胡,今皆育于中国;然不如本土之宜也。"①此南越指林邑。林邑入贡的驯象、驯犀在宫廷里的表演进入诗人的吟咏。常衮《奉和圣制麟德殿燕百僚应制》诗:"云辟御筵张,山呼圣寿长。玉阑丰瑞草,金陛立神羊。台鼎资庖膳,天星奉酒浆。蛮夷陪作位,犀象舞成行。"②储光羲《述韦昭应画犀牛》诗:"遐方献文犀,万里随南金。大邦柔远人,以之居山林。"③韩翃《别李明府》诗:"胡儿夹鼓越婢随,行捧玉盘尝荔枝。罗山道士请人送,林邑使臣调象骑。"④元稹《驯犀》诗云:"建中之初放驯象,远归林邑近交广。兽返深山鸟构巢,鹰雕鹞鹘无羁靮。贞元之岁贡驯犀,上林置圈官司养。玉盆金栈非不珍,虎唉狌牢鱼食网。渡江之橘逾汶貉,反时易性安能长。"⑤李绅先有以《驯犀》为题的诗,元稹和之,李绅诗不传。白居易有同题诗,当亦和李绅之作:

> 驯犀驯犀通天犀,躯貌骇人角骇鸡。海蛮闻有明天子,驱犀乘传来万里。一朝得谒大明宫,欢呼拜舞自论功。五年驯养始堪献,六译语言方得通。上嘉人兽俱来远,蛮馆四方犀入苑。秣以瑶刍锁以金,故乡迢递君门深。海鸟不知钟鼓乐,池鱼空结江湖心。驯犀生处南方热,秋无白露冬无雪。一入上林三四年,又逢今岁苦寒月。饮冰卧霰苦蜷踞,角骨冻伤鳞甲蹜。驯犀死,蛮儿啼,向阙再拜颜色低。奏乞生归本国去,恐身冻死似驯犀。君不见,建中初,驯象生还放林邑。君不见,贞元末,驯犀冻死蛮儿泣。所嗟建中异贞元,象生犀死何足言。⑥

此诗小序云:"感为政之难终也"。李绅和元白诗中提到林邑进献驯犀之事,在德宗建中及贞元时期。德宗施政方面的变化,在对待林邑入贡的驯犀的态度上表现出来,君王不能善始善终,受到诗人的责难。

---

① (唐)封演撰,赵贞信校注:《封氏闻见记校注》卷7,中华书局1958年版,第60页。

② (清)彭定求等编:《全唐诗》卷254,中华书局1960年版,第2858页。

③ (清)彭定求等编:《全唐诗》卷136,中华书局1960年版,第1373页。

④ (清)彭定求等编:《全唐诗》卷243,中华书局1960年版,第731页。

⑤ (唐)元稹著:《元稹集》卷24,中华书局1982年版,第283页。

⑥ (唐)白居易著:《白居易集》卷3,中华书局1979年版,第69页。

从唐诗中的描写可知,林邑还向唐朝入贡珊瑚树和珍珠。张谓《杜侍御送贡物戏赠》诗:"铜柱朱崖道路难,伏波横海旧登坛。越人自贡珊瑚树,汉使何劳獬豸冠。"①林邑国向唐朝献火珠,唐人称奇:"大如鸡卵,圆白皎洁,光照数尺,状如水精,正午向日,以艾承之,即火燃。"②火珠是一种能聚光引火的珠,在传说和神话中是通灵宝物,是象征祥光普照大地、永不熄灭的吉祥物。在中国古代宫殿、塔廊建筑正脊上常用做装饰,有两焰、四焰、八焰等不同形式,在龙的形象面前又是雷和闪电的象征。从唐诗可知,火珠被唐人视为国宝。武则天时建天枢,以火珠为饰,诗人歌咏其事。刘肃《大唐新语》记载,长寿三年(694年),武则天征天下铜50万余斤、铁330余万斤、钱两万七千贯,在定鼎门内铸八棱铜柱,题曰"大周万国述德天枢",纪革命之功,贬李家皇室之德。天枢上有云盖,盖上施盘龙以托火珠,珠高一丈,围三丈,金彩荧煌,光侔日月。武三思为文纪其事,朝士献诗者不可胜纪。李峤诗冠绝当时,其诗曰:

> 辙迹光西崦,勋名纪北燕。何如万国会,讽德九门前。灼灼临黄道,迢迢入紫烟。仙盘正下露,高柱欲承天。山类丛云起,珠疑大火悬。声流尘作劫,业固海成田。圣泽倾尧酒,熏风入舜弦。欣逢下生日,还偶上皇年。

开元初,诏毁天枢,发卒销铄,弥月不尽。洛阳尉李休烈赋诗以咏之:"天门街里倒天枢,火急先须御火珠。计合一条丝线挽,何劳两县索人夫。"士庶莫不讽咏。③ 明堂的建与毁都有诗人歌咏其事,他们的诗都写到火珠,可见火珠给当时人们的印象多么深刻。建明堂用火珠为饰,科举考试也曾以此为题试诗。崔曙《奉试明堂火珠》云:"正位开重屋,凌空(一作中天)出火珠。夜来双月满,曙后一星孤。天净光难灭,云生望欲无。遥知太平代(一作还知圣明代),国宝在名都。"④安南向朝廷进贡珍珠,唐诗中也有反映,皮日休《正乐府十篇·贱贡士》诗云:"南越贡珠玑,西蜀进罗绮。到京未晨旦,一一见天子。

---

① (清)彭定求等编:《全唐诗》卷197,中华书局1960年版,第2020页。
② 《旧唐书》卷197《南蛮传》,中华书局1975年版,第5270页。
③ (唐)刘肃:《大唐新语》卷8,中华书局1984年版,第126页。
④ (清)彭定求等编:《全唐诗》卷155,中华书局1960年版,第1600页。

如何贤与俊,为贡贱如此。所知不可求,敢望前席事。"①诗批判统治者重珠玑罗绮而轻视人才,故才志之士不得其位,未展其用。

产于林邑、扶南等地的苏方木被贩贸到中国,苏方木又叫苏枋木、苏枋、苏芳木、苏木、红紫、赤木,分布于热带亚洲沿海国家和地区。顾况《上古之什补亡训传十三章·苏方一章》云:"苏方之赤,在胡之舶,其利乃博。我土旷兮,我居阗兮,我衣不白兮。朱紫烂兮,传瑞晔兮。相唐虞之维百兮。"此诗题注云:"苏方,讽商胡舶舟运苏方,岁发扶南、林邑,至齐国立尽。"②可知苏木曾是商胡经海上丝路从林邑、扶南贩运到中国的商货之一,而且直到山东半岛。诗人以苏方木树皮的粗糙嘲笑人的丑陋,崔涯《嘲妓二首》其一:"虽得苏方木,犹贪玳瑁皮。怀胎十个月,生下昆仑儿。"③苏木有各种用途,根可以提取红色染料,与其他植物染料搭配使用,可变为黄、红、紫、褐、绿、枣红、深红、肉红等颜色,故顾况诗说可以染衣。唐代苏鹗《苏氏演义》记载苏枋木的用途:"苏枋木,出扶南、林邑外国,取细破,煮之以染色。"④苏方木还有医药价值,从其心材可提取巴西木素和挥发油,有杀菌、消肿、止痛功用。《本草纲目》中称苏木少用则和血,多用则破血、性平、味甘、咸。苏木能使心血管收缩增强,对中枢神经有催眠和麻醉作用。唐人已经了解苏方木的药用价值,药学家苏敬《唐本草》说它"自南海、昆仑来,而交州、爱州亦有之",说它主治"破血,产后血胀闷欲死者,水煮五两,取浓汁服"。陈藏器《本草拾遗》说它主治"霍乱呕逆,及人常呕吐,用水煎服"。⑤顾况诗说商胡将苏方木运入中国,获利甚丰,而中国人只是用以染衣,看法并不全面。日本人真人元开《唐大和上东征传》记载,鉴真等因风漂至海南,至万安州(今海南省万宁县、陵水县),受到大首领冯若芳邀请供养。冯若芳从事海盗活动,每年劫掠波斯舶二三艘,"取物为己货""其宅后,苏芳木露积如山"。⑥说明苏方木是唐代通过海上丝绸之路自域外

---

① (唐)皮日休著,萧涤非整理:《皮子文薮》卷10,中华书局1959年版,第118页。

② (唐)顾况著,赵昌平校编:《顾况诗集》卷1,江西人民出版社1983年版,第6页。

③ (清)彭定求等编:《全唐诗》卷870,中华书局1960年版,第9858页。

④ (唐)苏鹗撰:《苏氏演义》卷下,辽宁教育出版社1988年版,第28页。

⑤ (明)李时珍著:《本草纲目》卷35,中医古籍出版社1994年版,第871页。

⑥ [日]真人元开著:《唐大和上东征传》,中华书局1979年版,第68页。

输入之重要商货,数量巨大。

唐诗中的"林邑"有时是泛称,成为文学意象,泛指南方沿海之荒远地区。"越裳"则是其代称,用周朝越裳贡白雉的典故。鲍防《杂感》诗云:"汉家海内承平久,万国戎王皆稽首。天马常衔苜蓿花,胡人岁献葡萄酒。五月荔枝初破颜,朝离象郡夕函关。雁飞不到桂阳岭,马走先过林邑山。"①欧阳詹《元日陪早朝》诗云:"斗柄东回岁又新,邅旒南面挹来宾。和光仿佛楼台晓,休气氤氲天地春。仪篱不唯丹穴鸟,称觞半是越裳人。江皋腐草今何幸,亦与恒星拱北辰。"②柳宗元《得卢衡州书因以诗寄》诗:"临蒸且莫叹炎方,为报秋来雁几行。林邑东回山似戟,牂牁南下水如汤。"③柳宗元《柳州寄京中亲故》:"林邑山连瘴海秋,牂牁水向郡前流。劳君远问龙城地,正北三千到锦州。"④这些诗中提到的林邑,都是泛称,非实指,极言其荒远。

二、唐诗中的诃陵

从林邑往南有诃陵国,或称诃陵洲、社婆、阇婆,其国南北朝时已通中国。《旧唐书·南蛮传》记载:"诃陵国,在南方海中洲上居,东与婆利、西与堕婆登、北与真腊接,南临大海。"其地大约在今印度尼西亚爪哇或马来半岛南部之地。其国"竖木为城,作大屋重阁,以棕榈皮覆之。王坐其中,悉用象牙为床。食不用匙箸,以手而撮。亦有文字,颇识星历。俗以椰树花为酒,其树生花,长三尺余,大如人膊,割之取汁以成酒,味甘,饮之亦醉"。⑤ 其地"出瑇瑁、黄白金、犀、象,国最富。有穴自涌盐。以柳花、椰子为酒,饮之辄醉,宿昔坏。有文字,知星历。食无匕箸。……王居阇婆城。其祖吉延东迁于婆露伽斯城,旁小国二十八,莫不臣服"。⑥ 诃陵与唐朝有友好往来。

① (清)彭定求等编:《全唐诗》卷307,中华书局1960年版,第3485页。
② (清)彭定求等编:《全唐诗》卷349,中华书局1960年版,第3908页。
③ (唐)柳宗元著:《柳宗元集》卷42,中华书局1979年版,第1167页。
④ (唐)柳宗元著:《柳宗元集》卷42,中华书局1979年版,第1185页。
⑤ 《旧唐书》卷197《南蛮传》,中华书局1975年版,第5273页。
⑥ 《新唐书》卷222《南蛮传下》,中华书局1975年版,第6302页。

　　从贞观年间起至唐末,诃陵国多次遣使来唐入贡方物,《旧唐书·南蛮传》记载:"贞观十四年,遣使来朝。大历三年、四年皆遣使朝贡。元和十年,遣使献僧祇僮五人、鹦鹉、频伽鸟并异种名宝。以其使李诃内为果毅,诃内请回授其弟,诏褒而从之。十三年,遣使进僧祇女二人、鹦鹉、玳瑁及生犀等。"①关于诃陵与唐朝的交往,《新唐书·南蛮传》的记载与《旧唐书》互有详略和异同,据其记载,贞观十四年(640年)诃陵与堕婆登、堕和罗三国使节一起来朝,受到太宗热情接待,使臣从唐朝求得良马回国。唐高宗时其国人立女王称"悉莫",威令严肃,道不拾遗,大食国不敢侵犯。大历年间诃陵三次遣使入唐,"元和八年,献僧祇奴四、五色鹦鹉、频伽鸟等。宪宗拜(李诃)内四门府左果毅,使者让其弟,帝嘉美,并官之。讫大和,再朝贡。咸通中,遣使献女乐"。②

　　诃陵是中国人经海路西去的中转之地,赴印度取经的唐朝僧人有经此地者,因此这条道路也可以称为海上法宝之路。义净《大唐西域求法高僧传》记载了几位经诃陵赴印度取经的僧人,并写诗赞叹和称颂其舍身求法的精神。常慜禅师"冀得远诣西方,礼如来所行圣迹,以此胜福,回向愿生";"要心既满,遂至海滨,附舶南征,往诃陵国。从此附舶,往末罗瑜国。复从此国欲诣中天。然所附商舶载物既重,解缆未远,忽起沧波,不经半日,遂便沉没"。与常慜一同殉难的还有他的弟子一人。义净对常慜师徒舍身殉法之举倍加称颂:

　　　　悼矣伟人,为物流身。明同水镜,贵等和珍。涅而不黑,磨而不磷。投躯慧巘,养智芳津。在自国而弘自业,适他土而作他因。靓将沉之险难,决于己而亡亲。在物常慜,子其寡邻。秽体散鲸波以取灭,净愿诣安养而流神。道乎不昧,德也宁湮? 布慈光之赫赫,竟尘劫而新新。③

　　又如会宁律师,"以麟德年中杖锡南海,泛舶至诃陵洲,停经三载,遂共诃陵国多闻僧若那跋陀罗于《阿笈摩经》内译出如来焚身之事"。会宁"令小僧运期奉表赍经,还至交府,驰驿京兆,奏上阙庭"。而后运期又"重诣诃陵"。其时会宁已通过海路赴印度,但其后绝无消息,整个印度皆未闻其人,推测他

----

① 《旧唐书》卷197《南蛮传》,中华书局1975年版,第5273页。
② 《新唐书》卷222《南蛮传下》,中华书局1975年版,第6302—6303页。
③ (唐)义净著,王邦维校注:《大唐西域求法高僧传校注》卷上,中华书局1988年版,第51—52页。

可能死于途中。义净有诗赞叹:"嗟矣会宁,为法孤征。才翻二轴,启望天庭。终期实渚,权居化城。身虽没而道著,时纵远而遗名。将菩萨之先志,共后念以扬声。"①明远法师"慨圣教之陵迟,遂乃振锡南游,届于交阯。鼓舶鲸波,到诃陵国。次至师子洲,为君王礼敬",复至南印度。② 与明远同行的还有窥冲法师。昙闰法师"附舶南上,期西印度。至诃陵北渤盆国,遇疾而终"。③ 道琳法师"欲寻流讨源,远游西国。乃杖锡遐逝,鼓舶南溟,越铜柱而届郎迦,历诃陵而经裸国"。④

唐诗中写到诃陵,又是商人行经之地。白居易《送客春游岭南二十韵》中的"客"是从事南海贸易的商贾,他可能渡海经商到达诃陵,所以白居易言其行程云"诃陵国分界",并告诫他沿海之地不太平,劝他早日返回,要珍重生命,不要贪图财货,"须防杯里蛊,莫爱囊中珍。北与南殊俗,身将货孰亲"。⑤诃陵是岛国,故其产品具海洋特色,最引起诗人兴趣的是用鱼骨壳制成的酒具。皮日休《五贶诗·诃陵樽》诗云:"一片鲎鱼壳,其中生翠波。买须能(一作饶)紫贝,用合对红螺。尽泻判狂药,禁敲任浩歌。明朝与君后,争那玉山何。"⑥陆龟蒙《奉和袭美赠魏处士五贶诗·诃陵尊》:"鱼骼匠成尊,犹残海浪痕。外堪欺玳瑁,中可酌昆仑(酒名)。水绕苔矶曲,山当草阁门。此中醒复醉,何必问乾坤。"⑦都是赞美这种酒具的珍贵。从这些诗中可知,唐人对于这个远方的国家是有所了解的,其名产诃陵樽深受人们喜爱。

诃陵向唐朝入贡僧祇童、僧祇女,即昆仑儿、侏儒小黑人。阿拉伯、波斯商人到中国进行贸易活动,从事奴隶贸易,他们把非洲、东南亚的黑人侏儒贩运

---

① (唐)义净著,王邦维校注:《大唐西域求法高僧传校注》卷上,中华书局 1988 年版,第 76—77 页。

② (唐)义净著,王邦维校注:《大唐西域求法高僧传校注》卷上,中华书局 1988 年版,第 67—68 页。

③ (唐)义净著,王邦维校注:《大唐西域求法高僧传校注》卷上,中华书局 1988 年版,第 97 页。

④ (唐)义净著,王邦维校注:《大唐西域求法高僧传校注》卷下,中华书局 1988 年版,第 133 页。

⑤ (唐)白居易著:《白居易集》卷 17,中华书局 1979 年版,第 53 页。

⑥ (清)彭定求等编:《全唐诗》卷 612,中华书局 1960 年版,第 7059 页。

⑦ (清)彭定求等编:《全唐诗》卷 622,中华书局 1960 年版,第 7160 页。

到唐朝,诃陵国使臣还向唐朝进贡这样的黑人侏儒,成为达官贵人家庭奴仆。这样的人被称为"昆仑奴"或"昆仑儿"。唐诗中写到的昆仑儿,有的应来自诃陵,"自林邑以南,皆卷发黑身,通号为'昆仑'"①。这些肤色漆黑、言语特殊的昆仑奴引起汉地诗人的好奇。张籍《昆仑儿》诗:"昆仑家住海中洲,蛮客将来汉地游。言语解教秦吉了,波涛初过郁林州。金环欲落曾穿耳,螺髻长卷不裹头。自爱肌肤黑如漆,行时半脱木绵裘。"②这里的昆仑儿即指的是随海舶到来的南洋诸岛的居民。这种体貌奇异的昆仑儿还引起画家的好奇,成为唐代人物画的题材。顾况看到一位杜姓画家画的昆仑儿,便激发了灵感,写了一首咏画诗《杜秀才画立走水牛歌》:"昆仑儿,骑白象,时时锁着师子项。奚奴跨马不搭鞍,立走水牛惊汉官。"③诃陵向唐朝的贡物中还有鹦鹉、玳瑁及生犀等,唐诗中写到这些东西的作品很多,有的也应与诃陵贡物有关。

三、唐诗中的扶南

真腊在今柬埔寨立国,即古之扶南,中国文献称之为"吉蔑""真腊""文单""婆镂"等。扶南是存在于古代中南半岛上的一个古老王国,存在时间从公元 1 世纪到 7 世纪末。在所有曾经出现在东南亚古代历史的王国中,扶南国是较为广大的,其辖境大致相当于今柬埔寨全部以及老挝南部、越南南部和泰国东南部。扶南在古代海上丝绸之路上地位重要,"为唐以前东西往来之要冲"④。从中国南海出发经过林邑便至真腊,真腊跟扶南一样是海上丝绸之路的要道。

(一) 唐朝与扶南、真腊的关系

真腊原是扶南国北方藩属,国王刹利氏崛起于今湄公河中下游,公元 6 世

---

① 《旧唐书》卷 197《南蛮传》,中华书局 1975 年版,第 5270 页。
② (唐)张籍著,徐礼节、余恕诚校注:《张籍集系年校注》卷 4,中华书局 2011 年版,第 533—544 页。
③ (唐)顾况著,赵昌平编:《顾况诗集》卷 2,江西人民出版社 1983 年版,第 52、53 页。
④ 冯承钧著:《中国南洋交通史》序例,商务印书馆 1998 年版,第 3 页。

纪后期以武力推翻扶南王朝,建立起以吉蔑族为核心的高棉王国,即"真腊国"。关于扶南国及其与唐朝的关系,《新唐书·南蛮传》记载:"扶南,在日南之南七千里,地卑洼,与环王同俗,有城郭宫室。王姓古龙,居重观,栅城,楛叶以覆屋。王出乘象。其人黑身、鬈发,倮行,俗不为寇盗。田一岁种,三岁获。国出刚金,状类紫石英,生水底石上,人没水取之,可以刻玉,扣以殳角,乃泮。人喜斗鸡及猪。以金、珠、香为税。治特牧城,俄为真腊所并,益南徙那弗那城。武德、贞观时再入朝,又献白头人二。""白头者,直扶南西,人皆素首,肤理如脂,居山穴,四面峭绝,人莫得至,与参半国接"。① 可知扶南国被真腊征服后,南迁余部仍向唐朝入贡,此后扶南国事失载。

真腊国,《新唐书·南蛮传》记载:"一曰吉蔑,本扶南属国,去京师二万七百里。东距车渠,西属骠,南濒海,北与道明接,东北抵驩州。其王刹利伊金那,贞观初并扶南有其地"。"有战象五千,良者饲以肉"。真腊国建立不久,便于隋大业十三年(617 年)遣使来中国。唐朝建立,真腊就与唐朝通好,"自武德至圣历,凡四来朝"。唐高祖武德二年(623 年)真腊遣使入唐。贞观二年(628 年)又与林邑使者一道前来朝贡,唐太宗回赐丰厚。此后真腊使者屡次携带贵重礼物来访。高宗永徽年间(650—655 年),真腊入贡白象达 32 头,这些白象都经过训练能跪拜舞蹈,每逢节日,就在宫苑中表演。唐中宗神龙后真腊国分裂为二,形成"水真腊"和"陆真腊","神龙后分为二半:北多山阜,号'陆真腊'半;南际海,饶陂泽,号'水真腊'半。水真腊,地八百里,王居婆罗提拔城。陆真腊或曰文单,曰婆镂,地七百里,王号'笪屈'"。② 前者在今柬埔寨,后者在今老挝。一般认为文单国(陆真腊)都城所在,即今老挝首都万象。

"陆真腊"(文单国)与唐朝频繁交往。"开元、天宝时,王子率其属二十六来朝,拜果毅都尉。大历中,副主婆弥及妻来朝,献驯象十一。擢婆弥试殿中监,赐名宾汉。"③"宾汉"之名意谓"中国上宾"。据《册府元龟》卷九七四、卷九七五、卷九六五《外臣部》、卷四二《帝王部》记载,其国多次遣使入朝。"景龙五年六月丙子,文单、真腊国朝贡使还蕃,并降玺书及帛五百疋,赐国王。

---

① 《新唐书》卷 222《南蛮传下》,中华书局 1975 年版,第 6301 页。
② 《新唐书》卷 222《南蛮传下》,中华书局 1975 年版,第 6301 页。
③ 《新唐书》卷 222《南蛮传下》,中华书局 1975 年版,第 6301 页。

文单、真腊皆南方小国也,尝奉正朔,职贡不绝,帝嘉之,故有是宠";①天宝十二载"九月辛亥,文单国王子率其属二十六人来朝,并授其属果毅都尉,赐紫金鱼袋,随何履光于云南征讨,事讫听还蕃"②;"大历六年十一月,文单国王来朝,诏曰:'……文单国副王婆弥,慕我中朝之化,方通南极之风,义在抚柔,礼当加等,可开府仪同三司、试殿中监。'"③

(二) 唐诗中的扶南(真腊)文化

唐诗中最早提到"真腊",见于沈佺期五言长诗《答魑魅代书寄家人》,其中写自己贬谪远方:"涨海缘真腊,崇山压古棠。雕题飞栋宇,儋耳间衣裳。"④形容自己贬谪之地之荒远,大海与真腊相连。在唐诗中使用"真腊"称呼其国仅见此例,诗人们更多的用其旧称"扶南",这跟唐诗中咏及地名喜用古称的惯例有关。从真腊传来的物品,甘蔗给唐人留下深刻印象。李颀《送刘四赴夏县》诗写刘四诗名远播,被召入麒麟阁任职:"新诗数岁即文雄,上书昔召蓬莱宫。明主拜官麒麟阁,光车骏马看玉童。高人往来庐山远,隐士往来张长公。扶南甘蔗甜如蜜,杂以荔枝龙州橘。"⑤在刘氏的朝廷任官生活中,他特意提到扶南甘蔗,朝廷里享受到的扶南甘蔗应当来自真腊人的贡物。

真腊给唐朝的贡物有名的是驯象。"大历中,副王婆弥及妻来朝,献驯象十一;擢婆弥试殿中监,赐名宾汉。是时,德宗初即位,珍禽奇兽悉纵之,蛮夷所献驯象畜苑中,元会充廷者凡三十二,悉放荆山之阳"⑥。"德宗以大历十四年五月即位,以文单国累献驯象凡四十有二,皆㧱于禁中,有善舞者以备元会庭实。至是悉令放于荆山之阳"⑦。德宗放驯象被视为善政而为人称颂,进士科考试甚至以此为试题令举子作赋。苏鹗《杜阳杂编》记载:

① (宋)王钦若等编:《册府元龟》卷974,中华书局1960年版,第11445页。
② (宋)王钦若等编:《册府元龟》卷975,中华书局1960年版,第11458页。
③ (宋)王钦若等编:《册府元龟》卷965,中华书局1960年版,第11351页。
④ (唐)沈佺期、宋之问撰,陶敏等校注:《沈佺期宋之问集校注》,中华书局2001年版,第108页。
⑤ (唐)李颀著,王锡九校注:《李颀诗集校注》卷2,中华书局2018年版,第392、393页。
⑥ 《新唐书》卷222《南蛮传下》,中华书局1975年版,第6301页。
⑦ (宋)王钦若等编:《册府元龟》卷42,中华书局1960年版,第481页。

上(唐德宗)每临朝,多令征四方丘园才能学术直言极谏之士,由是提笔贡艺者满于阙下。上亲自考试,用绝请托之门。是时文学相高,公道大振,得路者咸以推贤进善为意。上试制科于宣政殿,或有词理乖谬者,即浓笔抹之至尾;如辄称旨者,必翘足朗吟。翌日,则遍示宰臣学士曰:"此皆朕门生也。"是以公卿大臣已下,无不服上藻鉴。宏词独孤绶所司试《放驯象赋》,及进其本,上自览考之,称叹者久,因吟其句曰:"化之式孚,则必受乎来献;物或违性,斯用感于至仁。"上以绶为知去就,故特书第三等。先是代宗朝文单国累进驯象三十有二。上即位,悉令放之于荆山之南,而绶不辱其受献,不伤放弃,故赏其知去就焉。①

真腊国献驯象,德宗放之,此事也见于诗人的吟咏。元稹《驯犀》诗云:"建中之初放驯象,远归林邑近交广。兽返深山鸟构巢,鹰雕鹍鹊无羁靮。"②这里说的就是代宗时真腊国所献驯象。《旧唐书·德宗纪》史臣称赞德宗:"出永巷之嫔嫱,放文单之驯象。"③真腊国入贡的白象成为唐人绘画的素材,诗人的咏画诗提到白象,如顾况《杜秀才画立走水牛歌》诗描写的"昆仑儿,骑白象,时时锁着师子项"。④

扶南乐舞在隋初即已传入中国,《隋书·音乐志》记载隋文帝开皇年间"七部乐"之后云:"又杂有疏勒、扶南、康国、百济、突厥、新罗、倭国等伎。"⑤扶南乐在唐代乐舞中有更高的地位,唐初被纳入九部乐之列。杜佑《通典·乐典》记载:"讌乐,武德初,未暇改作,每讌享,因隋旧制,奏九部乐,一讌乐,二清商,三西凉,四扶南,五高丽,六龟兹,七安国,八疏勒,九康国";"扶南乐,舞二人,朝霞衣,朝霞行缠,赤皮鞋。隋代全用《天竺乐》,今其存者有羯鼓、都昙鼓、毛员鼓、箫、横笛、筚篥、铜钹、贝"。⑥唐太宗时把隋代《九部伎》改为《十部乐》,其中仍有"扶南乐"。盛唐诗人王维曾为《扶南乐》谱写歌词,有

---

① (唐)苏鹗:《杜阳杂编》卷上,《笔记小说大观》(一),江苏广陵古籍刻印社1983年版,第144页。

② (唐)元稹著:《元稹集》卷24,中华书局1982年版,第283页。

③ 《旧唐书》卷13《德宗纪》,中华书局1975年版,第400页。

④ (唐)顾况著,王启兴、张虹注:《顾况诗注》卷2,上海古籍出版社1994年版,第123页。

⑤ 《隋书》卷15《音乐志》,中华书局1973年版,第377页。

⑥ (唐)杜佑:《通典》卷146《乐·四方乐》,中华书局1988年版,第3720、3723页。

《扶南曲歌词》五首。① 在唐宫廷中有扶南的乐师,他们将曲艺传授给宫廷女艺人,在节庆宴会上献演。扶南国富于民族特色的乐舞,丰富了中国古典乐舞的内容。

唐朝与真腊之间的贸易十分频繁,真腊商船经常出现在中国海港,其贸易地区主要在广州和交州。唐朝的巨型帆船不断开往真腊,运销大批中国货,如金银、缣帛、漆器、瓷器、水银、纸札、硫黄、焰硝、檀香、白芷、麝香、麻布、雨伞、铁锅、铜盘、水珠、桐油、簸箕、木梳、针、席等,特别是泉州的青瓷器和明州的草席,颇受真腊人欢迎。真腊国紫檀木传入中国。唐苏鄂《苏氏演义》记载:"紫檀木,出扶南,而色紫,亦谓之紫斿。"②真腊国苏方木通过商贸活动输入中国,据上引顾况《上古之什补亡训传十三章·苏方一章》序,当时经海路运至山东的苏方木"岁发扶南、林邑"。③ 这里的扶南即真腊。苏方木至迟在西晋时即移植中国南方,晋嵇含《南方草木状》云:"苏方,树类槐,黄花黑子,出九真。南人以染绛,渍以大庾之水则色愈深。"④李时珍《本草纲目》说苏方木"暹罗国人贱用如薪"⑤。暹罗在古扶南国境内,那里盛产苏方木,也是输入唐朝的苏方木的主要来源地。

如上所述,当时与唐朝通好的东南亚国家多达 10 多个,但在唐诗中有所反映的是上述诸国。地处今缅甸的骠国也与唐朝有友好交往,但骠国入唐不经海路,故另文探讨。由此可见,作为史料,唐诗有很大的局限性。诗人不是历史学家,他们并不承担必然记载历史的责任和任务,他们关注的是个人的兴趣,是否写诗要看周围的事物能否引起他们的诗情和灵感。唐代诗人关注社会现实,国内重大的历史事件及其引起的唐与周边国家民族关系的变迁,受到他们注意;新奇的域外事物容易吸引他们的注意力,容易激发其作诗的兴趣。但他们写到的人、事和物还是为我们认识唐代社会提供了新鲜的材料,有的可

---

① （唐）王维著,（清）赵殿成笺注:《王右丞集笺注》卷 2,上海古籍出版社 1984 年版,第10 页。

② （唐）苏鄂撰:《苏氏演义》卷下,辽宁教育出版社 1988 年版,第 28 页。

③ （唐）顾况著,王启兴、张虹注:《顾况诗注》卷 1,上海古籍出版社 1994 年版,第 14 页。

④ （汉）杨孚等著,杨伟群校点:《南越五主传》（及其他七种）,广东人民出版社 1982 年版,第 64 页。

⑤ （明）李时珍著:《本草纲目》卷 35,中医古籍出版社 1994 年版,第 871 页。

以弥补史料之不足。因此,通过诗史互证,本文中有关唐朝与东南亚各国关系的诗篇对我们的历史认知具有重要意义。中外关系的发展和中外文化交流为唐诗写作提供了许多新鲜素材,这是中外文化交流对唐诗繁荣发展的推动和促进作用,从本文的探讨中也可窥见一斑。

(本文原载《唐史论丛》(第二十七辑),三秦出版社 2018 年 9 月版)

唐诗咏海上丝路舶来品

　　在唐代海上贸易兴盛的时代,大海给中外文化交流提供了便利。唐朝对海外贸易采取开放和鼓励政策,经过海路入华的外国商人可以在中国自由贸易,政府允许他们把商品自由运进口岸,可以往来各地市易或开铺经营。广州是中外通商的要地,唐代广州海外贸易进入鼎盛时期。当时南海诸国与唐朝通好的约有二十多个国家和地区,其中关系最为密切的有林邑、真腊、丹丹、盘盘、堕和罗、赤土、骠国(缅甸)、室利佛逝、堕婆登(在今苏门答腊)、诃陵(爪哇)、波斯、大食、婆利、印度、师子国等,这些国家与中国都有贸易往来,这种贸易往来主要是通过海上交通实现的。唐代海上交通和贸易的情况,史书上有所记载,同时也反映在唐诗的描写中。

　　唐代广州和交州是重要的海上国际贸易港,其政治中心南海(今广州)和龙编(在今越南)是诗人们经常往来之地,唐诗中常常写到南海和龙编的商舶与海上贸易,这些诗反映了唐代海上丝绸之路的发展。吕温《风咏》云:"悠然返空寂,晏海通舟航。"[1]王建《送郑权尚书南海》:"市喧山贼破,金贱海船来。"[2]韩愈《送郑尚书赴南海》诗写广州的对外贸易:"货通师子国,乐奏武王台。"[3]刘禹锡《南海马大夫远示著述兼酬拙诗辄著微诚再有长句时蔡戎未弭故见于篇末》:"连天浪静长鲸息,映日帆多宝舶来。"[4]陆龟蒙《奉和袭美吴中

---

　　① (清)彭定求等编:《全唐诗》卷371,中华书局1960年版,第4174页。

　　② (唐)王建著,王宗堂校注:《王建诗集校注》卷5,中州古籍出版社2006年版,第280页。

　　③ (唐)韩愈撰,钱仲联集释:《韩昌黎诗系年集释》卷12,上海古籍出版社1984年版,第1259页。

　　④ (唐)刘禹锡著,瞿蜕园笺证:《刘禹锡集笺证》外集卷5,上海古籍出版社1989年版,第1307页。

言怀寄南海二同年》:"城连虎踞山图丽,路入龙编海舶遥。"①皮日休《送李明府之任海南》:"蟹奴晴上临潮槛,燕婢秋随过海船。"②这些诗句都反映了唐代海上丝绸之路和对外贸易的繁盛。

唐诗中的"海舶""海船"都是指从事海外贸易的中外商舶,这些商舶从海外带来了异域物产,丰富了唐人的生活。来自域外的物产也引起诗人们吟咏的兴趣,因此唐诗中有不少写到这些舶来品的作品。唐诗描写为唐代海上丝路研究提供了文学性的材料,在某种程度上可补史籍之不足,而且在反映唐人心态和情感方面,唐诗又是其他史料不能替代的。因此,本文略加探讨,供研究唐诗和中外文化交流史者参考。

一、珠宝

珠宝是海上丝路贸易的重要内容。汉代中国商使携"金帛"赴印度洋诸国进行贸易,所获即"明珠、碧琉璃、奇石异物"等。③ 作为奢侈品,唐代海外珠宝仍是皇亲国戚达官贵人和豪富之家孜孜追求的商货。韩愈《送郑尚书序》讲到广州海上贸易之利云:"外国之货日至,珠、香、象、犀、玳瑁,奇物溢于中国,不可胜用。"④唐代诗歌中写到海舶载来犀角、象牙、翡翠、明珠、水晶、琉璃、珊瑚、翠羽等舶来品。

中国东南和东南亚沿海地区出产珍珠,唐诗反映了这些地区的采珠活动和珍珠贸易。施肩吾《岛夷行》诗云:"腥臊海边多鬼市,岛夷居处无乡里。黑皮年少学采珠,手把生犀照咸水。"⑤翁宏《南越行》诗残句:"因寻买珠客,误入射猿家。"⑥项斯《蛮家》:"领得卖珠钱,还归铜柱边。看儿调小象,打鼓试

---

① (唐)陆龟蒙著,何锡光校注:《陆龟蒙全集校注》,凤凰出版社 2015 年版,第 567 页。
② (清)彭定求等编:《全唐诗》卷 614,中华书局 1960 年版,第 7081 页。
③ 《汉书》卷 28《地理志》,中华书局 1962 年版,第 1671 页。
④ (唐)韩愈撰,马其昶校注:《韩昌黎文集校注》卷 4,上海古籍出版社 1986 年版,第 284 页。
⑤ (清)彭定求等编:《全唐诗》卷 494,中华书局 1960 年版,第 5592 页。
⑥ 陈尚君辑校:《全唐诗补编》,中华书局 1992 年版,第 514 页。

新船。"①张籍《送海南（一本无南字）客归旧岛》："海上去应远，蛮家云岛孤。竹船来桂府，山市卖鱼须。入国自献宝，逢人多赠珠。却归春洞口，斩象祭天吴。"②奇珍异宝有的通过贸易而来，所以在南方沿海地区的贸易中珠宝交易是重要内容，刘禹锡诗称外国商船为"宝舶"即此意。王建《送郑权尚书赴南海》写广州市面上堆满了宝货："戍头龙脑铺，关口象牙堆。"③从唐诗中可知，有中国商贾赴海外从事珠宝生意。王建《南中》诗云："独有求珠客，年年入海行。"④历史文献中常见到域外商人入华活动，被称为"商胡"或"胡商"。中国人出海经商的活动少见，王建的诗是这种情况的反映。

最受皇室欢迎的是域外珍品，这些奇珍异物有的通过入贡而得，而贡使是通过海上丝路先至南方沿海地区，再通过地方官员奉送朝廷。林邑是海上丝路沿线重要国家，频入唐朝贡，曾向唐朝进贡珊瑚树。张谓《杜侍御送贡物戏赠》诗云："铜柱朱崖道路难，伏波横海旧登坛。越人自贡珊瑚树，汉使何劳獬豸冠。疲马山中愁日晚，孤舟江上畏春寒。由来此货称难得，多恐君王不忍看。"⑤南方沿海地方官员有转送海外贡物之职责。韦应物《送冯著受李广州署为录事》诗："大海吞东南，横岭隔地维。建邦临日域，温燠御四时。百国共臻奏，珍奇献京师。"⑥殷尧藩《偶题》诗："越女收龙眼，蛮儿拾象牙。长安千万里，走马送谁家。"⑦这些描写说明从海外贸易和南海入贡中获得的"珍奇"又输入京都，成为皇室和上层贵族的奢侈品。安南向朝廷进贡珍珠，唐诗中也有反映，如皮日休《贱贡士》诗云："南越贡珠玑，西蜀进罗绮。到京未晨旦，一一见天子。"⑧

林邑国还曾向唐朝献火珠，"大如鸡卵，圆白皎洁，光照数尺，状如水精，

---

① （清）彭定求等编：《全唐诗》卷554，中华书局1960年版，第6408页。
② （唐）张籍著，徐礼节、余恕诚校注：《张籍集系年校注》卷2，中华书局2011年版，第227页。
③ （唐）王建著，王宗堂校注：《王建诗集校注》卷5，中州古籍出版社2006年版，第280页。
④ （唐）王建著，王宗堂校注：《王建诗集校注》卷5，中州古籍出版社2006年版，第224页。
⑤ （清）彭定求等编：《全唐诗》卷197，中华书局1960年版，第2020页。
⑥ （唐）韦应物著，陶敏、王友胜校注：《韦应物集校注》卷4，上海古籍出版社1998年版，第215页。
⑦ （清）彭定求等编：《全唐诗》卷492，中华书局1960年版，第5575页。
⑧ （唐）皮日休著，萧涤非整理：《皮子文薮》卷10，中华书局1958年版，第118页。

正午向日,以艾承之,即火燃"①。火珠是一种能聚光引火的珠,在传说和神话中是一种吉祥物,象征祥光普照永不熄灭。在中国古代宫殿塔廊建筑正脊上常用它做装饰,有两焰、四焰、八焰等不同形式。它常在龙的面前,又常是雷和闪电的象征。从唐诗可知,火珠在唐代被视为国宝。武则天时建天枢,以火珠为饰,诗人歌咏其事。《大唐新语》记载:"天枢下置铁山,铜龙负载,狮子、麒麟围绕。上有云盖,盖上施盘龙以托火珠,珠高一丈,围三丈,金彩荧煌,光侔日月。武三思为其文,朝士献诗者不可胜纪。唯(李)峤诗冠绝当时,其诗曰:'辙迹光西崦,勋名纪北燕。何如万国会,讽德九门前。灼灼临黄道,迢迢入紫烟。仙盘正下露,高柱欲承天。山类丛云起,珠疑大火悬。声流尘作劫,业固海成田。圣泽倾尧酒,熏风入舜弦。欣逢下生日,还偶上皇年。'后宪司发峤附会韦庶人,左授滁州别驾而终。开元初,诏毁天枢,发卒销烁,弥月不尽。洛阳尉李休烈赋诗以咏之曰:'天门街里倒天枢,火急先须御火珠。计合一条丝线挽,何劳两县索人夫。'先有讹言云:'一条线挽天枢。'言其不经久也,故休烈之诗及之,士庶莫不讽咏。"②武则天时建明堂,亦用火珠为饰,科举考试以此为题试诗。崔曙《奉试明堂火珠》:"正位开重屋,凌空出火珠。夜来双月满,曙后一星孤。天净光难灭,云生望欲无。遥知太平代,国宝在名都。"③

从海上丝路传来的珠宝,进入了唐代上层贵族达官的生活。唐诗中常常称豪华的宴会为"玳筵""象筵",即用玳瑁、象牙制的席子,代指豪华的宴会。杜甫《观公孙大娘弟子舞剑器行》:"玳筵急管曲复终,乐极哀来月东出。"④刘禹锡《马大夫见示浙西王侍御赠答诗因命同作》:"忆逐羊车凡几时,今来旧府统成师。象筵照室会词客,铜鼓临轩舞海夷。"⑤韩翃《别李明府》:"宠光五世腰青组,出入珠宫引箫鼓。醉舞雄王玳瑁床,娇嘶骏马珊瑚柱。胡儿夹鼓越婢随,行捧玉盘尝荔枝。罗山道士请人送,林邑使臣调象骑。爱君一身游上国,

---

① 《旧唐书》卷197《南蛮传》,中华书局1975年版,第5270页。
② (唐)刘肃撰:《大唐新语》卷8,中华书局1984年版,第126页。
③ (清)彭定求等编:《全唐诗》卷155,中华书局1960年版,第1600页。
④ (唐)杜甫著,(清)仇兆鳌整注:《杜诗详注》卷20,中华书局1979年版,第1818页。
⑤ (唐)刘禹锡著,瞿蜕园笺证:《刘禹锡集笺证》外集卷5,上海古籍出版社1989年版,第1314页。

阙下名公如旧识。万里初怀印绶归,湘江过尽岭花飞。五侯焦石烹江笋,千户沉香染客衣。别后想君难可见,苍梧云里空山县。汉苑芳菲入夏阑,待君障日蒲葵扇。"①李明府是在岭南任职,地近林邑,来到京城,将归时诗人送别写此诗,其中写到李氏生活中的用具大多是海外珍奇。杜牧《送容州中丞赴镇》:"交阯同星座,龙泉似斗文。烧香翠羽帐,看舞郁金裙。鹢首冲泷浪,犀渠拂岭云。莫教铜柱北,空说马将军。"②这些玳瑁、象牙、珊瑚、犀角之类珠宝,大都从海上丝路而来。

当唐王朝全盛之时,这些奇珍异宝源源不断地从海上输入,为皇室贵族汲汲追求。但遇到战乱或南方沿海地方官员贪腐,会影响到中外贸易的开展和珠宝的输入。李群玉《石门戍》云:"到此空思吴隐之,潮痕草蔓上幽碑。人来皆望珠玑去,谁咏贪泉四句诗。"③杜甫《自平》云:"自平宫中吕太一,收珠南海千余日。近供生犀翡翠稀,复恐征戎干戈密。蛮溪豪族小动摇,世封刺史非时朝。蓬莱殿前诸主将,才如伏波不得骄。"④杜甫《诸将五首》之四云:"回首扶桑铜柱标,冥冥氛祲未全销。越裳翡翠无消息,南海明珠久寂寥。"⑤杜甫这两首诗皆作于唐代宗广德间。当时,宦官兼广州市舶使吕太一发动叛乱,在广州城烧杀抢掠,市舶贸易遭到沉重打击,影响到京城海外奢侈品的供给,诗人有感而发,写诗记录当时南海贸易的萧条景象。从唐诗里我们还看到这种珠宝贸易也有伪劣假冒现象。元稹《送岭南崔侍御》写岭南地方"无限相忧事",其中有"蛟老变为妖妇女,舶来多买假珠玑"。⑥ 妖妇惑众,以假珠玑出售。

二、动物

来自南海国家和地区入贡或贸易所得动物主要有马、象、犀牛、鹦鹉、翠鸟

① (清)彭定求等编:《全唐诗》卷243,中华书局1960年版,第731页。
② (唐)杜牧著:《樊川文集》卷2,上海古籍出版社1978年版,第29页。
③ (清)彭定求等编:《全唐诗》卷570,中华书局1960年版,第6616页。
④ (唐)杜甫著,(清)仇兆鳌注:《杜诗详注》卷20,中华书局1979年版,第1809页。
⑤ (唐)杜甫著,(清)仇兆鳌注:《杜诗详注》卷16,中华书局1979年版,第1368页。
⑥ (唐)元稹著:《元稹集》卷17,中华书局1982年版,第202页。

等。从南方海上交通中获得的动物,主要是象和犀牛,唐诗中写海外国家物产往往写到这两种动物。中国原产象,但汉代时北方已经罕见大象,对于黄河流域的人来说,大象已经成为异域奇兽。在汉晋作家笔下象已经成为今越南境内特产。东汉许慎《说文解字》云:"象,长鼻牙,南越之大兽。"①汉朝人知道在东南亚、南亚和西域一些地区,象作为坐骑和战骑使用,象牙受人珍视。《史记·大宛列传》记载,身毒国"人民乘象以战"②。身毒即印度。唐代从今越南之地获得驯象。封演《封氏闻见记》云:"异方禽兽,象出南越,驼出北胡,今皆育于中国;然不如本土之宜也。"③韩翃《别李明府》:"罗山道士请人送,林邑使臣调象骑。"④张籍《送南迁客》:"去去远迁客,瘴中衰病身。青山无限路,白首不归人。海国战骑象,蛮州市用银。一家分几处,谁见日南春。"⑤豢养这些来自异域的大象浪费钱物,因此林邑入贡的大象,曾被唐德宗送还,诗人称赞他的这种行为。元稹《驯犀诗》云:"君不见,建中初,驯象生还放林邑。君不见,贞元末,驯犀冻死蛮儿泣。所嗟建中异贞元,象生犀死何足言。"⑥

汉代时中国境内仍有犀牛。《史记·货殖列传》记载:"江南出楠、梓、姜、桂、金、锡、连、丹沙、犀、玳瑁、珠玑、齿革。"⑦又云:"番禺亦其一都会也,珠玑、犀、玳瑁、果布之凑。"⑧可见司马迁的时代江南和广东沿海地区有犀牛。但犀牛越来越少见了。汉代犀牛已经是珍稀动物,犀角已经成为珍贵物产从海外国家传入。正如桓宽所云:"犀象兕虎,南夷之所多也,……中国所鲜,外国贱之。"⑨唐代诗人知道在南方岛国犀牛是常见动物。殷尧藩《寄岭南张明府》诗残句:"尝闻岛夷俗,犀象满城邑。"⑩施肩吾《岛夷行》:"腥臊海边多鬼市,

---

① (汉)许慎著:《说文解字》(九),中华书局1963年版,第198页。
② 《史记》卷123《大宛列传》,中华书局1982年版,第3166页。
③ (唐)封演撰,赵贞信校注:《封氏闻见记校注》卷7,中华书局1958年版,第60页。
④ (清)彭定求等编:《全唐诗》卷243,中华书局1960年版,第731页。
⑤ (唐)张籍著,徐礼节、余恕诚校注:《张籍集系年校注》卷2,中华书局2011年版,第145页。
⑥ (唐)白居易著:《白居易集》卷3,中华书局1979年版,第69页。
⑦ 《史记》卷129《货殖列传》,中华书局1982年版,第3253、3254页。
⑧ 《史记》卷129《货殖列传》,中华书局1982年版,第3268页。
⑨ (汉)桓宽撰,王利器校注:《盐铁论校注》卷7,中华书局1992年版,第438页。
⑩ (清)彭定求等编:《全唐诗》卷492,中华书局1960年版,第5577页。

岛夷居处无乡里。黑皮年少学采珠,手把生犀照咸水。"①曹唐《送羽人王锡归罗浮》:"龙蛇出洞闲邀雨,犀象眠花不避人。"②唐代从扶南、林邑所得犀牛、大象有一种是经过驯养,能伴随音乐进行舞蹈表演的,被称为"驯犀""驯象"。这种驯犀、驯象常在唐代宫廷大型的活动中演出,受到君臣上下的赞叹。林邑入贡的驯象、驯犀在宫廷里的表演,进入诗人的吟咏里。常衮《奉和圣制麟德殿燕百僚应制》:"蛮夷陪作位,犀象舞成行。"③还有画家画犀牛。储光羲《述韦昭应画犀牛》诗:"遐方献文犀,万里随南金。大邦柔远人,以之居山林。"④诗人赞美朝廷把犀牛放入林野。代宗时林邑入贡的一批驯犀被德宗放之林野,此事也见于诗人的吟咏,赞美德宗的行为。元稹《驯犀》诗:

> 贞元之岁贡驯犀,上林置圈官司养。玉盆金栈非不珍,虎啖狸牢鱼食网。渡江之橘逾汶貉,反时易性安能长。腊月北风霜雪深,踯躅鳞身遂长往。行地无疆费传驿,通天异物罹幽枉。乃知养兽如养人,不必人人自敦奖。不扰则得之于理,不夺有以多于赏。脱衣推食衣食之,不若男耕女令纺。尧民不自知有尧,但见安闲聊击壤。前观驯象后驯犀,理国其如指诸掌。⑤

白居易《驯犀》诗:

> 驯犀驯犀通天犀,躯貌骇人角骇鸡。海蛮闻有明天子,驱犀乘传来万里。一朝得谒大明宫,欢呼拜舞自论功。五年驯养始堪献,六译语言方得通。上嘉人兽俱来远,蛮馆四方犀入苑。秣以瑶刍锁以金,故乡迢递君门深。海鸟不知钟鼓乐,池鱼空结江湖心。驯犀生处南方热,秋无白露冬无雪。一入上林三四年,又逢今岁苦寒月。饮冰卧霰苦蜷跼,角骨冻伤鳞甲蹜。驯犀死,蛮儿啼,向阙再拜颜色低。奏乞生归本国去,恐身冻死似驯犀。君不见,建中初,驯象生还放林邑。君不见,贞元末,驯犀冻死蛮儿

---

① (清)彭定求等编:《全唐诗》卷494,中华书局1960年版,第5592页。
② (清)彭定求等编:《全唐诗》卷640,中华书局1960年版,第7340页。
③ (清)彭定求等编:《全唐诗》卷254,中华书局1960年版,第2858页。
④ (清)彭定求等编:《全唐诗》卷136,中华书局1960年版,第1373页。
⑤ (唐)元稹著:《元稹集》卷24,中华书局1982年版,第283页。

泣。所嗟建中异贞元,象生犀死何足言。①

上引两首诗中提到林邑进献驯象、驯犀之事,集中在唐大历、建中及贞元时期,这段时间唐与林邑国交往非常频繁。德宗施政方面的变化在对待林邑入贡的犀象的态度上表现出来,君王不能善始善终,受到诗人的责难。

从海外得到的动物还有鸟类,主要是供观赏的珍禽。翡翠鸟是生长在东南沿海和东南亚的美丽的小鸟,雄性为翡,雌性为翠。雄性毛色红,雌性毛色青,羽毛可作饰品,非常珍贵,称为"翠羽"。古代这种鸟及其翠羽从南方沿海地区和东南亚入贡中原。杜甫《诸将五首》其三感叹战乱造成林邑入贡的停止:"回首扶桑铜柱标,冥冥氛祲未全销。越裳翡翠无消息,南海明珠久寂寥。"②周繇《送杨环校书归广南》云:"山村象踏桄榔叶,海外人收翡翠毛。名宦两成归旧隐,遍寻亲友兴何饶。"③林邑国曾向唐朝进贡鹦鹉。白居易《红鹦鹉》写的就是来自安南的鹦鹉:"安南远进红鹦鹉,色似桃花语似人。文章辩慧皆如此,笼槛何年出得身。"④题注云:"商山路逢。"是他于商山道上路逢安南都护府赴京上贡红鹦鹉,写下这首讽喻诗。林邑国的方物有时是通过安南都护府进贡的,安南都护府送到京城里的红鹦鹉来自林邑的入贡。

三、植物

中国很早就从域外引入各种植物,主要有两类,一类是供观赏的奇花异草,一类是实用的植物,即具有食用价值的果树或具有医药价值的草木。经过海上丝路引种的品种很多,这些植物的新奇美观与果实的味美可口引起诗人吟咏的兴趣。

有的植物是从南方沿海地区移植中原的,有的是从海外移植中国南方再移植其他地区的。桂树是具有香料和医药价值的植物,来自南方。卢僎

---

① (唐)白居易著:《白居易集》卷3,中华书局1979年版,第69页。
② (唐)杜甫著,(清)仇兆鳌注:《杜诗详注》卷16,中华书局1979年版,第1368页。
③ (清)彭定求等编:《全唐诗》卷635,中华书局1960年版,第7292页。
④ (唐)白居易著:《白居易集》卷15,中华书局1960年版,第313页。

《颋殿前柱叶》:"柱树生南海,芳杳隔楚山。今朝天上见,疑是月中攀。"①
木兰花树既美观,又散发芳香。刘长卿《题灵祐上人法华院木兰花(其树岭南,移植此地)》:"庭种南中树,年华几度新。已依初地长,独发旧园春。映日成华盖,摇风散锦茵。色空荣落处,香醉往来人。菡萏千灯遍,芳菲一雨均。高柯倘为楫,渡海有良因。"②棉花是从南亚移植过来的,古代文献称为"白氎""木绵"。唐代南方沿海地区普遍种植棉花。王建《送郑权尚书南海》:"白氎家家织,红蕉处处栽。"③元稹《送岭南崔侍御》:"火布垢尘须火浣,木绵温软当绵衣。"④茉莉花从南亚地区经海路传入中国南方,后来移植到中原各地。皮日休《吴中言怀寄南海二同年》:"退公只傍苏劳竹,移宴多随末利花。"⑤李德裕营造平泉园林,"远方之人,多以异物奉之",时有题诗云:"陇右诸侯供语鸟,日南太守送名花。"⑥岭南的红蕉曾移植长安。刘昭禹《送人红花栽》:"世上红蕉异,因移万里根。艰难离瘴土,潇洒入朱门。"⑦椰子树也被移植到北方皇家园林里。张谔《岐王山亭》:"王家傍绿池,春色正相宜。岂有楼台好,兼看草树奇。石榴天上叶,椰子日南枝。出入千门里,年年乐未移。"⑧

来自南海和域外的植物根茎或果实有的可以食用,异乡美味,新鲜可口,受到诗人赞赏。荔枝、龙眼、柑橘之类一直是南方交州地区的贡物。汉武帝平南越之后,南方水果大量输入中原地区,唐玄宗宠幸杨贵妃,曾令南海快马驿递南海新鲜荔枝,受到诗人的诟病。杜甫《病橘》诗:"尝闻蓬莱殿,罗列潇湘姿。此物岁不稔,玉食失光辉。寇盗尚凭陵,当君减膳时。汝病是天意,吾谂罪有司。忆昔南海使,奔腾献荔支。百马死山谷,到今耆旧悲。"⑨戴叔伦《春

① (清)彭定求等编:《全唐诗》卷99,中华书局1960年版,第1072页。
② (唐)刘长卿著,储仲君笺注:《刘长卿集编年笺注》,中华书局1996年版,第325页。
③ (唐)王建著,王宗堂校注:《王建诗集校注》卷5,中州古籍出版社2006年版,第280页。
④ (唐)元稹著:《元稹集》卷17,中华书局1982年版,第202页。
⑤ (清)彭定求等编:《全唐诗》卷614,中华书局1960年版,第7082页。
⑥ (唐)康骈撰:《剧谈录》,古典文学出版社1958年版,第64页。
⑦ (清)彭定求等编:《全唐诗》卷886,中华书局1960年版,第10019页。
⑧ (清)彭定求等编:《全唐诗》卷110,中华书局1960年版,第1130页。
⑨ (唐)杜甫著,(清)仇兆鳌注:《杜诗详注》卷10,中华书局1979年版,第854页。

日早朝应制》云:"丹荔来金阙,朱樱贡玉盘。六龙扶御日,只许近臣看。"①鲍防《杂感》:"汉家海内承平久,万国戎王皆稽首。天马常衔苜蓿花,胡人岁献葡萄酒。五月荔枝初破颜,朝离象郡夕函关。雁飞不到桂阳岭,马走先过林邑山。"②殷尧藩《偶题》:"越女收龙眼,蛮儿拾象牙。长安千万里,走马送谁家。"③扶南的甘蔗味道特别甜美,受到诗人李颀的称赞,李颀《送刘四赴夏县》写刘四诗名远播,上书朝廷,被召入麒麟阁任职:"扶南甘蔗甜如蜜,杂以荔枝龙州橘。"④在刘氏朝廷任官的惬意生活中,他特意提到扶南甘蔗。

刺桐原产于非洲、南亚和东南亚。唐代南方沿海地区引种了刺桐,唐代诗人对刺桐的题咏不少。无名氏《杂曲歌辞·太和第三》:"庭前鹊绕相思树,井上莺歌争刺桐。"⑤曹松《送陈樵校书归泉州》诗:"帝京须早入,莫被刺桐迷。"⑥徐夤《昔游》诗:"昔游红杏苑,今隐刺桐村。"⑦罗邺《放鹧鸪》:"好傍青山与碧溪,刺桐毛竹待双栖。花时迁客伤离别,莫向相思树上啼。"⑧刺桐树的花儿最引起诗人情思。张籍《送汀州源使君》:"地僻寻常来客少,刺桐花发共谁看。"⑨朱庆馀《南岭路》:"越岭向南风景异,人人传说到京城。经冬来往不踏雪,尽在刺桐花下行。"⑩李郢《送人之岭南》:"回望长安五千里,刺桐花下莫淹留。"⑪曹唐《奉送严大夫再领容府二首》其二:"蕲竹水翻台榭湿,刺桐花落管弦闲。"⑫方干《送人宰永泰》:"北人虽泛南流水,称意南行莫恨赊。道路先经毛竹岭,风烟渐近刺桐花。"⑬方干《题画建溪图》:"六幅轻绡画建溪,刺

① (唐)戴叔伦著,蒋寅校注:《戴叔伦诗集校注》卷3,上海古籍出版社2010年版,第224页。
② (清)彭定求等编:《全唐诗》卷307,中华书局1960年版,第3485页。
③ (清)彭定求等编:《全唐诗》卷492,中华书局1960年版,第5574页。
④ (清)彭定求等编:《全唐诗》卷133,中华书局1960年版,第1353页。
⑤ (清)彭定求等编:《全唐诗》卷27,中华书局1960年版,第382页。
⑥ (清)彭定求等编:《全唐诗》第717,中华书局1960年版,第8242页。
⑦ (清)彭定求等编:《全唐诗》卷708,中华书局1960年版,第8141页。
⑧ (清)彭定求等编:《全唐诗》卷654,中华书局1960年版,第7522页。
⑨ (唐)张籍著,徐礼节、余恕诚校注:《张籍集系年校注》卷4,中华书局2011年版,第583页。
⑩ (清)彭定求等编:《全唐诗》卷514,中华书局1960年版,第5866页。
⑪ (清)彭定求等编:《全唐诗》卷590,中华书局1960年版,第6849页。
⑫ (清)彭定求等编:《全唐诗》卷640,中华书局1960年版,第7342页。
⑬ (清)彭定求等编:《全唐诗》卷650,中华书局1960年版,第7467页。

桐花下路高低。"①王毂《刺桐花》:"南国清和烟雨辰,刺桐夹道花开新。林梢
簇簇红霞烂,暑天别觉生精神。"②徐夤《春末送陈先辈之清源》:"贫中惟是长
年华,每羡君行自叹嗟。归日捧持明月宝,去时期刻刺桐花。"③陈陶《泉州刺
桐花咏兼呈赵使君》六首盛赞刺桐花的美艳。其一:"仿佛三株植世间,风光
满地赤城闲。无因秉烛看奇树,长伴刘公醉玉山。"其二:"海曲春深满郡霞,
越人多种刺桐花。可怜虎竹西楼色,锦帐三千阿母家。"其三:"石氏金园无此
艳,南都旧赋乏灵材。只因赤帝宫中树,丹凤新衔出世来。"其四:"猗猗小艳
夹通衢,晴日熏风笑越姝。只是红芳移不得,刺桐屏障满中都。"其五:不胜攀
折怅年华,红树南看见海涯。故国春风归去尽,何人堪寄一枝花。"其六:"赤
帝常闻海上游,三千幢盖拥炎州。今来树似离宫色,红翠斜敧十二楼。"④在他
笔下,刺桐花简直不是人间所有,而是从仙境移来。从这些诗中涉及的地名可
知,当时在广西、广东和福建等地刺桐的种植非常普遍,刺桐花的美丽给诗人
留下非常深刻的印象,来到南方沿海地区的人看到这种美丽的树与花,自然写
诗咏叹;没有来到南方的诗人送别朋友到南方去,也歌咏刺桐树和花的美,以
赞叹朋友之行的惬意和愉快。

四、香料、药物

香料经海上丝绸之路传入中国南方沿海地区,进而传入中原。考古发现汉
代时南越国已从海外输入香料和形成燃香习俗。通过海上交通联结东西方贸
易的道路又称"香料之路",产于阿拉伯半岛、南亚、东非和东南亚的香料通过这
条路线西传欧洲,东传至中国。唐诗中写到一些海外传入中国的香料,唐诗中
反映了烧香和熏香的习俗。李益《宫怨》:"露湿晴花宫殿香,月明歌吹在昭阳。"⑤

---

① (清)彭定求等编:《全唐诗》卷653,中华书局1960年版,第7504页。
② (清)彭定求等编:《全唐诗》卷694,中华书局1960年版,第7987页。
③ (清)彭定求等编:《全唐诗》卷709,中华书局1960年版,第8165页。
④ (清)彭定求等编:《全唐诗》卷746,中华书局1960年版,第8492页。
⑤ (唐)李益著,范之麟注:《李益诗注》,上海古籍出版社1984年版,第114页。

杜牧《送容州中丞赴镇》:"烧香翠羽帐,看舞郁金裙。"①李商隐《故番禺侯以赃罪致不辜事觉母者他日过其门》:"江陵从种橘,交广合投香。"②薛能《吴姬十首》其五:"退红香汗湿轻纱,高卷蚊厨独卧斜。"③和凝《宫词百首》其三:"中兴殿上晓光融,一炷天香舞瑞风。"④海外输入的香料也在唐诗中屡见吟咏。

龙涎香是得之海外的产品。传说龙涎香是龙的口水凝结而成,后世研究发现实际是由鲸消化系统分泌物产生。公元前18世纪巴比伦、亚述和波斯的宗教仪式中所用的香料已经有龙涎香。龙涎香可能最早是南亚海域居民发现,后成为王室贵族的奢侈品,唐时传入中国。龙涎香被唐人称为"阿末香",来自阿拉伯语。晚唐段成式《酉阳杂俎》记载:"拨拔力国,在西南海中,不食五谷,食肉而已。……土地唯有象牙及阿末香,波斯商人欲入此国,团集数千,赍彩布,没老幼共刺血立誓,乃市其物。"⑤这个记载反映龙涎香是由波斯商人通过海路贩运至中国。拨拔力国,一般认为即今非洲索马里北部亚丁湾南岸的柏培拉一带。杜牧《暝投云智寺渡溪不得却取沿江路往》:"沙虚留虎迹,水滑带龙涎。"⑥项斯《寄流人》:"象迹频藏齿,龙涎远蔽珠。家人秦地老,泣对日南图。"⑦陈光《送人游交趾》:"浪歇龙涎聚,沙虚象迹深。"⑧贯休《怀匡山山长二首》其一:"杉罅龙涎溢,潭坳石发多。"⑨这几首诗都写到"龙涎",说明"龙涎"在唐代已经通过海道输入中国。有人认为宋代才有"龙涎"之名,⑩不确。关于其产地,宋人周去非《岭外代答》"龙涎"条云:"大食西海多龙,枕石一睡,涎沫浮水,积而能坚。鲛人采之以为至宝。新者色白,稍久则紫,甚久则

① (唐)杜牧著:《樊川文集》卷2,上海古籍出版社1978年版,第29页。
② (唐)李商隐著,(清)冯浩笺注:《玉溪生诗集笺注》卷1,上海古籍出版社1979年版,第49页。
③ (清)彭定求等编:《全唐诗》卷561,中华书局1960年版,第6520页。
④ (清)彭定求等编:《全唐诗》卷735,中华书局1960年版,第8393页。
⑤ (唐)段成式撰:《酉阳杂俎·前集》卷4,中华书局1981年版,第46页。
⑥ (唐)杜牧著,吴在庆校注:《杜牧集系年校注》,中华书局2013年版,第783页。
⑦ (清)彭定求等编:《全唐诗》卷554,中华书局1960年版,第6414页。
⑧ (明)佚名编:《诗渊》(第6册),书目文献出版社1984年版,第4449页。
⑨ (唐)贯休著,胡大浚笺注:《贯休歌诗系年笺注》卷13,中华书局2011年版,第615页。
⑩ (元)汪大渊著,苏继庼校释:《岛夷志略校释》,中华书局1981年版,第46页。

黑。因至番禺尝见之,不薰不莸,似浮石而轻也。人云龙涎有异香,或云龙涎气腥能发众香,皆非也。龙涎于香本无损益,但能聚烟耳。和香而用真龙涎,焚之一铢,翠烟浮空,结而不散,座客可用一剪分烟缕。此其所以然者,蜃气楼台之余烈也。"①元人汪大渊《岛夷志略》记载从中国南海西行,有一岛名"龙涎屿",产龙涎香。据苏继庼考证,其地在今苏门答腊北部南巫里附近。② 周氏、汪氏关于龙涎香产生的传说固不可信,但言其产地说明了龙涎香来自"大食"(阿拉伯)、东南亚沿海地区和岛国应该没有问题。

龙脑香是由龙脑树树干析出的白色晶体,龙脑树原产于东南亚苏门答腊、加里曼丹、马来半岛和婆罗洲等地,龙脑香汉代已经传入中国。从唐诗可知,广州市场上有大量龙脑香出售。王建《送郑权尚书南海》:"戍头龙脑铺,关口象牙堆。"③与龙脑香大量进口和出售有关,龙脑香在唐代社会被广泛使用,唐诗中写贵族生活常常写到龙脑香。长孙佐辅《古宫怨》诗:"看笼不记熏龙脑,咏扇空曾秃鼠须。"④戴叔伦《早春曲》云:"博山吹云龙脑香,铜壶滴愁更漏长。"⑤李贺《春怀引》:"宝枕垂云选春梦,钿合碧寒龙脑冻。"⑥李贺《啁少年》:"青骢马肥金鞍光,龙脑入缕罗衫香。"⑦薛能《吴姬十首》其二:"龙麝薰多骨亦香,因经寒食好风光。"⑧其六:"取次衣裳尽带珠,别添龙脑裹罗襦。"⑨段成式《戏高侍御七首》其四:"欲熏罗荐嫌龙脑,须为寻求石叶香。"⑩吴融《个人三十韵》写女道士:"炷香龙荐脑,辟魇虎输精。"⑪黄滔《马嵬二首》其二:"龙脑移香凤辇留,可能千古永悠悠。夜台若使香魂在,应作烟花出陇头。"⑫杜

---

① (宋)周去非著,杨武泉校注:《岭外代答校注》卷7,中华书局1999年版,第266页。

② (元)汪大渊著,苏继庼校释:《岛夷志略校释》,中华书局1981年版,第44、45页。

③ (唐)王建著,王宗堂校注:《王建诗集校注》卷5,中州古籍出版社2006年版,第280页。

④ (清)彭定求等编:《全唐诗》卷469,中华书局1960年版,第5335页。

⑤ (唐)戴叔伦著,蒋寅校注:《戴叔伦诗集校注》卷4,上海古籍出版社2010年版,第256页。

⑥ 叶葱奇疏注:《李贺诗集》,人民文学出版社1959年版,第337页。

⑦ 叶葱奇疏注:《李贺诗集》,人民文学出版社1959年版,第342页。

⑧ (清)彭定求等编:《全唐诗》卷561,中华书局1960年版,第6519页。

⑨ (清)彭定求等编:《全唐诗》卷561,中华书局1960年版,第6520页。

⑩ (清)彭定求等编:《全唐诗》卷584,中华书局1960年版,第6770页。

⑪ (清)彭定求等编:《全唐诗》卷685,中华书局1960年版,第7870页。

⑫ (清)彭定求等编:《全唐诗》卷706,中华书局1960年版,第8132页。

牧《八六子》词："洞房深,画屏灯照,山色凝翠沈沈。听夜雨,冷滴芭蕉,惊断红窗好梦。龙烟细飘绣衾,辞恩久归长信。凤帐萧疏,椒殿闲扃。"①段成式《酉阳杂俎》云："龙脑香树出婆利国,婆利呼为'固不婆律',亦出波斯国。"②婆利国在今印度尼西亚加里曼丹岛。所谓"出波斯国"可能是经波斯商人将龙脑香贩运至中国。广州南越国时期的墓葬中出土的铜熏炉,腹内有灰烬或炭粒状香料残存,广西罗泊湾二号汉墓出土的铜熏炉内,盛两块白色椭圆形粉末块状物,研究者认为可能属龙脑或沉香之类的树脂香料残留物。③

沉香,古代文献中有时写作"沈香",又名"沉水香""水沉香"。古来常说的四种香料"沉檀龙麝"之"沉"即指沉香。沉香香品难得,被列为众香之首。沉香树野生或栽培于热带地区,印度、缅甸、柬埔寨、马来半岛、菲律宾、摩鹿加群岛、中国广西、广东、海南岛皆产沉香木。国外主要分布于印度、印度尼西亚、越南、马来西亚等国。④ 沉香是古代国际贸易中的重要商品,汉代时就通过海上丝绸之路传入中国。沉香在唐代是用途最为广泛的香料,也是唐诗中描写最多的香料。从唐诗描写看,沉香有多种用途,有时用作建筑材料和装饰。唐玄宗时有沉香亭,李白《清平调词三首》其三:"解得春风无限恨,沉香亭北倚阑干。"⑤唐穆宗长庆四年(824 年)九月"丁未,波斯大商李苏沙进沉香亭子材"。拾遗李汉进谏,认为"沉香为亭子,不异瑶台、琼室"。⑥ 唐后期波斯商人往往经海路入华,李苏沙的沉香应该经海路运至中国。李贺《莫愁曲》:"归来无人识,暗上沉香楼。"⑦刘禹锡《三阁词四首》其三:"沉香帖阁柱,金缕画门楣。"⑧孙元晏《望仙阁》:"多少沉檀结筑成,望仙为号倚青冥。"⑨温

① (唐)杜牧撰,吴在庆校注:《杜牧集系年校注》,中华书局 2013 年版,第 826 页。
② (唐)段成式撰:《酉阳杂俎》卷 18,中华书局 1981 年版,第 177 页。
③ 兰日勇、覃义生:《广西贵县罗泊湾二号汉墓》,《考古》1982 年第 4 期。
④ 刘永新主编:《国家药典中药实用手册》,中医古籍出版社 2011 年版,第 278 页。
⑤ (唐)李白著,瞿蜕园、朱金城校注:《李白集校注》卷 5,上海古籍出版社 1980 年版,第 393 页。
⑥ 《旧唐书》卷 17《敬宗纪》,中华书局 1975 年版,第 512 页。
⑦ 叶葱奇疏注:《李贺诗集》,人民文学出版社 1959 年版,第 332、333 页。
⑧ (唐)刘禹锡著:《刘禹锡集》卷 26,上海人民出版社 1975 年版,第 236 页。
⑨ (清)彭定求等编:《全唐诗》卷 767,中华书局 1960 年版,第 8711 页。

庭筠《菩萨蛮》:"宝函钿雀金鹦鹉,沉香阁上吴山碧。"①有时用沉香木直接做成器具。杨凝《花枕》诗:"席上沉香枕,楼中荡子妻。"②王建《宫词一百首》七十七:"各把沉香双陆子,局中斗累阿谁高。"③从这些诗的描写看,有的枕头和棋子用沉香木制成。沉香通常在香炉里点燃,增加室内香味和温暖。李白《杨叛儿》:"博山炉中沉香火,双烟一气凌紫霞。"④刘复《夏日》云:"银瓶缏转桐花井,沉水烟销金博山。"⑤郑良士《寄富洋院禅者》:"雪上茗芽因客煮,海南沉屑为斋烧。"⑥李贺《贵公子夜阑曲》:"袅袅沉水烟,乌啼夜阑景。"⑦施肩吾《夜宴曲》:"兰缸如昼晓不眠,玉堂夜起沉香烟。"⑧罗隐《香》:"沉水良材食柏珍,博山烟暖玉楼春。怜君亦是无端物,贪作馨香忘却身。"⑨和凝《宫词百首》其八:"红兽慢然天色暖,风炉时复爇沉香。"⑩沉香有时用作熏染之香,即熏染衣物或器物,使具有香味。李峤《床》:"传闻有象床,畴昔献君王。玳瑁千金起,珊瑚七宝妆。桂筵含柏馥,兰席拂沉香。"⑪韩翃《别李明府》:"五侯焦石烹江笋,千户沉香染客衣。"⑫元稹《白衣裳二首》其二:"藕丝衫子柳花裙,空着沉香慢火熏。"⑬李商隐《效徐陵体赠更衣》:"轻寒衣省夜,金斗熨沉香。"⑭胡宿《侯家》:"彩云按曲青岑醴,沉水薰衣白璧堂。"⑮韩偓《浣溪沙二

① (清)彭定求等编:《全唐诗》卷891,中华书局1960年版,第10065页。
② (清)彭定求等编:《全唐诗》卷290,中华书局1960年版,第3300页。
③ (唐)王建著,王宗堂校注:《王建诗集校注》卷10,中州古籍出版社2006年版,第625页。
④ (唐)李白著,瞿蜕园、朱金城校注:《李白集校注》卷4,上海古籍出版社1980年版,第287页。
⑤ (清)彭定求等编:《全唐诗》卷305,中华书局1960年版,第3470页。
⑥ (清)彭定求等编:《全唐诗》卷726,中华书局1960年版,第8324页。
⑦ 叶葱奇疏注:《李贺诗集》卷1,人民文学出版社1959年版,第22页。
⑧ (清)彭定求等编:《全唐诗》卷494,中华书局1960年版,第5585页。
⑨ (唐)罗隐著:《罗隐集》,中华书局1983年版,第31页。
⑩ (清)彭定求等编:《全唐诗》卷735,中华书局1960年版,第8363页。
⑪ (清)彭定求等编:《全唐诗》卷60,中华书局1960年版,第713页。
⑫ (清)彭定求等编:《全唐诗》卷243,中华书局1960年版,第731页。
⑬ (唐)元稹著:《元稹集·外集》卷7,中华书局1982年版,第686、687页。
⑭ (唐)李商隐著,(清)冯浩笺注:《玉溪生诗集笺注》卷3,上海古籍出版社1979年版,第681页。
⑮ (清)彭定求等编:《全唐诗》卷731,中华书局1960年版,第8369页。

首》其二:"雪肌仍是玉琅玕,骨香腰细更沉檀。"①

与沉香并称的是檀香,佛家谓之"栴檀",取自檀香树木质心材(或其树脂),分为白檀、黄檀、紫檀等品类。檀香主产于印度东部、泰国、印度尼西亚、马来西亚、澳大利亚、斐济等湿热地区。唐诗中常把沉香与檀香并称为"沉檀"或"沈檀"。张贲《玩金鸂鶒和陆鲁望》:"谁怜化作雕金质,从倩沉檀十里闻。"②和凝《宫词百首》之十七:"多把沈檀配龙麝,宫中掌浸十香油。"③李中《宫词二首》其二:"金波寒透水精帘,烧尽沈檀手自添。"④孙元晏《陈·望仙阁》:"多少沈檀结筑成,望仙为号倚青冥。不知孔氏何形状,醉得君王不解醒。"⑤李煜《一斛珠(一名醉落魄)》词:"晚妆初过,沈檀轻注些儿个。向人微露丁香颗。"⑥

香料往往具有医药价值,通过海上丝路也有专门的药物传入。诃黎勒是产于印度的植物,其果实和树叶皆具药性。诃梨勒果实汉代传入中国,作为药用。后来也作为一种植物移植中国,其传入的路线是经过海路而来,所以先见于南方沿海地区。晋嵇含《南方草木状》云:"诃梨勒树,似木梡,花白,子形如橄榄,六路,皮肉相着,可作饮,变白髭发令黑,出九真。"⑦九真郡在今越南境内,说明印度的诃梨勒是经过东南亚而来。雷云飞指出:"诃子原产波斯、印度、缅甸,马来西亚亦产。……到汉代时,诃子沿着丝绸之路传入我国,并开始栽于云南西部和广东南部。唐代鉴真和尚东渡日本时,广州乾明寺(今光孝寺)就栽有诃子数株。"⑧但这种栽种数量极少,唐代仍从域外传入。一般重视其果实的药用价值,树叶也具有药效,可以祛除久治不愈的疾病。包佶《抱疾谢李吏部赠诃黎勒叶》诗云:

　　一叶生西徼,赍来上海查。岁时经水府,根本别天涯。方士真难见,

---

① (清)彭定求等编:《全唐诗》卷891,中华书局1960年版,第10070页。
② (清)彭定求等编:《全唐诗》卷631,中华书局1960年版,第7237页。
③ (清)彭定求等编:《全唐诗》卷735,中华书局1960年版,第8394页。
④ (清)彭定求等编:《全唐诗》卷748,中华书局1960年版,第8526页。
⑤ (清)彭定求等编:《全唐诗》卷767,中华书局1960年版,第8711页。
⑥ (南唐)李璟、李煜著:《李璟李煜词》,人民文学出版社1958年版,第16页。
⑦ (晋)嵇含撰:《南方草木状》卷中,广陵书社2003年版,第5页。
⑧ 雷云飞等:《佛教圣树诃子及其开发利用展望》,《广东林业科技》2010年第4期。

商胡辄自夸。此香同异域,看色胜仙家。茗饮暂调气,梧丸喜伐邪。幸蒙祛老疾,深愿驻韶华。①

从包佶诗的描写可知,他获得的诃梨叶是经海上丝路传来,并认为诃梨叶有"调气""伐邪"和"祛老疾"之功效。明胡震亨《唐音癸签·诂笺五》引遁叟语:"包佶《诃梨勒叶》诗:'茗饮暂调气,梧丸喜伐邪。'按《本草》:'诃梨勒树似木梡,花白,子似栀子,主消痰下气等疾。来自南海舶上,广州亦有之。'茗亦能下气,此言其功胜茗。梧丸,谓入用丸如梧子也。今医家所用诃梨勒,是其子,不闻用叶者,应是本草失收耳。"②

丹砂又称朱砂、辰砂,中医中用作药材,具镇静安神和杀菌等功效。道家用作炼丹的原料。杜甫《送段功曹归广州》:"交趾丹砂重,韶州白葛轻。幸君因旅(一作估)客,时寄锦官城。"③交趾丹砂质量好,他希望到南方去的朋友给自己捎带或寄来交州的丹砂。施肩吾《自述》:"箧贮灵砂日日看,欲成仙法脱身难。不知谁向交州去,为谢罗浮葛长官。"④皮日休《寄琼州杨舍人》:"清切会须归有日,莫贪句漏足丹砂。"⑤句漏县即今越南北宁省顺城县。交州的薏苡具有重要医药价值,在皮日休等人《药名联句》诗中,专门提到薏苡,张贲诗云:"为待防风饼,须添薏苡杯。"⑥海外国家的药方有的也通过广州传至内地。唐无名氏《和剂方补骨脂丸方诗》:"三年时节向边隅,人信方知药力殊。夺得春光来在手,青娥休笑白髭须。"此诗序云:"宣宗朝,太尉张寿知广州,得补骨脂丸方于南蕃,人服之验,为诗纪之。补骨脂,《神农本草》不载,生广南诸州及海外诸国,衰年阳气衰绝,力能补之。"⑦看来是一种有效的壮阳补气药。

---

① (清)彭定求等编:《全唐诗》卷205,中华书局1960年版,第2140页。

② (明)胡震亨撰:《唐音癸签》卷20,上海古籍出版社1981年版,第218页。

③ (唐)杜甫著,(清)仇兆鳌注:《杜诗详注》卷11,中华书局1979年版,第928页。

④ (清)彭定求等编:《全唐诗》卷494,中华书局1960年版,第5598页。

⑤ (清)彭定求等编:《全唐诗》卷614,中华书局1960年版,第7080页。

⑥ (清)彭定求等编:《全唐诗》卷793,中华书局1960年版,第8929页。

⑦ (清)彭定求等编:《全唐诗》卷880,中华书局1960年版,第9959页。

五、器物

从海外传入中国的器物,因为新奇珍贵而又实用引起诗人歌咏的兴趣。螺壳可作酒杯和碗,螺杯和螺碗来自海外国家或南方沿海地区。有花纹的螺壳适宜制作美观的杯、碗。《新唐书·南蛮传》记载,婆利"产瑇瑁、文螺"①。张籍《和韦开州盛山十二首·流杯渠》:"渌酒白螺杯,随流去复回。似知人把处,各向面前来。"②曹唐《南游》:"尽兴南游卒未回,水工舟子不须催。政思碧树关心句,难放红螺蘸甲杯。"③白居易《代书诗一百韵寄微之》写与元稹的友情和交游:"密坐随欢促,华尊逐胜移。香飘歌袂动,翠落舞钗遗。筹插红螺碗,觥飞白玉卮。"④吴融《个人三十韵》诗:"鱼网徐徐襞,螺卮浅浅倾。"⑤南海地区花藤制成的药盒得到诗人的吟咏。朱昼《赋得花藤药合寄颍阴故人》云:"藤生南海滨,引蔓青且长。剪削为花枝,何人无文章。非才亦有心,割骨闻馀芳。繁叶落何处,孤贞在中央。愿盛黄金膏,寄与青眼郎。路远莫知意,水深天苍苍。"⑥

东南亚和中国西南地区的铜鼓,屡见于诗人的吟咏。许浑《送客南归有怀》:"瓦尊迎海客,铜鼓赛江神。"⑦皮日休《吴中言怀寄南海二同年》:"铜鼓夜敲溪上月,布帆晴照海边霞。"⑧温庭筠《河渎神》:"铜鼓赛神来,满庭幡盖裴回。"⑨东南亚地区用鱼骨贝壳制成的酒樽,被称为诃陵樽。皮日休《五贶诗·诃陵樽》:"一片鲨鱼壳,其中生翠波。买须能紫贝,用合对红螺。尽泻判

---

① 《新唐书》卷 222《南蛮传下》,中华书局 1975 年版,第 6299 页。
② (唐)张籍著,徐礼节、余恕诚校注:《张籍集系年校注》卷 5,中华书局 2011 年版,第 621 页。
③ (清)彭定求等编:《全唐诗》卷 640,中华书局 1960 年版,第 7343 页。
④ (唐)白居易著:《白居易集》卷 13,中华书局 1979 年版,第 245、246 页。
⑤ (清)彭定求等编:《全唐诗》卷 685,中华书局 1960 年版,第 7870 页。
⑥ (清)彭定求等编:《全唐诗》卷 491,中华书局 1960 年版,第 5561 页。
⑦ (清)彭定求等编:《全唐诗》卷 530,中华书局 1960 年版,第 6062 页。
⑧ (清)彭定求等编:《全唐诗》卷 614,中华书局 1960 年版,第 7082 页。
⑨ (清)彭定求等编:《全唐诗》卷 891,中华书局 1960 年版,第 10066、10067 页。

狂药,禁敌任浩歌。明朝与君后,争那玉山何。"①陆龟蒙《奉和袭美赠魏处士五贶诗·诃陵尊》:"鱼骼匠成尊,犹残海浪痕。外堪欺玳瑁,中可酌昆仑(酒名)。水绕苔矶曲,山当草阁门。此中醒复醉,何必问乾坤。"②都表达了对这种外来器物的喜爱。诃陵,古国名,大约位于今印度尼西亚爪哇岛或苏门答腊岛,或兼称二岛。白居易《送客春游岭南二十韵》:"诃陵国分界,交趾郡为邻。"③贞观年间曾遣使来朝。大历年间多次遣使朝贡。元和八年遣使献僧祇奴四人、五色鹦鹉、频伽鸟。大和、咸通年间,朝贡不断。④ 所谓"诃陵樽"当出于其国。

火浣布即石棉布,由于具有不燃性,在火中能去污垢,其产地有不同说法,一曰西域,二曰火洲或炎洲,其地大约在东南亚或斯里兰卡。东汉杨孚《异物志》云:"斯调国在火州,在南海中。其上有野火,春夏自生,秋冬自死。有木生于其中而不消也,枝皮更活,秋冬火死则皆枯瘁。其俗常冬采其皮以为布,色小青黑;若尘垢污之,便投火中,则更鲜明也。"⑤斯调国即今斯里兰卡。三国吴朱应《扶南土俗传》云:"火洲在马五洲之东千余里,春月霖雨,雨止则火燃洲上,林木得雨则皮黑,得火则皮白。诸左右洲人,以春月采木皮,绩以为布,即火浣也,或作灯柱。"⑥马五洲,一般认为在印度尼西亚,或谓巴厘岛,或谓马鲁古群岛。⑦ 唐诗中写到火浣布,以之为贵族服饰。李颀《行路难》:"汉家名臣杨德祖,四代五公享茅土。父兄子弟缯银黄,跃马鸣珂朝建章。火浣单衣绣方领,茱萸锦带玉盘囊。"⑧唐代多取火浣布来自炎洲或火洲之说。王贞白《寄郑谷》:"五百首新诗,缄封寄去时。只凭夫子鉴,不要俗人知。火鼠重收布,冰蚕乍吐丝。直须天上手,裁作领巾披。"⑨元稹《估客乐》写商贾"北买

---

① (清)彭定求等编:《全唐诗》卷612,中华书局1960年版,第7059页。
② (清)彭定求等编:《全唐诗》卷622,中华书局1960年版,第7160页。
③ (唐)白居易著:《白居易集》卷17,中华书局1979年版,第353页。
④ 《新唐书》卷222《南蛮传下》,中华书局1975年版,第6302、6303页。
⑤ 《三国志》卷4《魏书·三少帝纪》,裴松之注引,中华书局1959年版,第117页。
⑥ (宋)乐史撰:《太平寰宇记》卷177《四夷》,中华书局2007年版,第3380页。
⑦ 陈佳荣等:《古代南海地名汇释》,中华书局1986年版,第166页。
⑧ (唐)李颀著,王锡九校注:《李颀诗歌校注》卷2,中华书局2018年版,第264页。
⑨ (清)彭定求等编:《全唐诗》卷701,中华书局1960年版,第8061页。

党项马,西擒吐蕃鹦。炎洲布火浣,蜀地锦织成。"①其《送岭南崔侍御》写岭南物产:"火布垢尘须火浣,木绵温软当绵衣。"②他们把火浣布视为珍异之物,看作南海异域国家的特产。

在中外文化交流形成高峰的唐代,海上丝绸之路的发展促进了中外贸易的繁荣,也为唐诗创作提供了丰富的素材,唐诗的繁荣与中外文化交流有直接关系;唐诗作为社会生活的反映,对于认识丝路发展具有重要的参考价值,以上所引唐诗中关于海外舶来品的吟咏,反映了海上丝绸之路的兴盛,具有重要的史料价值,在某种程度上可补史籍之不足。唐代丝绸之路与中外交流的发展,前后期有很大变化,总的来看,安史之乱前陆上丝路进入黄金时代,安史之乱后陆上丝路迅速衰落,海上交通日益发达和重要。从我们看到的唐诗资料,唐后期的作品居多,正是这一变化在诗歌描写中的反映。

(本文原载《中国文化研究》(总第 101 期)2018 年秋之卷,中国人民大学复印报刊资料《中国古代近代文学》2019 年第 1 期转载)

---

① (唐)元稹著:《元稹集》卷 23,中华书局 1982 年版,第 268 页。
② (唐)元稹著:《元稹集》卷 17,中华书局 1982 年版,第 202 页。

从唐诗看唐朝与南诏的关系

南诏是唐时地处今西南地区边疆族群建立的政权,南诏与唐朝的关系反映了古代边疆民族与中原政权错综复杂的关系。唐代南诏是多元文化汇聚之所,在沟通中国与东南亚和南亚之间的交通方面起过重要作用,通过南诏入缅甸和印度的道路被称为"中印缅道"或"南方丝绸之路"。这条道路随着唐朝、南诏和吐蕃政治关系的变化时有通塞。唐诗是唐代社会生活的壮丽画卷,唐朝与南诏的复杂关系以及文化交流在唐诗中得到反映。本文试从诗史互证角度探讨唐朝与南诏的关系,以求正于方家。

一、唐朝对南方地区的征服

唐初对西南地区的经营颇有成效,西南地区诸地纷纷归服,当时入贡唐朝的有"东谢蛮""南谢蛮""西赵蛮"等。① 根据唐诗描写,谢氏入朝是唐朝大军入西南地区作战的结果。柳宗元《唐铙歌鼓吹曲十二篇·"东蛮"》诗云:

> 东蛮有谢氏,冠带理海中。自言我异世,虽圣莫能通。王卒如飞翰,鹏骞骇群龙。轰然自天坠,乃信神武功。系虏君臣人,累累来自东。无思不服从,唐业如山崇。百辟拜稽首,咸愿图形容。如周王会书,永永传无穷。睢盱万状乖,咿嗢九译重。广轮抚四海,浩浩知皇风。歌诗铙鼓闲,以壮我元戎。

---

① 《旧唐书》卷197《南蛮西南蛮传》,中华书局1975年版,第5274—5275页。

其诗序云:"既克东蛮,群臣请图蛮夷状,如《周书·王会》,为《东蛮第十二》。"①从诗中描写的战争场面可知,谢氏入朝是唐军远征的结果。唐朝对谢氏的用兵,不见唐史记载,这或许补充了历史文献之不足。唐太宗即位,异域各国四方皆朝拜请服,诗人追怀当年情景,喜不自禁,绘声绘色地描述了西南部族首领谢元深率族来朝之盛况。

西南诸地时有反复,唐朝时有对诸地用兵之举。唐初洱海地区有六个小政权,称为六诏,蒙舍诏在南,称为"南诏"。永徽四年(653年),南诏细奴逻来朝,唐高宗封细奴逻为巍州刺史。细奴逻子逻盛在武后时入朝。其他五诏与部落受吐蕃威胁,弃唐归附吐蕃。南诏依附唐朝,在唐朝支持下进行统一战争,在这一过程中唐军出兵征西南地区在唐诗中有反映。据《资治通鉴》记载,咸亨三年"正月,辛丑,以太子左卫副率梁积寿为姚州道行军总管,将兵讨叛蛮。庚戌,昆明蛮十四姓二万三千户内附,置殷、敦、总三州。"②唐朝扩大了在西南地区的控制区域。唐朝对姚州的战争是唐助南诏统一军事活动的一部分。骆宾王《从军中行路难》诗反映了这场战争:

> 君不见封狐雄虺自成群,凭深负固结妖氛。玉玺分兵征恶少,金坛授律动将军。将军拥麾宣庙略,战士横戈静夷落。长驱一息背铜梁,直指三巴(一作危)登剑阁。阁道岩峣起戍楼,剑门遥裔俯灵丘。邛关九折无平路,江水双源有急流。征役无期返,他乡岁月(一作华)晚。杳杳丘陵出,苍苍林薄远。途危紫盖峰,路涩青泥坂。去去指哀牢,行行入不毛。绝壁千里险,连山四望高。中外分区宇,夷夏殊风土。交趾(一作阯)枕南荒,昆弥临北户。川源饶毒雾,溪谷多霏雨。行潦四时流,崩槎(一作查)千岁古。漂梗飞蓬不暂安,扪藤引葛度危峦。昔时闻道从军乐,今日方知行路难。沧江绿水东流驶,炎洲丹徼南中地。南中南斗映星河,秦川(一作关)秦塞阻烟波。三春边地风光少,五月泸中(一作川)瘴疠多。朝驱疲斥候,夕息倦樵歌。向月弯繁弱,连星转太阿。重义轻生怀一顾,东伐西征凡几度。夜夜朝朝斑鬓新,年年岁岁戎衣故。(一有故人)灞(霸)城

---

① (唐)柳宗元:《柳宗元集》卷1,中华书局1979年版,第24—25页。
② (宋)司马光等:《资治通鉴》卷202,中华书局1956年版,第6368页。

隅,(一有游子)滇池水,天涯望转遥(一作枳),地际行无已。徒觉炎凉节,忽复离寒暑。物华非不知,关山千万里。弃置勿重陈,重陈多苦辛。且悦清筃杨柳曲,讵忆芳园桃李人。绛节红旗分日羽,丹心白刃酬明主。但令一被君王知,谁惮三边征战苦。行路难,行路难,歧路几千端。无复归云凭短翰,空余望日想长安。①

姚州在今云南省姚安县,诗描写唐军一路南下,经过蜀中各地,进入南中作战,渡泸水,直至滇池,剑指哀牢。这些描写反映的正是唐军对姚州的战争。骆宾王集中有《兵部奏姚州破逆贼柳诺没弄杨虔柳露布》《兵部奏姚州破贼设蒙俭等露布》两文,反映的是同一史实。陈熙晋据间丘均《王仁求墓碑文》"咸亨之岁,犬羊大扰,枭将失律,元凶莫惩",认为"此为由蜀至姚州从军之诗"。② 骆宾王《为李总管祭赵郎将文》也与此次战事相关。

开元二十五年(737年),南诏皮逻阁夺取太和城(今云南大理)。第二年,唐朝赐皮逻阁名为蒙归义。蒙归义又破洱河部族,唐封其爵为云南王。玄宗制书说封王的原因是洱河诸部潜通犬戎(吐蕃),蒙归义率兵征讨有功。这一年,皮逻阁兼并五诏,"当是时,五诏微,归义独强,乃厚以利啖剑南节度使王昱,求合六诏为一"。朝廷答应了蒙归义的要求,蒙归义却日益骄慢,"归义已并群蛮,遂破吐蕃,浸骄大。入朝,天子亦为加礼。又以破洱蛮功,驰遣中人册为云南王,赐锦袍、金钿带七事。于是徙治太和城"。③ 玄宗《封蒙归义云南王制》对皮逻阁克敌制胜之功大加褒奖。④ 给王昱的敕文称蒙归义效忠出力,讨伐五诏,"彼(指五诏)持两端(附唐亦附吐蕃),宜其残破"。⑤ 皮逻阁出兵,唐遣中使王承训、御史严正诲参与军事,先灭越析,次灭三浪,又灭蒙嶲,从而统一六诏。南诏建立政权,臣属于唐,遣阁罗凤子凤迦异入朝宿卫。

当南诏地属唐朝势力范围之时,西南之地成为唐朝贬官流放之所。唐初

---

① (唐)骆宾王著,(清)陈熙晋笺注:《骆临海集笺注》卷4,上海古籍出版社1985年版,第134—140页。

② (唐)骆宾王著,(清)陈熙晋笺注:《骆临海集笺注》卷4,上海古籍出版社1985年版,第134页。

③ 《新唐书》卷222《南蛮传上》,中华书局1975年版,第6270页。

④ (清)董皓等编:《全唐文》卷24,上海古籍出版社1990年版,第116页。

⑤ (清)董皓等编:《全唐文》卷286,上海古籍出版社1990年版,第1282页。

杜淹、王珪、韦挺、郑世翼、李义府、薛元超等人曾被流放到越巂,有相关诗歌传世。杜淹、王珪、韦挺等人无罪,因受株连,蒙冤被贬官。[1] 杜淹在越巂有诗寄长孙无忌,其《寄赠齐公》写自己的心情和路程:"颎衣登蜀道,白首别秦川。泪随沟水逝,心逐晓旌悬。去去逾千里,悠悠隔九天。郊野间长薄,城阙隐凝烟。关门共月对,山路与云连。此时寸心里,难用尺书传。"[2]从诗的描写可知杜淹离开长安,过成都至越巂。高宗时李义府被流放巂州,有《在巂州遥叙封禅》诗:"触网沦幽裔,乘徼限明时。周南昔已叹,邛西今复悲。"[3]"邛西"即邛州、邛崃关之西,极言其荒僻。上官仪被诛,薛元超坐与上官仪"辞翰往复",配流巂州,"以诗酒为事,有《醉后集》三卷",皆不传。[4] 卢僎《初出京邑有怀旧林》云:"世网余何触,天涯谪南蛮。回首思洛阳,喟然悲贞艰。旧林日夜远,孤云何时还。"[5]唐代"南蛮"通常指南诏。卢僎是在被贬出京时怀念家乡赋此诗,从诗中的描写可知他的贬所在今云南之地。卢僎被贬南诏事,不见史书记载,此诗可补史传之阙。他之被贬南诏之地,也反映了唐朝对其地实际控制的史实。

二、南诏的壮大和唐朝对南诏的用兵

天宝时唐朝与南诏关系开始破裂,其原因一是南诏势力日益壮大,不愿意屈身事唐;二是唐朝西南地区官员的腐败,抚之失当。天宝四载(745年),剑南节度使章仇兼琼遣使至云南,与皮逻阁言语不相得,引起皮逻阁不满。皮逻

---

[1] 《旧唐书》卷66《杜淹传》,中华书局1975年版,第2471页。

[2] (宋)李昉等编:《文苑英华》卷249,中华书局1966年版,第1256页。

[3] (清)彭定求等编:《全唐诗》卷35,中华书局1960年版,第469页。

[4] 《旧唐书》卷73《薛元超传》记载:"拜东台侍郎,右相李义府以罪配流巂州,旧制流人禁乘马,元超奏请给之,坐贬为简州刺史。岁余,西台侍郎上官仪伏诛,又坐与文章款密,配流巂州。上元初,遇赦还。"《薛元超墓志》:"以事复出为简州刺史。岁余,上官仪伏法,以公尝词翰复言,放于越巂之邛都。耽味《易》象,以诗酒为事,有《醉后集》三卷行于时。"见周绍良、赵超方编《唐代墓志汇编续编》,上海古籍出版社2001年版,第279页。《日本国见在书目·别集类》有"《醉后集》三",当即薛元超著作。今薛元超存诗三首,皆与流放巂州无关。

[5] (清)彭定求等编:《全唐诗》卷99,中华书局1960年版,第1069页。

阁卒,阁逻凤立。鲜于仲通任剑南西川节度使,再度引进双方的冲突。天宝九载(750年),阁逻凤路过云南郡(姚州),太守张虔陀侮辱其同行妇女,勒索贿赂,阁逻凤不应。张虔陀派人去辱骂,并向朝廷诬告阁逻凤。阁逻凤起兵,破云南,杀张虔陀,夺取唐之羁縻州。①

　　天宝十载(751年),鲜于仲通率兵八万出戎州、嶲州,往击南诏。阁逻凤谢罪请和,鲜于仲通不许,进军至西洱河,被南诏击败,唐兵死六万人。南诏方面亦损失惨重。天宝十一载(752年),阁罗凤臣于吐蕃,吐蕃册封阁逻凤为"赞普钟"(赞普之弟)。十三载(754年),剑南留后李宓率兵七万击南诏,兵败,全军覆没。李宓出征之际,诗人高适曾有诗送行,其《李云南征"蛮"诗》祝愿李宓出师获胜:

　　　　圣人赫斯怒,诏伐西南戎。肃穆庙堂上,深沉节制雄。遂令感激士,得见非常功。料死不料敌,顾恩宁顾终。鼓行天海外,转战蛮夷中。梯巘近高鸟,穿林经毒虫。鬼门无归客,北户多南风。蜂虿隔万里,云雷随九攻。长驱大浪破,急击群山空。饷道忽已远,县军垂欲穷。精诚动白日,愤薄连苍穹。野食掘田鼠,晡餐兼麋鼲。收兵列亭堠,拓地弥西东。临事耻苟免,履危能饬躬。将星独照耀,边色何溟濛。泸水夜可涉,交州今始通。归来长安道,召见甘泉宫。廉蔺若未死,孙吴知暗同。相逢论意气,慷慨谢深衷。②

此诗序云:"天宝十一载,有诏伐西南夷,右相杨公兼节制之寄,乃奏前云南太守李宓涉海自交趾击之。道路险艰,往复数万里,盖百王所未通也。十二载四月,至于长安,君子是以知庙堂使能,而李公效节。适忝斯人之旧,因赋是诗。"③这当是天宝十三载(754年)李宓出征南诏之前入朝时,诗人预祝其成功。

　　唐朝两次对南诏用兵皆以失败告终,给人民造成深重灾难。诗人同情百姓的痛苦,对统治阶级的穷兵黩武进行了批判和谴责。杜甫《兵车行》反映了天宝年间的战争给人民造成的灾难:

① 《旧唐书》卷197《南蛮西南蛮传》,中华书局1975年版,第5280页。
② (唐)高适著,孙钦善校注:《高适集校注》,上海古籍出版社1984年版,第223—224页。
③ (唐)高适著,孙钦善校注:《高适集校注》,上海古籍出版社1984年版,第223—224页。

车辚辚,马萧萧,行人弓箭各在腰。耶娘妻子走相送,尘埃不见咸阳桥。牵衣顿足拦道哭,哭声直上干云霄。道旁过者问行人,行人但云点行频。或从十五北防河,便至四十西营田。去时里正与裹头,归来头白还戍边。边庭流血成海水,武皇开边意未已。君不闻汉家山东二百州,千村万落生荆杞。①

史载朝廷"制大募两京及河南、北兵以击南诏;人闻云南多瘴疠,未战士卒死者什八九,莫肯应募。杨国忠遣御史分道捕人,连枷送诣军所。……于是行者愁怨,父母妻子送之,所在哭声振野。"②诗开头描写正是当年新兵出征父母送别的悲惨画面。又如李白《古风》之三十四:

羽檄如流星,虎符合专城。喧呼救边急,群鸟皆夜鸣。白日曜紫微,三公运权衡。天地皆得一,澹然四海清。借问此何为? 答言楚征兵。渡泸及五月,将赴云南征。怯卒非战士,炎方难远行。长号别严亲,日月惨光晶。泣尽继以血,心摧两无声。困兽当猛虎,穷鱼饵奔鲸。千去不一回,投躯岂全生? 如何舞干戚,一使有苗平?③

诗把此次征行的惨败归结为"三公运权衡"。白居易《"蛮子"朝》也是回顾鲜于仲通败于南诏的往事:"臣闻云南六诏蛮,东连牂牁西连(一作接)蕃。六诏星居初琐碎,合为一诏渐强大。开元皇帝虽圣神,唯蛮倔强不来宾。鲜于仲通六万卒,征蛮一阵全军没。至今西洱河岸边,箭孔刀痕满枯骨。"自注:"天宝十三载,鲜于仲通统兵六万讨云南王阁罗凤于西洱河,全军覆殁也。"④此十三载当为"十载"之误。

安史之乱发生,唐朝自顾不暇,南诏却有意归唐。阁逻凤在太和城中立《南诏德化碑》,表示叛唐出于不得已,对臣属说后世可能再归唐,当指碑给唐使看,让其明白我的本心。阁逻凤知道依附吐蕃害多利少,两地关系不能持久。大历十四年(779 年),唐朝名将李晟等大破南诏、吐蕃联军,南诏损失惨

① (唐)杜甫著,(清)仇兆鳌注:《杜诗详注》卷2,中华书局1979年版,第113—114页。
② (宋)司马光等:《资治通鉴》卷216,中华书局1956年版,第6907页。
③ (唐)李白著,瞿蜕园、朱金城校注:《李白集校注》卷2,上海古籍出版社1980年版,第152页。
④ (唐)白居易:《白居易集》卷3,中华书局1979年版,第70页。

重。德宗时李晟、曲环率北方兵数千,联合当地唐兵,再次大破吐蕃、南诏军,追击南诏军过大渡河。吐蕃、南诏数次失败,伤亡超过十万人。"吐蕃与南诏合兵十万,三道入寇,一出茂州,一出扶、文,一出黎、雅。""上发禁兵四千人,使晟将之,发邠、陇、范阳兵五千,使金吾大将军安邑曲环将之,以救蜀。东川出兵,自江油趋白坝,与山南兵合击吐蕃、南诏,破之。范阳兵追及于七盘,又破之,遂克维、茂二州。李晟追击于大渡河外,又破之。吐蕃、南诏饥寒陨于崖谷死者八九万人"。[1] 异牟寻惧唐进攻,迁都阳苴咩城。唐军经行蜀地迎击南诏。贾岛《送李傅侍郎剑南行营》反映了当时的形势:"走马从边事,新恩受外台。勇看双节出,期破八蛮回。许国家无恋,盘江栈不摧。移军刁斗逐,报捷剑门开。角咽猕猴叫,鼙干霹雳来。去年新甸邑,犹滞佐时才。"[2]此剑南行营即唐朝抵御南诏与吐蕃联军的部队,诗人希望李氏入剑南行营幕,在反攻南诏的战争中立功。

德宗贞元年间,韦皋任剑南西川节度使,招抚南诏,南诏题请归附唐朝,唐朝与南诏恢复了宗藩关系。成都是南诏赴长安的经行之地,唐朝与南诏来往频繁,其贡使经成都到长安。元稹《和李校书新题乐府十二首·"蛮子"朝》云:

> 西南六诏有遗种,僻在荒陬路寻壅。部落支离君长贱,比诸夷狄为幽冗。犬戎强盛频侵削,降有愤心战无勇。夜防钞盗保深山,朝望烟尘上高冢。鸟道绳桥来款附,非因慕化因危悚。清平官系金呿嵯,求天叩地持双珙。益州大将韦令公(马注:韦皋),顷实遭时定泝陇。自居剧镇无他绩,幸得蛮来固恩宠。为蛮开道引蛮朝,迎蛮送蛮常继踵。天子临轩四方贺,朝廷无事唯端拱。漏天走马春雨寒,泸水飞蛇瘴烟重。椎头丑类除忧患,癃足役夫劳泂涌。匈奴互市岁不供,云蛮通好辔长騑。戎王养马渐多年,南人耗悴西人恐。[3]

郭茂倩《乐府诗集》解题云:"《唐书》曰:'贞元之初,韦皋招抚诸蛮。至九年四月,南诏异牟寻请归附,十四年又遣使朝贡。"题注引《李传》云:"贞元末,蜀

① (宋)司马光等:《资治通鉴》卷226,中华书局1956年版,第7270—7271页。
② (唐)贾岛著,李嘉言校:《长江集新校》卷5,上海古籍出版社1983年版,第59页。
③ (唐)元稹:《元稹集》卷24,中华书局1982年版,第288页。

川始通蛮酋。"①白居易有同题诗《"蛮子"朝》回顾南诏崛起的历史,赞叹其归附:

> 谁知今日慕华风,不劳一人蛮自通。诚由陛下休明德,亦赖微臣诱谕功。德宗省(一作看)表知如此,笑令中使迎蛮子。蛮子导从者谁何,摩挲俗羽双隈伽。清平官持赤藤杖,大将军系金呿嗟。异牟寻男寻阁劝,特敕召对延英殿。上心贵在怀远蛮,引临玉座近天颜。冕旒不垂亲劳俫,赐衣赐食移时对。移时对,不可得,大臣相看有羡色。可怜宰相拖紫佩金章,朝日唯闻对一刻。②

诗题注云:"刺将骄而相备位也。"把今日的归附视为德宗的威德所致。

三、南诏中兴和对唐朝的臣服

南诏与吐蕃联军被唐军击败,吐蕃悔怒,双方关系开始恶化。吐蕃改封南诏主为日东王,取消之前双方平等的地位。吐蕃在南诏征收重税,险要处设立营堡,要求南诏出兵助防。南诏之主异牟寻决心弃蕃归唐。贞元十年(794年),遣其弟凑罗栋、清平官尹仇宽等 27 人献地图方物于唐。唐朝册封异牟寻为"南诏王",以御史中丞袁滋持节领使,成都少尹庞颀为副使,崔佐时为判官;宦官俱文珍为宣慰使,刘幽岩为判官。出使南诏,赐异牟寻黄金印,印文为"贞元册南诏印"。使者到达南诏,异牟寻跪受册印,接受所赐服备物,表示"子子孙孙永为唐臣"。③南诏在洱海边点苍山神祠与唐使盟会,异牟寻率文武大臣誓言:"请全部落归汉(唐朝)",各部落首领都表示"愿归清化,誓为汉臣,永无离贰"。唐以南诏统领的疆域置"云南安抚使司",长官为"云南安抚使",由剑南西川节度使兼任。异牟寻都阳苴咩城,"南去太和城十余里,东北至成都二千四百里"。④

---

① (唐)元稹:《元稹集》卷 24,中华书局 1982 年版,第 288 页。
② (唐)白居易:《白居易集》卷 3,中华书局 1979 年版,第 70—71 页。
③ 《新唐书》卷 222《南蛮传上》,中华书局 1975 年版,第 6274 页。
④ 《旧唐书》卷 197《南蛮西南蛮传》,中华书局 1975 年版,第 5282 页。

袁滋等由戎州(今四川宜宾)入滇,经石门关时曾刻石记事。袁滋题记摩崖石刻的内容与新旧《唐书》《蛮书》《资治通鉴》诸书记载相同,见证了唐朝与南诏的友好关系。石刻位于今云南省盐津县西南15公里之豆沙关,此地乃秦汉"五尺道"重要关隘,由四川入云南之要道。南诏与唐朝和好,开始与吐蕃相攻。"异牟寻攻吐蕃,复取昆明城以食盐池","又破施蛮、顺蛮,并虏其王,置白崖城;因定磨些蛮,隶昆山西爨故地;破茫蛮,掠弄栋蛮、汉裳蛮,以实云南东北"。①"元和三年,异牟寻死。诏太常卿武少仪持节吊祭。子寻阁劝立,或谓梦凑,自称'骠信',夷语君也。改赐元和印章。明年死,子劝龙晟立,淫肆不道,上下怨疾。十一年,为弄栋节度王嵯巅所杀,立其弟劝利。诏少府少监李铣为册立吊祭使。劝利德嵯巅,赐氏蒙,封'大容',蛮谓兄为'容'。长庆三年,始赐印。是岁死,弟丰祐立。丰祐趫敢,善用其下,慕中国,不肯连父名。穆宗使京兆少尹韦审规持节临册。丰祐遣洪成酋、赵龙些、杨定奇入谢天子"。②

从贞元十年(794年)南诏接受唐朝册封,双方保持了相当长时期的友好关系。南诏王去世,唐朝遣使吊唁,并册封新王。杨巨源《送许侍御充云南哀册使判官》就是这种关系的反映,诗云:

> 万里永昌城,威仪奉圣明。冰心瘴江冷,鹔宪漏天晴。荒外开亭堠,云南降旆旌。他时功自许,绝域转哀荣。③

唐朝使臣从南诏归来,会带回南诏物产,其中有南诏王赠送的礼品。如韩愈《和虞部卢四(汀)酬翰林钱七(徽)赤藤杖歌》(题注:"元和四年作"):

> 赤藤为杖世未窥,台郎始携自滇池。滇王扫宫避使者,跪进再拜语嗢咿。绳桥拄过免倾堕,性命造次蒙扶持。途经百国皆莫识,君臣聚观逐旌麾。共传滇神出水献,赤龙拔须血淋漓。又云羲和操火鞭,暝到西极睡所遗。几重包裹自题署,不以珍怪夸荒夷。归来捧赠同舍子,浮光照手欲把疑。空堂昼眠倚幰户,飞电著壁搜蛟螭。南宫清深禁闼密,唱和有类吹埙

---

① 《新唐书》卷222《南蛮传上》,中华书局1975年版,第6275页。

② 《新唐书》卷222《南蛮传中》,中华书局1975年版,第6281页。

③ (清)彭定求等编:《全唐诗》卷333,中华书局1960年版,第3719页。

　　簏。妍辞丽句不可继,见寄聊且慰分司。[1]

韩愈笔下的这根赤藤杖,是尚书省台郎出使南诏时南诏王的赠品。南诏表示臣属于唐,派其弟子入唐宿卫,并学习中原文化。郑洪业《诏放云南子弟还国》云:"德被陪臣子,仁垂圣主恩。雕题辞凤阙,丹服出金门。有泽沾殊俗,无征及犷狁。铜梁分汉土,玉垒驾鸾轩。瘴岭蚕丛盛,巴江越巂垠。万方同感化,岂独自南蕃。"[2]放其子弟回国,是推恩南诏的表现。郑洪业年里、生平俱不详,懿宗咸通八年(867年)丁亥科状元及第。主考官为礼部侍郎郑愚,该科及第进士三十人,同榜有皮日休、韦昭度等人。

四、南诏与唐朝的冲突及其衰落

　　唐朝与南诏的关系不断变化,"唐兴,蛮夷更盛衰,尝与中国亢衡者有四:突厥、吐蕃、回鹘、云南是也";"凡突厥、吐蕃、回鹘以盛衰先后为次;东夷、西域又次之,迹用兵之轻重也;终之以南蛮,记唐所繇亡云"。[3] 在唐代周边四个强敌中,最终与唐朝同时走向衰亡的是南诏。唐朝与南诏在斗争中共同走向衰亡,起始于唐代后期双方关系的再度破裂。

　　太和三年(829年),剑南节度使杜元颖不晓军事,武备废弛,且苛待部下,士卒引南诏入寇。其时南诏权臣嵯巅用事,南诏军攻破成都外城,掠走数万人,"嵯巅乃悉众掩邛、戎、嶲三州,陷之。入成都,止西郛十日,慰赉居人,市不扰肆。将还,乃掠子女、工技数万引而南,人惧自杀者不胜计。"南诏由此引进先进的丝织技术,"自是工文织,与中国埒"。[4] 这可以看作是一场为掠夺唐朝先进丝织技术而发动的战争,也是南方丝绸之路史上丝织技术传播的一个重大事件。韩国磐先生注意到这一事件对南诏丝织业的影响:"可见南诏的

---

　　① (唐)韩愈撰,钱仲联集释:《韩昌黎诗系年集释》卷6,上海古籍出版社1984年版,第711—712页。

　　② (清)彭定求等编:《全唐诗》卷600,中华书局1960年版,第6936页。

　　③ 《新唐书》卷215《突厥传上》,中华书局1975年版,第6023、6027—6028页。

　　④ 《新唐书》卷222《南蛮传中》,中华书局1975年版,第6282页。

丝织技术,就是由汉族工匠传入的。"①这是唐史上一件极其伤心的事件,诗人闻此莫不悲伤,因此在唐诗中引起强烈反响。徐凝《"蛮"入西川后》诗:

> 守隘一夫何处在,长桥万里只堪伤。
>
> 纷纷塞外乌蛮贼,驱尽江头濯锦娘。②

"濯锦娘"即工于蚕桑丝织技术的成都妇女。雍陶的诗更是真实地反映了当时的战乱和唐人的心情,其《答蜀中经"蛮"后友人马艾见寄》:"酋马渡泸水,北来如鸟轻。几年朝凤阙,一日破龟城。此地有征战,谁家无死生。人悲还旧里,鸟喜下空营。弟侄意初定,交朋心尚惊。自从经难后,吟苦似猿声。"③《哀蜀人为"南蛮"俘虏五章》其一《初出成都闻哭声》云:"但见城池还汉将,岂知佳丽属蛮兵。锦江南度遥闻哭,尽是离家别国声。"其二《过大渡河"蛮使"许之泣望乡国》云:"大渡河边蛮亦愁,汉人将渡尽回头。此中剩寄思乡泪,南去应无水北流。"其三《出青溪关有迟留之意》云:"欲出乡关行步迟,此生无复却回时。千冤万恨何人见,唯有空山鸟兽知。"其四《别巂州一时恸哭云日为之变色》云:"越巂城南无汉地,伤心从此便为蛮。冤声一恸悲风起,云暗青天日下山。"其五《入"蛮界"不许有悲泣之声》云:"云南路出陷河西,毒草长青瘴色低。渐近蛮城谁敢哭,一时收泪羡猿啼。"④在这次战争中,剑南西川节度使属下诸军表现软弱,上述诗中都包含着对这些唐军的谴责,但有个别将领有立功表现。温庭筠《赠蜀将》诗云:"十年分散剑关秋,万事皆从锦水流。志气已曾明汉节,功名犹尚带吴钩。雕边认箭寒云重,马上听笳塞草愁。今日逢君倍惆怅,灌婴韩信尽封侯。"此诗题注云:"蛮入成都,频著功劳。"⑤温诗就是赞美这位蜀将的战功。

南诏达到了掠夺成都织工的目的,"明年,上表谢罪。比年使者来朝,开成、会昌间再至"。⑥ 文宗准许南诏求和,立约互不相侵。朝廷又用李德裕为

---

① 韩国磐:《隋唐五代史论集》,生活·读书·新知三联书店1979年版,第406页。

② (清)彭定求等编:《全唐诗》卷474,中华书局1960年版,第5384页。

③ (清)彭定求等编:《全唐诗》卷518,中华书局1960年版,第5917页。

④ (清)彭定求等编:《全唐诗》卷518,中华书局1960年版,第5925页。

⑤ (唐)温庭筠著,(清)曾益等笺注:《温飞卿诗集笺注》卷4,上海古籍出版社1980年版,第77页。

⑥ 《新唐书》卷222《南蛮传中》,中华书局1975年版,第6282页。

剑南节度使,整顿边防,训练士卒,以防南诏再犯。太和四年(830年),李德裕出镇成都。"德裕乃练士卒,葺堡鄣,积粮储以备边,蜀人粗安"。① 从懿宗时起南诏与唐朝关系再度恶化,其时唐朝天下大乱,南诏乘乱入侵。南诏分两路进犯,一是安南交州,二是剑南蜀地。咸通元年(860年),安南引南诏兵乘虚攻破安南交阯城,不久唐军收复安南。咸通四年(863年),南诏再攻破交阯城,唐军退守岭南。唐末对南诏的战争中高骈功不可没。交阯陷没后,高骈为安南都护,率五千士兵渡江,在邕州败林邑兵,进攻南诏龙州屯。咸通七年(866年)六月,高骈到达交州,多次获胜,士气高昂,杀敌将张诠,李溠龙率万人投降。唐军攻破波风三壁,南诏杨缉思战败逃回,唐军平定安南。

咸通十年(869年),南诏犯西川。乾符二年(875年),高骈率五千人渡江,到达南定,大破南诏军。监阵敕使韦仲宰率七千人至峰州,补充高骈部队,高骈继续进攻南诏,多次击破之。高骈大破南诏于交阯,杀获甚众,包围交阯城。高骈督励将士攻城,于是攻破城池,杀段酋迁及为南诏向导的朱道古,斩首三万余级,南诏余部逃走。高骈又击破归附南诏的土著二洞,杀其酋长。高骈僚佐顾云《天威行》诗歌颂高骈对南诏战争的胜利:

> 蛮岭高,蛮海阔,去舸回艘投此歌。一夜舟人得梦间,草草相呼一时发。飓风忽起云颠狂,波涛摆掣鱼龙僵。海神怕急上岸走,山燕股栗入石藏。金蛇飞状霍闪过,白日倒挂银绳长。轰轰砢砢雷车转,霹雳一声天地战。风定云开始望看,万里青山分两片。车遥遥,马阗阗,平如砥,直如弦。云南八国万部落,皆知此路来朝天。耿恭拜出井底水,广利刺开山上泉。若论终古济物意,二将之功皆小焉。②

李洞《赠高仆射自安西赴阙》诗云:"征蛮破虏汉功臣,提剑归来万里身。笑倚凌烟金柱看,形容憔悴老于真。"③从"征蛮"内容来看,这首诗也是歌颂高骈功勋的。安西当为安南之误。

南诏围攻成都,朝廷任命颜庆复为大渡河制使、剑南应接使,率兵至新都,南诏分兵抵挡,与颜庆复遭遇,颜庆复大破南诏军,杀二千余人,蜀民数千人争

---

① (宋)司马光等:《资治通鉴》卷244,中华书局1956年版,第7873页。
② (清)彭定求等编:《全唐诗》卷637,中华书局1960年版,第7302页。
③ (清)彭定求等编:《全唐诗》卷723,中华书局1960年版,第8300页。

操戈刀、白桲以助官军,呼声震野。南诏军步骑数万到达,恰逢右武卫上将军宋威指挥忠武军二千人至,立即与诸军会合投入战斗,南诏军大败,死者五千余人,甲兵服物遗弃于路。高骈到达成都,派步骑五千追击,至大渡河,杀获甚众,擒其酋长五十多人,押送回成都,斩之。修复邛崃关、大渡河诸城栅,又筑城于戎州马湖镇,称为平夷军,又筑城于沐源川,在南诏与西川之间要地,各置兵数千镇守,南诏失去再战的勇气。骠信把儿子作人质送至唐朝,誓约不敢寇边。南诏长期与唐朝交战,"屡覆众,国耗虚"。① 胡曾《草檄答"南蛮"有咏》歌颂出征将军:"辞天出塞阵云空,雾卷霞开万里通。亲受虎符安宇宙,誓将龙剑定英雄。残霜敢冒高悬日,秋叶争禁大段风。为报南蛮须屏迹,不同蜀将武侯功。"②贯休《送人征"蛮"》云:"七纵七擒处,君行事可攀。亦知磨一剑,不独定诸蛮。树尽低铜柱,潮常沸火山。名须麟阁上,好去及瓜还。"③这些诗歌颂了出征将士的英勇与胜利。

晚唐时曾对南诏有和亲之议,朝中大臣有人赞同,有人反对,数年未决。南诏已走向衰落,求婚不已。广明元年(880 年),西川节度使陈敬瑄再申和亲议,朝廷大臣亦赞成之,僖宗"乃以宗室女为安化长公主许婚"。④ 南诏王派三位清平官迎接公主。高骈从扬州上书僖宗,说这三人都是南诏重臣,最好将他们毒死,"蛮可图也"。三位清平官被毒死。第二年,南诏又遣使臣来迎公主,携一百多床珍异毡毯入贡。僖宗托故推迟。中和三年(883 年),南诏再遣使来迎,僖宗约定礼使、副使及婚使,择日送公主南下和亲,"未行,而黄巢平,帝东还,乃归其使"。⑤ 乾宁四年(897 年),南诏汉人权臣郑买嗣杀死南诏王隆舜。南诏王隆舜死,其子即位,欲与唐朝修好,昭宗不答。此时南诏与唐朝都已政局大乱,数年后皆亡于内乱。天复二年(902 年),郑买嗣起兵杀死舜化贞及南诏王族八百多人,建立大长和政权,南诏灭亡。

---

① 《新唐书》卷 222《南蛮传中》,中华书局 1975 年版,第 6289 页。
② (清)彭定求等编:《全唐诗》卷 647,中华书局 1960 年版,第 7417 页。
③ (清)彭定求等编:《全唐诗》卷 829,中华书局 1960 年版,第 9346 页。
④ 《新唐书》卷 222《南蛮传中》,中华书局 1975 年版,第 6292 页。
⑤ 《新唐书》卷 222《南蛮传中》,中华书局 1975 年版,第 6293 页。

五、唐诗中来自南诏的物产

韩国磐先生指出:"唐朝时汉人与南诏来往大道,一自成都至阳苴咩城,即清溪路;一自戎州行,即石门路;一自安南入南诏。来往于这些道路上的人颇不少,他们用缣帛等丝织物来交换南诏的产品。从唐人所作《吴保安传》中,可以窥见汉人和南诏间的贸易,是相当发达的。"①"南诏的土特产也相继传入内地"。② 南诏输入唐朝的物品主要有"铎鞘、浪剑、郁刀、生金、瑟瑟、牛黄、虎珀、氎纺丝、象、犀、越睒统伦马"。③ 韩国磐先生解释"氎纺丝"就是"棉纺纱"。"南诏出产白氎布,制作精好。宋人周去非在《岭外代答》中说:'南诏所织尤精好。白色者,朝霞也。国王服白氎,王妻服朝霞,唐史所谓白氎吉贝、朝霞吉贝是也。'这儿所说氎纺丝,就是棉纺纱。唐时所用白氎布,当然有一部分就是来自南诏的"。④ 南诏有的药物传入中原地区,唐诗中咏及之。陆龟蒙《四明山诗·云南》诗云:

> 云南更有溪,丹砾尽无泥。药有巴賨卖,枝多越鸟啼。夜清先月午,秋近少岚迷。若得山颜住,芝槎手自携。⑤

云南的药通过巴賨人之手贩卖到中原地区,诗中的"芝槎"似亦指养生植物或药物。但在唐诗中主要写到的是其地特产赤藤杖。韩愈诗《和虞部卢四酬翰林钱七赤藤杖歌(元和四年作)》:"赤藤为杖世未窥,台郎始携自滇池。"⑥ 其他诗人也常写到南诏赤藤杖。白居易《"蛮子"朝》写入唐朝贡的南诏使节:"德宗省表知如此,笑令中使迎蛮子。蛮子导从者谁何?摩挲俗羽双隈伽。

---

① 韩国磐:《隋唐五代史论集》,生活·读书·新知三联书店 1979 年版,第 407 页。
② 韩国磐:《隋唐五代史论集》,生活·读书·新知三联书店 1979 年版,第 406 页。
③ 《新唐书》卷 222《南蛮传上》,中华书局 1975 年版,第 6275 页。
④ 韩国磐:《隋唐五代史论集》,生活·读书·新知三联书店 1979 年版,第 406 页。
⑤ (清)彭定求等编:《全唐诗》卷 622,中华书局 1960 年版,第 7157 页。
⑥ (唐)韩愈撰,钱仲联集释:《韩昌黎诗系年集释》卷 6,上海古籍出版社 1984 年版,第 711 页。

清平官持赤藤杖,大将军系金吒嵯。"①来自南诏的赤藤杖被当作礼物在朋友间互相赠送。张籍《赠太常王建藤杖笋鞋》云:"蛮藤剪为杖,楚笋结成鞋。称与诗人用,堪随礼寺斋。寻花入幽径,步日下寒阶。以此持相赠,君应惬素怀。"②又《酬藤杖》:"病里出门行步迟,喜君相赠古藤枝。倚来自觉身生力,每向傍人说得时。"③这种赤藤杖有时是出使南诏的使臣带回赠给朋友。赤藤杖往往成为诗人心爱之物,咏之表达喜爱之情。白居易从亲友处获赠红藤杖,从长安携至贬地江州,不仅柱用,也成为精神上的慰藉。其《朱藤杖紫骢吟》云:"拄上山之上,骑下山之下。江州去日朱藤杖,忠州归日紫骢马。天生二物济我穷,我生合是栖栖者!"④白居易《红藤杖》诗:"交亲过浐别,车马到江回。唯有红藤杖,相随万里来。"⑤白居易《红藤杖(杖出"南蛮")》:"南诏红藤杖,西江白首人。时时携步月,处处把寻春。劲健孤茎直,疏圆六节匀。火山生处远,泸水洗来新。粗细才盈手,高低仅过身。天边望乡客,何日拄归秦?"⑥对于制作赤藤杖之原材料,诗人也热情歌咏之,如白居易《三谣·朱藤谣》:

> 朱藤朱藤,温如红玉,直如朱绳。自我得尔以为杖,大有裨于股肱。前年左迁,东南万里。交游别我于国门,亲友送我于浐水。登高山兮车倒轮摧,渡汉水兮马趄蹄开。中途不进,部曲多回。唯此朱藤,实随我来。瘴疠之乡,无人之地。扶卫衰病,驱呵魑魅。吾独一身,赖尔为二。或水或陆,自北徂南。泥黏雪滑,足力不堪。吾本两足,得尔为三。紫霄峰头,黄石岩下。松门石磴,不通舆马。吾与尔披云拨水,环山绕野。二年蹋遍匡庐间,未尝一步而相舍。虽有隶子弟、良友朋,扶危助寒,不如朱藤。嗟乎!穷既若是,通复何如?吾不以常杖待尔,尔勿以常人望吾。朱藤朱

① (唐)白居易:《白居易集》卷3,中华书局1979年版,第70页。

② (唐)张籍著,徐礼节、余恕诚校注:《张籍集系年校注》卷2,中华书局2011年版,第320页。

③ (唐)张籍著,徐礼节、余恕诚校注:《张籍集系年校注》卷6,中华书局2011年版,第700页。

④ (唐)白居易:《白居易集》卷8,中华书局1979年版,第150—151页。

⑤ (唐)白居易:《白居易集》卷15,中华书局1979年版,第314页。

⑥ (唐)白居易:《白居易集》卷16,中华书局1979年版,第332页。

藤,吾虽青云之上、黄泥之下,誓不弃尔于斯须![1]

在白居易被贬江州时,朱藤杖成为他唯一的朋友,成为他精神上的最大慰藉。特别对于年迈体衰的人来说,赤藤杖简直成了须臾不可离的朋友。裴夷直《南诏朱藤杖》:"六节南藤色似朱,拄行阶砌胜人扶。会须将入深山去,倚看云泉作老夫。"[2]李洞《上司空员外》:"禅心高卧似疏慵,诗客经过不厌重。藤杖几携量碛雪,玉鞭曾把数嵩峰。夜眠古巷当城月,秋直清曹入省钟。禹凿故山归未得,河声暗老两三松。"[3]从唐诗的这些描写可知,南诏红藤杖是很受唐人喜爱的器具,生活中不仅自己使用,而且作为礼物赠人。

六、唐文化的辐射与南诏诗人

论及汉族和南诏的文化交流,韩国磐指出:"南诏的职官制度有六曹长、八节度,大体受到唐朝的影响。又所行授田制度,也是效法唐朝的均田制的。由于汉人流寓或在南诏,汉族文化更大量输入南诏。"如王仁求、郑回等人入南诏做官,把汉地儒学和施政策略运用到当地的治理中。也有文学家进入南诏,把汉地文学传入其地。杜光庭"避地南诏,以文章教蒙氏之民"。贾余绚"善属文,唐初寓云南……其后文人流寓者,则成都间丘均、雍陶,咸阳贾岛,皆以避乱至"。[4] 唐朝灿烂的文化对南诏产生强烈的辐射作用,受其影响南诏文学以诗和散文著称。由于与内地联系的增多,加之汉族移民不断进入南诏境内,汉族文学在南诏得到广泛传播,南诏大理时期洱海民族之文学见于纪录者,大都受内地文学的影响,因此南诏文学多具有唐代文学的风采。南诏王及其子孙大多习汉文,读儒家之书。阁罗凤"不读非圣之书""尝读儒书"。唐朝西泸县令郑回被南诏俘虏,阁罗凤以郑回"有儒学""甚爱重之",令教其子孙。阁罗凤之子凤迦异、孙异牟寻都曾从郑回学儒学,"异牟寻颇知书,有才智"

---

① (唐)白居易:《白居易集》卷 39,中华书局 1979 年版,第 883 页。
② (清)彭定求等编:《全唐诗》卷 513,中华书局 1960 年版,第 5861 页。
③ (清)彭定求等编:《全唐诗》卷 723,中华书局 1960 年版,第 8292 页。
④ 韩国磐:《隋唐五代史论集》,生活·读书·新知三联书店 1979 年版,第 412 页。

"人知礼乐,本唐风化"。南诏遣送贵族子弟及大臣到成都就学,前后延续 50 年之久,就学者上千人。这些就学于成都的南诏子弟将汉文化带回了南诏,大大丰富了南诏的文学艺术,涌现出许多诗人和文人,南诏不少的诗文流传到唐朝内地,有的还被收录到《全唐诗》《全唐文》中。流传极广的《南诏德化碑》是散文中最著名的代表作,①碑文数千言,辞藻典雅,文字流畅,一气呵成,跌宕生姿,颇有唐代散文大家的风格。

在中原文化影响下,南诏涌现出一批有造诣的民族诗人,南诏骠信(南诏王称号,意为"君主")寻阁劝即著名诗人之一。剑南西川节度使韦皋派崔佐时出使南诏,离开南诏时,"阁劝赋诗以饯之"。② 他的《星回节游避风台与清平官赋》一诗流传至今,诗云:"避风善阐台,极目见藤越,悲哉古与今,依然烟与月。自我居震旦,翊卫类夔契,伊昔颈皇运,艰难仰忠烈。不觉岁云暮,感极星回节,元昶同一心,子孙堪贻厥。"③此诗颇具唐诗风韵。南诏以十二月十六日为星回节,"清平官"类似中原政权的宰相。南诏有别都称善阐府,诗当作于此地。"藤越"是其邻地之名。南诏谓天子为"震旦"。夔、契是帝舜时两位贤臣,骠信诗用此典夸奖其清平官。南诏王自称为"元",类似于"朕";谓卿曰"昶"。"元昶"即君臣。从此诗的政治理念、写作水平和用典中可知南诏君王汉化之深。

清平官赵叔达的诗也很有名,其《星回节避风台骠信命赋》便是此次奉和之作:"法驾避星回,波罗毗勇猜。河润冰难合,地暖梅先开。下令俚柔洽,献睬弄栋来。愿将不才质,千载侍游台。"④作为臣下,当然要颂扬骠信的威德。前两句写其勇,"波罗"指虎,"毗勇"指野马。据说骠信昔年游此,曾射野马和老虎。五六句写骠信的文治。"俚柔"指百姓,"弄栋"是地名。这两句诗的意思是在骠信治理下,百姓和乐,君民一心;异地归附,纳贡称臣。这种君臣酬唱

---

① "南诏德化碑"在今云南省大理市太和村西南诏太和城遗址内,有"云南第一碑"之誉。碑高 3.97 米,宽 2.27 米,厚 0.58 米。正面刻碑文 40 行,约 3800 余字,现存 256 字。碑阴刻书 41 行,详列南诏清平官、大将军、六曹长等职衔和姓名。经过千百年的风风雨雨,碑文仅存八百余字。碑文相传为南诏清平官郑回所撰,唐朝流寓南诏御史杜光庭书写。内容主要颂扬阁逻凤的文治武功,并叙述了南诏、唐朝和吐蕃间的关系,以及历次战争的缘由和经过,表明叛唐的不得已和希望与唐和好的愿望。

② 《旧唐书》卷 197《南诏蛮传》,中华书局 1975 年版,第 5283 页。

③ (清)彭定求等编:《全唐诗》卷 732,中华书局 1960 年版,第 8373 页。

④ (清)彭定求等编:《全唐诗》卷 732,中华书局 1960 年版,第 8373—8374 页。

奉和之风和表达的政治理想，与唐朝宫廷风气十分相似。南诏官员中有不少诗人，如清平官杨奇鲲、段义宗、赵眉隆和赞卫姚岑等，他们出使唐朝时曾写诗，并流传后世，反映出南诏诗歌的高度水平。杨奇鲲的诗意境新颖，颇具唐诗韵味，如收入《全唐诗》中的《岩嵌绿玉》："天孙昔谪天下绿，雾鬓风鬟依草本，一朝骑凤上丹霄，翠翘花钿留空谷。"其《途中诗》："□□□□□□□，□□□□□□□。风里浪花吹更白，雨中山色洗还青。海鸥聚处窗前见，林狖啼时枕上听。此际自然无限趣，王程不敢暂留停。"①杨奇鲲，南诏宰相，有辞藻，僖宗幸蜀时，曾至行在所朝见。

布燮（清平官）段义宗善诗，存诗五首。其《听妓洞云歌》："嵇叔夜，鼓琴饮酒无闲暇。若使当时闻此歌，抛掷广陵都不藉。刘伯伦，虚生浪死过青春。一饮一硕犹自醉，无人为尔卜深尘。"②《思乡作》云："泸北行人绝，云南信未还。庭前花不扫，门外柳谁攀。坐久销银烛，愁多减玉颜。悬心秋夜月，万里照关山。"③《题大慈寺芍药》："此（一作浮）花不与众花同，为感高僧护法功。繁影夜铺方丈月，异香朝散讲筵风。寻真自得心源静，观色非贪眼界空。好是芳馨堪供养，天教生在释门中。"④《题三学院经楼》："鹫岭鸡园不可俦，叨陪龙象喜登游。玉排复道珊瑚殿，金错危栏翡翠楼。尚欲归心求四谛，敢辞旋绕满三周。羲和鞭挞金乌疾，欲网无由肯驻留？"⑤《又题》："当今积善竞修崇，七宝庄严作梵宫。佛日明时齐舜日，皇风清处接慈风。一乘妙理应难测，万劫良缘岂易穷。共恨尘劳非法侣，掉鞭归去夕阳中。"⑥他的诗广为流传，其"悬心秋夜月，万里照乡关"；"此花不与众花同，为感高僧护法功"；"玉排复道珊

---

① （清）彭定求等编：《全唐诗》卷 732，中华书局 1960 年版，第 8374 页。

② （清）彭定求等编：《全唐诗》卷 732，中华书局 1960 年版，第 8374 页。

③ （清）彭定求等编：《全唐诗》卷 732，中华书局 1960 年版，第 8374 页。以上二首署名"布燮"，云"官名，其宰相也"，不知其即段义宗。

④ （后蜀）何光远：《鉴诫录》卷 6，《知不足斋丛书》第二十二集第 170 册。《全唐诗》佚句卷仅存首二句。"浮花"，《全唐诗》作"此花"。孙望辑录《全唐诗补逸》卷 16，陈尚君辑校《全唐诗补编》，中华书局 1992 年版，第 267 页。

⑤ （五代）何光远撰，邓星亮等校注：《鉴诫录校注》卷 6，巴蜀书社 2011 年版，第 153 页。《全唐诗》佚句卷存三、四句。第四句"危栏"，《全唐诗》作"危栅"。陈尚君辑校：《全唐诗补编》，中华书局 1992 年版，第 267 页。

⑥ 陈尚君辑校：《全唐诗补编》，中华书局 1992 年版，第 267 页。

瑚殿,金错危桐翡翠楼"等都是传诵的名句。①

关于段义宗,孙望指出:"段义宗,南方长和国布燮(官称,相当于宰相)。前蜀乾德中入蜀使,因不欲朝拜,遂髡削为僧。补诗三首。(按《全唐诗》佚句卷收段义宗佚句六句,不见全篇,注只云'外夷'人,其实皆吾中华当时所谓南土藩臣耳,亦兄弟民族也)"又说:"《全唐诗》佚名卷共收段义宗佚诗六句,注云出《吟窗杂录》。其中'浮花'两句,即今补第一首中句;'玉排'二句,即今补第二首中句。另有'悬心秋月夜,万里照乡关'两句,实非佚句,全诗已收入《全唐诗》,署名'布燮',布燮,长和国人犹言宰相也,非人名,《全唐诗》与作者名等视之,失察矣。"②从段义宗《题判官赞卫有听妓洞云歌》一诗可知,赞卫姚岑的官职是判官,《听妓洞云歌》是赞卫氏所作,段氏题和。赵眉隆亦"有词藻"。这就证明,南诏这四位使臣都是能诗之士。

南诏与中原政权的关系反映了历史上中华民族形成过程中的一般规律和特点,地处今云南的各族群汉代时在沟通中原政权与今缅甸、印度交通与交流中就发挥了重要作用。此后随着中原政权与西南边疆民族的强弱盛衰,双方的关系有时对峙,有时和解,但文化上却一直保持着血脉相连、相互融通的一体化和同质化的趋势。到了唐代南诏政权的出现,双方在政治上和文化上的联系更加密切,唐诗中大量涉及南诏以及唐朝与南诏关系作品的出现便是这种局面的反映。从唐诗中可以看到,尽管由于某种具体的原因导致了双方的对立甚至战争,但双方的关系是越来越靠拢,越来越密切。唐朝视南诏为自己国家的一部分,南诏也以附属于唐为荣幸。唐朝人士喜爱南诏的物产,中原文化受到南诏普遍的热爱,从当时南诏统治者们对唐朝的态度可见其对中原政权始终充满倾心向往之情,从其贵族们的诗歌可见其汉化之深。彼此间的冲突和战争虽然造成双方的暂时对立,但从长远来看却是西南民族融入中华民族大家庭中的客观条件和重要机缘。

（本文原载《暨南史学》第二十一辑,暨南大学出版社 2020 年 11 月版）

---

① （清）彭定求等编:《全唐诗》卷 795,中华书局 1960 年版,第 8962 页。

② 陈尚君辑校:《全唐诗补编》,中华书局 1992 年版,第 267 页。

后　记

　　我迄今发表学术论文 160 余篇,主要属于汉魏六朝文学、唐代文学、唐代政治史、丝绸之路与中外文化交流史等几个领域。1998 年以来,我以主要精力从事丝绸之路与中外文化交流史的教学与研究,因此本书所收论文主要围绕这个主题进行选篇。按照文库编委会在规模上的要求,选取了 18 篇论文。在收入本书时,基本上都保留发表时的原貌,改动处主要有如下情况:一是发表时各刊物有自己的标注格式,收入本书时根据出版社和丛书统一体例要求,进行了技术上的调整;二是有的论文补充了某些资料。这些论文在发表时受刊物版面和篇幅的限制,曾经本人或编辑压缩和删减某些资料或字句,这次整理进行了一些必要的补充,主要观点和基本内容都没有改变。整理过程中,对照原稿和发表的文稿,发现经过编辑们的加工润色,论文质量明显提高,因此再次感谢各杂志编辑们高质量的编辑工作。感谢北京外国语大学中国语言文学学院的大力推荐,感谢丛书组委会诸位领导和专家们的厚爱,感谢北京外国语大学领导和科研部门这么多年来对我学术工作的支持,感谢人民出版社领导和编辑们的精心指导和辛勤编校。书中存在诸多不足和失误,恳望学界多多指正。

作　者

2020 年 12 月 19 日

统　　筹:张振明　孙兴民

责任编辑:沈　伟

封面设计:徐　晖

版式设计:王　婷

责任校对:吕　勇

图书在版编目(CIP)数据

汉唐丝绸之路历史文化论丛/石云涛 著. —北京:人民出版社,2021.8
(新时代北外文库/王定华,杨丹主编)
ISBN 978 - 7 - 01 - 023615 - 5

Ⅰ.①汉…　Ⅱ.①石…　Ⅲ.①丝绸之路-文化史-研究-汉代-唐代　Ⅳ.①K203

中国版本图书馆 CIP 数据核字(2021)第 149903 号

汉唐丝绸之路历史文化论丛

HAN TANG SICHOUZHILU LISHI WENHUA LUNCONG

石云涛　著

人民出版社 出版发行

(100706　北京市东城区隆福寺街 99 号)

北京新华印刷有限公司印刷　新华书店经销

2021 年 8 月第 1 版　2021 年 8 月北京第 1 次印刷

开本:710 毫米×1000 毫米 1/16　印张:23.5　插页:1 页

字数:360 千字

ISBN 978 - 7 - 01 - 023615 - 5　定价:92.00 元

邮购地址 100706　北京市东城区隆福寺街 99 号

人民东方图书销售中心　电话 (010)65250042　65289539